郭家汉 著

建设工程法律风险
防范实务

JIANSHE GONGCHENG FALÜ FENGXIAN
FANGFAN SHIWU

知识产权出版社
全国百佳图书出版单位

内容提要

本书从作者亲自办理的22个诉讼与非诉讼具体案件入手,对工程项目建设全过程、建设工程设计、建设工程施工、建设工程总承包、建设工程施工分包、建设工程货物采购、国际工程承包、建设工程专利与著作权、侵权责任、行政责任与刑事责任等方面存在的法律风险进行了全面分析,对风险防范提出了针对性、系统性和可操作性的应对措施。

本书特别是对工程总承包合同、工程施工分包合同、工程货物采购合同,从EPC项目纠纷案例、施工分包纠纷案例、工程货物采购纠纷案例谈起,对《建设项目工程总承包合同示范文本(试行)》、最新版FIDIC合同标准格式《生产设备和设计-施工合同条件》与《设计采购施工(EPC)/交钥匙工程合同条件》、FIDIC合同标准格式《土木工程施工分包合同条件》、世界银行货物采购合同文本等进行了全面比较分析,从国内工程合同、国际工程合同两个方面,对合同条款、合同签订、合同履行到合同纠纷解决等全过程中存在的风险进行了分析,阐述了应当采取的对策。

本书可供工程勘察设计企业、建筑业企业、工程公司、监理公司、房地产开发商、业主(建设单位)的相关人员,律师,法官,法学院校师生及有关研究人员等阅读使用,具有很强的实务操作指导作用。

责任编辑:陆彩云　栾晓航　　　　　责任出版:卢运霞

图书在版编目(CIP)数据

建设工程法律风险防范实务/郭家汉著.—北京:知识产权出版社,2013.4
ISBN 978-7-5130-2044-2

Ⅰ.①建… Ⅱ.①郭… Ⅲ.①建筑法—风险分析—中国 Ⅳ.①D922.297.4

中国版本图书馆CIP数据核字(2013)第090224号

建设工程法律风险防范实务
JIANSHE GONGCHENG FALÜ FENGXIAN FANGFAN SHIWU

郭家汉　著

出版发行: 知识产权出版社	
社　　址:北京市海淀区马甸南村1号	邮　编:100088
网　　址:http://www.ipph.cn	邮　箱:bjb@cnipr.com
发行电话:010-82000860转8101/8102	传　真:010-82005070/82000893
责编电话:010-82000860转8382	责编邮箱:xiaohang310@126.com
印　　刷:北京富生印刷厂	经　销:新华书店及相关销售网点
开　　本:720mm×960mm　1/16	印　张:27
版　　次:2013年7月第1版	印　次:2013年7月第1次印刷
字　　数:447千字	定　价:68.00元
ISBN 978-7-5130-2044-2	

出版权专有　侵权必究

如有印装质量问题,本社负责调换。

前　言

杜绝法律纠纷，重在规避风险[*]
——访金洋律师事务所郭家汉律师

记　者　据我所知，您当初一直在政府部门工作，您是出于怎样的考虑创办金洋律师事务所，从而走上专职律师的道路呢？

郭律师　从我研究生毕业后，就一直在建设部从事建筑方面的立法工作，将自己的专业知识应用到立法工作中。期间参加了《中华人民共和国建筑法》等40余项工程建设、房地产等方面的法律、法规的起草和修改工作。经过大约十年时间的经验积累，我对国家宏观政策和建设行业的总体情况比较了解，同时我也发觉自己对建设行业的企业内部不够了解，而只有把所掌握的宏观政策及行业特点和企业情况结合起来，才更有利于为建设工程企业（包括工程勘察设计企业、建筑业企业、工程公司、监理公司等，下同）、房地产开发公司等提供更好的服务，乃至为建设行业作出更大贡献，正是基于这种考虑，我与我的同事们一起创办了金洋律师事务所，我自己也正式成为一名建设行业的专业律师。同时，创办律师事务所，成为执业律师，这也是我从上学期间就树立的理想，以更好地实现自己的人生价值。

记　者　从业多年来，您经手的案件不计其数，并且在多家单位担任法律顾问，您所提供的咨询服务主要集中在哪些方面的业务？

---

[*] 注：本文是2010年《工程建设与设计》杂志社记者李文姹对作者的专访，略有改动，作为本书前言

郭律师 自1998年担任专职律师以来，我为中国中元国际工程公司、总装备部工程设计研究总院等十余家企业担任常年法律顾问；为中交水运规划设计研究院、中国市政工程西北设计研究院等十余家工程勘察设计单位提供了企业改制与资产重组法律服务；为中共中央组织部办公楼、中国寰球工程公司科研设计基地项目等提供了包括项目法人设立、项目实施前期、项目合同签订、项目合同履行及项目竣工验收等阶段全过程建设工程与房地产项目法律服务；为国内外客户代理了百余件项目，主要涉及基础设施、房地产、投融资、知识产权等，特别是为房地产项目转让纠纷，房地产合作开发纠纷，工程款、设计费、勘察费等拖欠纠纷，工程建设过程中质量、安全纠纷，公司股权转让纠纷，长期投资纠纷，知识产权纠纷，劳动合同争议纠纷等提供了诉讼、仲裁法律服务；为十余家科技型企业提供了企业发展战略、机构设置、岗位分析、薪酬分配等管理咨询服务；此外，还包括工程设计责任保险、工程勘察责任保险、工程总承包保险等代理与咨询服务。

记　者 您认为建设工程企业的法律风险主要存在哪些阶段？多发的法律纠纷有哪些？如何防控这些风险？

郭律师 从建设工程企业风险的角度来讲，风险分为几个层次，包括战略风险、市场风险、经营风险、财务风险和法律风险。就法律风险来说，可分为几个方面：首先是企业设立的风险；第二是交易风险，也叫作经营风险；还有企业内部的人力资源管理风险以及税收风险、并购风险。在这些风险当中，现在大家关注比较多的是交易风险。对于建设工程企业来说，主要的经营风险分为五个阶段：投标阶段、合同签订、合同履行、竣工验收及结算的风险、债权债务的处理。

投标过程中的风险，首先是项目本身的真实性和合法性的考验，如果项目未取得合法的审批手续，或者项目是假的，建设工程企业就容易上当受骗，这在工程总承包和工程设计中都发生过；第二是投标策略的风险，投标策略可分为不平衡报价策略、强调优势策略、不同阶段分别报价策略等，如果投标策略选择不当，会造成风险；第三是投标环境的风险，我也遇到过一些低价串标的现象，比如招标人和投标人串通、投标人之间的串通。如果别人违规未被查处，我们就拿不到这个项目了；第四是招标人在招标阶段的违法风险。这方面也有过案例，招标人不依法招标，比如说北京某企业在河南洛阳投标一个项目，该设计企业通过了开标、评标，也作为第一中标候选人进行公示，按道理三天内没有投诉，招标人就应该发出中标通知书。可是，招标人没有依法办事，他在半个月后又发出一个公告，取消第一中标候选人资格，把第二中标候选人作为第一中标候选人进行发布，在此期间没有任何投诉、陈述的程序。这种擅自把招投标当成儿戏的情况对于投标人来讲是很大的伤害。我们国家的招投标法实施条例正在征求意见，这方面将来应该有一个比较好的规范，像这种情况应该怎么提出异议，如何进行投诉，监管部门如何处理，在处理之前不允许确定中标人，这些都会有规定。以上就是招标中主要存在的风险。

在工程合同的签订阶段风险也比较多，第一是在合同的范围和内容上，对于工程设计或工程总承包的内容约定不明确造成风险比较大；第二是在工程质量的约定方面，包括设计质量具体的标准、成果约定不明确，是合格的工程，还是优质的工程，采取什么样的标准规范，这些约定不明确都会造成很大的纠纷。北京有一家设计公司在1994年设计了一栋商住楼，项目竣工交付业主使用以后，有一位业主是注册建筑师，他发现房间设计的通风面积不够，不符合当时的标准规范。这位业主起诉了房地产开发商，开发商就找到了设计单位，设计单位在调查中发现是门窗厂家生产的门窗尺寸引发的问题。而这些应该是得到设计单位认可的，当时设计单位对于门窗认可的文件虽然没有找到，但设计单位在竣工验收单上签字了，因此要承担责任，这就是个典型的案例；第三是在工程的进度方面，约定开工时间、交付设计文件时间，这些时间中会遇到一些变更、不可抗力的约定，会造成进度的延迟，建设工程企业对于这些情况要及时跟业主联系，要通过书面形式确认下来，否则将会带来责任不清的麻烦；第四是工程款约定，包括计算标准以及工程变更如何计算、工程款的构成、支付的时间、支付方式，这些约定都要具体而明确。另外需要注意的还有环境、健康、安全等其他方面，环境包括和谐友好的人文环境和施工现场环境；健康主要是对员工的职业健康保护；安全主要是保障人员的人身安全和防止财产损失的事故。

合同履行阶段的风险，首要的一点是项目经理的责权利落实到位，项目经理的权力和责任要挂钩，强化项目经理的责任心；其次在有关证据的保全方面，在相关资料保存时必须保存原件，而且要完整。如果不及时就有关事项形成书面资料并保存完整，这方面的风险是非常大的。包括上述的质量、进度、变更都是防控的重点，以防万一。有一家设计院和开发商约定了为其提供方案设计和施工图设计，方案设计完成后交给了业主，施工图做完没有及时交给业主。业主由于工程发生变更拒收了施工图设计文件，找其他单位重新设计施工图，而该设计单位也未能拿到施工图设计费，如果能及时把施工图设计交给业主取得签收证明，施工图设计费就可以追回，现在这种情况设计单位只取得了方案设计费。施工图完成以后要及时交给业主，哪怕业主没有给付前期的款项，只要业主签收，以后打官司我们也掌握证据，现在就造成了设计单位的权益得不到维护，因为没有施工图设计完成的证据。

竣工验收和结算阶段的风险，在验收当中发现的问题要及时整改，如果不及时整改会造成工期的延误。验收的及时组织和完成，工程完成要及时移交，工程的档案资料要注意保存。在结算时，对于工程价款签字要慎重。结算要注意的事项是按照合同及时结算，总承包商向业主申请结算时应在规定的时间内递交有关资料，提交时候怎么提交，如果业主不给签字怎么办，这都是潜在的风险。我们可以通过特快专递、回执、邮件等文字形式保存证据。还有作为工程总承包，我们在给分包商结算时不能随便签字。有一家设计单位项目经理在分包单位提交的结算文件中，提了一些修改意见，文中圈点多处，并且应分包商的要求在封面签名了。分包商利用签名回去弄虚作假，把内容里面的金额做了手脚，造成支付款项与实际应付款项的差额达到几百万。这样的情况对于总承包商来说极为不利，所以说项目经理的签字要慎重，不是最终文件一定不能签字，如果要签字必须每页都要签，不给对方撤换、篡改的机会。

债权债务的处理，第一是拖欠工程款的问题要注意诉讼时效，如果诉讼时效过了就无法再去维护自己的权益了；第二是及时行使建设工程价款的优先受偿权，在司法解释中，这个是有时效性的，错过时效期限权益就得不到保障了；第三是关于债权债务有关证据的保存，这在诉讼仲裁中起决定性作用。

记　者　您在建设工程企业改制、资产重组方面也颇有建树，您觉得这过程中需要注意的法律问题有哪些？

郭律师　建设工程企业改制、资产重组中注意的法律问题其一就是国有资产处理问题，国有资产要依法处理，企业的所有资产在清算时都要包括进去。用国有资产支付员工身份置换金，一定要依照相关政策来办。我就遇到一家勘察院由于清算国有资产没有处理恰当，导致这家设计院的院长也就是改制后公司的董事长被市公安局限制人身自由多达15天，因为他没有依法处置国有资产，我国对于国有资产处置方面的法律规定是很完备的，按照现在的规定所有国有资产的转让都要经过国有资产产权交易中心，通过挂牌交易，不能直接协议转让；在建设工程企业改制重组中需要注意的第二个问题就是职工的安置问题，原有国有企业的老员工，身份置换金要按照政策标准全部到位，并且及时变更劳动合同，有关的保险、住房公积金要接续好，对于企业中离退休、内退人员的安置资金要预留到位，离职员工的补偿要及时支付。在吉林省就发生过一起由于企业重组职工没有安置好，职工闹事造成一名经理被打死的惨剧；第三方面是股权设置一定要建立好股权的激励机制，经营者和骨干员工要持大股，建立起股权流动机制，员工离职股权要及时进行转让。公司章程、股权管理办法等要明确；第四方面是公司的法人治理结构，股东会、董事会、监事会新三会和党委会、职代会、工会老三会的关系要处理好，要按照公司法的规定设立好法人治理结构。

记　者　当前，工程建设行业所面临的主要问题是什么？怎样来提升行业的维权意识？

郭律师　我感觉现在整个工程建设行业的结构调整还不到位，工程建设行业的结构应该是工程总承包、专业承包、分包、劳务分包，这是一套体系，设计咨询、项目管理是一套体系。当前大型建设工程企业特别是大型工程勘察设计单位应该向工程总承包转型，中型建设工程企业特别是工程勘察设计单位应该向咨询公司或者是项目管理公司转型，小型建设工程企业特别是小型工程勘察设计单位向专业事务所转型；第二个问题是行业出现兼并、重组的趋势，通过强强联合、收购、上市的方式提升企业的管理能力，提升企业实力；第三个问题是工程建设市场比较混乱，挂靠现象，转包现象，对企业影响很大，这里面也有建设工程企业自身的问题；第四个问题是建设工程企业自我保护、自我维权意识不够。因为建设工程企业大多是国有企业，或者通过国有企业转型过来，大多数都存在朴素的感情，自我保护意识差，对他人防备不足。在自己权益受到侵害时，也不愿意通过诉讼、仲裁等手段解决；第五个问题是人力资源方面。我们现在的注册人员与企业不是很配套，注册建筑师、注册结构师都已经有了，其他电气、给排水专业等注册力度还不够，有的没有落实到执业责任，这也是建设工程企业队伍建设的问题。

提高整个建设工程企业的维权意识，一是要通过宣传教育，让大家了解在法律方面怎样保护自己，比如《建筑法》、《招投标法》、《建设工程勘察设计管理条例》、《建设工程质量管理条例》等相关的法律规定都对建设工程企业有所保护；二是企业要通过自身专业法律人士或者聘请专业的律师健全内部的管理制度，审核把关企业经营合同，做好法律风险的防范工作；三是行业协会要发挥这方面的作用，维护会员的合法权益。比如说现在建设工程企业普遍用的国外软件，国外这些软件用了以后的升级费用需要不断投入，这些国外软件的销售形成垄断，价格很高，在这方面协会就可以牵头维护会员单位的利益。提高整个建设工程企业的维权意识，主要还是扩大宣传，采取专题讲座、案例分析、开辟专栏等多种形式，使法律意识深入人心，建设工程企业就会主动运用法律武器保护自身权益不受侵害。

记　　者　感谢郭律师今天接受我们的采访，相信通过您的讲述一定能对广大建设工程企业大有裨益，为建设工程企业法律风险防范提供新的思路。

目 录

第一篇 工程项目建设全过程法律风险防范 ………………………… 1

● 工程项目建设全过程法律风险分析与防范
——从代理中共中央组织部办公楼建设全过程法律服务非诉讼案
谈起 ………………………………………………………………… 3

第二篇 建设工程设计法律风险防范 ………………………… 9

● 建设工程设计投标风险分析与防范
——从代理北京某设计院参加北京某保险公司办公楼项目设计投标
纠纷处理非诉讼案谈起 ………………………………………… 11

● 建设工程设计合同的风险分析与防范
——从代理北京某设计院有限公司参加北京奥林匹克森林公园某区
工程设计合同签订法律服务非诉讼案谈起 …………………… 16

● 建设工程设计合同签订与履行的风险分析与防范
——从代理北京某景观园林设计有限公司诉中国某航空有限责任公司
工程设计费诉讼案谈起 ………………………………………… 32

● 建设工程设计文件提交与工程设计费风险分析与防范
——从代理北京某大学建筑设计研究院诉北京市某房地产开发公司
工程设计费诉讼案谈起 ………………………………………… 46

- 建设工程设计分包合同风险分析与防范
  ——从代理北京某工程设计有限公司诉北京市某顾问公司设计费纠纷诉讼案谈起 ·· 52

第三篇　建设工程施工法律风险防范 ·· 59

- 建设工程施工合同签订与履行的风险分析与防范
  ——从代理云南昆明某公司参加云南省某建筑工程公司工程款纠纷应诉案谈起 ·· 61

- 建设工程施工合同价款的风险分析与防范
  ——从代理内蒙古某勘察设计院参加内蒙古某建筑工程公司工程款纠纷应诉案谈起 ·· 88

第四篇　建设工程总承包法律风险防范 ·· 99

- 工程总承包项目投标风险分析与防范
  ——从代理北京某工程公司参加山西大同某工程总承包项目投标纠纷非诉讼案谈起 ·· 101

- 工程总承包项目招标投标风险分析与防范
  ——从代理中国某工程公司参加河南洛阳某项目工程总承包招标定标纠纷非诉讼案谈起 ·· 106

- 工程总承包合同的风险分析与防范
  ——从代理北京某设计院参加某项目 EPC 总承包地基处理纠纷法律服务非诉讼案谈起 ·· 110

第五篇　建设工程施工分包法律风险防范 ·· 185

- 工程总承包中施工分包合同的风险分析与防范
  ——从代理中国某国际工程公司参加北京某建设工程有限公司施工分

目 录

包合同纠纷应诉案谈起 ………………………………… 187

● . 建设工程分包合同履行与纠纷解决风险分析与防范

——从代理某工程咨询公司与中国某工程集团有限公司工程分包合同

纠纷申请仲裁案谈起 …………………………………… 249

● . 建设工程分包合同签订与撤销风险分析与防范

——从代理北京市某规划设计研究院参加北京某科技有限公司工程

施工分包合同纠纷应诉案谈起 ………………………… 257

第六篇 建设工程货物采购法律风险防范 ……………… 263

● . 工程货物采购合同的风险分析与防范

——从代理被告北京某建设有限公司参加北京某商贸有限公司买卖

合同纠纷应诉案谈起 …………………………………… 265

第七篇 国际工程承包法律风险防范 …………………… 323

● . 对外工程承包的风险分析与防范

——从代理北京某设计院参加越南某水电站咨询监理合同争议处理

非诉讼案谈起 …………………………………………… 325

第八篇 建设工程专利与著作权法律风险防范 ………… 339

● . 建设工程专利风险分析与防范

——从代理北京市某设计院参加胡某专利侵权赔偿纠纷应诉案

谈起 ……………………………………………………… 341

● . 建设工程作品著作权风险分析与防范

——从代理安徽某工程技术股份有限公司诉大连某设计院等著作

权侵权诉讼案谈起 ……………………………………… 350

第九篇　建设工程侵权责任法律风险防范 ……………… 369

- 物件损害赔偿风险分析与防范
  ——从代理北京市某设计院参加谢某物件损害赔偿纠纷应诉案
  　谈起 ………………………………………………………… 371

- 建设工程侵权责任风险分析与防范
  ——从代理广东某建设监理公司参加广州某广场基坑工程坍塌
  　事故侵权责任纠纷申诉案谈起 …………………………… 380

第十篇　建设工程行政责任与刑事责任风险防范 ……… 395

- 建设工程安全生产监理行政责任的风险分析与防范
  ——从代理注册监理工程师姚某不服行政处罚申请行政复议
  　案谈起 ……………………………………………………… 397

- 建设工程刑事责任的风险分析与防范
  ——从作为叶某的辩护人参加叶某玩忽职守刑事案诉讼谈起 ……… 403

后记 ……………………………………………………………… 415

第一篇
工程项目建设全过程法律风险防范

工程项目建设全过程法律风险分析与防范

——从代理中共中央组织部办公楼
建设全过程法律服务非诉讼案谈起

【案情简介】

2000年12月,中共中央组织部办公楼建设办公室因办公楼建设需要,特委托本律师所在的律师事务所为该工程建设提供工程专项法律服务,要求指派熟知工程建设专业知识及专业法律规定的律师担任法律顾问,双方签订了《工程专项法律服务合同》,该律师事务所指派郭家汉律师为该工程的特邀法律顾问,负责为中共中央组织部办公楼建设办公室提供所委托的工程建设全过程的法律服务。

本律师接受委托后,为该办公楼的工程建设提供了包括项目实施前期阶段、项目招标投标阶段、项目合同签订与履行阶段等全过程的法律服务,通过本律师的非诉讼法律服务有效地防范了该办公楼的工程建设纠纷的发生,保证了该办公楼工程建设的顺利进行,现该办公楼的工程建设早已顺利完工,并投入使用。

【代理过程和结果】

在该办公楼的建设过程中,本律师根据服务合同以及该工程建设进度的具体情况及委托人的要求,就该工程的建设用地取得与移交、拆迁工作的范围、工程招标文件、工程评标、合同备案、工程结算等提供了书面专项法律意见和建议、起草、修改、审查了该工程的工程设计合同、工程施工合同、工程监理合同、租赁协议、专业工程承发包管理委托合同、编标代理服务合同、工程分包合同、设备采购及安装合同、装饰工程施工合同、定作合同、物业管理委托合同等法律文件。

通过本律师的专业法律服务，协调解决了该工程在建设过程中可能出现的纠纷，帮助了委托人依法处理该工程在建设过程中出现的矛盾与问题，预防了该工程在建设过程中的法律风险，保证了该工程的顺利竣工与交付使用。

【风险分析与防范】

建设工程具有如下特点：一是投资额大，建设工期长，受当地的地质、气候、环境、资源等影响大；二是包括土地使用权的取得、工程勘察、工程施工、工程监理等多领域的专业性强的系统工作；三是参与主体多，法律关系复杂，特别是存在工程总承包、专业分包、劳务分包等情形；四是与社会稳定关系密切，特别是房屋拆迁、农民工工资等。因此，建设工程风险大，易产生法律纠纷，如何防范建设工程风险是投资者（包括房地产开发商、建设单位等）和承包商（包括勘察人、设计人、总承包人、分包人等）共同关注的问题，中共中央组织部办公楼建设提供全过程的法律服务的案例告诉我们，通过建设工程专业律师以防范风险为目的的全过程法律服务，避免建设工程与房地产的法律纠纷与风险是可以做到的。

工程项目可以分为工程项目前期与工程项目实施两个阶段。工程项目的前期阶段主要包括可行性研究报告、项目建议书、立项等内容；工程项目的实施阶段主要包括工程项目实施前期、招标投标、合同签订、合同履行、竣工验收等内容。现就工程项目实施阶段的风险与防范进行分析。

一、工程项目实施前期阶段的风险分析与防范

工程项目实施前期阶段的主要风险在于：建设用地规划、土地使用权的取得、建设工程规划、房屋拆迁、市政配套建设、工程融资等。对于项目业主来说，应特别注意防范国有土地使用权取得方式的风险。

国有土地使用权的取得主要有划拨、出让、转让、合作开发等方式。以划

拨方式取得国有土地使用权，一是要注意划拨用地范围的风险，只有在法律规定的范围内的用地，才可以以此种方式取得土地使用权；二是应注意区别在原集体所有土地上与在国有建设用地上取得划拨土地使用权的程序不同，应按照国家的有关法律规定办理用地手续。以出让方式取得国有土地使用权，一是应注意以出让方式取得土地使用权的前提条件，出让的地块应具备规划条件；二是应注意以出让方式取得土地使用权的使用期限，不同性质的用地，其使用期限是不同的；三是应注意以出让方式取得土地使用权的具体方式，经营性用地、工业用地等均采取招标、拍卖、挂牌等方式，协议出让只是一种补充方式。以转让方式取得国有土地使用权，一是应注意土地使用权转让的具体方式，包括买卖、交换、赠与、以土地使用权抵债、以土地使用权作价入股、因企业兼并导致的土地使用权的转移等；二是应注意土地使用权转让的限制条件，依据有关法律规定，不具备一定条件的土地使用权是不得转让的；三是应特别注意在建工程转让的特殊性、复杂性及高风险性；四是应注意划拨国有土地使用权的转让条件与程序。以合作开发方式取得土地使用权，应特别注意合作开发合同的效力，防止效力待定合同与无效合同的出现。无论采取哪种方式，取得土地使用权都应特别注意：一是在取得土地使用权时应当注意与动拆迁工作、市政配套工作的衔接；二是应注意建设用地移交的标准和具体操作程序，如古树名木、变压器等地上附着物转移的责任主体等。

二、工程项目招标投标阶段的风险分析与防范

工程项目招标投标主要包括项目的勘察、设计、施工、监理以及工程建设有关的重要设备、材料等的采购的招标与投标，其主要风险体现在招标、投标、评标、定标等主要阶段。

就项目业主来说，工程项目招标的风险防范，主要在以下方面：一是注意强制招标的范围与方式，依法应该招标的项目必须招标，依法公开招标的必须公开招标；二是注意依法确定投标人的资格条件与审查，投标人的资格审查可以采取资格预审与资格后审两种方式；三是招标文件的编制应当符合法律规定，不得含有倾向或排斥潜在投标人的内容；四是应注意开标应在招标文件确定的时间、地点，公开进行；五是应注意依法组建评标委员会及选择科学合法的评标方法；六是应注意对中标候选人进行公示，再依法确定中标人；七是应注意及时发出中标通知书及签订工程合同。

就工程承包单位来说，工程项目的投标的风险防范，主要在以下方面：一是通过正规渠道取得招标信息，仔细研究招标文件及现场考察，防范信息缺失风险；二是注意按照招标文件的要求，编制投标文件；三是慎重选择合作伙伴，依法确立合作关系；四是注意科学计算投标报价，选择正确的投标报价策略；五是不参加且及时举报串标、围标、陪标、挂靠等违法行为。

三、工程项目的合同签订与履行阶段的风险分析与防范

工程项目的合同主要包括工程勘察合同、工程设计合同、工程总承包合同、工程分包合同、工程监理合同、材料与设备采购合同等，无论对项目业主来说，还是对工程承包单位来说，工程项目的合同签订与履行的风险主要是进度风险、质量风险、合同价款与支付风险、健康、安全与环境风险、变更风险、分包风险和索赔风险等。

对于进度风险的防范，一是应注意在合同中明确约定开始与结束的具体时间或应具备的具体条件、对进度影响的具体因素；二是当出现影响进度的因素时，应及时做好记录及签证手续；三是明确约定进度延误的违约责任，加大监督检查的力度。

对于质量风险的防范，一是在合同中应明确约定具体的质量标准；二是明确划分质量责任范围；三是明确检查、移交、保管的具体程序与方法；四是明确质量不合格的违约责任与赔偿责任。

对于合同价款与支付风险的防范，一是明确合同总价款的确定标准与支付方式，特别是对可调价款，应明确调价的具体方式与程序；二是明确约定预付款的金额与支付方式；三是明确约定进度款的支付标准与方法；四是强化合同价款变更的及时签证；五是明确约定合同价款的支付与质量、进度的关系，加大违约责任的力度。

对于健康、安全与环境风险的防范，一是参与工程建设各方应严格按照有关法律、法规的规定，履行各自的健康、安全与环境责任；二是依法确定健康、安全与环境专项资金的来源与使用，专款专用；三是发生事故，应及时依法报告，查清原因，追究责任。

对于变更风险的防范，一是在工程合同中明确变更的条件与程序；二是在合同履行过程中发生变更情形,应及时办理变更签证手续;三是应明确不及时办理变更签证手续的后果。

对于分包风险的防范,一是严格依据合同法和建筑法的规定,进行工程的合法分包;二是总包单位应加强对分包单位的质量和安全的管理;三是总包单位与分包单位对分包工程的质量与安全承担连带责任。

对于索赔的风险防范,一是在合同中应明确索赔的条件和具体的程序;二是在发生索赔的情形,应注意保留相应证据,并及时提出索赔要求;三是在合同明确约定不及时进行索赔以及一方提出索赔后另一方不予答复的后果。

四、工程项目竣工验收阶段的风险分析与防范

工程项目竣工验收的风险主要是项目移交风险、竣工验收资料管理风险、竣工结算风险等。

对于项目移交风险的防范,一是在合同中应明确约定项目移交的具体条件与程序;二是在项目移交前发现的问题,应当制订全面的整改计划,并在人力、物力、财力等方面保证整改计划的全面落实;三是在项目移交时应做好项目移交交接记录,并由移交人、接受人签字;四是对未经竣工验收发包人擅自使用的工程,发包人应承担除地基基础和主体结构风险以外的全部风险。

对于工程项目竣工验收资料管理的风险的防范,一是在合同中应明确竣工验收资料的内容及移交的时间;二是及时做好档案的收集整理工作;三是在竣工资料移交时,应做好竣工资料移交的交接记录。

对于竣工结算风险的防范,一是在合同中应明确提交竣工结算报告的时间、不及时提交结算报告的后果;二是在合同中应明确约定发包人在收到工程竣工结算文件后在约定时间内不予答复,视为认可竣工结算文件;三是及时整理及提交竣工结算资料与报告,并办理签收手续;四是采取工程款支付担保的方式;行使代位权、撤销权的方式;行使建设工程价款优先受偿权的方式等及时追索工程欠款。

第二篇
建设工程设计法律
风险防范

建设工程设计投标风险分析与防范

——从代理北京某设计院参加北京某保险公司办公楼项目
设计投标纠纷处理非诉讼案谈起

【案情简介】

项目概况：某项目位于北京市东城区朝阳门北大街西侧，地处东二环黄金地段，占地面积约2.3万平方米，总建筑面积约为11万平方米，建筑容积率约为3.2，建筑高度60m，项目性质为甲级写字楼，拟建成地标级建筑，由北京某房地产开发公司与北京某保险公司共同建设。

项目设计招标过程：2002年5月9日，北京某房地产开发公司向北京某建筑设计院发出邀请函，邀请其参加设计招标沟通会，该邀请函明确要求参加下一步的设计投标的单位应以国内与国外设计单位合作的形式参加投标。2002年5月31日，北京某房地产开发公司发放征集书，征集书对项目背景、建设目标、工程概况、现状概况做了介绍，对规划、建筑提出了要求，对设计依据、征集方式、方案征集书、方案征集评审办法、设计成果要求等作出了说明。征集书特别明确规定：项目设计投标要求设计单位必须以国内和国外及香港地区合作的形式参加投标；在方案征集评审办法中明确在评审委员会评选出2个中选方案后，由业主委员会确定中选方案中的一个为实施方案，由该设计单位继续完成；在方案征集评审办法中还明确中标实施方案的设计单位最终成为本项目之设计单位，其方案费不另计。同日，进行了现场踏勘。北京某建筑设计院与美国某设计公司决定共同参加该项目的设计投标，但合作双方未签订中外合作设计合同。北京某建筑设计研究院与美国某设计公司投入了大量的人力、物力、财力进行项目设计方案的构思、比选与修改，并按照要求于2002年7月15日将项目设计方案提交给招标人，但未提交其他有关材料。2002年7月16日，业主组织了专家进行评审。评审结束后二周内，招标人公布了评审结果，北京某建筑设计研究院与美国某设计公司的设计方案中选。2002年10月25日，北京某建筑设计院与业主签订了《建设工程设计合同》，明确约定：本项目的方案设计费为200万元人民币及支付方式；双方同意本工程设计分为三个阶段，第一阶段为方案设计阶段，第二阶段为初步设计阶段，第三阶段为施工图设计阶段，本合同为第一阶段的设计合同，对于第二阶段和第三阶段的设计工作，由双方参照方案设计阶段的相关因素另行协商；本工程的设计版权属设计人所有，发包人有责任对此给予保护，保护内容应包括投标书、设计方案、文件、资料图纸、数据、计算机软件和专有技术。未经设计人同意，发包人对设计人交付的设计资料及文件不得擅自修改、复制、向第三人转让或用于本合同外的项目，如发生以上情况，发包人应负法律责任，设计人有权向发包人提出索赔等。

结果：北京某建筑设计院与美国某设计公司只获得了方案设计费200万元人民币，原来他们想获得的初步设计和施工图设计权并没有获得，并且引发了中外设计单位之间的纠纷。

【风险分析与防范】

在本项目的设计招标投标过程中，北京某建筑设计院没有取得该项目的初步设计和施工图设计任务，主要是由于以下几方面的原因造成的：

首先，中、外设计单位在参加本次工程设计投标活动前，双方没有签订中外合作设计合同，没有明确双方在合作设计中工作分工、权利和义务、前期费用的投入、设计费的分摊、责任的承担、方案设计版权的归属等，在工程设计方案中标后，双方对于方案设计费的分配等产生分歧，引起纠纷，致使中外双方不能形成合力争取最好的结果。

其次，参加本次投标活动的北京某建筑设计院与美国某设计公司在投标时只递交了建筑设计方案，没有递交其他对征集书的内容进行响应的书面文件，以致于中标单位要求获得施工图设计权缺乏法律依据。因为，根据我国《合同法》的规定，合同签订要经过要约与承诺过程，征集书只是合同签订过程中的要约邀请，投标是要约，中标是承诺，而征集书作为要约邀请缺乏法律约束力，而投标作为要约一旦被承诺，就具有法律约束力。

第三，《建设工程设计合同》的约定不明确。《建设工程设计合同》附加条款第5条约定：初步设计、施工图设计阶段的设计工作，由双方参照方案设计阶段的相关因素另行协商。此约定虽有业主将初步设计、施工图设计阶段的设计工作交由北京某建筑设计院来完成的意图，但另一方面又约定另行协商，对另行协商的内容没有明确的约定，工程设计单位的利益没有明确保障。

第四，北京某建筑设计院与业主签订的《建设工程设计合同》明确了本工程的设计版权属设计人所有，这对工程设计单位是非常有利的，但由于工程设计单位缺乏维护自身权益的意识和勇气，不愿拿起法律武器维护自己应得的利益，造成自身利益的损失。

工程设计单位在参加工程设计投标活动中，要最大限度地维护自身的合法权益，应特别注意从以下方面防范风险：

首先，工程设计单位与其他设计单位以联合体形式投标的应签订共同投标协议，明确约定各方拟承担的工作和职责，并将共同投标协议连同投标文件一并提交招标人。联合体各方不得再单独以自己的名义，或参加另外的联合体投同一个标。联合体中标的，应指定牵头人或代表，授权其代表所有联合体成员与招标人签订合同，负责整个合同实施阶段的协调工作，但需要向招标人提交所有联合体成员法定代表人签署的授权委托书。应特别注意，以联合体形式投标，未向招标人提交共同投标协议的，投标文件按废标处理或被否决。

其次，工程设计单位在进行设计投标时一定要按照招标文件的要求编制投标文件。投标文件应当对招标文件提出的实质性要求和条件作出响应。我国《合同法》明确规定，要约是指希望和他人订立合同的意思表示，该意思表示内容应具体明确，并且应表明经受要约人承诺，要约人即受该意思表示约束；要约邀请是指希望他人向自己发出要约的意思表示；承诺是指受要约人同意要约的意思表示；承诺生效时合同成立。在工程招标投标过程中，招标公告属于要约邀请；投标属于要约；发出中标通知书属于承诺；建设工程合同在中标人收到中标通知书时即成立。工程设计单位一定要高度重视投标文件的编制工作，按照招标文件的要求，对自己有利的内容在投标文件中一定要加以强调和重复，以便在中标后更好地维护自身的合法权益。如果本案中投标人在投标书中明确如其设计方案中选成为实施方案，由投标人继续完成，中标实施方案的设计单位最终成为本项目之设计单位，其方案费不另计，投标人一旦中标就可以成为该项目的初步设计和施工图设计单位。

第三，《建设工程设计合同》的内容一定要详细、具体。如果本案中《建设工程设计合同》附加条款第5条明确约定为："初步设计、施工图设计阶段的设计工作，甲方同意委托乙方进行，但具体要求由双方参照方案设计阶段的相关因素另行协商"，那么，业主就不能将该项目的初步设计和施工图设计工作委托给其他单位完成。如果业主执意要委托其他单位，业主就要承担违约责任。

第四，建设工程设计文件包括图纸的著作权的归属按照合同的约定确定。根据我国《著作权法》及《著作权法实施条例》的规定，工程技术作品包括建筑作品、方案设计图纸、施工图设计图纸、模型作品等均属于我国著作权法的保护范围。建筑作品是指以建筑物或构筑物形式表现的有审美意义的作品。我国《著作权法》第17条规定，受委托创作的作品，著作权的归属由委托人和受托人通过合同约定。合同未作明确约定或没有订立合同的，著作权属于受托人。设计人依法享有发表权、署名权、修改权、保护作品完整权、复制权、改编权等。如果业主将初步设计和施工图设计委托其他单位进行，必将对原设计人的设计方案的著作权构成侵害。因此，在进行工程设计合同谈判时，工程设计单位应特别注意对于业主取得工程设计著作权的工程设计费要高于工程设计著作权归设计人的工程设计费。

第五，工程设计单位要提高自身的维权意识。目前，由于法律意识淡薄、法制不健全、业主处于强势地位以及工程设计单位的效益较好等原因，工程设计单位的维权意识不高，以至于业主的侵权及违约行为日益增多。在市场经济的条件下，工程设计单位只有依靠自身力量，积极行动起来，对他人的侵权和违约行为，勇敢地拿起法律武器，维护自身的合法权益。本案中北京某建筑设计院与业主签订的《建设工程设计合同》明确本工程的设计版权属设计人所有，对设计人是非常有利的，业主将该项目的初步设计和施工图设计委托给他人，将会对设计人的方案设计的著作权构成侵权。北京某建筑设计院应以此为由积极与业主进行协调沟通，打消其将该项目的初步设计与施工图设计委托给他人的想法。如果业主仍一意孤行，工程设计单位应当向法院提起诉讼或申请仲裁来加以解决。如果每一个工程设计单位都能积极行动起来维护自身的权益，那么，就能有效地规范业主的行为，建筑市场就会越来越规范。

建设工程设计合同的风险分析与防范

——从代理北京某设计院有限公司参加北京奥林匹克森林公园某区工程设计合同签订法律服务非诉讼案谈起

【案情简介】

奥林匹克森林公园地处北京城中轴线北端，在2008年北京奥运会期间是各国运动员、教练员和奥组委官员的休闲后花园。奥运会后，2008年10月26日奥林匹克森林公园南园向市民免费开放，2009年9月30日奥林匹克森林公园北园对外免费开放。奥林匹克森林公园不仅是北京的生态屏障，还是北京城当之无愧的"绿肺"。

本律师作为北京某设计公司的法律顾问，参与了奥林匹克森林公园某区景观设计合同的谈判、审查、修改等全过程，为奥林匹克森林公园某区景观设计合同的签订提供了全过程的法律服务，通过非诉讼法律服务有效地防范了工程设计合同纠纷的发生，保证了奥林匹克森林公园某区景观设计的顺利进行，维护了设计公司的合法权益。

【代理过程和结果】

北京市金洋律师事务所惠承北京某设计公司的委托，指派本律师就业主提出的工程设计合同文本进行了认真审查，根据我国《合同法》的有关规定，结合工程设计行业实际情况，对工程设计合同文本出具了两份《法律意见书》，多次提出了书面修改意见，并亲自参加了该项目设计合同的谈判。

对于我们提出的大多数意见，业主都予以接受，主要修改内容包括一是合理界定了工程设计的内容和范围，明确界定设计工作为"初步设计、施工图设计及相关服务"，删去了"以及与本项目相关的设计服务"的内容；二是明确发包人答复时限及相应责任，对原合同文本中"合理的时间内"进行了修改，明确了发包人应在5个工作日内对设计人书面提出的事项作出书面决定，并增加了"如发包人不在确定的时间内作出书面决定，设计人的设计周期相应延长"的内容；三是恰当约定了设计人的服务质量标准，将原合同文本中设计人的服务质量应符合最高标准和准则的要求，修改为"设计人同时应向发包人保证其提供的专业性服务、评判、建议符合专业和工程设计的标准和准则的要求"；四是降低了设计人对业主提供资料的审查的风险与责任，将原合同文本中设计人不得以业主提供的资料不正确为由要求追加费用、免除其责任和风险，修改为设计人不得以此为由影响项目设计任务正常履行；五是明确了设计费支付的具体时间，将原合同文本中尾款工程竣工后1个月后支付，修改为工程竣工1个月后5个工作日内支付；六是界定了不可抗力的范围，将原合同文本中政府对本项目计划的调整或取消，修改为政府对本项目的取消；七是公平确定了违约金的比例，将原合同文本中万分之五的设计人的违约金比例，修改为万分之二，与发包人延期支付设计费的违约金比例相同；八是公平确定了发包人与设计人对知识产权保护的责任，将原合同文本中仅针对设计人的知识产权保护的责任，修改为对设计人与发包人具有相同的知识产权保护的责任；九是删去了对设计人不合理的单方解除合同的责任，公平确定了发包人与设计人单方面解除合同的责任，删去原合同文本中设计人应双倍返还发包人已支付的设计费的内容，约定了设计人或发包人单方面解除合同，应承担违约责任，赔偿因此给对方造成的损失。

通过本律师的专业法律服务，有效防范了该项目在工程设计过程中可能出现的纠纷，预防了该项目在工程设计过程中可能出现的法律风险，保证了该项目工程设计的顺利进行，为该项目的施工、竣工验收、交付使用提供了条件和保证。

【风险分析与防范】

工程设计合同是建设工程合同的一种，是承揽合同的一种特殊形式，其特殊性就表现在是以完成特定不动产的设计为主要内容的合同，而不动产的设计具有投资额大、性质复杂等特点，同时由于不动产的设计又关系到国有资金投资、社会公共利益、公众安全等，国家对不动产设计进行多方面的控制和干预，工程设计具有非常大的风险，而签订具体、明确、完备的工程设计合同是防范工程设计风险的重要措施。

一、工程设计合同的风险分析

工程设计合同作为明确发包人与设计人双方权利与义务的协议，如果约定不明确，就会给双方带来风险，特别是给设计人带来较大风险，工程设计合同的风险主要有：一是工程设计的范围与内容约定不明确、不具体的风险；二是工程设计依据错误及约定不明确的风险；三是工程设计进度与周期约定不明确或不合理的风险；四是工程设计组织约定不明确或不合理的风险；五是工程设计质量要求约定不明确的风险；六是工程设计成果与交付约定不明确的风险；七是工程设计协调与现场服务约定不明确的风险；八是工程设计费的数额与支付方式约定不明确的风险；九是发包人责任划分不合理与约定不明确的风险；十是设计人责任约定不明确的风险；十一是工程设计变更与索赔的标准、方法与程序约定不明确的风险；十二是工程设计责任与保险约定不明确的风险；十三是工程设计的知识产权保护的约定不明确的风险；十四是工程设计中不可抗力的约定不明确的风险；十五是工程设计分包未约定或约定不明确的风险；十六是工程设计合同变更未约定或约定不明确的风险；十七是工程设计合同转让未约定或约定不明确的风险；十八是工程设计合同违约责任约定不明确的风险；十九是工程设计合同解除的约定不明确的风险；二十是工程设计合同争议解决方式约定不明确的风险；二十一是工程设计合同中的通知与送达约定不明确的风险；二十二是工程设计合同中的保密约定不明确的风险；二十三是工程设计合同期限约定不合理的风险。

二、工程设计合同的风险防范

风险与利益是并存的，工程设计合同虽然存在上述风险，但只要工程设计单位采取恰当的应对措施，可以将风险进行转移或将风险降到最低，以实现利益最大化。

（一）关于工程设计的范围与内容

工程设计的范围与内容是工程设计合同的标的，是工程设计合同的关键内容，不仅关系到设计人的利益，更关系到设计人的责任，因此，在工程设计合同中对此需要进行具体、详细约定。

工程设计合同对工程设计的范围与内容的约定，应注意以下几方面内容：一是在合同中应当明确约定工程项目的名称、建设规模、工程投资、性质（包括新建、改建、扩建）等；二是在合同中应明确约定各阶段工作内容，对于民用建设工程设计主要包括概念方案设计阶段、方案设计阶段、初步设计阶段、施工图设计阶段；对于专业建设工程设计主要包括总体设计阶段、初步设计阶段、技术设计阶段、施工图设计阶段；除应明确以上各阶段工作内容外，还应明确施工配合阶段、工程保修阶段的工作内容；三是在合同中应明确约定工程设计范围与内容，民用建设工程设计范围包括建设用地规划许可证范围内的建筑物构筑物设计、室外工程设计、民用建筑修建的地下工程设计及住宅小区、工厂厂前区、工厂生活区、小区规划设计及单体设计等，以及所包含的相关专业的设计内容（总平面布置、竖向设计、各类管网管线设计、景观设计、室内外环境设计及建筑装饰、道路、消防、智能、安保、通信、防雷、人防、供配电、照明、废水治理、空调设施、抗震加固等）；专业建设工程设计范围包括本行业建设工程项目的主体工程和配套工程（含厂/矿区内的自备电站、道路、专用铁路、通信、各种管网管线和配套的建筑物等全部配套工程）以及与主体工程、配套工程相关的工艺、土木、建筑、环境保护、水土保持、消防、安全、卫生、节能、防雷、抗震、照明工程等设计内容；四是如果业主就一个项目委托多个工程设计单位，应特别注意各工程设计单位之间以及工程设计单位与主协调设计单位之间工程设计范围与内容的界限划分和接口。

（二）关于工程设计依据

工程设计依据是设计人进行工程设计的根据，如果工程设计依据不真实、不全面、不准确或提供工程设计依据的责任不明确，将不仅直接影响到工程设计的质量与工程设计进度，造成工程质量事故或工期延误，给发包人或设计人的利益造成损害，给双方带来民事法律责任风险，而且关系到工程设计法定程序的遵守与否，给双方带来行政法律责任风险，因此，在工程设计合同中应当明确约定工程设计所必须具备的依据、提供依据的责任、提供依据错误的责任承担等。

防范工程设计依据的风险，一是在工程设计合同中明确约定依据的名称、内容、份数。工程设计依据一般包括政府有关部门的批准文件、工程设计基础资料、工程建设标准、规范等。项目的性质不同、工程设计阶段不同，工程设计依据也各不相同。民用建设工程设计的依据主要有：项目立项批复文件、规划意见书、审定设计方案通知书及附图、其他政府部门批准文件（包括人防、消防、交通、绿化、环境等）、初步设计批准文件、建设工程规划许可证等政府有关部门的批准文件；地形图及其电子文件、建筑用地钉桩通知单、地质勘察报告、外管网市政条件及有关设计资料等工程设计基础资料；工程适用的工程建设标准、规范，包括国家标准、行业标准、地方标准或企业标准。专业建设工程设计的依据主要有：项目建议书、可行性研究报告、选址意见书、初步设计批准文件等政府有关主管部门对项目批准或核准的文件及铁路、交通、水利等专业规划；选厂报告、资源报告、勘察报告、气象资料、水文资料、地质资料、燃料供应、供水、供电、供气、运输等工程设计基础资料；工程适用的工程建设标准、规范，包括国家标准、行业标准、地方标准或企业标准；二是在工程设计合同中应明确工程设计依据提供的责任人及应承担的责任。项目有关批准文件、工程设计基础资料均应当由业主提供，并由其负责该文件及资料的合法性、完整性、正确性及有效性。工程适用的工程建设标准、规范一般由设计人提供，但如果使用国外标准、规范，应由发包人负责提供原文版本和中文译本。应特别注意防范发包人将提供不正确、不完善的资料的责任与风险转移给设计人的约定；三是在工程设计合同中应当约定明确发包人提供工程设计依据的时限；四是在工程设计依据移交时应当办理书面交接手续。

（三）关于工程设计进度与周期

工程设计进度与周期是指工程设计合同生效之日起，工程设计的时间计划安排。对发包人来说，希望尽量压缩工程设计的进度与周期，以便项目尽早施工、竣工投入使用；对设计人来说，合理的工程设计进度与周期是工程设计质量的重要保证。因此，工程设计进度与周期是工程设计合同谈判的焦点之一。

设计人防范工程设计进度与周期的风险，一是在工程设计合同中应尽量约定工程设计的周期时间即已具备进行工程设计的前提条件后的一定期限完成工程设计工作，尽量避免约定完成工程设计的固定时间；二是应尽量约定合理的工程设计进度与周期，如果发包人要求赶进度，应明确发包人支付相应的赶工费；三是在进行联合体设计或设计分包时，工程设计进度风险加大，应采取针对性措施防范风险。

（四）关于工程设计组织

工程设计的质量与水平关键在于参与项目的工程设计人员的素质与专业水平，因此，发包人越来越关注项目的总设计师、各专业设计师、现场设计代表的安排，一般在工程设计合同中均明确约定项目组成员的组成名单，未经发包人同意不得更换，并约定了苛刻的违约责任，有的甚至要求参与项目设计的人员在施工图完成之前专职为本工程设计提供服务。

为了防范工程设计组织风险，设计人应采取以下措施：一是高度重视发包人的要求，能否按照其要求选派设计人员应评估相应风险，能做到的在合同中明确约定，做不到的应在工程设计合同中进行灵活约定；二是对发包人的要求如专职设计、其认为不合格的设计人员应更换、高额的违约金等，应当据理力争，进行修改；三是按照工程设计合同的约定选派经验丰富、具有管理能力、主导专业人员担任项目设计经理或项目主持人，各专业设计负责人应具有相应的执业资格及相应的经验，现场设计代表应由主要专业设计师和有丰富现场经验的专业技术人员担任。

（五）关于工程设计质量

工程设计质量是工程设计合同中最为重要的合同条款，也是设计人所应承担的最重要的义务。工程设计质量不仅包括工程设计文件质量，还包括工程设计服务质量。工程设计文件质量是指设计人的方案、计划、图纸（电子文件）、图表、分析、模型、照片、计算书、数据、说明、报告、音像资料、软件、电子邮件、电子媒体资料、实物等设计成果的文件在遵守国家法律、法规和质量、安全、节能、环保等强制性标准的基础上，满足发包人所需要的功能和使用价值。工程设计服务质量是指设计人在进行方案设计包括设计方案优化和深化设计、扩初设计、施工图阶段设计，设计概算，招投标、议标配合，从建设工程开工至通过竣工验收合格的施工配合服务以及其他伴随服务过程中的服务工作水平和完善程度。

防范工程设计质量风险，设计人应采取的应对措施有：一是在工程设计合同中应明确、具体约定工程设计质量要求，工程设计文件质量要求，首先应符合国家相关法律、法规、规章的规定；其次应符合质量、安全、节能、环保等工程建设强制性标准；第三应符合设计任务书或在合同中明确约定的业主所需要的功能和使用要求。工程设计服务质量要求应符合本专业服务标准规定和工程设计的标准和准则的规定。二是避免在工程设计合同中约定业主含糊不清的要求，避免约定设计人的服务应达到最高标准要求，避免约定工程设计应获得优秀设计奖项要求。三是设计人应保证其按合同提供的所有服务属于其资质等级许可范围，并由具有高度责任感、技能熟练、经验丰富的有相应执业资格的各专业合格人员提供。四是设计人应当做好设计的质量管理工作，建立、健全设计质量保证体系，加强设计全过程的质量控制，建立完整的设计文件的设计、审核、校对和批准制度，明确各阶段的责任人。

（六）关于工程设计成果与交付

工程设计成果是设计人完成工程设计工作的重要标志，工程设计成果的交付是设计人完成工程设计合同义务的关键环节，因此，在工程设计合同中明确、具体约定工程设计成果与交付非常重要。

防范工程设计成果与交付风险，设计人应采取以下措施：一是在工程设计合同中明确约定工程设计成果的具体内容。工程设计阶段不同，工程设计成果的内容各不同。工程设计成果一般包括工程设计说明、图纸、设备清单、主要材料清单、工程概算等；二是明确提交工程设计成果的形式，包括纸质文字材料、电子版本等；三是明确提交工程设计成果的时间。工程设计成果的交付时间应当与工程设计进度与周期的约定相衔接；四是明确工程设计成果交付地点。工程设计成果的交付地点一般约定在业主营业地或项目建设地点；五是应当明确工程设计成果的接收人。此内容应当在工程设计合同中通知与送达条款中明确约定；六是工程设计成果交付时应当办理书面交接手续；七是设计人在工程设计成果完成后应当尽快交付设计成果并办理书面移交手续。工程设计合同是以提交工程设计成果作为合同履行标志的合同。只有工程设计成果已移交，才能说明设计人已经完成工程设计合同的主要义务，即使发包人前期设计费有拖欠，也应移交。

（七）关于工程设计协调与现场服务

工程设计特别是大中型项目的工程设计比较复杂，一是业主往往委托多家设计单位共同参与，如项目总体设计人、方案设计人、施工图设计人等；二是设计人以两家或两家以上工程设计单位作为联合体共同参与项目的工程设计；三是设计人将工程设计进行合法分包等；四是现场服务的质量与水平低等。因此，在工程设计合同中应当根据具体的实际情况对工程设计协调与现场服务作出明确约定。

防范工程设计协调与现场服务的风险，设计人应采取以下对策：一是在明确各设计人的工作范围与内容的基础上明确设计的主协调人；二是明确主协调人与其他设计人的责任、权利和义务，包括技术协调与管理等；三是发包人应当指定专人负责工程设计的整体协调工作；四是应明确设计人现场服务的内容包括设计交底、解决施工中出现的设计问题等；五是明确现场服务设计人员的资格、数量、服务时间与方式、费用的承担等。

（八）关于工程设计价款与支付方式

工程设计价款是设计人完成工程设计工作发包人应支付的费用，是工程设计合同中发包人所应承担的最重要的义务，是设计人的利益所在。因此，工程设计合同中应对工程设计价款与支付方式作出具体明确的约定。

防范工程设计价款与支付方式的风险，设计人应采取以下措施：一是在工程设计合同中应明确约定工程设计费是固定价还是可调价；如果是固定价款，应进一步明确是固定总价还是固定单价，固定总价是在工程设计的范围与内容确定的情况下合同价款不进行调整，固定单价是单价不变但合同总价款随工程设计面积的变动发生变化，因此，在固定单价的情形下，如何确定工程设计面积至关重要；如果是可调价，应在工程设计合同中明确调整工程设计费的标准、方式、程序等。二是在工程设计合同中明确、合理约定工程设计价款的支付方式、支付条件。关于第一笔支付款项，应约定在工程设计合同签订后一定时间内支付，可以约定为定金，也可以约定为预付款，如约定为定金，其支付比例不得超过合同总价款的20%。以后支付的款项，应当约定根据工程设计进度设计人在交付相应工程设计文件后的一定时间内支付；最后一笔支付款项，应约定在工程竣工后的一定时间内支付。

（九）关于发包人责任

工程设计合同是双务合同，在工程设计合同中明确约定发包人的责任和义务是保证工程设计顺利进行的重要保证。

防范发包人的责任风险，应在工程设计合同中明确约定以下内容：一是明确约定发包人向设计人提供资料的内容、份数及具体时间；二是明确约定发包人负责对外协调工作包括与政府有关部门的协调等；三是明确约定发包人对设计人书面提出的事项作出答复的具体时间及应承担的责任；四是明确约定发包人在履行本合同过程中应当遵守有关的法律、法规和规章，包括不得要求设计人违反工程建设强制性标准，降低工程质量；五是明确约定发包人应当按照合同约定及时足额支付设计费。

（十）关于设计人的责任

设计人提供的服务是专业服务，发包人将工程设计委托给设计人是将工程的外形和内在实体的筹划、研究、构思、设计和描绘的任务交给设计人来完成，是对设计人的高度信任。设计人的最大责任是确保工程设计质量合格。

防范设计人的责任风险，应在工程设计合同中明确以下内容：一是在工程设计合同中应当明确约定设计人的工程设计范围与内容，在此明确的范围内设计人履行精心设计、精心管理、确保设计质量的义务；二是在工程设计合同中应当明确设计人履行义务的客观及合理的标准，如工程设计服务质量应达到专业服务标准；工程设计文件质量应在符合国家法律、法规、规章和国家强制性工程建设标准的基础上满足业主的功能与使用要求；履行义务的期限是在设计人控制范围内的合理期限等；三是设计人的责任应在其资质许可范围内，并且其应当有具备相应注册执业人员和非注册专业技术人员来承担；四是在工程设计合同中不应当对设计人约定苛刻性惩罚条款。

（十一）关于工程设计变更与索赔

工程设计变更是指设计人的工作范围与内容的增加、减少或修改以及工程设计各阶段的时间计划的调整。由于工程项目投资额大、建设周期长、受自然条件因素制约、发包人的要求的变化及政府有关主管部门对项目的控制等影响，工程设计发生变更的情况难以避免，而工程设计变更对发包人、设计人的责任、权利与义务都会产生影响，因此，在工程设计合同中明确约定工程设计变更与索赔是非常重要的。

防范工程设计变更与索赔的风险，在工程设计合同中应当采取以下应对措施：一是发包人进行工程设计变更应当采取书面形式通知设计人；二是明确约定工程设计变更的依据和条件，如在施工图设计完成后，由于发包人对工程设计要求改变而造成设计修改；在施工图设计完成后，由于发包人设计条件变更、政府要求或法规、标准的修改而造成设计文件的修改；不可抗力造成设计文件的修改；工程设计修改工作量超出原工作量的一定比例；工程设计的依据发生重大变化等。三是明确约定索赔的程序。如果发生设计人认为可由此提出增加合同价格或延长计划完工时间要求的事项，设计人应于该事项发生后5个工作日内书面通知发包人。在该事项发生后10个工作日内，设计人应向发包人提供证明设计人要求的声明，其中包括设计人关于因该事项引起的合同价格和工作进度的变化的详细计算。发包人应在接到设计人声明后的10个工作日，予以答复，发包人逾期不予答复的，视为认可设计人的索赔要求。四是发包人与设计人应就合同价款的修改或完工时间的修改进行协商，达成一致。

（十二）关于工程设计责任与保险

工程设计责任是指设计人及其人员应运用一切合理的专业技术和经验知识，按照公认的职业标准尽其全部职责，谨慎、勤勉地履行其责任和义务，具有专业性、技术性强，有相应执业资格，有高度责任感，与当事人有特殊的信赖关系等特点。工程设计责任保险是指保险人应承担由于设计人的疏忽或过失而引发的工程质量事故所造成的建设工程本身的物质损失以及第三者人身伤亡、财产损失或费用的赔偿责任。工程设计责任保险具有保障设计人权益的同时，保障发包人和社会公众权益的特点。

防范专业责任和保险的风险，在工程设计合同中应当明确约定以下内容：一是设计人应获得履行工程设计合同所需要的设计责任保险并使其于合同责任期内保持有效。为了满足此条件，设计人应投工程设计责任年度保险。二是工程设计责任保险的保险人和工程设计责任保险条款应当经发包人认可。三是在工程设计费报价中应当考虑工程设计责任保险费，保险费应不低于工程设计费报价总额的1%。

(十三) 关于工程设计的知识产权保护

工程设计中如生产工艺技术、建筑艺术造型等涉及的知识产权包括著作权、专利权、专有技术等。工程设计是富有创造性的智力劳动，对工程设计这种原创或创新性智力劳动成果进行保护，不仅有利于激励工程设计人员创新与发展，而且有利于工程设计行业的技术进步，同时也符合业主和社会公众的利益。通过工程设计合同对知识产权进行约定是保护知识产权的重要手段。

防范知识产权保护的风险，在工程设计合同中应约定以下内容：一是工程设计文件包括民用建设工程设计文件如图纸、计算、数据、模型等；专业建设工程设计文件如工艺技术数据、工艺条件、软件、分析手册、操作指导书、设备制造指导书等，均属于受委托创作的作品，在工程设计合同中如有约定，应当明确约定工程设计文件的著作权归设计人；如无明确约定，根据我国《著作权法》的规定，工程设计文件的著作权归设计人。二是明确约定发包人应保护设计人的投标书、设计方案、文件、资料、图纸、数据、计算机软件和专利技术。未经设计人同意，发包人对设计人交付的设计文件不得擅自修改、复制、向第三人转让或用于本合同外的项目。三是明确约定设计人应保护发包人的知识产权，不得向第三人泄露、转让发包人提交的产品图纸等技术经济资料。四是明确约定设计人提供的全部工程设计文件或发包人提供的全部资料没有且不会侵犯任何第三方的知识产权，包括著作权、商标权、专利权、专有技术、商业秘密等。

(十四) 关于工程设计中的不可抗力

不可抗力是指不能预见、不能避免并不能克服的客观情况。不可抗力是合同的通用条款。工程设计合同中应当对不可抗力作出约定。

防范不可抗力的风险，在工程设计合同中应当约定以下内容：一是明确约定不可抗力的范围，特别是对政府对工程项目的调整或取消、恶劣天气情况等是否属于不可抗力范围应当明确；二是明确因不可抗力不能履行合同的不构成违约责任和无须承担赔偿责任，但是当事人迟延履行后发生不可抗力的，不能免除责任；三是应明确约定因不可抗力不能履行合同的当事人一方通知另一方的时间要求、影响程度及提供相应证明材料的时间与内容。

（十五）关于工程设计分包

工程设计分包是指设计人自愿或应发包人的要求将其承揽的工程设计的一部分发包给分包设计人的行为。工程设计分包不仅关系到发包人、设计人和分包设计人的利益，而且关系到工程设计市场行为的规范、工程设计质量与安全及社会公众利益，国家相关法规对此进行了相应规范。工程设计合同应当根据国家相关法规规定，结合工程项目的具体情况，对工程设计分包作出具体约定。

防范工程设计分包的风险，在工程设计合同中应当明确约定以下内容：一是明确约定设计人不得将工程设计的全部工作进行分包；二是明确约定建设工程主体部分的设计不得分包；三是明确约定设计人进行工程设计分包须经发包人书面同意；四是明确约定工程设计的分包单位应具有相应的资质证书；五是明确约定设计人负责对分包设计人的质量、进度及设计文件等进行管理，分包设计文件应由设计人向发包人提交；六是明确约定设计人应就分包设计工作与分包设计人向发包人承担连带责任；七是应明确分包设计费的支付应当与发包人支付相应工程设计费相协调；八是对于发包人指定设计分包人的，应当符合上述约定要求。

（十六）关于工程设计合同的变更

工程设计合同的变更是指工程设计合同内容的变更即发包人和设计人的权利与义务的变化。工程设计变更是工程设计合同内容变更的一种形式，因此，工程设计合同变更会经常发生，工程设计合同应当对此作出明确约定。

防范工程设计变更的风险，在工程设计合同中约定以下内容：一是明确工程设计合同变更应当经发包人和设计人双方协商同意；二是虽然发包人有权单方面提出工程设计变更的要求，但双方应当根据工程设计变更与索赔条款的约定就工程设计费及工程设计进度进行协商达成一致。

（十七）关于工程设计合同转让

工程设计合同的转让是指工程设计合同主体的变更，是工程设计合同中发包人或设计人的权利和义务的转让。由于工程设计是为不动产进行的设计工作，政府监管严格如合同主体资格、招标投标、工程建设法定程序等，工程设计合同转让不仅需要发包人和设计人双方的意思表示一致，而且受到国家相关法律法规的严格限制。

防范工程设计合同转让，在工程设计合同中应当明确约定"工程设计合同未经双方书面同意不得转让。"

（十八）关于工程设计合同违约责任

工程设计合同违约责任是指发包人或设计人不履行合同义务或履行合同义务不符合合同约定所应承担的民事责任。根据我国《合同法》的规定，承担违约责任的具体方式有：继续履行；采取补救措施；违约金；违约损害赔偿、违约定金。违约责任不仅是保护发包人、设计人合法权益的法律手段，而且是督促发包人、设计人履行工程设计合同的重要措施，因此，应当在工程设计合同中明确约定。

防范工程设计合同违约责任的风险，设计人应当采取以下应对措施：一是对于发包人拖欠工程设计费的违约行为，设计人要求发包人继续履行的，发包人应当无条件继续履行；对于设计人未按工程设计合同约定完成工程设计工作的，如发包人要求继续，设计人可以继续履行，也可以以法律上或事实上不能履行、不适于强制履行或履行费用过高、发包人在合理期限内未要求履行为抗辩理由不实际履行。二是对于设计人的设计质量不符合要求，设计人应当承担采取完善设计措施的违约责任。三是在工程设计合同中应当约定发包人或设计人违约应向对方支付一定数额的违约金，如果没有约定违约金，违约金的责任就不存在，另外，违约金的数额应当保持双方的均衡性；违约金具有补偿性，违约金低于或过分高于造成的损失的，当事人可以请求法院或仲裁机构予以增加或适当减少。四是在工程设计合同中可以约定违约损害赔偿金额或约定违约损害赔偿额的计算方法，违约损害赔偿遵循的是完全赔偿原则，违约损害赔偿金应当相当于违约所造成的损失，包括实际损失和可得利益损失。如果约定的违约金不足以弥补实际损失，受害人可以再要求支付违约损害赔偿金，违约金与违约损害赔偿可以并用。如果约定的违约损害赔偿金与实际损失不符，当事人可以依据我国《合同法》第54条规定请求法院或仲裁机构变更或撤销。五是定金兼具担保方式与违约责任方式两种属性，当事人可以约定定金的性质，若无特别约定，定金性质为违约定金。定金与违约金二者不能并用，在同时约定违约金与定金时，由非违约方选择适用哪种责任形式。违约定金可以与违约损害赔偿金并用。六是在工程设计合同中应当明确约定没有违约一方在一方违约后应当采取措施防止损失扩大，否则，不得就扩大的损失要求赔偿。七是在工程设计合同中应当明确约定由于第三方原因，如发包人委托的其他设计单位的原因造成发包人违约的，发包人应当向设计人承担违约责任。八是违约责任与侵权责任竞合的，受害方有权选择要求对方承担其中一种责任。

（十九）关于工程设计合同解除

工程设计合同解除是指工程设计合同有效成立后，根据法律规定、合同约定或双方协议，使基于工程设计合同发生的权利义务关系归于消灭的行为。工程设计合同具有政府严格监管的特点，工程设计合同一旦签订生效即具有法律效力，维护工程设计合同法律关系的稳定非常重要，因此，在工程设计合同中对合同解除加以明确约定非常必要。

防范工程设计合同解除的风险，在工程设计合同中应当明确约定以下内容：一是明确约定合同解除的条件，如双方协商解除合同；由于不可抗力导致合同目的不能实现解除合同；发包人在付款到期后一定期限仍未付款的，设计人有权解除合同；由于设计人过失导致设计文件提交延误超过一定期限，发包人有权解除合同等。二是明确约定合同解除的程序，一方行使解除权解除合同的，应当通知对方，合同自通知到达对方时解除。三是明确约定合同解除的效力，工程设计合同解除，尚未履行的，终止履行；已经履行的，发包人应支付设计人已经完成的设计工作的设计费。四是应当明确约定发包人或设计人单方面解除合同（依据合同约定情形解除合同除外）的违约责任，包括应支付一定数额的违约金，赔偿因此给对方造成的损失等。

（二十）关于工程设计合同争议解决方式

工程设计合同争议是指发包人、设计人对工程设计合同的签订、解释、有效性、终止或执行等方面发生的纠纷。工程设计合同发生纠纷，发包人、设计人应当通过协商方式加以解决，但协商不成时，需要通过合同约定明确争议的解决方法，因此，在工程设计合同中有必要明确争议的解决方式。

防范工程设计合同争议解决方式的风险，工程设计合同中应当明确以下内容：一是如果双方同意采取仲裁方式解决纠纷，应当在合同中明确约定仲裁机构的具体名称，并明确按照该仲裁机构现行有效的仲裁规则进行仲裁，仲裁裁决是终局的，对双方均有约束力。二是如果双方对仲裁方式没有约定或约定不明的，争议的解决方式只能是诉讼方式。根据我国《民事诉讼法》的规定，双方可以通过协议方式明确工程设计合同纠纷的地域管辖，协议管辖的法院选择只能是被告所在地法院、合同履行地法院、合同签订地法院、原告所在地法院、标的物所在地法院，并且协议管辖必须符合唯一性原则即当事人只能在上述法院中作出择一确定的选择，不能选择两个以上的法院进行管辖。

（二十一）关于工程设计合同中的通知与送达

工程设计合同中通知与送达条款是工程设计合同中发包人、设计人正确履行通知义务、明确各方责任的关键条款，我国法律对于通知采用"送达主义"即通知到达对方时生效，这就要求发送方就对方是否已经收到通知承担举证责任，因此，工程设计合同中应当对此作出明确约定。

防范工程设计合同中通知与送达风险，在工程设计合同中应当明确以下内容：一是明确约定各方收件人的姓名、地址、传真号、电子邮箱地址。二是明确通知的形式，一般采用发送电子邮件、特快专递、挂号信邮寄、有书面记录的直接交付等形式。三是明确送达完成的标准，对于采取发送电子邮件的方式，应在合同中约定：一方需要通知的信息发送至对方指定的电子邮箱超过3日，即视为对方已经看到并了解邮件内容，送达完成；对于采取特快专递、挂号信邮寄的方式，应在合同中约定：一方需要通知的信息发送至合同约定的地址时，视为送达；对于采取有书面记录的直接交付的方式，应在合同中约定：对方签收人签字，视为送达。四是应当明确约定：在合同有效期内，任何一方的联系方式发生变更的，应当及时书面通知对方，否则，自行承担因此产生的不利后果。

（二十二）关于工程设计合同中的保密

工程设计合同中的保密是指发包人、设计人在订立和履行工程设计合同过程中，从对方当事人知悉的商业秘密不得泄露或不正当使用。保密条款是合同的通用条款，在工程设计合同中应当加以约定。

防范工程设计合同中保密风险，在工程设计合同中应当明确以下内容：一是明确保密主体，一般为发包人和设计人；二是明确保密的客体，一般是与合同、项目有关的文件、资料、信息等；三是明确保密的方式，一般为不得向第三方包括任何个人、企业、单位、政府机构等披露；四是明确保密时间，一般为合同有效期及合同终止后的一定期限内；五是明确保密的违约责任，包括违约金及违约损害赔偿责任。

（二十三）关于工程设计合同期限

工程设计合同期限包括工程设计合同生效时间和工程设计合同的终止时间。工程设计合同的期限直接关系到发包人、设计人的权利与义务开始与结束的时间，因此，在工程设计合同中应当明确加以约定。

防范工程设计合同期限的风险，在工程设计合同中应当明确以下内容：一是明确工程设计合同的生效时间，一般为双方签字盖章之日；二是工程设计合同的失效时间可以约定，也可以不约定，如果约定失效时间应当约定为：发包人和设计人双方完全履行合同所约定的各方义务后失效；三是避免在工程设计合同中约定工程设计合同具体有效期限，工程设计合同的特点决定在合同签订时难以确定其合同有效的具体期限；四是应明确在工程设计合同中某些条款如结算和清理条款、保密条款、争议解决条款等，在合同履行完毕后仍然继续有效。

建设工程设计合同签订与履行的风险分析与防范

——从代理北京某景观园林设计有限公司诉中国某航空有限责任公司工程设计费诉讼案谈起

【案情简介】

2008年1月,原告北京某景观园林设计公司按照被告中国某航空有限责任公司的《中国某航空公司基地项目园林景观设计比选文件》的要求,开始进行方案设计工作。2008年2月17日,原告向被告提交了方案设计投标成果。2008年2月18日,被告确定原告为中标单位,并要求原告进行方案调整和细化工作。2008年2月20日至2月底,原告根据被告的方案调整意见对原方案(以下简称方案一)进行了调整,形成方案二并提交给被告。2008年4月,原告又根据被告的意见对方案二进行了调整,形成方案三并提交给被告。2008年5月2日~6月21日,原告再次根据被告的意见对方案三进行了调整,形成方案四并提交给被告。2008年8月26日,原告在基地FBO楼再次向被告领导汇报了调整后的三个方案,被告最终确定方案四为最终方案设计,并要求原告按此方案继续深化,进行施工图设计。2009年2月20日,原告向被告提交了该项目总平面图的1:500放线竖向及过路管线位置图。2009年3月11日,原告向被告提供了除中心地块之外的全部区域1:300放线、竖向、电气及给排水施工图的电子版文件,满足了施工进度需求。

此外,2008年3月1日~3月31日,原告应被告要求制作了满足奥运临

第二篇　建设工程设计法律风险防范

时绿化要求的基地临时绿化图纸并于 3 月 31 日向被告提交了临时绿化及部分永久绿化的施工蓝图 4 套。2008 年 4～6 月，原告先后数次到施工现场指导临时及部分永久绿化的施工工作。2008 年 7 月底，临时绿化及部分永久绿化工程竣工。

原告曾于 2008 年 3 月、4 月、9 月及 2009 年 1～2 月与被告进行过数次邮件往来，商议景观设计合同订立事宜，但至原告起诉时双方未签订书面合同，被告也未支付任何费用。

原告认为被告的拖欠设计费的行为，侵犯了原告的合法权益，遂委托本所于 2009 年 12 月 14 日向北京市顺义区人民法院提起民事诉讼，法院受理此案后，依法进行了开庭审理，并于 2010 年 6 月 17 日作出了一审判决，判决被告于本判决生效后七日内给付原告定金及方案费 57 万元，驳回原告其他诉讼请求。

2010 年 7 月 2 日，被告不服一审判决向北京市第二中级人民法院提出上诉，二审法院经审理依法判决：驳回上诉，维持原判。

【一审代理意见和判决】

原告的代理意见

本所接受申请人委托后，通过对案件的调查和分析，就本案的景观设计合同是否成立、被告的答辩理由、原告的诉讼请求等，发表了如下代理意见。

一、原告与被告已就《景观规划设计及技术咨询合同》的标的、数量等内容达成一致，《景观规划设计及技术咨询合同》已经成立

原告提供的并经北京市海诚公证处公证的证据十显示，原告与被告已就《景观规划设计及技术咨询合同》（以下简称"景观设计合同"）进行了充分协商。2009 年 1 月 19 日下午，被告的造价工程师武某给原告王某发送邮件，要求原告对景观设计合同进行审核并提供相关意见；2009 年 2 月 4 日下午，被告的造价工程师武某发送给被告徐某、白某、王某并抄送给原告的王某的邮件，非常明确"我部已完成了上述合同条款的修订工作"、"请白工负责最后的公文呈报"等；2009 年 2 月 5 日上午，被告的造价工程师武某发送给被告

徐某、白某、王某并抄送给原告的王某的邮件,非常明确"对原合同中的部分商务条款已经修订完毕"等。

从原告与被告之间来往的上述邮件的内容来看,双方已经就景观设计合同的如下主要内容达成一致:

1. 被告最终确定原告为某航基地景观规划设计单位;

2. 原告的前期设计方案已经过被告的领导批准;

3. 被告委托原告进行某航基地全部园林景观设计及技术咨询服务,包括提供奥运前基地的临时绿化方案及图纸;

4. 合同总价为 190 万元人民币。

最高人民法院《关于适用〈中华人民共和国合同法〉若干问题的解释(二)》第一条第一款规定:"当事人对合同是否成立存在争议,人民法院能够确定当事人名称或姓名、标的和数量的,一般应当认定合同成立。但法律另有规定或当事人另有约定的除外。"原告提供的并经北京市海诚公证处公证的证据十充分证明,景观设计合同的当事人名称、标的和数量是确定的,根据上述规定,景观设计合同成立。

二、尽管景观设计合同没有被告的签字或盖章,但原告已经履行了主要义务,被告已经接受,景观设计合同已经成立

我国《合同法》第 37 条规定:"采用合同书形式订立合同,在签字或者盖章之前,当事人一方已经履行主要义务,对方接受的,该合同成立。"本案中景观设计合同尽管没有被告的签字或盖章,但原告已经履行了主要义务,被告已经接受,因此,景观设计合同已经成立。

(一)原告已经完成了被告的奥运前基地的临时绿化设计工作及施工现场的指导工作,被告已接受。

2008 年 3 月 1 日~3 月 31 日,原告应被告要求制作了满足奥运临时绿化要求的基地临时绿化图纸并于 3 月 31 日向被告提交了临时绿化及部分永久绿化的施工蓝图 4 套,被告的代表王某亲笔签收。2008 年 3~6 月,原告先后数次到施工现场指导临时及部分永久绿化的施工工作。2008 年 7 月底,临时绿化及部分永久绿化工程竣工。

(二)原告已经完成了被告的基地景观设计方案的设计工作,被告已

接受。

2008年2月17日，原告向被告提交了方案设计成果，由被告的代表白某亲笔签收。2008年2月20日至2月底、2008年4月，原告根据被告的方案调整意见对原方案进行了两次调整，形成方案二、方案三并提交给被告。2008年4月28日，被告的王某总裁对原告的方案三提出了书面修改意见。原告再次根据被告的意见对方案三进行了调整，形成方案四并提交给被告。2008年8月26日，被告最终确定方案四为最终方案设计。2009年2月5日上午，被告的造价工程师武某发送给被告徐某、白某、王某并抄送给原告的王某的邮件中，被告提供的《合同说明书》第一部分中"前期的设计方案已经过领导批准"，说明原告已经完成了被告的基地景观设计方案的设计工作，并得到了被告的认可。

（三）原告已经完成了大部分被告的基地景观施工图设计工作，被告已接受。

2009年2月20日，原告向被告提交了被告基地的部分的1:500施工图（放线竖向及过路管线位置图），由被告发包的施工单位（中铁16局）现场负责人王某代收。

原告提供的并经北京市海诚公证处公证的补充证据四显示：2009年2月26日下午，被告的专业工程师王某给原告的王某并抄送被告的副总徐某发送了《某航基地三标园林工程专题会议纪要》（[2009]（三标市政）001）邮件，该会议纪要记录的内容是施工单位针对园林设计部分成果进行现场校核的基础上组织监理、总包、设计进行图纸会商。该邮件内容充分说明：原告向被告提交了被告基地的部分的1:500施工图，因为原告提交施工图纸是本次会议进行图纸会商的前提。同时，该会议纪要明确要求原告于2009年3月10日前后提供第二阶段设计图纸。

根据上述会议纪要的要求，2009年3月11日，原告向被告提供了除中心地块之外的全部区域1:300放线、竖向、电气及给排水施工图的电子版文件。被告已经按照该施工图纸进行了施工，形成了该基地的现状。

三、以方案设计招标未发中标通知书及未提供施工现场指导服务为由否认《景观规划设计及技术咨询合同》已经成立是完全错误的

（一）以方案设计招标未发中标通知书为由否认《景观规划设计及技术咨

询合同》已经成立是不符合客观事实的。

原告提供的证据十显示：被告最终确定原告为某航基地景观规划设计单位、原告的前期设计方案已经过被告的领导批准。这说明被告尽管没有给原告发正式中标通知书，但被告已经确定原告为中标单位。

景观设计一般分为方案设计、初步设计、施工图设计三个阶段，方案设计一般进行招标或方案竞选方式进行确定，方案设计中选的工程设计单位负责初步设计工作和施工图设计工作。本案中既然原告完成了大部分的施工图设计工作，被告也接受了原告的施工图纸，说明原告的设计方案已经中选。如果本案中原告的设计方案没有中选，原告就不可能去完成该基地的施工图设计工作，被告也不可能接受原告的施工图纸。

按照被告的《中国某航空公司基地项目园林景观设计任务书》中"未采纳但符合条件的参选作品均将给予补偿"的规定，如果原告的设计方案未中选，被告应该给予原告补偿。实际上，原告从未收到被告的任何补偿，被告也举不出证明原告已收到补偿的证据，这也说明原告的设计方案已经中选。

（二）以未提供施工现场指导服务为由否认《景观规划设计及技术咨询合同》已经成立是不正确的。

我国《合同法》第274条规定："勘察、设计合同的内容包括提交有关基础资料和文件（包括概预算）的期限、质量要求、费用以及其他协作条件等条款。"原告与被告达成一致的《景观规划设计及技术咨询合同》也是如此约定的。

景观设计合同作为工程设计合同的一种，设计人的主要义务是为被告提供方案设计文件（包括图纸）、初步设计文件（包括图纸）、施工图设计文件（包括图纸）；发包人的主要义务是提供基础资料及支付设计费。本案中原告作为设计人已经完成了方案设计、初步设计和大部分的施工图设计工作，本案中的被告作为发包人应当支付大部分的设计费。不论被告的该基地项目是否中止或原告未提供施工现场指导，只要原告完成了大部分设计工作，被告均应支付相应的费用，更不能以此为由否认《景观规划设计及技术咨询合同》已经成立的事实。

四、原告的诉讼请求符合法律规定和客观实际的

我国《合同法》第109条规定："当事人一方未支付价款或报酬的，对方

可以要求其支付价款或报酬。"如前所述,本案中原告与被告之间的景观设计合同已经成立,原告已经履行了大部分的义务,被告至今不支付任何费用,原告要求被告支付相应的工程设计费完全符合上述法律规定。

原告根据其已经完成的工程设计的面积、各设计阶段占整个工程设计的比率,按照双方约定的设计费单价,计算出被告应付的设计费,未计算原告未进行的设计工作及现场服务,原告的诉讼请求是完全符合实际情况的。

被告的答辩意见

针对原告的诉讼请求及事实理由,被告提供了如下答辩意见:

被告不同意原告的诉讼请求。被告认为其虽然收到原告的投标方案,但并未确定中标,即被告邀请投标的行为为要约邀请,原告提交投标方案为要约,但被告未作出承诺,故双方没有建立任何合同关系,原告依据合同法规定向被告主张违约责任,没有任何事实依据。

一审法院判决

北京市顺义区人民法院受理此案后,于2010年3月4日、4月23日两次公开开庭进行了审理。法院经审理认为依据已查明的事实足以认定双方之间建立了事实上的设计合同关系。理由如下:

一、景观设计公司已按某航空公司的招标文件的规定履行了投标义务,某航空公司亦在双方的电子邮件中确认了景观设计公司为中标单位。

某航空公司向景观设计公司发出招标文件——《中国某航空公司基地项目园林景观设计任务书》,对景观设计公司等参与招标的单位应完成的投标设计方案的设计指导思想、成果要求以及评标方式一一予以阐明,并且,在该文件的"补充说明"中特别注明"设计期间甲乙双方往来的电子文件、书函及传真等皆为有效文件,作为此设计邀标的重要组成部分,与之有同等法律效力"。此后,景观设计公司提交了投标设计方案。虽然某航空公司未以书面形式向景观设计公司发出中标通知书,但双方在协商签订合同的电子邮件中,某航空公司已明确景观设计公司为中标单位。某航空公司辩称电子邮件系职员个人所为,不代表单位意见。本院认为,徐某、王某、白某系某航空公司该项目的负责人,其行为均为职务行为,均代表某航空公司,故某航空公司的该辩解本院不予采信。根据某航空公司发出的《中国某航空公司基地项目园林景观设计任务书》约定，该确认具有效力。

二、某航空公司与景观设计公司协商签订合同的行为更进一步证明某航空公司确定景观设计公司为中标单位的事实。

根据双方往来电子邮件，双方并非仅仅表露签订合同的意向，而是在洽商合同的具体事宜，包括合同价款、合同中双方各自的权利义务等，并且就合同的各项内容达成一致。

三、景观设计公司依据合同约定，按某航空公司的要求参与了涉诉项目的后续设计事宜，合同依法应认定为成立。

尽管合同并未实际签订，但景观设计公司按照某航空公司的要求参与了涉诉项目的后续设计事宜，这在《某航基地三标园林工程专题会议会议纪要》以及王某签收的"大某航空公司北京基地景观规划设计施工图——临时绿化"的施工图设计成果中得到反应。尽管景观设计公司没有提交有效证据证明其按照约定向某航空公司提交设计方案、施工图等，但足以说明景观设计公司按照约定及某航空公司的要求开始了进一步的设计工作。

综上，本院对景观设计公司主张双方之间建立事实上的设计合同关系，予以支持。

虽然景观设计公司提交的《景观规划设计及技术咨询合同》系双方协商版本，但通过双方往来邮件能够确认双方已就合同价款达成一致，且某航空公司亦未提交双方协商的其他合同版本，故景观设计公司按照该合同约定向某航空公司主张设计费，本院予以支持。根据合同约定，某航空公司应向景观设计公司支付第一次费用57万元作为定金及方案费。

需说明的是，根据合同约定，某航空公司享有合同的单方解除权。鉴于某航空公司没有继续履行合同的意愿，景观设计公司亦不要求合同继续履行，本院予以认定。景观设计公司没有提交有效证据证明其完成后续设计工作并实际向某航空公司提交设计成果，故对于景观设计公司要求的其他设计费用，本院不予支持。景观设计公司所主张的"大某航空公司北京基地景观规划设计施工图——临时绿化"的施工图设计费用，根据本合同约定不取费，景观设计公司在诉讼请求中放弃该部分的设计费用，本院准许。

综上，依照《中华人民共和国合同法》第6条、第37条、第109条，《最高人民法院关于民事诉讼证据的若干规定》第8条、第33条、第36条、第43条的规定，判决如下：

一、被告中国某航空有限责任公司于本判决生效后7日内给付原告北京某景观设计公司定金及方案费57万元。

二、驳回原告北京某景观设计公司的其他诉讼请求。

一审判决后，在上诉期间内，被告某航空公司向北京市第二中级人民法院提起上诉；原告北京某景观设计公司未上诉。

【二审代理意见和判决】

某航空公司的上诉意见

某航空公司以一审判决程序错误、认定事实错误为由请求二审法院撤销一审法院的判决、驳回景观设计公司的全部诉讼请求并承担诉讼费，其主要理由是：

一是一审法院任意延长举证期限属于一审判决程序错误。本案一审法院确定的举证期限是2010年2月8日下午17时。本案在2010年3月4日开庭时，被上诉人当庭提交了4份证据，并且在双方均未申请延期举证的情况下，本案审判长却主动在庭上宣布增加7天补充举证期限，这违反了我国《民事诉讼法》及《最高人民法院关于民事诉讼证据的若干规定》的有关规定。

二是一审判决认定双方事实设计合同成立及上诉人应向被上诉人支付57万元定金及方案费属于认定事实错误。上诉人是通过招标方式来确定设计单位和签订合同，被上诉人投标的行为只是要约，上诉人从未向被上诉人送达中标通知书即没有承诺，合同依法未成立。退一步讲，即使根据《景观规划设计及技术咨询合同》第9条第4款之规定，合同生效的条件也是双方签字盖章并且上诉人向被上诉人支付定金，但这两个生效条件均不具备。一审判决一方面认定被上诉人未向上诉人提交设计成果，也就是说被上诉人未履行合同的主要义务；另一方面又以我国《合同法》第37条规定认定双方之间建立事实的设计合同关系，实属前后矛盾。

景观设计公司的答辩意见

景观设计公司在二审中答辩认为一审判决程序合法，认定事实清楚。一审法院延长举证期限符合《最高人民法院关于适用〈关于民事诉讼证据的若干规定〉中有关举证时限规定的通知》第1条关于"前述规定的举证期限届满后，针对某一特定事实或特定证据或者基于特定原因，人民法院可以根据案件的具体情况，酌情指定当事人提供证据或者反证的期限"的规定。一审法院认定事实设计合同成立符合法律规定及本案的事实。

二审法院判决

二审法院受理该案后，于2010年10月12日进行了开庭审理，二审法院经审理认为：本案证据表明，经某航空公司邀标，景观设计公司参与了中国某航空公司基地项目园林景观方案设计的投标，并提交了方案设计投标成果。虽然某航空公司未向景观设计公司发出中标通知书，但双方在协商签订合同的电子邮件中，某航空公司已明确景观设计公司为中标单位。在确定景观设计公司为项目中标单位后，某航空公司应当在合理的期限内与景观设计公司签订书面合同，某航空公司现又对该项目重新招标，以行为表示不与景观设计公司签订合同，违反了诚信原则，应当承担民事责任。景观设计公司在被确定为中标单位后，实际参与项目后续的设计及临时绿化施工的设计工作，对此，某航空公司应当承担赔偿责任。原审法院判决某航空公司给付的57万元应为赔偿性质，并无不当，对判决结果本院予以维持。某航空公司的上诉请求，缺乏事实和法律依据，本院不予支持。综上，依据《中华人民共和国民事诉讼法》第153条第1款第（1）项之规定，判决如下：驳回上诉，维持原判。本判决为终审判决。

【风险分析与防范】

本案是一起工程设计费追讨纠纷案件，本案争议的最大焦点是由于原告与被告之间没有签订书面的工程设计合同导致在认定双方之间的关系、认定被告给付费用的性质上产生了巨大分歧，给原告带来了法律风险。另外，在合同的签订和履行过程中风险的防范以及在工程设计费追讨过程中防范诉讼风险也是

第二篇 建设工程设计法律风险防范

本案值得关注的问题。本律师在本案中作为原告的代理律师,在代理本案过程中,深切体会到提高工程设计单位的法律风险意识是非常重要和迫切的。

一、签订书面工程设计合同对防范法律风险、保护工程设计单位合法权益是非常重要的

本案的争议的最大焦点是,原告与被告之间的工程设计合同关系是否成立?被告是否应当给付原告相应的费用?该费用的性质如何认定?围绕这一焦点,原告、被告、一审法院、二审法院之间产生了巨大分歧和争议,主要有三种观点:第一种观点认为,原告是根据被告的招标要求进行投标,提交设计方案,被告没有给原告发出中标通知书,原告与被告之间的工程设计合同没有成立。根据我国《合同法》、《招标投标法》的有关规定,投标是要约,发出中标通知书是承诺,承诺生效时合同成立。本案的被告就是持这种观点。第二种观点认为,本案的原告与被告之间是事实上的设计合同关系,双方之间的事实工程设计合同已经成立,被告应该依据合同的约定向原告支付设计费。本案原告持此种观点,一审法院支持原告的主张。第三种观点认为,本案原告与被告之间是在协商订立合同过程中,双方之间未形成事实上的合同关系,但由于被告有违背诚实信用的原则的行为,被告应当承担损害赔偿责任即"缔约过失责任",被告向原告支付的费用为民事赔偿性质。二审法院持此种观点。

对以上三种观点,从本案的事实及法律规定来看,本律师还是同意第二种观点,理由如下:首先,从本案事实来看,第二种观点符合本案的事实。虽然被告没有给原告发出书面中标通知书,但是在双方往来电子邮件中被告已经明确原告为中标单位,双方已经就设计合同的主要条款达成一致,并且原告参与了该项目的后续设计工作如临时绿化设计、提供施工现场服务等,因此,第一种观点、第二种观点均认为双方事实合同未成立,双方尚在协商过程中,这显然与上述事实不符。其次,从法律规定来看,第二种观点更具有充分的法律依据。第二种观点的法律依据是:1. 最高人民法院《关于适用〈中华人民共和国合同法〉若干问题的解释(二)》第1条第1款规定:"当事人对合同是否成立存在争议,人民法院能够确定当事人名称或姓名、标的和数量的,一般应当认定合同成立。但法律另有规定或当事人另有约定的除外。"2. 我国《合同法》第37条规定:"采用合同书形式订立合同,在签字或者盖章之前,当事人一方已经履行主要义务，对方接受的，该合同成立。"第三种观点的法律依据是我国《合同法》第42条规定："当事人在订立合同过程中有下列情形之一，给对方造成损失的，应当承担损害赔偿责任：（一）假借订立合同，恶意进行磋商；（二）故意隐瞒与订立合同有关的重要事实或者提供虚假情况；（三）有其他违背诚实信用原则的行为。"本案的事实是原告与被告之间已经超越了合同订立阶段，进入了合同的履行阶段，因此，以"缔约过失"责任追究被告的民事责任与上述事实不符。

由于原告与被告之间没有签订书面工程设计合同带来的法律风险主要有：一是对双方之间的法律关系造成巨大分歧，严重影响该案件的定性，到底是违约责任还是缔约过失责任，缔约过失责任是介于"违约责任"和"侵权责任"之间的一种特殊的民事责任制度，是区别于违约责任、侵权责任而独立存在的一种民事责任，是一种在缔约合同中产生的，以诚信原则为法律基础的，以补偿对方损失为后果的民事责任；二是直接影响支付费用的依据，给当事人的利益带来风险，如果是违约责任，就应该依据合同的约定，要求对方支付价款或报酬；如果是缔约过失责任，则只能要求对方补偿损失；三是给举证工作带来了风险。民事诉讼举证的基本原则是"谁主张，谁举证"。由于没有书面合同，原告需要对双方已经就合同主要条款达成一致、一方已经履行主要义务对方接受等进行举证，难度是相当大的。

要防范上述风险，切实保护自身的合法权益，签订书面协议非常重要，一是能够强化签约双方当事人履行合同的责任心，二是能使合同双方当事人有行使权利、履行义务的依据，三是合同双方当事人处理合同争议的基础。也就是说，采用书面形式订立合同，内容明确、责任清楚、便于履行，也便于处理争议。

建设工程设计合同的订立一定要采取书面形式。根据我国《合同法》第270条的规定"建设工程合同应当采用书面形式。"该法第269条规定："建设工程合同包括工程勘察、设计、施工合同。"该法第11条规定："书面形式是指合同书、信件和数据电文（包括电报、电传、传真、电子数据交换和电子邮件）等可以有形地表现所载内容的形式。"该法第33条规定："当事人采用信件、数据电文等形式订立合同的，可以在合同成立之前要求签订确认书。签订确认书时合同成立。"

二、在合同签订过程中应注意防范合同价款优惠与项目具体负责人员权限的风险

在本案中,景观设计单位在起诉时对"大某航空公司北京基地景观规划设计施工图——临时绿化"的设计费共计16万元是要求某航空公司支付的,后由于考虑到在设计合同中不取费,所以在诉讼请求中放弃了该部分的设计费。在工程设计合同签订过程中,工程设计单位为了取得项目的全部设计任务,对合同价款进行一定的优惠是通常做法,但是,这种优惠是有一定的条件的,如整个项目的设计均交由该工程设计单位完成、该项目正常顺利进行不会中途停建或建设单位不中途更换设计单位等,因此,为了防范此类合同价款优惠的风险,工程设计单位应当在工程设计合同中明确价款优惠的内容及具体条件,如果优惠条件消失,工程设计单位应就优惠内容进行取费。

本案中对某航空公司关于电子邮件系职员的个人行为、不代表单位意见的辩解,一审法院、二审法院均认为徐某、王某、白某系某航空公司该项目的负责人,其行为均为职务行为,均代表某航空公司,故某航空公司的该辩解本院不予采信。这对工程设计单位来说,如何防范项目具体负责人员的权限的风险是一大警示。工程项目工作人员均是工程设计单位的职工,其在工程设计项目中的行为均为职务行为,如果项目工作人员的行为不规范,必将给工程设计单位带来极大风险,为了防范该类风险,工程设计单位应当在工程设计合同中对项目组组成人员的范围、项目组成员的权限内容、范围等作出具体明确的约定,如约定只有项目组负责人经授权能代表公司、施工现场设计交底人员无权更改设计图纸、工程设计费的结算报告只有经过工程设计单位的盖章方为有效等等。

三、在合同履行过程中保存好原始材料直接关系到工程设计单位切身权益的保护

本案中,一审法院、二审法院对有某航空公司的项目负责人签收的规划方案的《设计成果签收单》、"大某航空公司北京基地景观规划设计施工图——临时绿化"的施工图《设计成果签收单》、公证书(包括双方往来电子邮件、会议纪要、景观规划设计及技术咨询合同等)予以采信。正是由于有了以上采信的证据，一审法院确认了事实设计合同成立；二审法院认定了某航空公司的不诚信行为给景观设计单位实际参与后续设计工作及临时绿化的设计工作造成的损失，某航空公司应当承担赔偿责任。

本案中，一审法院、二审法院对施工单位负责人王某代收的《设计成果签收单》、本项除中心地块之外的全部区域1∶300施工图、航拍图不予采信。所以，景观设计单位要求某航空公司支付施工图设计费的诉讼请求，法院不予支持。

工程设计合同是以设计成果交付为履行标志的合同，只有有效的设计成果签收手续的工程设计，才被法院认可，工程设计单位才可以获得相应的设计费的支持。特别是对中途停建、缓建项目以及建设单位中途更换工程设计单位的情形，如果没有有效的设计成果签收手续，工程设计单位的合法权益无法得到保护。正是由于工程设计合同具有以上特点，在合同履行过程中，工程设计单位对其已经完成的工程设计文件应当及时交付建设单位，并办理好完备的设计成果签收手续，不能以建设单位尚拖欠上一个阶段的设计费为由不交付设计成果，因为如果设计成果当时不及时交付而后来建设单位又拒收，工程设计单位很难证明其已经在合同约定的时间完成了工程设计任务，除非办理工程设计成果公证。

工程设计单位在合同履行过程中应注意收集和保存好以下主要原始材料：一是有建设单位的代表签字的设计成果签收单原件，如果有建设单位的盖章更好；二是双方往来的电子邮件；三是有各方签字的会议纪要原件；四是有关项目进展的录音、录像及照片资料；五是建设单位有关对设计文件修改的意见原件。

对于工程设计单位提交的设计文件，建设单位不同意签收的，工程设计单位应当通过特快专递的形式将设计文件寄送建设单位，在邮寄时封面上应注明具体内容，并注意从邮局取得对方签收的原件。

四、工程设计单位在追讨设计费的诉讼中应注意防范诉讼风险

本案中，被告上诉的一个重要理由是一审判决程序错误，认为一审法院延长了原告的举证期限，违反了最高人民法院的有关司法解释，但按照最高人民法院的有关规定，一审法院是有权根据案件的具体情况，给予双方当事人延长举证期限。尽管被告的这一主张不符合最高人民法院的有关规定，但仍然提示工程设计单位应注意防范诉讼风险。

防范诉讼风险，主要有：一是注意举证期限，尽量在举证期限届满前提供全部的证据；二是对于电子邮件的证据应采取公证书的形式，以保证证据的真实性。

五、有效防范法律风险是确保工程设计单位合法权益的关键

随着我国市场经济的形成和发展，社会法治进程的推进，特别是在我国加入WTO之后，工程设计单位无论是在产权制度改革、经营者持股、法人治理结构建立、内部机构设置、项目管理、劳动关系的处理等方面，还是在对外投资、中外合资经营、商务谈判、工程总承包及设计咨询合同的签订与履行、合作设计、工程款的追讨、知识产权的保护、工程保险等方面法律风险越来越大，工程设计单位迫切需要有效防范法律风险。

工程设计单位有效防范法律风险，是企业参与市场竞争的客观需要，是企业自身发展壮大的重要保障，是构建和谐社会的重要组成部分。

工程设计单位有效防范法律风险，一是必须强化单位领导人和员工的法律风险意识，自觉做好法律风险防范工作；二是必须健全规章制度，完善管理，以最大限度地减少和控制法律风险的发生；三是根据本单位的工作实际，抓住法律风险控制的关键点；四是加强单位内部监督与考核，提高员工的工作责任心；五是聘请专业律师提供专业法律服务，以专业服务防范法律风险。

建设工程设计文件提交与工程设计费风险分析与防范

——从代理北京某大学建筑设计研究院诉北京市某房地产开发公司工程设计费诉讼案谈起

【案情简介】

1998年12月11日,原告某大学建筑设计研究院(以下简称设计院)与被告北京市某房地产开发公司(以下简称开发公司)签订了《工程设计合同》,主要内容约定如下:开发公司委托设计院为其位于海淀区西二旗某住宅小区1、2、3号楼进行设计,开发公司提供设计任务书、地质勘探报告、市政管网资料,设计院于1998年12月31日提交报批图(方案)4份,于1999年2月28日提交全部施工图8份;1号楼单体建筑设计费预计566720元,2、3号楼单体建筑设计费预计340032元(重复设计),预计设计费合计906752元;开发公司于合同生效时向设计院预付估算设计费总额的20%作为合同定金,设计工作完工后,定金抵作工程设计费,于设计院提交初步设计文件时,拨付应付设计费的30%(不含定金),于设计院提交施工图设计文件时,按设计概算结清全部工程设计费;开发公司的主要责任是:如期向设计院提交合同规定的有关建设文件和设计资料,并保证所提交资料质量达到工程设计要求,按约定的日期和数量付给设计院定金和工程设计费,负责本工程各阶段设计文件向规划设计管理部门的送审报批工作,并负责将报批结果正式书面通知设计院;设计院的主要责任是:如期向开发公司交付合同规定的设计文件,并保证设计文件的质量符合国家和北京市的有关规定、规范的要求,符合开发公司的建设使用要求,负责合同所列工程设计项目开工前的设计交底工作,负责该项目施工期间及时解决与设计有关的技术问题,按规定参加该工程地基基础、主体结构和竣工的验收;开发公司不履行合同时,设计院不返还定金,开发公司按照设计院实际完成工作量另付设计费,设计院不履行合同时,应双倍返还定金,同时返还已收取定金外的全部工程设计费。

合同签订后,开发公司于同年12月24日向设计院支付了10万元的定金,其余设计费至今未支付。设计院于同年12月28日向开发公司提交了报批图(初步设计方案),施工图设计已经于1999年2月28日前全部完成,由于开发公司要求其暂不出图且未给付其余设计费,故全部施工图至今未交付开发公司。2000年6月29日,设计院收到开发公司发出的要求解除合同重新进行设计的通知。

设计院认为开发公司的违约行为严重侵犯了设计院的合法权益,遂委托本所于2000年7月19日,以工程设计合同纠纷为由向北京市海淀区人民法院提起诉讼。

北京市海淀区人民法院在受理此案后,依法进行了开庭审理,并于2000年12月25日作出了一审判决,判令设计院与开发公司签订的工程设计合同终止履行;开发公司给付设计院170016及相应利息。

双方在上诉期间内均未上诉,法院的一审判决生效。

【代理意见和判决】

原告诉讼请求

设计院起诉称:其与开发公司于1998年12月11日签订了一份工程设计合同,约定由设计院为开发公司开发建设的位于海淀区西二旗的某小区1~3号楼进行方案和施工图设计,设计费共计90.6752万元。合同签订后,设计院依约于1998年12月28日将方案设计提交给开发公司,1999年2月28日又依约完成了全部施工图,但开发公司未依约给付设计费,仅给付10万元定金,故设计院诉至法院，要求开发公司给付所欠设计费 80.6752 万元，并支付上述款项利息 16.587 万元。

被告答辩

开发公司答辩称：其已经收到报批图（方案），但由于设计院设计水平和设计方案不合理，报批方案报送首规委、人防、消防等部门后，上述主管部门提出了倾覆性的修改意见，设计院又未能按上述主管部门的意见对方案进行修改，致使方案未能再次上报，合同未能最终履行的责任在设计院；设计院在方案设计未获得批准的情况下制作施工图违反了设计规程及合同约定，并且时至今日，开发公司从未收到施工图设计文件；设计院仅履行了部分义务，其不应支付全部合同费用。

法院判决

法院认为，设计院、开发公司签订的工程设计合同，因系双方当事人真实意思表示，且未违反法律规定，故本院认定合法有效，对双方当事人均具有法律约束力。设计院作为受托设计方，依照合同应完成的工作量为制作报批图（方案）及全部施工图，而在实际履行中，其在 1998 年 12 月 31 日依约将其制作完成的报批图（方案）交付给开发公司，开发公司也接收了，至此可以认为其已完成了制作报批图（方案）的工作。开发公司在设计院按照合同约定的日期向其提交初步设计文件即报批图（方案）时，未依约向设计院支付应付设计费总额的 30%，因合同并未规定报批图（方案）必须通过有关部门审批才支付设计费的条件，故其行为显属违约，对引起本案纠纷应付主要责任，其关于设计院提交的报批图（方案）未通过有关部门审批而不付设计费的辩称，本院不予支持；设计院称其在合同约定的期限内完成了施工图工作，因其在约定期限内未向开发公司提交，只是在诉讼过程中向本院出示，故所称事实本院不予采信；设计院未在合同约定的日期向开发公司提交全部施工图，其称因对方要求其暂不出图且未给付其余设计费，因其未提供相应证据，且开发公司予以否认，本院对其所称事实亦不予采信；因现北京市经济适用房政策已调整，原设计无法利用，开发公司已委托其他单位重新设计，且双方同意终止合同，故本案合同应终止履行。因开发公司违约，故开发公司支付的 10 万元定金不再退还，除此之外，还应按照设计院实际完成的工作量给予设计院适当补偿，补偿标准应按照合同约定的在设计院提交初步设计文件时，拨付应付设计费总额的30%（不含定金）计算，至于应付设计费总额如何确定，本院认为，因设计已无法重复使用的可能，故上述总额应以该小区1号楼应付设计费56.6720万元为准，该部分费用包括了报批图（方案）、全部施工图的设计费，因合同并没有明确约定报批图（方案）、全部施工图各自的设计费数额，二者无法区分，因此，只能从其在合同约定期限内完成的工作量考虑给予补偿；按照上述确定的数额及标准计算，开发公司应给付设计院17.0016万元，另外还应自合同约定的交付报批图（方案）之日的次日即1999年1月1日起至款项付清之日止支付上述款项的同期银行利息给设计院，上述数额及利息加上已付的10万元，足以补偿设计院付出的工作量。

综上所述，法院依据原《中华人民共和国经济合同法》第6条、第29条第1款之规定，判决如下：

一、设计院与开发公司签订的工程设计合同终止履行；

二、开发公司给付设计院17.0016万元并支付上述款项的利息（自1999年1月1日起至上述款项付清之日止，按同期银行利息计算），均于本判决生效后10日内付清。

三、驳回设计院的其他诉讼请求。

【风险分析与防范】

本案是一起工程设计单位追讨设计费的合同纠纷案件，案情不是很复杂，但对于工程设计合同的签订和履行风险分析与防范方面均有代表性。

一、关于设计文件的交付时间的约定

设计人进行方案设计必须根据发包人提交的地质勘探报告、市政管网资料等来进行；设计人进行施工图设计必须是根据已获得有关部门认可的方案设计来进行，施工图设计是对方案设计的进一步细化。工程设计的每一个阶段是以前一个阶段得到确认或批准为前提，如果只明确交付设计文件的具体日期，就有可能由于前一阶段的设计没有得到确认或批准无法进行下一阶段的工作，但是具体交付设计文件的时间又即将来临而给设计人带来违约的风险。

本案中工程设计合同第二条明确约定，设计人提交报批图（方案）的时间是1998年12月31日，提交全部施工图的时间是1999年2月28日。本案原告按照合同约定的时间将方案设计文件提交给了被告，但设计方案由于种种原因迟迟没有得到批复，而提交施工图文件的时间又日益临近，原告处于两难境地，如果等到方案设计批复以后再做施工图设计，原告就不能按照合同的时间交付施工图设计文件；如果提前作施工图设计又缺乏相应的依据，被告又不认可。本案原告辛勤付出的施工图设计工作没有得到认可的原因之一就是属于后一种情况，这是工程设计合同中设计文件交付时间约定不当造成的。

因此，要防范此类风险，必须在工程设计合同中，不能约定工程设计文件交付的具体日期，而应该约定在一个设计阶段的前提条件具备的情况下完成本阶段设计工作应需要的日期，如可以约定在发包人提供全部的资料和文件后，15日内完成方案设计；在方案设计文件得到业主确认或有关部门批准后20日内，设计人完成施工图设计工作等。

二、关于施工图设计文件的提交

我国《民事诉讼法》第64条第1款规定："当事人对自己的主张，有责任提供证据。"也就是通常所说的"谁主张，谁举证"举证责任分担原则，这里的"主张"是指需要作为证明对象的主张，具体包括：（1）当事人主张权利或法律关系产生所依据的事实；（2）当事人主张权利或法律关系消灭所依据的事实；（3）当事人主张权利或法律关系变更所依据的事实；（4）当事人主张妨碍权利或法律关系产生所依据的事实；（5）当事人主张排除权利所依据的事实。设计人提起诉讼要求追讨工程设计费，必须提出证据证明设计人已经完成工程设计工作，并且已经提交给了业主。如果没有这方面的证据，法院就无法支持你的主张。

本案中设计院提出了证据证明了其方案设计已经完成并且已经提交给了开发公司，尽管开发公司提出方案设计未通过有关部门的审批而不付设计费进行抗辩，法院仍然支持了设计院索要方案设计费的主张。对于施工图设计，尽管设计院已经按照合同约定的时间完成，但由于没有证据来证明其已经完成施工图设计工作并且已经提交给了开发公司，法院对设计院要求开发公司支付施工图设计费的主张无法支持，设计院的辛勤劳动没有得到认可。

因此，要防范此类风险，工程设计单位应该特别注意：一是对于业主未支付上一阶段的设计费，工程设计单位可以利用新合同法规定的抗辩权，不履行下一阶段的设计工作，工程设计单位不需承担违约责任；二是如果工程设计单位按照合同约定完成了设计工作，应当及时将设计成果提交给业主，并且应当保留完整的工程设计成果交接记录，包括交接的具体内容、具体时间、交接人亲笔签名等，保存好原件。三是如果业主不愿意接受工程设计成果，可以采取公证方法保存证据，由公证机关出具公证文书证明工程设计单位已经完成工程设计工作但由于业主不接受无法交付的事实。

三、关于工程设计费的约定与支付

工程设计费是工程设计单位劳动成果的价值体现，在工程设计合同中非常重要。如果约定不明确，就会给工程设计单位带来风险。

本案中有关工程设计费的约定与支付，存在的问题有：一是没有明确方案设计阶段与施工图设计阶段的各自设计费的具体数额；二是没有明确提交设计成果后多长时间内支付设计费；三是业主没有按照工程设计合同的约定比例支付定金，按照工程设计合同的约定合同生效时，业主应按"估算设计费总额的20%"支付设计费作为合同定金，共计18万元，而本案中设计院只收到10万元定金。由于存在以上问题，发生本案纠纷时，设计院的合法权益难以得到保障。

因此，要防范此类风险，工程设计单位应特别注意：在工程设计合同签订时，必须明确约定工程设计费的支付标准、支付方式、支付时间、工程设计费总额及各阶段设计费的具体数额、工程设计费的调整方式与具体程序等；在工程设计合同履行时，应要求业主严格按照工程设计合同的约定支付设计费，特别是对合同定金一定要求业主支付到位，否则，工程设计单位有权拒绝履行合同的义务，以切实保护工程设计单位的合法权益。

建设工程设计分包合同风险分析与防范

——从代理北京某工程设计有限公司诉北京市
某顾问公司设计费纠纷诉讼案谈起

【案情简介】

2002年6月22日，原告北京某工程设计有限公司与被告北京某顾问公司签订了《建设工程设计合同》（合同编号：AT—02—15），双方约定：被告将北京某艺术学院工程的初步设计和施工图设计发包给原告，并确定了工程设计费的具体数额及支付时间。合同履行过程中，因工程项目中途发生变化，需要对原设计方案进行补充修改，双方经多次协商后，于2003年6月22日在原合同基础上达成了《补充协议书》，原告根据合同约定及被告的要求完成了北京某艺术学院工程的初步设计和施工图设计，并分别于2003年7月24日、8月19日、9月2日将北京某艺术学院的1~5号教学楼施工图、1~3号学生公寓施工图、餐厅施工图交给被告及业主。根据合同约定，被告应于2003年9月前支付原告设计费共计215.98万元，但被告实际只支付119万元设计费，尚欠96.98万元。

原告认为被告延迟支付设计费的违约行为严重侵犯了原告的合法权益，遂委托本所于2005年8月31日，以工程设计合同纠纷为由向北京市朝阳区人民法院提起诉讼。

北京市朝阳区人民法院在受理此案后，依法进行了开庭审理，并于2005年12月9日作出了一审判决，判令被告于本判决生效之日起7日内向原告支付设计费 80.6130 万元。

一审判决后，被告不服向北京市第二中级人民法院提起上诉，该案件在二审审理过程中，上诉人申请撤回上诉，2006 年 5 月 17 日，北京市第二中级人民法院裁定准予撤诉。

【代理意见和判决】

原告代理意见

本所在接受原告的委托后，通过对案件的调查和分析，就本案工程设计合同有效性、原告与被告履行合同情况，发表了如下代理意见：

（一）原告与被告签订的工程设计合同及补充协议合法有效。

2002 年 6 月 22 日，原告与被告签订了《建设工程设计合同》（以下简称"该合同"）。该合同约定，被告将北京某艺术学院工程的初步设计和施工图设计发包给原告，并确定了工程设计费的具体数额与支付方式。2003 年 3 月 26 日双方又签订了《补充协议书》，约定了设计费支付情况、具体比例及计算方式。原告与被告签订的设计合同与补充协议符合我国《合同法》的有关规定，该合同及补充协议合法有效。

（二）原告严格按该协议履行了义务，但被告至今未全部履行义务。

该合同签订后，原告按照该合同完成了工程初步设计及施工图设计，并分别于 2003 年 7 月 24 日、8 月 19 日、9 月 2 日将北京某艺术学院的 1～5 号教学楼施工图、1～3 号学生公寓施工图、餐厅施工图交给被告及业主。

按照该合同及补充协议书的约定，被告应该支付原告共计设计费 201.94 万元，但被告只支付了 119 万元，尚欠 82.94 万元。原告多次催讨，被告均以各种借口拒绝履行其义务。

（三）被告不履行合同及补充协议的行为，严重侵犯了原告的合法权益。

原告与被告依法签订的该合同及补充协议，合法有效，双方均应严格履行自己的义务。被告的违约行为，严重侵犯了原告的合法权益。依据我国《合同法》第 107 条、第 109 条的规定，原告要求被告立即支付设计费。

综合以上几点，我们代表原告，恳求法院依法作出公正判决，判令被告立即支付设计费和承担诉讼费用。

被告答辩意见

针对原告的诉讼请求及事实理由,被告方提供了如下答辩意见:

(一)由于原告未完成施工图外线设计工作,被告有理由不支付剩余设计费。

被告认为按照合同约定,一期全部工程设计完成后被告才付款。一期设计包括公寓、教学楼、餐厅,根据行业习惯,整体设计可以理解为包括外线设计。外线包括道路、绿化、电线、管道等。只有外线完成后才能完成使用功能。如果合同中没有对外线进行约定,通常认定包括外线。被告认为其委托原告的设计工作包括施工图的外线设计,理由还包括:被告委托原告工作内容是项目总体设计,其设计内容显然包括项目总图中标注的所有内容,自然包括项目外线设计;在原告提交各部分工程施工图首页《建筑设计说明》中,设计范围项中明确写明:含该项目总图、建筑、结构、暖通、给排水及电器施工图设计。而原告实际提交的设计图纸中却只包括内线设计;原告在已完成的初步设计方案中均已包括项目总图中的全部内容,因此其施工图中同样也应包括总图中的全部设计内容。由于原告只向被告提供了不完整的设计施工图,未能完成其工作内容,被告付款的条件不成就,因此,被告完全有理由不支付剩余的设计费。

(二)被告未支付剩余设计费是由于项目业主未付全款。

在本项目中,被告只是接受项目业主的委托进行工程设计的发包,现在因资金问题,投资商停止投资,导致一期无法开工,现在正在寻找其他投资商,设计费无法支付。

法院判决

北京市朝阳区人民法院受理此案后,于2005年10月9日公开开庭进行了审理。法院经审理认为,原告、被告签订的《建设工程设计合同》及《补充协议》意思表示真实,合法有效,双方均应认真履行。原告履行了上述合同义务后,被告应按约定支付设计费。现原告要求被告支付剩余设计费的诉讼请求符合法律规定,具体数额本院依据双方签订的《建设工程设计合同》及《补充协议》约定的计算方式及经双方确认的面积予以计算。2005年12月9

日,法院对此案作出了一审判决:

一、被告北京某顾问公司于本判决生效之日起 7 日内向原告北京某工程设计有限公司支付设计费 806130 元。

二、驳回原告北京某工程设计有限公司的其他诉讼请求。

一审判决后,被告不服提起上诉,后又撤回上诉。

【风险分析与防范】

本案是一起工程设计单位追讨设计费的合同纠纷案件,案情不是很复杂,但该案件对于工程设计单位在签订工程设计分包合同过程中如何防范风险,启发很大。

一、关于工程设计的范围与内容的约定

在签订工程设计合同过程中,发包人委托设计人的工程设计的范围与内容是非常重要的,直接关系到双方当事人的权利与义务的履行,在工程设计合同签订与履行过程中,风险是很大的。在司法实践中,此类的纠纷是比较突出的。本案中被告不支付剩余设计费的重要抗辩理由就是原告没有完成该项目的外线施工图设计,而外线施工图设计是否包括在施工图设计中在《建设工程设计合同》中并没有约定,导致双方分歧很大,无法达成一致。法院在判决中认为因双方所签合同中没有外线设计的约定,缺乏充分证据,故被告以此作为拒付设计费的理由不能成立。

因此,要防范此类风险,必须在工程设计合同中,对工程设计的范围与内容作出非常明确、具体的约定,不能采取现有的《建设工程设计合同示范文本》中在"设计阶段与内容"中采取"打钩"的方式。在签订工程设计合同时,必须对工程设计的范围、工程设计的内容、提交的成果等进行具体描述。如在景观设计合同中,对设计范围应描述为:甲方划定的设计范围(参见附图),具体包括划定范围以内的一级道路绿化、泄洪沟绿化带、集中绿地和景观节点等,共计具体公顷数。对设计内容应描述为:具体包括设计范围内的环境景观设计;竖向设计;道路系统设计,包括人行系统、车行系统、消防通道及地面停车场;运动及休闲场地设计;水景设计;景观小品设计,包括景观亭、棚架、座椅、桥等；植物种植设计；铺地材料设计；景观泄洪沟的景观及挡土墙设计；景观照明设计；景观给排水设计；景观喷灌系统设计；小区标示牌设计。

此外，建筑工程的方案设计、初步设计、施工图设计应当满足《建筑工程设计文件编制深度规定》（2003年版）的要求。

二、关于在设计分包过程中业主不及时支付设计费能否作为设计总包人不支付设计分包人设计费的抗辩理由

合同相对性原则是合同规则和制度赖以建立的基础和前提，也是合同立法和司法所必须依据的一项重要原则。合同相对性就是指合同主要在特定的当事人之间发生法律约束力，只有合同当事人一方能基于合同向对方提出请求或提起诉讼，而不能向与其无合同关系的第三人提出合同上的请求，也不能擅自为第三人设定合同上的义务，不能以第三人未履行其他合同的义务作为不履行本合同义务的理由。因此，在设计分包过程中，如果在合同中没有约定，业主不及时支付设计费是不能作为设计总包人不支付设计分包人设计费抗辩理由的。

因此，要防范及转移此类风险，工程设计单位在签订设计分包合同时，可以采取两种方式加以规避，一是由业主、设计总包人、设计分包人三方签订工程设计合同，对设计费的支付及违约责任作出明确约定；二是在设计总包人与设计分包人在签订工程设计分包合同时，明确设计总包人支付设计分包人设计费的条件之一是业主已经支付设计总包人相应的设计费。

三、关于争议处理方式的约定

工程设计合同纠纷处理方式一般采取诉讼或仲裁两种方式，在签订工程设计合同时，如果采取诉讼方式，可以在合同中约定地域管辖，我国《民事诉讼法》第25条规定，合同的双方当事人可以在书面合同中协议选择被告所在地、合同履行地、合同签订地、原告住所地、标的物所在地人民法院管辖，但不得违反本法对级别管辖和专属管辖的规定。当事人一般愿意选择由自己住所地的法院进行管辖，这样，既可以方便诉讼，又可以防止地方保护。如果采取仲裁方式，一定要明确仲裁机构的名称。本案中，原告与被告约定"本合同发生争议，双方当事人应及时协商解决。也可由当地建设行政主管部门调解，调解不成时，双方当事人同意由市仲裁委员会仲裁。"此约定的争议解决方式

由于仲裁机构约定不明确,仲裁机构无法受理,因此,本案只能按诉讼方式来解决纠纷。因此,在约定采取仲裁方式解决争议时一定要明确仲裁机构的名称,如北京仲裁委员会。

第三篇
建设工程施工法律风险防范

建设工程施工合同签订与履行的风险分析与防范

——从代理云南昆明某公司参加云南省某建筑
工程公司工程款纠纷应诉案谈起

【案情简介】

1998年6月16日,原告云南省某建筑工程公司与被告云南昆明某公司签订了《建设工程施工合同》,在该合同中,双方约定由云南省某建筑工程公司承建云南昆明某公司的A幢、B幢楼的除灌注桩以外的工程(包括土建及水电安装工程)。

合同签订后,云南省某建筑工程公司于1998年7月11日与昆明某建筑经营公司签订了《工程施工承包合同》,将其所承包的工程发包给昆明某建筑经营公司。

A幢、B幢楼工程于1998年7月5日开工,1999年10月24日竣工。在工程施工过程中,云南昆明某公司支付了190余万元工程款,尚有部分工程款未支付。

2001年10月17日,云南省某建筑工程公司向昆明市中级人民法院(以下简称"法院")提起诉讼,提出要求云南昆明某公司支付工程欠款2938575.6元等诉讼请求。法院于2001年11月9日立案受理后,昆明某建筑经营公司作为本案第三人参加诉讼。

北京金洋律师事务所接受本案被告云南昆明某公司的委托,指派郭家汉、朱宏亮两位律师代理了该建设工程合同纠纷案件。

在诉讼过程中，云南昆明某公司答辩并反诉称，其已按合同履行了付款义务，云南省某建筑工程公司从未向其提交结算报告，云南省某建筑工程公司的诉请无事实及法律依据；提起反诉请求判令反诉被告：支付工期延误违约金233万元；因工程质量未达到优良工程减少支付工程款52万元；承担工程质量未达优良及非法转包的违约金50万元；免于支付反诉被告工程造价8%的非法所得利润等反诉请求。

法院于2001年12月17日组成合议庭对本案公开开庭进行审理，庭审中，云南省某建筑工程公司当庭提出对工程造价进行评估、鉴定的申请。经合议庭评议，同意云南省某建筑工程公司提出的鉴定申请，由于云南省某建筑工程公司、云南昆明某公司及昆明某建筑经营公司三方对评估、鉴定部门不能达成一致意见，法院指定昆明市司法技术鉴定中心（以下简称鉴定中心）为评估、鉴定部门，并于2001年12月20日委托该鉴定中心对本案工程造价进行评估、鉴定。此间，云南省某建筑工程公司向法院提出财产保全申请，经合议庭评议于同年12月28日作出查封、冻结、扣押云南昆明某公司价值3438575.60元财产的民事裁定。2002年6月12日，鉴定中心出具了《司法技术鉴定书》，法院将该鉴定书送达云南省某建筑工程公司、云南昆明某公司及昆明某建筑经营公司，云南省某建筑工程公司及昆明某建筑经营公司对《司法技术鉴定书》的鉴定结论及鉴定程序提出异议，并申请重新鉴定。经合议庭评议认为，云南省某建筑工程公司及昆明某建筑经营公司提出重新鉴定的申请，通过补充鉴定即可解决，无须重新鉴定。之后，法院委托鉴定中心进行补充鉴定。鉴定中心向法院提交《补充鉴定》。法院于2002年11月26日依法组成合议庭公开开庭进行了审理。

法院于2003年4月10日作出（2001）昆民初字第246号民事判决，判决被告云南昆明某公司在判决生效十日内向云南省某建筑工程公司支付工程款897131.81元及利息（利息自2000年10月24日起按银行同期流动资金贷款利率计算）；由反诉被告云南省某建筑工程公司在判决生效十日内向反诉原告云南昆明某公司支付非法转包的违约金240743.73元；驳回原告云南省某建筑工程公司、反诉原告云南昆明某公司的其他诉讼请求。双方在上诉期间内均未上诉，法院的一审判决生效。

【法院认定和判决】

诉辩主张

云南省某建筑工程公司起诉称：其与云南昆明某公司于1998年6月16日签订了《建设工程施工合同》，双方就位于滇池六公里处的云南昆明某公司A、B幢工程建设竣工验收时间、结算方式、付款方式及违约责任等作了明确约定。其在云南昆明某公司未按合同条款付款已经构成违约的情况下，于1998年12月中旬按期完成了该工程的建设，并达到竣工验收标准。云南省某建筑工程公司于1998年12月20日向云南昆明某公司递交了《工程竣工验收报告》，并于1999年1月3日将《工程结算书》编制完毕送达云南昆明某公司。工程造价共计4847075.6元，云南昆明某公司仅支付了1908500元，尚欠2938575.6元。故诉至法院请求判令被告：一、确认双方于1998年6月16日签订的《建设工程施工合同》为无效合同；二、支付工程欠款2938575.6元；三、支付违约金50万元；四、支付1999年1月23日起至判决生效付款之日止的利息；五、承担本案诉讼费、财产保全费及律师代理费；六、若被告不能按本案判决偿付工程款，并拍卖其所建工程，所得款项由其优先受偿。

云南昆明某公司答辩并反诉称：其已按合同履行了付款义务，云南省某建筑工程公司从未向其提交结算报告，云南省某建筑工程公司的诉请无事实及法律依据。双方于1998年6月16日签订的《建设工程施工合同》明确了承包范围、质量等级、工期、违约责任等，属有效合同。但云南省某建筑工程公司在签订合同后将工程转包，造成严重的经济损失。该工程开工日期为1998年6月30日，竣工日期为1999年10月24日，云南省某建筑工程公司已延误工期达353天，且该工程质量未达到合同约定的优良等级。故提起反诉，请求判令反诉被告：一、支付工期延误违约金233万元；二、因工程质量未达到优良工程减少支付工程款52万元；三、承担工程质量未达优良及非法转包的违约金50万元；四、免于支付反诉被告工程造价8%的非法所得利润；五、不应支付该工程的铝合金窗、涂料及水电安装费用；六、本案反诉费、律师代理费由反诉被告承担。

针对云南昆明某公司的反诉，云南省某建筑工程公司答辩称：一、云南昆明某公司未按合同规定的时间付款，但其仍然垫资施工，直到现在为止，云南昆明某公司仍未按合同条款付款，已经违约在先。其是在约定的时间内完工的，并没有违约，所以工程不存在延期的情况；二、工程质量不存在违约，双方签订合同第15条的约定违反了公平原则，应属无效条款，且云南省某建筑工程公司所承包的工程的主体部分未达优良，不是云南省某建筑工程公司的责任，不存在工程质量不合格，双方验收的两幢工程已经合格，A幢是优良，B幢的质量等级不出来的原因在云南昆明某公司；三、工程不存在转包，建筑法有禁止转包的规定，但规定了可以依法分包，分包工程给昆明某建筑经营公司，云南昆明某公司是明确知道的，分包确实存在，合同中也有此规定，分包单位有资质，所以不存在转包问题；四、对于工程款，在双方确定的合同条件中明确。其提交竣工报告，云南昆明某公司要进行确认或修改，对方不作为视为认可竣工报告，按合同28-3规定，云南昆明某公司应支付已完工程的工程款，工程到现在基本完工，零星工程不符合施工条件；五、反诉原告所提反诉不成立，请法庭予以驳回。

昆明某建筑经营公司针对本诉和反诉陈述如下意见：一、云南昆明某公司与云南省某建筑工程公司在合同第36条约定了工程的分包，其与云南省某建筑工程公司的分包关系得到了其被告的确认，认可云南省某建筑工程公司的意见；二、其与云南省某建筑工程公司在工程完工后办理了结算，已按约定将结算书送交云南省某建筑工程公司；三、其所承建的分包工程已经反诉被告的验收，并出具竣工验收和工程质量为优良的报告。在云南省某建筑工程公司组织的验收中，工程质量没有问题；四、认可云南省某建筑工程公司提出的云南昆明某公司已构成违约的观点。

案件事实

一、原告云南省某建筑工程公司与被告云南昆明某公司及第三人昆明某建筑经营公司无争议的事实是：

1.1998年6月16日，云南省某建筑工程公司与云南昆明某公司签订了《建筑工程施工合同》；

2. 合同签订后，云南省某建筑工程公司将合同所约定的建设工程内容发包给昆明某建筑经营公司施工建设；

3. 在施工过程中，云南昆明某公司将所约定的工程内容中的水电安装及铝合金窗、涂料等工程项目发包给他人施工；

4. 在施工过程中，云南昆明某公司已向云南省某建筑工程公司支付了1908500元的工程款。

二、原告云南省某建筑工程公司与被告云南昆明某公司及第三人昆明某建筑经营公司有争议的事实是：

1. 工程的工期是否延误？

2. 工程质量是否已达到合同约定的标准？

3. 云南昆明某公司已支付的工程总款数额是多少？

4. 云南省某建筑工程公司将工程承包给昆明某建筑经营公司，是分包还是转包？

5. 《司法技术鉴定书》是否能作为本案的定案依据？

针对第一个争议的事实——本案所涉工程的工期是否延误，云南省某建筑工程公司提供了以下证据材料：

1. 1998年9月9日的《分项隐蔽工程的检验单》，证明工程应在1998年7月5日正式施工，由于前期的打桩工程不符合要求需加固，云南昆明某公司同意云南省某建筑工程公司延期到1998年9月5日主体施工。

2. 1998年7月2日至1998年10月26日工期顺延的14份《签证》，证明因故无法施工保证工程质量，工期可以顺延。

3. 1998年10月20日的《紧急报告》，证明原告要求云南昆明某公司明确下一步施工的计划。

4. 1998年12月15日的《检查记录》，证明工程基本完工，并对已完工部分进行了检验，双方已经签字认可。

5. 1999年7月5日的《签字》，证明因云南昆明某公司的原因，零星工程无法施工，在工期中不存在其违约的事实。

6. 1998年7月至10月昆明的《降水情况》。

7. 《证人证言》、云南省某建筑工程公司向云南昆明某公司发出的《信函》，证明其所承建 A、B 幢楼开、竣工时间及向云南昆明某公司送达《竣工验收报告》《竣工验收证明书》和《结算书》的事实。

云南昆明某公司质证认为，对《分项隐蔽工程的检验单》、14 份《签证》、1999 年 7 月 5 日的《签字》的真实性无异议；对《紧急报告》《检查记录》1998 年 7 月至 10 月昆明的《降水情况》的真实性有异议，但上述证据材料不能证明云南省某建筑工程公司的主张成立。对《证人证言》因证人均是云南省某建筑工程公司的工作人员，故对证人证言的真实性、合法性有异议。对《信函》的真实性无异议，但不能证明云南昆明某公司收到过结算书。

昆明某建筑经营公司对云南省某建筑工程公司所提交的证据材料的真实性及合法性无异议。

云南昆明某公司针对双方争议的工期是否延误的事实提供以下证据材料：

1.《开工通知书》及《对方的签收证明》，证明开工时间为 1998 年 6 月 30 日。

2.《工程 A、B 幢楼竣工验收证明书》，证明工程竣工日期在 1999 年 10 月 24 日。

3. 工期顺延十五天的《证明》。

4.《施工进度通知书及施工进度保证书》证明云南省某建筑工程公司保证在 1998 年 12 月 25 日前完工。

5.《施工进度计划催报通知书》，该通知书是 1998 年 12 月 30 日由云南昆明某公司发出的，云南省某建筑工程公司在 1998 年 12 月 30 日收到，云南昆明某公司要求云南省某建筑工程公司在 1999 年 1 月 6 日前报施工进度计划，从 1998 年 6 月 30 日到 1998 年 12 月 30 日云南省某建筑工程公司均未提供施工进度计划，证明云南省某建筑工程公司工期存在违约行为。

6. 1999 年 4 月 13 日，云南省某建筑工程公司工地代表签字的《A、B 幢楼未完工程证明》，证明云南昆明某公司要求云南省某建筑工程公司尽快完成工程任务。

7. 1999 年 10 月 19 日，云南省某建筑工程公司的工地代表与云南昆明某公司共同确认《A、B 幢楼未完工程项目》，证明双方确认了有 20 个未完工程项目，所以该工程在 1998 年 12 月还没有完工。

8.《相关的保证书》《申请书》《通知》,证明 1998 年 12 月 29 日工程还未完工。

云南省某建筑工程公司质证认为,有些签字其已无法核实,对云南昆明某公司的观点不予认可,《竣工验收证明书》的日期是按被告的需要而填写,无法证实其工期的延误。

昆明某建筑经营公司对云南昆明某公司提交的证据材料陈述:云南昆明某公司在 1998 年 12 月 7 日、1998 年 11 月 2 日给云南省某建筑工程公司的两份通知的很多方案是不确定的。关于《A 幢楼的竣工验收证明书》的第一页,无云南省某建筑工程公司的签章,与云南省某建筑工程公司提交给昆明某建筑经营公司的有关造价及工期等材料是不一致的。云南昆明某公司以两个《竣工验收证明书》证明工程延期,B 幢楼的施工天数是 147 天,明确说明施工的天数,说明云南省某建筑工程公司与其施工工期与合同规定的 110 天及天气原因导致的停工是一致的,施工天数是符合要求的。对 1999 年 4 月 9 日、1998 年 10 月 19 日的两份《通知》,是否为熊某签字无法确认,1999 年 4 月 9 日熊某已离开工地现场。

法院认为,针对云南省某建筑工程公司所举证的材料《分项隐蔽工程的检验单》,虽然云南昆明某公司对其真实性无异议,但根据该材料所记载的内容为 B 幢餐饮楼 3\4 区基础增加工程量,故该材料不能印证云南省某建筑工程公司所主张云南昆明某公司已同意云南省某建筑工程公司将主体工程延至 1998 年 9 月 5 日开工的观点;针对《紧急报告》,其无相应送达云南昆明某公司的证据材料相互印证;对于《检查记录》,在云南昆明某公司不予认可的情况下,云南省某建筑工程公司未提供该相关签名人的身份材料,故其依据该份证据材料主张的合同所涉及工作量已基本完工的观点,法院不予采纳。针对 1998 年 7 月至 10 月昆明的《降水情况》,因合同中未对出现降雨情况是否对工期顺延进行变更约定,且双方也未对因降雨导致停工形成《签证》;针对《证人证言》《信函》,云南省某建筑工程公司无合法、有效地就已送达的相互证据材料形成锁链。故法院对上述证据材料不予采证。对于对双方无争议的 14 份《签证》《A、B 幢单位工程质量综合评定表》及《B 幢楼的工程竣工验收证明书》,因原、被告及昆明某建筑经营公司均无异议,法院作为诉讼证据予以确认。针对双方争议的1999年4月13日及1999年10月19日的《通知》《证明》因与云南省某建筑工程公司盖章确认的《A、B幢楼单位工程质量综合评定表》能够形成证据锁链，故法院对上述证据材料作为诉讼证据予以确认。昆明某建筑经营公司所提在此期间工地代表熊某已离开工地的质证意见无相应的证据材料证实，故法院对该观点不予采纳。针对《开工通知书》《施工进度通知书》《催报通知》《相关保证书》《申请书》等，已被上述法院确认的诉讼证据所包含，故法院不再重复采纳。针对《A幢楼工程竣工验收证明书》的首页，因无云南省某建筑工程公司印章或确认，与双方争议的工期无关联，法院不予采信。

综上，法院确认该项工程于1998年7月5日开工，1999年10月24日竣工。

针对本案争议的第二个事实——工程质量是否已达到合同约定的标准，云南省某建筑工程公司对其主张的工程质量未达优良不是因原告及第三人的施工引发提供以下证据材料：

1. 1998年7月1日双方的《函件》，证明打桩工程不是其施工，故打桩工程的质量责任不由其承担。

2.《A、B幢工程竣工质量验收证明书》，证明工程质量合格，作为A幢楼的工程质量是优良的，其与质检部门均盖章予以认可；对于B幢楼的工程质量，云南省某建筑工程公司认为是优良，云南昆明某公司认为是合格，质检部门未注明质检意见，工程的验收是由云南昆明某公司组织的，工程质量等级未评定的责任在云南昆明某公司，其所承建的工程没有任何质量问题。

云南昆明某公司质证认为，《函件》是复印件，对真实性无法确认。对《工程竣工验收证明书》的真实性无异议，云南昆明某公司对A、B幢楼的工程质量的评定意见均是合格工程。

昆明某建筑经营公司对云南省某建筑工程公司所提供证据材料的真实性无异议。

云南昆明某公司对该争议事实除了提供与云南省某建筑工程公司一致的《A、B幢工程竣工质量验收证明书》外，还提供了以下证据材料：

1.《云南昆明某公司A、B幢餐饮楼质量鉴定意见》。

2. 1999年12月10日的《隐蔽工程记录》、12月15日的《给水系统清洗记录》、1999年12月16日、12月18日的《照明、动力配线施工及绝缘电阻测试记录》及《排水管道通水试验记录》、1999年12月19日的《管道、设备水压试验记录》。

云南昆明某公司认为，上述证据材料证明云南省某建筑工程公司承建的工程是合格工程，不是优良工程，云南省某建筑工程公司有伪造竣工验收资料的行为。在施工中，所使用的建筑材料不符合要求，故工程质量达不到约定的标准。

云南省某建筑工程公司质证认为：对A、B幢楼的鉴定意见的真实性无异议，但对云南昆明某公司的观点不予认可；云南昆明某公司提供的A幢楼的工程验收证明书的第一页是换过的，其他证据材料因是复印件，不予质证。

昆明某建筑经营公司同意云南省某建筑工程公司的质证意见，并认为施工中所使用的材料已经云南昆明某公司认可。对云南昆明某公司的其他观点不予认可。

法院认为，对于原、被告双方共同提交并对真实性无异议的《A、B幢工程竣工质量验收证明书》及《A、B幢餐饮楼质量鉴定意见》，法院作为诉讼证据予以采信。针对云南省某建筑工程公司提交的《函件》，云南昆明某公司提交的《隐蔽工程记录》《给水系统清洗记录》《照明、动力质配线施工及绝缘电阻测试记录》《排水管道通水试验记录》《管道、设备水压试验记录》等证据材料因系复印件，不符合证据的形式，且亦无相关证据相互印证，故法院对上述证据材料不予采信。对A幢工程竣工质量验收证明书的第一项与双方所争议的工程质量无关联，法院不予采信。故法院确认，A幢楼的工程质量为"同意交付使用"，B幢楼的工程质量为"合格工程"。

针对本案争议的第三个事实——云南省某建筑工程公司与昆明某建筑经营公司之间的关系是分包还是转包，云南省某建筑工程公司对此争议事实无证据材料提供。

云南昆明某公司对此争议事实提供了以下证据材料：

1.《起诉书》。云南省某建筑工程公司在承包工程之后，将其所承包的工程转包给昆明某建筑经营公司施工，由此证明云南省某建筑工程公司转包的事实。

2. 昆明某建筑经营公司的《登记注册书》《章程》《等级证书》，证明昆明某建筑经营公司与云南省某建筑工程公司均是独立的，且是两个完全不同的法人单位。

云南省某建筑工程公司质证认为，对上述证据材料的真实性无异议，但不能证明其与昆明某建筑经营公司是转包，在其与昆明某建筑经营公司的诉讼中，法院已确认双方是分包关系。

昆明某建筑经营公司同意云南省某建筑工程公司的质证意见。

法院认为，对上述云南省某建筑工程公司及昆明某建筑经营公司对真实性无异议的证据材料，法院作为诉讼证据予以采信。根据上述证据材料所证实的事实，并依据《建筑法》第28条关于："禁止承包单位将其承包的全部建筑工程转包给他人，禁止承包单位将其承包的全部建筑工程肢解以后以分包的名义转包给他人"的规定，建筑工程分包是指对建筑工程实行总承包的单位，将其总承包的工程项目的某一部分或某几部分，再发包给其他的承包单位，与其签订总承包合同项下的分包合同，总承包合同的承包单位即成为分包合同的发包方。而建筑工程转包是指建设工程的承包方将其承包的建设工程倒手转让给他人，使他人实际上成为该建设工程的新的承包方。本案中，云南省某建筑工程公司并未将其所承包的工程的某一部分或某几部分交给昆明某建筑经营公司进行施工建设，而是将其所承包的全部工程，包括主体结构在内的工程交给昆明某建筑经营公司进行施工建设，并在其与昆明某建筑经营公司的承包合同中约定了其收取利润的内容，其并未实际履行与云南昆明某公司约定的合同义务，昆明某建筑经营公司从而成为建筑工程中新的承包单位，云南省某建筑工程公司在与云南昆明某公司的合同中所约定的义务，全部由昆明某建筑经营公司进行实际履行。云南省某建筑工程公司将其所承包的包括主体结构在内的全部工程交给昆明某建筑经营公司进行施工建设的行为，符合我国《建筑法》中关于建筑工程转包的规定，属转包行为。据此，法院确认云南省某建筑工程公司在与云南昆明某公司签订《建设工程施工合同》后，又与昆明某建筑经营公司签订《建设工程施工合同》，将其所承包的全部工程内容（包括主体工程）转包给昆明某建筑经营公司进行施工建设的事实成立。

针对本案争议的第四个事实——云南昆明某公司已支付的工程总款数额，云南省某建筑工程公司对此争议的事实表示无证据材料提供，并认可收到云南昆明某公司已支付的工程款 1908500 元。

云南昆明某公司针对该争议事实提供以下证据材料：

1. 五份《付款记录》，证明云南昆明某公司除了支付过双方无争议的 1908500 元的工程款外，还以其他形式支付过工程款 207298 元。

2. 1998 年 10 月 29 日的《协议书》，证明双方达成了同意在工程验收后支付 50% 的工程款，余款在验收后 1 年支付的协议，说明工程款的支付在履行过程中已发生变更。云南昆明某公司已按约定及变更协议履行了支付工程款的义务。

3. 1998 年 12 月 29 日的《申请书》，证明云南昆明某公司支付五万元后，云南昆明某公司在验收前无须再支付其他工程款，云南昆明某公司考虑到实际情况，在此之后仍多支付了工程款给云南省某建筑工程公司。

云南省某建筑工程公司质证认为，对于熊某签字的《付款记录》，现已无法确认，但云南昆明某公司也未按协议履行义务，直到现在为止，工程已经竣工交付并已卖出，云南昆明某公司应付的款项仍未付清。

昆明某建筑经营公司对云南昆明某公司所举证据材料陈述如下意见：虽然熊某在《协议书》上已经签字认可，但其无权代表云南省某建筑工程公司变更合同内容，其他同意云南省某建筑工程公司的质证意见。

法院认为：双方在对账过程中，云南省某建筑工程公司确认其驻工地代表熊某有代收工程款并转交发票的行为。在付款记录上，熊某对双方无争议的款项亦签字认可，且云南省某建筑工程公司及昆明某建筑经营公司亦未申请对熊某的签字进行鉴定，故法院确认熊某签收的 1999 年 1 月 18 日的 5000 元；1999 年 2 月 13 日的 10000 元；1999 年 4 月 14 日的 40000 元和 10000 元；1999 年 4 月 19 日的 10000 元；1999 年 6 月 7 日的 5906.4 元；1999 年 10 月 18 日的 30000 元；2001 年 2 月 19 日的 4000 元；2000 年 1 月 31 日的 50000 元；1999 年 6 月 26 日至 11 月 26 日的 38758.36 元，合计 203664.76 元。对其他人签字的收条因云南昆明某公司无相应的证据材料证明与本案的关联性，法院不予采信。对于云南昆明某公司提交的《协议书》《申请书》，不能证明本案工程款支付的具体数额，本院亦不作为诉讼证据予以采信。综上，法院确认云南昆明某公司已支付的工程总款数为2112164.76元。

本案争议的第五个事实——鉴定报告及补充鉴定报告是否能作为本案的定案依据？

诉讼中，云南省某建筑工程公司申请对合同所涉工程造价进行评估，经法院司法鉴定中心评估，云南省某建筑工程公司、昆明某建筑经营公司所承建的云南昆明某公司A幢楼工程造价1701085.47元、B幢楼工程造价1496774.35元，工程总造价为人民币3197859.82元。

经质证，云南省某建筑工程公司认为，鉴定报告及补充鉴定报告存在以下问题：（1）A、B幢楼的造价判断错误；（2）主材价格依据错误；（3）工程量存在差额及漏项；（4）未完工程依据错误；（5）相关具有鉴定资质的人员未实际参与现场踏勘，必然导致鉴定结论的错误，故申请重新鉴定。

云南昆明某公司对鉴定报告及补充鉴定报告无异议。

昆明某建筑经营公司同意云南省某建筑工程公司的质证意见。

鉴定人员出庭作证认为，A、B两幢楼的造价之所以出现差别，是因两幢楼的建筑面积、建筑结构、承受度、深断面、钢筋用量的不同等原因，所以造价存在差异；关于材料价格的计算，是严格依据双方签字认可的签证进行计算，无双方签字认可的签证，是按材料价格取证规则确定的价格及云南省建设厅在1998年11月发布的《价格信息》进行计算的；本次鉴定是严格按2002年5月9日三方认可的施工图纸作为评估依据，在鉴定过程中，当事人不能举证证明漏项的存在；针对现场踏勘，在鉴定过程中，尽管鉴定人员当时未到现场，但三方当事人均在现场勘查笔录上签字予以认可。

法院认为，在鉴定过程中，由于鉴定人员未到现场进行勘验、测量，导致鉴定、评估认定的计算数据不准确，但这并不必然导致需重新鉴定，仅需鉴定人员到现场对勘验、测量所得数据进行复核或补充鉴定即可解决。为此，法院要求鉴定部门对此进行补充鉴定、评估。通过鉴定部门的补充鉴定、评估，鉴定部门出具了《云南昆明某公司工程造价补充鉴定》，鉴定结论为：A幢的工程造价为1711044.38元，B幢的工程造价与《司法技术鉴定书》的鉴定结论一致，为1496774.35元，两幢工程总造价为3207818.73元。云南省某建筑工程公司及昆明某建筑经营公司对其所提出的异议未能提供合法、有效和足以反驳的证据材料证实其异议的成立。故对云南省某建筑工程公司及昆明某建筑经营公司提出的异议,法院不予采信。《司法技术鉴定书》与《工程造价补充鉴定》可作为认定本案事实的依据。

昆明某建筑经营公司针对本案原、被告双方的争议事实当庭出示以下证据材料:

1.《工程竣工验收证明书》,证明其所承建的工程的施工天数为147天,并已按原、被告双方签订的《云南昆明某公司施工合同》约定的日期完成了工程的施工建设,符合原、被告的约定。其所承建的工程完工后,已将工程交由云南省某建筑工程公司进行验收。之后,该公司出具了A、B幢楼的工程质量为优良的《工程竣工验收证明书》,其所承建的工程的造价,A幢楼为3941900元,B幢楼为3158400元。

2. 云南省某建筑工程公司于2000年11月27日致云南昆明某公司,并抄送给其的《函件》,证明云南昆明某公司已收到云南省某建筑工程公司提交的《竣工报告》及《工程结算书》。

3.《工程施工承包合同》,证明其与云南省某建筑工程公司是分包关系,而非转包关系。

云南省某建筑工程公司对上述证据材料的真实性无异议,并同意昆明某建筑经营公司的质证意见。

云南昆明某公司认为,《工程竣工验收证明书》是虚假和伪造的,该书没有其及权威部门的签字,仅有昆明某建筑经营公司及云南省某建筑工程公司的单位印章,不能证明工程已竣工验收。《函件》不能证明云南昆明某公司收到工程结算书;《工程施工承包合同》证明了云南省某建筑工程公司将工程转包给昆明某建筑经营公司施工的事实,其双方的关系是转包关系。

法院认为,针对工程竣工验收证明书中《单位工程质量综合评定表》,法院已作为印证工期的诉讼证据采信。对于昆明某建筑经营公司以该份证据材料证实工程造价的事实,因法院已确认了鉴定报告的合法性、有效性,故对该证据中《单位工程质量综合评定表》以外的证据材料,法院均不作为诉讼证据采信。对云南省某建筑工程公司与昆明某建筑经营公司签订的《工程施工承包合同》，因三方对其真实性无异议，法院作为诉讼证据予以采信。

综上所述，法院确认以下案件事实：

1998年6月16日，云南省某建筑工程公司与云南昆明某公司签订了《建设工程施工合同》，在该合同中，双方约定由云南省某建筑工程公司承建云南昆明某公司的A幢、B幢楼的除灌注桩以外的工程（包括土建及水电安装工程）。合同签订后，云南省某建筑工程公司将其所承包的工程转包给具有建筑资质的昆明某建筑经营公司施工，并于1998年7月11日签订了《工程施工承包合同》。在该合同中，云南省某建筑工程公司与昆明某建筑经营公司约定了财务管理、造价管理、工程施工管理、工程质量、工期、工程保修、竣工资料等权利义务。施工过程中，因各种原因，原、被告双方同意工期顺延15天，云南昆明某公司将其发包给云南省某建筑工程公司的水电安装工程交由他人施工。1999年4月13日，云南省某建筑工程公司的驻工地代表熊某与云南昆明某公司确认A幢、B幢楼各有13项未完工程。同年10月19日，云南省某建筑工程公司的驻工地代表熊某再次确认A幢、B幢楼仍各有20项未完工程。10月20日，云南省某建筑工程公司出具了《单位工程质量综合评定表》，明确A、B幢工程于1998年7月5日开工，1999年10月24日工程竣工。之后，云南昆明某公司收到云南省某建筑工程公司移交的工程竣工资料，并委托昆明市工程质量监督站对工程质量进行鉴定。2000年8月24日，昆明市工程质量监督站出具A幢楼的工程质量鉴定报告，结论为：A幢楼为可以交付使用工程。2001年12月13日，该站出具B幢楼的工程质量鉴定报告，结论为：B幢楼为合格工程。A、B幢楼的工程造价经昆明市司法技术鉴定中心的评估、鉴定，结论为：A幢楼的工程造价为1711044.38元，B幢楼的工程造价为1496774.35元，共计3207818.73元。扣除A幢楼的56094.20元税金和B幢楼的49356.93元税金及下浮3%后，A、B两幢楼的工程总造价为3009296.57元，再扣除云南昆明某公司在云南省某建筑工程公司的施工过程中，已支付的2112164.76元的工程款，云南昆明某公司至今尚欠云南省某建筑工程公司897131.81元的工程款。云南昆明某公司于1999年10月已将A幢楼出售给他人，B幢楼至今仍由云南昆明某公司在管理、使用。

第三篇 建设工程施工法律风险防范

争议观点

云南省某建筑工程公司、云南昆明某公司及昆明某建筑经营公司争议观点是：云南省某建筑工程公司与云南昆明某公司所签订的合同是否有效。

云南省某建筑工程公司认为，云南昆明某公司所发包的工程未办理相关的报批报建手续，属违章建筑，且双方所签订的合同违反法律规定，故其与云南昆明某公司所签订的施工合同属无效合同，双方在合同中所约定的权利、义务对双方均无约束力。

云南昆明某公司认为，本案所涉工程其已按规定办理了相关的报批报建手续，且双方所签订的合同并未违反法律规定，系双方在平等、自愿的基础上达成的协议，也是双方的真实意思表示，根据《中华人民共和国建筑法》的相关规定，中小型工程无须办理有关手续。且工程现已经过合法手续转让给他人，故合同是合法有效的。

昆明某建筑经营公司陈述，其同意云南省某建筑工程公司的观点。

法院认为，建设工程合同是承包人进行建设，发包人支付价款的合同。是建设单位与施工单位为完成商定的建设工程项目而达成的明确相互权利义务的协议。本案中，云南省某建筑工程公司与云南昆明某公司所签订的合同是双方在平等、自愿的基础上达成的协议，也是双方的真实意思表示，且双方所签订的合同并未违反法律禁止性规定。故云南省某建筑工程公司与云南昆明某公司所签订的合同合法、有效。云南省某建筑工程公司所提出的其与云南昆明某公司所签订的合同是无效的观点以及昆明某建筑经营公司的陈述无相关合法、有效的证据材料予以证实，法院不予采纳。

法院判决

法院认为，云南省某建筑工程公司与云南昆明某公司签订的《建设工程施工合同》系双方在平等、自愿的基础上达成的一致协议，亦系双方的真实意思表示，且所约定的合同内容并未违反法律规定。双方所签订的合同合法、有效，并受法律保护。故对云南省某建筑工程公司提出的确认与云南昆明某公司所订立的施工合同无效的诉讼请求，法院不予支持。云南省某建筑工程公司在履行合同过程中，在承包云南昆明某公司的工程之后，将所承包的工程转包给昆明某建筑经营公司建设施工的行为已违反双方关于禁止转包的约定，构成违约，对此，云南省某建筑工程公司应承担相应的民事责任。尽管云南省某建筑工程公司违反约定将所承包的全部工程转包给昆明某建筑经营公司建设施工，但昆明某建筑经营公司依据与云南省某建筑工程公司的约定进行了施工建设，且所承建的工程已竣工，同时云南昆明某公司也与云南省某建筑工程公司办理了工程竣工手续，云南昆明某公司即应按与云南省某建筑工程公司的约定支付相应的工程价款。关于云南省某建筑工程公司提出的支付工程欠款293.85756万元的诉讼请求，法院认为，依据云南昆明某公司与云南省某建筑工程公司所订立的合同第19条关于"……合同总造价应扣除税金及劳保基金后下浮3%作为一次性包干价"的约定，云南省某建筑工程公司提出的支付工程欠款的诉讼请求成立，法院予以支持。但对于A、B两幢楼的工程总造价，因其双方在工程竣工后，仅办理工程竣工手续，并未办理工程结算而未确定，该两幢楼的工程总造价在诉讼中通过评估、鉴定确定的，云南昆明某公司与云南省某建筑工程公司在庭审中，对应扣除的劳保基金的数额均未举证证实，故A、B两幢楼的工程总造价应以从已确定的工程造价中扣除税金后下浮3%的数额为准。从已确定的工程造价中扣除A、B两幢楼的税金后下浮3%，再扣除云南昆明某公司已支付的工程款之后剩余的工程款，即为云南昆明某公司应支付897131.81元的工程价款。

关于云南省某建筑工程公司提出要求云南昆明某公司支付50万元的违约金及利息的诉讼请求，法院认为，双方合同第31-4条约定，被告不按时付款应承担违约金50万元。在本案中，实际进行工程施工建设的昆明某建筑经营公司，而非云南省某建筑工程公司。尽管昆明某建筑经营公司所承建的工程已竣工，但云南省某建筑工程公司并未与云南昆明某公司办理工程结算，确认工程造价，并明确工程欠款，亦未提供合法、有效的证据材料证实其已将结算报告送达云南昆明某公司。云南省某建筑工程公司所提供的证据材料，不能证明云南昆明某公司已构成违约的事实成立。故对其所提出的因未按时付款而支付50万元违约金的诉讼请求，法院不予支持。对其所提出的支付拖欠资金利息的诉讼请求，云南昆明某公司拖欠工程款的事实经过法庭审理已得到确认，且云南昆明某公司在工程竣工之后，已实际占有使用该建筑物，所以依据双方合同约定，云南昆明某公司应从工程竣工之日起一年后，即2000年10月24日起支付欠款利息，对该诉讼请求，法院予以支持。

关于云南省某建筑工程公司提出的向其支付实现债权费的诉讼请求，因其未提交相关的证据材料证明，对此诉讼请求，法院不予支持。

关于云南省某建筑工程公司提出的若云南昆明某公司不能按判决偿付工程款，对其所承建的工程进行拍卖，所得款项由其优先受偿的诉讼请求。法院认为，我国《合同法》对优先受偿权已作明确规定，优先受偿权的行使应具备：一、承包方已按约定全部履行了合同义务，即工程已按期完工，质量符合约定，并通过竣工验收；二、发包方未按约定支付工程款，承包方已书面催告发包方在合理期限内支付工程价款，发包方收到书面催告函后，在合理期限内仍未支付工程价款；三、承包方所承建的工程不属不宜折价、拍卖的工程……本案中，云南省某建筑工程公司并未将工程结算有效送达云南昆明某公司，其合同义务并未全部履行，亦未催告被告在合理期限内支付工程价款，其行使优先权的条件尚未成就，故对云南省某建筑工程公司所提出的该项诉讼请求，法院不予支持。

关于云南昆明某公司提出由云南省某建筑工程公司支付工期延误违约金233万元的反诉请求，法院认为，我国《民法通则》第135条规定："向人民法院请求保护民事权利的诉讼时效为2年。"云南昆明某公司在与云南省某建筑工程公司办理工程竣工手续时，对A、B两幢楼在1999年10月24日竣工并已超过双方约定日期的事实，云南昆明某公司是明知的，云南昆明某公司至2001年11月28日才向法院请求保护其民事权利，已过诉讼时效，丧失了胜诉权，对该项反诉请求，法院不予支持。

关于云南昆明某公司提出由云南省某建筑工程公司因工程质量未达到优良应减少支付工程款52万元的反诉请求，法院认为，云南昆明某公司与云南省某建筑工程公司在合同中约定的工程质量是优良，由昆明某建筑经营公司承建的A、B两幢楼的工程质量，经检验A幢楼为同意交付使用，B幢楼为合格工程，A、B两幢楼的工程质量均未达到双方约定的标准。但是，其双方就工程质量未达优良应承担的民事责任，并未在所签订的合同中明确约定，故云南昆明某公司所提出的该项反诉请求，法院不予支持。

关于云南昆明某公司提出由云南省某建筑工程公司承担工程质量未达优

良,非法转包的违约金 50 万元及免于支付工程造价 8% 的利润的反诉请求,法院认为,我国《建筑法》第 28 条对工程转包已明确作出禁止性规定,云南昆明某公司与云南省某建筑工程公司在合同第 36 条第 1 款对工程分包已作明确约定。云南省某建筑工程公司在履行合同过程中,将其所承包的全部工程包括主体结构工程发包给昆明某建筑经营公司施工建设,并收取昆明某建筑经营公司 9% 的管理费,云南省某建筑工程公司与昆明某建筑经营公司形成工程转包关系,云南省某建筑工程公司对其主张的其与昆明某建筑经营公司形成工程分包关系,并已征得云南昆明某公司同意的事实,未提出相应的证据材料证实。云南省某建筑工程公司的转包行为,既违反了法律禁止性规定,也违反了双方约定。对此,云南省某建筑工程公司应承担相应的民事责任,但就转包工程应承担的民事责任,在云南昆明某公司与云南省某建筑工程公司所签订的合同中并未约定。故对云南昆明某公司提出由云南省某建筑工程公司承担工程质量未达优良及非法转包的违约金 50 万元的反诉请求,法院不予支持。至于云南昆明某公司提出免于支付云南省某建筑工程公司工程造价 8% 的非法所得利润的反诉请求,法院认为,云南省某建筑工程公司将其所承包的全部工程转包给昆明某建筑经营公司施工建设,并收取昆明某建筑经营公司 9% 的管理费的行为,既违反了法律禁止性规定,也违反了双方约定,云南省某建筑工程公司所收到的 9% 的工程造价管理费,即人民币 270836.69 元,系其转包工程而取得的利益,该利益并非系依法取得,对该利益云南昆明某公司可不予支付,并应从该娱乐城所欠的工程款中予以扣减。鉴于云南昆明某公司只主张免于支付 8% 的非法所得利润,即 240743.73 元,故对其所提出的该项反诉请求,法院予以支持。

关于云南昆明某公司提出其不应支付铝合金窗、涂料及水电安装费用的反诉请求。法院认为,铝合金窗、涂料及水电安装工程并非系合同范围内的工程项目,铝合金窗、涂料及水电安装工程系由他人施工建设的,且铝合金窗、涂料及水电安装等工程项目的费用未包含在《司法技术鉴定书》确定的工程造价当中。故法院对云南昆明某公司提出的该项反诉请求不予支持。

关于云南昆明某公司提出由云南省某建筑工程公司支付实现债权的费用的反诉请求,法院认为,云南昆明某公司未提供相关证据材料证实其为实现债权而支出的费用，故对该项反诉请求，法院亦不予支持。

本案审理的是云南省某建筑工程公司与云南昆明某公司之间的工程合同纠纷，昆明某建筑经营公司并非该承包合同的权利主体，与昆明某建筑经营公司没有关系，故昆明某建筑经营公司在本案中不承担相关的法律责任。

综上所述，法院依据《中华人民共和国民法通则》第 4 条、第 106 条第 1 款，第 135 条，判决如下：

一、被告云南昆明某公司在判决生效十日内向云南省某建筑工程公司支付工程款 897131.81 元及利息（利息自 2000 年 10 月 24 日起按银行同期流动资金贷款利率计算）；

二、由反诉被告云南省某建筑工程公司在判决生效十日内向反诉原告云南昆明某公司支付非法转包的违约金 240743.73 元；

三、驳回原告云南省某建筑工程公司的其他诉讼请求；

四、驳回反诉原告云南昆明某公司的其他诉讼请求。

【风险分析与防范】

代理完本案，掩卷长思，除了有为最大限度维护了本案被告当事人的合法权益的喜悦外，更深切的是我们感受到本案作为建设工程合同纠纷案件的典型案例之一，给承包商在建设工程合同的签订和履行过程中如何防范风险所带来的启示。

本案之所以成为建设工程合同纠纷的典型案例，原因就在于本案纠纷除了涉及建设工程质量、建设工期、建设工程造价等建设工程合同的三大要素外，还涉及本诉与反诉、建设工程合同的效力、建设工程转包、项目经理职责与权限、诉讼时效、工程款优先受偿权等。

一、关于建设工程合同纠纷的本诉与反诉

起诉（相对于反诉为本诉）是指公民、法人和其他组织认为自己的民事权益受到侵害或者与他人发生了争议，以自己的名义，请求人民法院通过审判给予法律保护的诉讼行为。

反诉是指在诉讼进行过程中，本诉的被告以原告为被告，向受理本诉的人

民法院提出与本诉具有牵连关系的，目的在于抵消或者吞并本诉原告诉讼请求的独立的反请求。反诉特点有：反诉主体具有特定性，即反诉是本诉的被告针对原告提出的请求，也就是说，通过反诉使双方当事人具有诉讼地位的双重性，本诉的被告同时是反诉的原告，而本诉的原告同时是反诉的被告；反诉目的具有对抗性，即被告提出反诉的目的在于抵消或者吞并本诉原告的全部或者部分诉讼请求；反诉请求具有独立性，即反诉请求应当是一个独立的请求，当事人可以以反诉的形式在本诉审理过程中提出，以便于人民法院将本诉与反诉合并审理，也可以以独立的诉讼请求的形式向有管辖权的人民法院提出；反诉请求需要与本诉具有一定的牵连性，即反诉与本诉请求是基于同一个法律关系而产生的目的相对抗的不同的实体请求，或反诉与本诉是基于相牵连的不同法律关系而产生的目的相对抗的不同的实体请求；反诉时间的特定性，即根据最高人民法院关于民事诉讼证据的若干规定第 34 条的规定，当事人提出反诉，应当在举证期限届满前提出；反诉与本诉适用的程序具有同一性，即反诉请求与本诉请求应当在性质与影响方面具有相同性，可以适用同一审判程序进行审理。

建设工程合同是承包人进行工程建设，发包人支付价款的合同。在建设工程合同的签订与履行过程中，承包人特别关注发包人能否按合同约定支付工程款，发包人特别关注承包人能否按照合同约定的质量标准与工期进行工程建设。在司法实践中，承包人为了追讨被拖欠的工程款向人民法院提起诉讼，发包人往往基于工程款的支付与工程质量、工期属同一个法律关系，向人民法院提出反诉请求。

本案中，我们接受被告委托后，通过仔细分析案情，发现原告存在工程质量不符合约定、转包工程等违约行为，在举证期限届满前向人民法院提起了反诉。因此，承包人在追讨工程款起诉前，应该认真分析承包人在建设工程合同履行过程中是否存在有违约行为，特别是在工程质量、工期方面是否有违约行为，如果有，是否有相应证据证明违约的原因在于对方等，做好对方反诉的应诉准备。

二、关于建设工程质量

建设工程质量是指建设工程满足业主需要的，符合国家法律、法规、技术

第三篇　建设工程施工法律风险防范

规范标准、设计文件及合同规定的特性综合。建设工程作为一种特殊的产品，具有适用性、耐久性、安全性、可靠性、经济性、与环境的协调性等特征。

建设工程质量风险包括工程设计质量的瑕疵、工程物资质量的瑕疵、工程施工瑕疵等。建设工程质量风险可以由发包人的行为引起，也可以由承包人的行为引起。

对于建设工程质量风险的防范，第一，应当明确划分质量的责任范围，包括发包人与总承包人之间、总承包人与分包人之间的质量责任范围；第二，应当明确约定质量的具体标准，即工程质量检验标准的具体标准规范或工程物资的具体标准；第三，在建设工程合同中应当明确建设工程及工程物资的检查、移交（验收）、保管的具体程序和方法；第四，在建设工程合同中，应明确如果建设工程质量发生争议或工程物资的质量发生争议，应由哪一家质量检测机构进行检测；第五，在建设工程合同中应当明确建设工程质量不符合约定的违约责任与赔偿责任；第六，建设工程质量风险是可保风险，可以通过工程保险转移质量责任风险，工程保险包括：工程设计责任保险、工程勘察责任保险、建筑工程一切险、安装工程一切险、雇主责任险、机器设备损坏保险、施工设备损坏保险、产品责任险、货物运输险、施工人员意外伤害保险等。

对于建设工程质量风险的责任承担，我国的相关法律及最高人民法院的相关司法解释也应特别关注：

因承包人的过错造成工程质量不符合约定，承包人拒绝修理、返工或改建的，发包人有权减少工程价款。

发包人具有下列情形之一的，造成工程质量缺陷的，应承担过错责任：提供的设计有缺陷；提供或指定购买的建筑材料、建筑构配件、设备不符合强制性标准的；直接指定分包人分包专业工程。承包人有过错的，也应当承担相应的过错责任。在此应特别注意，对于在合同中约定发包人供应的材料与设备，虽然其质量责任在于发包人，但承包人负有在安装前进行检验的义务，发现有质量问题应通知发包人。如果承包人履行了通知义务，承包人就属于无过错；否则，就属于有过错。

工程未经验收擅自使用的，发包人又以使用部分质量不符合约定为由主张权力的，法院不予支持；但承包人对地基基础工程和主体结构承担民事责任。

本案中，原告与被告虽然在建设工程施工合同中约定了该工程的质量标准为优良，但对优良的具体标准，双方没有约定，而国家又没有建设工程质量优良的具体规范，在实际中难以履行。因此，承包人应该在建设工程合同中约定建设工程质量标准为合格，明确工程检验的具体规范。如果发包人坚持要求工程质量优良，一方面应明确以取得具体奖项为准，如取得"鲁班奖"、北京的结构"长城杯"奖作为具体标准，当然，在合同中应当体现"优质优价"的原则。

本案中还应注意的是：本案被告就因工程质量未达到优良工程提出反诉请求，要求减少支付工程款 52 万元以及承担工程质量未达优良违约金 50 万元的要求，法院以建设工程施工合同中没有约定为由不予支持。因此，在建设工程合同中明确建设工程质量不符合约定的违约责任与赔偿责任是非常重要的。对于发包人来说，有利于保护自身的合法权益；对于承包人来说，对工程质量超过合格标准的承诺应特别谨慎。

三、关于建设工程进度

建设工程进度是指建设工程在建设各阶段的工作内容、工作程序、持续时间和衔接关系，根据进度总目标及资源优化配置的原则编制计划并付诸实施。

建设工程进度风险包括：设计进度延迟、采购进度延迟、施工进度延迟等。

造成建设工程进度风险的原因：如发包人批准项目进度计划不及时、项目基础资料和现场障碍资料提供不及时、工程款拨付不及时、设计审查不及时等引起建设工程进度延迟；承包人的原因引起建设工程进度延迟；地震、洪水等不可抗力原因引起建设工程进度延迟等。

防范建设工程进度的风险，对承包商来说，应做好以下两方面的工作：一是在建设工程合同签订时，应注意：在合同中应明确约定开工条件并就相关条件明确具体时间；明确约定承包人提供项目进度计划的时间和发包人确认的时间；明确约定拨付工程款的条件、方式和时间；如工程中有专业分包的部分，要约定该施工时间是否算入工期；对于停水、停电、停气的情况，要调查当地发生的概率，签订工期条件时予以充分考虑；对于会影响到施工进度的降雨、降雪、刮风等自然情况应在合同中明确约定；在合同中明确约定工程范围，如因工程变更等造成工程量增加，应相应顺延工期；约定延误工期的违约责任等。二是在建设工程合同履行时，对于因发包人原因造成的停水、停电、停气，以及对于降雨、降雪、刮风等因素影响工程进度的等，应当做好记录和签证。三是承包人应按照工程总承包合同中有关发包人迟延支付预付款、进度款、结算款的程序与要求，通知或催告发包人。如果承包人没有在约定的期限内进行通知或催告，则工期损失视为没有发生，发包人不予承担责任。

承包人以发包人违约要求确认工期顺延时，应特别注意：一是发包人确有违反建设工程合同约定的行为；二是建设工程合同中有对发包人的违约行为导致工期顺延的约定；三是承包人及时主张了权利；四是承包人及时履行了通知和催告的义务。

本案中被告以原告工期延迟为由提出工期延误违约金233万元的反诉请求，尽管法院以已过诉讼时效为由不予支持，但建设工程工期给承包人带来的风险是很大的。如果在合同中约定了出现降雨情况对工期顺延进行变更，并且在1998年7月至10月昆明的降雨导致停工形成了《签证》，那么，被告的工期延误反诉请求就无法成立。

四、关于工程造价

工程造价有两种含义。第一种含义是指建设一项工程预期开支或实际开支的全部固定资产投资费用。从这个意义上说，工程造价就是指工程价格。通常是把工程造价的第二种含义只认定为工程承发包价格。它是在建筑市场通过招投标，由需求主体投资者和供给主体建筑商共同认可的价格。

工程款的计算与支付风险主要表现在：合同价款方式约定不明；对约定的可调价格未约定调整方法；采用固定价格，合同未约定风险范围和风险费用，也未约定风险以外的价格调整方法；预付款的时间和预付金额约定不明；未约定工程量计量方法及程序；工程量发生变化未以书面形式确认导致一方对工程量变更的不认可；由于形象进度难以确定导致按形象进度支付工程进度款支付困难；结算报告递交手续不规范；对结算价格产生分歧；业主不按时进行结算；业主拖欠工程款等。

工程款的计算与支付风险的防范，重点在于：一是明确约定合同价款的方式；对可调价格合同应明确价款调整的方法包括：材料设备价格涨落、设计变更、降雨台风等自然因素；对固定总价合同承包人应充分考虑承包工程的范围、工程量计算、物价因素、自然因素等；合同及时备案。二是明确约定预付款的时间和预付金额；合同中各个条款要上下呼应，内容统一，概念清晰。三是在合同中明确约定工程量计量方法和程序；分包单位较多时应明确工程范围和工程项目以及确定图纸依据；工程量发生变化时及时以书面形式确认。四是对形象进度尽量作出具体描述；在合同中明确约定履行的先后顺序及一方不履行时的法律后果；行使履行抗辩权。五是递交结算报告应签收。六是在合同中应明确约定，发包人收到结算文件后，在约定期限内不予答复，视为认可竣工结算文件，发包人应按认可的结算文件结算工程款。七是采取工程款支付担保的方式。

本案中原告递交结算文件的手续不健全，导致该工程无法及时结算，要求被告支付违约金50万元的诉讼请求也无法得到法院的支持，这对承包商来说，教训是非常深刻的。

五、关于建设工程合同的效力

依法成立的合同，对当事人具有法律约束力。我国《合同法》第52条规定：有下列情形之一的，合同无效。（一）一方以欺诈、胁迫的手段订立的合同，损害国家利益；（二）恶意串通，损害国家、集体或第三人利益；（三）以合法形式掩盖非法目的；（四）损害社会公共利益；（五）违反法律、行政法规的强制性规定。

根据最高人民法院关于审理建设工程施工合同纠纷案件适用法律问题的解释的规定，施工合同无效的情形包括：承包人未取得建筑施工企业资质或超越资质等级的；没有资质的实际施工人借用有资质的建筑施工企业名义的；建设工程必须进行招标而未招标或者中标无效的；承包人非法转包建设工程的；承包人违法分包建设工程的。

施工合同无效的处理方法：施工合同无效，建设工程竣工验收合格，参照合同约定支付工程款；施工合同无效，建设工程竣工验收不合格，经修复工程质量合格，参照合同约定支付工程款，但承包人应支付修复费用；施工合同无效，建设工程竣工验收不合格，经修复工程质量仍不合格，发包人有权不支付工程款。

本案中原告以被告未办理该工程相关报批报建手续为由主张原告与被告之间签订的建设工程施工合同无效，是不符合上述法律规定的，因此，法院不予支持是正确的。

六、关于建设工程的转包

转包是指承包单位承包建设工程后，不履行合同约定的责任和义务，将其承包的全部建设工程转给他人，或者将其承包的全部建设工程肢解以后以分包的名义分别转给其他单位承包的行为。

转包行为的特征：转包人不履行建设工程合同的全部义务；转包人将合同权利与义务全部转让给转承包人；转包人对转承包人的行为承担违约责任。

转包种类：直接转包与变相转包；一次转包与层层转包；工程总承包转包、施工转包（施工总承包转包、专业工程转包）、勘察转包、设计转包。

我国《建筑法》第28条规定："禁止承包单位将其承包的全部建筑工程转包给他人，禁止承包单位将其承包的全部建筑工程肢解以后以分包的名义转包给他人。"

转包行为的行政责任：责令改正；没收违法所得；罚款（对勘察、设计单位、监理单位）处合同约定的勘察费、设计费及监理酬金25%以上50%以下的罚款；对施工单位处合同价款5‰以上10‰以下的罚款）；责令停业整顿；降低资质等级；吊销资质证书；吊销营业执照。

转包行为的民事责任：转包方与接受转包方承担连带责任；转包合同无效，合同无效如工程质量合格可参照合同约定要求支付工程款。

转包行为刑事责任：因转包造成重大工程质量安全事故的，应承担刑事责任。

本案中法院关于原告与第三人之间属于转包关系的认定是正确的。法院应当向当地建筑市场监管机构发出司法建议，由建筑市场监管机构对转包人和接受转包人依法追究其行政责任。

七、关于项目经理的职责与权限

项目经理是指由法定代表人任命，并根据法定代表人授权的范围、期限和内容，履行管理职责，并对项目实施全过程、全面管理的项目负责人。

对承包商来说，项目经理及有关人员职责与权限不明确以及项目经理离职不及时告知的风险是很大的。因此,防范这方面的风险,一是签订合同时在列出各方派出人员名单时,明确各管理人员的职责和权限,特别是将具有变更、签证、价格确认等签证认可权限的人员、签认范围、程序、生效条件等作出清楚约定;二是对离职代表要及时清理与交接,应及时履行告知义务,并且应当加强对印章和授权委托书的管理。

本案中原告的项目经理熊某对未完工程的签字及代收工程款的行为,尽管原告予以否认,但法院最终认定熊某签字有效,给原告造成了较大损失。因此,明确项目经理的职责与权限是非常重要的。

八、关于诉讼时效

诉讼时效是指民事权利受到侵害的权利人在法定的时效期间内不行使权利,当时效期间届满时,即丧失了请求人民法院依诉讼程序强制义务人履行义务权利的制度。在法律规定的诉讼时效期间内,权利人提出请求的,人民法院就强制义务人履行所承担的义务。而在法定的诉讼时效期间届满之后,权利人行使请求权的,人民法院就不再予以保护。可见,诉讼时效是权利人行使请求权,获取人民法院保护其民事权利的法定时间界限。它包含两层意思,一是权利人在此时间内享有依诉讼程序请求人民法院予以保护的权利;二是这一权利在此时间内不行使即归于消灭。

我国《民法通则》第135条、第137条及最高人民法院的司法解释规定:向人民法院请求保护民事权利的诉讼时效为2年。诉讼时效期间从知道或应当知道权利被侵害时起计算。当事人约定同一债务分期履行的,诉讼时效期间从最后一期履行期限届满之日计算。

本案中原告的工期延误行为已经被法院认定,但由于被告提起反诉时间已经超过2年,法院不再予以保护。此案例启示是无论是发包人还是承包人,在权利受到侵害时,权利人应在诉讼时效期间内及时依诉讼程序请求人民法院予以保护。

九、关于建设工程款优先受偿权

建设工程价款优先受偿权是指发包人未按照约定支付价款的,承包人可以催告发包人在合理期限内支付价款,发包人逾期不支付的,除按照建设工程的性质不宜折价、拍卖的以外,承包人可以与发包人协议将该工程折价,也可以申请人民法院将该工程依法拍卖，建设工程的价款就该工程折价或者拍卖的价款优先受偿。

工程价款优先受偿权行使应注意的事项：在房地产纠纷案件中，承包人的优先受偿权优于抵押权和其他债权；消费者交付购买商品房的全部或大部分款项后，承包人就该商品房享有的工程价款优先受偿权不得对抗买受人；工程价款包括承包人为建设工程应当支付的工作人员报酬、材料款等实际支出的费用，不包括承包人因发包人违约所造成的损失；行使优先权的期限为6个月，自工程竣工之日或合同约定的竣工之日起计算。

本案原告提出被告不能按判决偿付工程款，对其所承建的工程进行拍卖，所得款项由其优先受偿的诉讼请求。法院认为原告未将工程结算有效送达被告，其合同义务并未全部履行，亦未催被告在合理期限内支付工程价款，其行使优先权的条件尚未成就，故法院不予支持。承包商在行使建设工程款优先受偿权时一定要按照我国《合同法》第286条的规定及最高人民法院的有关司法解释规定的条件、时间和程序进行，以维护自己的合法权益。

建设工程施工合同价款的风险分析与防范

——从代理内蒙古某勘察设计院参加内蒙古某建筑工程公司工程款纠纷应诉案谈起

【案情简介】

1994年3月14日，原告内蒙古某建筑工程公司与被告内蒙古某勘察设计院签订了《建设工程施工合同》，双方约定，由原告承揽被告单位6号住宅楼施工工程，双方约定一次性包死，材料差价执行1993年三季度文件，待工程竣工结算后，被告支付全部工程款。1994年11月住宅楼工程竣工后，原、被告在工程价款结算汇总账单签字对决算予以认可，被告陆续给付原告部分工程款。1997年4月18日，被告给原告出具一张拖欠工程款签证单，上面盖有双方单位公章和负责人签名，写明拖欠工程款193893元。后在1998年5月，被告又支付工程款40000元，剩余153893元未付。

1999年12月，原告以被告拖欠工程款为由向呼和浩特市新城区人民法院提起诉讼，要求被告支付工程款153893元、利息110802.96元。一审法院经开庭审理后，于2000年4月4日作出一审判决：被告给付原告工程款153893元及利息。

被告不服一审判决，遂委托本所于上诉期限内向呼和浩特市中级人民法院提出上诉。

呼和浩特市中级人民法院在受理此案后，依法进行了开庭审理，并于

2001年4月10日作出了二审终审判决,判决撤销一审判决,驳回被上诉人内蒙古某建筑工程公司的诉讼请求。

【代理意见和判决】

上诉人（一审被告）代理意见

本所在接受上诉人（一审被告）的委托后,通过对案件的调查和分析,认为被上诉人诉讼无理,侵害了上诉人的合法权益,请求二审法院依法撤销一审民事判决书,驳回被上诉人的无理请求,具体代理意见如下：

一、根据上诉人与被上诉人签订的《建设工程施工合同条件》和《建设工程施工合同协议条款》的约定,本案中6号楼工程材料价格应按工程造价管理部门公布的1994年2至4季度材料差价文件执行。

1.《建设工程施工合同条件》第19条规定：合同价款在协议条款内约定后,任何一方不得擅自改变。协议条款另有约定或发生下列情况之一的可作调整。其中可作调整的情况之三是工程造价管理部门公布的价格调整。尽管双方在协议条款中有按1993年三季度材差文件编制预算的约定,但依据合同条件的第19条的规定,对在1994年4月至11月施工建设的6号楼工程,双方应执行呼和浩特市建筑工程管理局、中国人民建设银行呼和浩特市中心支行联合发布的1994年2至4季度调差文件即呼建管发〔1994〕74号、100号、119号文件。

2.《建设工程施工合同协议条款》第28条约定,6号楼工程的结算方式是增减变更据实结算。所谓据实结算是指工程量、定额套用、费用计取、材料差价等按该工程建造的时间所发生的实际情况进行结算。6号楼工程于1994年4月开工同年11月竣工。该工程据实结算,其材料差价应按1994年呼和浩特市建筑工程管理局、中国人民建设银行呼和浩特市中心支行联合发布的1994年2至4季度材差文件即呼建管发〔1994〕74号、100号、119号文件执行。

3.《建设工程施工合同协议条款》第1条与第28条的约定是互相矛盾的,但根据《建设工程施工合同协议条款》第2条的约定,合同文件及解释顺序是合同条件、协议条款、合同附件。即对合同的解释顺序,首先以合同条件约定为准；当协议条款之间有矛盾时,更应以合同条件为准。因此,6号楼工程的材料差价应按《建设工程施工合同条件》第 19 条规定执行，即应按 1994 年呼和浩特市建筑工程管理局、中国人民建设银行呼和浩特市中心支行联合发布的 1994 年 2 至 4 季度调差文件即呼建管发〔1994〕74 号、100 号、119 号文件执行。

根据 1994 年呼和浩特市建筑工程管理局、中国人民建设银行呼和浩特市中心支行联合发布的 1994 年 2 至 4 季度调差文件即呼建管发〔1994〕74 号、100 号、119 号文件的规定，内蒙古自治区审计事务所对该工程造价进行审核，结果是工程总造价应在报审工程总金额 193.9893 万元的基础上核减 15 万元，即 178.9893 万元，现上诉人已基本支付完毕。

一审判决认为："双方签订合同时 1994 年第一季度材差文件并未下达，双方执行的是 1993 年三季度材差文件。"这是将工程的预算价格与结算价格混为一谈，是完全不符合建设工程造价管理实际情况的。工程预算价格是指施工图设计完成后，以施工图为依据，根据预算定额、取费标准以及地区人工、材料、机械台班的预算价格进行编制的价格。工程结算价格是指工程竣工后，根据工程建造时的各种原始凭证和工程施工资料及建造时的取费标准、地区人工、材料、机械台班的实际价格进行编制的价格。因此，6 号楼工程在签订合同时 1994 年材差文件未下达，不影响工程结算时按 1994 年 2 至 4 季度材差文件进行结算。

二、上诉人与被上诉人于 1998 年 5 月 8 日已经达成口头协议，即上诉人在 174.6 万元的基础上，再支付 4 万元，双方工程款即结清。

上诉人与被上诉人于 1994 年 3 月 14 日签订合同后，上诉人即于 1994 年 3 月 19 日起支付工程款，至 1997 年 1 月共计支付工程款 174.6 万元。1998 年 5 月 8 日，被上诉人到上诉人单位催要工程款，当时双方经协商达成协议，根据双方共同委托的内蒙古自治区审计事务所审核的结果，被上诉人同意在原决算款 193.9893 万元的基础上核减 15 万元，要求上诉人按整数支付 4 万元后，整个工程款结清。根据此协议，上诉人于 1998 年 5 月 8 日、5 月 13 日分别向被上诉人支付 1 万元和 3 万元。这已被张某、汪某的证言所证实。

一审判决对双方达成的如此重要的协议只字未提，显然是不符合实际情况的。

三、本案中6号楼工程是事业单位固定资产投资建设项目,根据国家及地方审计法规的规定,该工程的竣工决算须经审计后,才能入账。

1994年5月30日,内蒙古自治区审计厅、计委、经委、建设厅、人民银行内蒙古分行联合发布了《关于开展固定资产投资建设项目竣工决算审计的通知》(内审基字[1994]92号)。该通知规定:凡我区境内一九九二年以来,已经竣工验收的新建、扩建项目,其竣工决算都要经过审计后才能入账。审计内容之一是审查工程量、套用定额和各种取费及材差计算等是否合规、合法、准确,有无高估冒算、重复计算和错套定额加大取费、多列工料等问题。上诉人当时是依靠财政拨款的事业单位,其建造的6号楼工程是1994年竣工的新建工程,属于内审基字[1994]92号文件规定的审计范围。审计重点内容是材差文件的执行是否符合规定。1997年11月12日,双方同意该工程的竣工决算由内蒙古自治区审计事务所进行审计,并共同将有关工程资料提交给内蒙古自治区审计事务所。审计初步结果出来后,被上诉人认为结果对自己不利,不愿在审计文件上签字,致使审计的正式结果难以作出。被上诉人的这种做法严重违反了国家的有关审计法规。

对固定资产投资项目竣工决算进行审计,是保证国有资产不流失的一项重要的行政举措。上诉人建造的6号楼工程是国有资产的重要组成部分,理应受国家审计法规的保护,以保证国有资产不流失。一审判决认定"被告提出未经审计而拒付工程款的抗辩理由不能成立"是完全不正确的。

被上诉人的答辩意见

针对上诉人的上诉请求及事实理由,被上诉人提供了如下答辩意见:上诉人与被上诉人所欠工程款有上诉人签字盖章的欠款单充分证明事实存在;所谓材料差价双方曾在合同中约定"执行93年第3季度文件并一次性包死"。故上诉人的上诉理由不能成立。

法院判决

呼和浩特市中级人民法院受理此案后,于2000年10月24日公开开庭进行了审理。法院经审理认为,上诉人、被上诉人签订的《建设工程施工合同》内容真实,合法有效。双方虽在该合同第19条第1项约定了执行93年三季度材差文件一次包死,但该条第2项同时也约定了图纸变更,图纸外不可预见费用应据实结算。此外，按照国家工商行政管理局、建设部制定的《建设工程施工合同条件》第 19 条规定，合同价款在协议条款约定后，可因工程造价管理部门公布的价格调整而进行调整。鉴于双方在该合同第 2 条合同文件解释顺序中明确了"合同条件"优于"协议条款"而排列在前，故上诉人与被上诉人的工程结算应依此为据，即按双方签订合同时即 1994 年度材差文件据实进行结算。被上诉人虽持有上诉人出具的拖欠工程款签证单主张权利，但因其对该工程项目应当按照有关规定进行的审计未予配合，使审计未果，致使该工程的价款缺乏建设工程应具备的法律事实依据，故上诉人内蒙古某勘察设计院的上诉请求应予支持。2001 年 4 月 10 日，二审法院对此案作出了终审判决：

一、撤销呼和浩特市新城区人民法院（2000）新民初字第 88 号民事判决。
二、驳回被上诉人内蒙古某建筑工程公司的诉讼请求。

【风险分析与防范】

本案是一起施工单位追讨工程款的合同纠纷案件，该案件主要涉及工程价款的合同约定、工程价款的结算、工程结算与工程审计等问题，这些问题是目前我国工程合同签订和履行中非常突出的问题。如何进行风险评估及风险防范，不仅对业主和承包商来说极为重要，直接关系到他们的切身利益，而且关系到维护建设市场正常秩序和促进建设市场的健康发展。

虽然我国《合同法》《建筑法》《招标投标法》《政府采购法》对建设工程价款的结算作出了规定，但这些规定比较原则，不具有操作性。建设部、财政部等国务院有关主管部门对建设工程价款的计价与结算高度重视，分别或联合于 2001 年、2004 年发布了《建筑工程施工发包与承包计价管理办法》《建设工程价款结算暂行办法》等，但由于这些办法是以规范性文件形式发布的，效力层次比较低，人民法院在审理民事案件时难以直接引用，因此，为了防范建设工程价款的风险，发包人、承包人应将上述办法中有关具体规定在建设工程承包合同中直接约定。

第三篇　建设工程施工法律风险防范

一、建设工程价款的合同约定风险分析与防范

本案中《建设工程施工合同》中关于工程价款的约定本身自相矛盾，一方面约定"执行 1993 年三季度材差文件一次包死"，另一方面又约定"合同价款在协议条款约定后，可因工程造价管理部门公布的价格调整而进行调整"，这样的约定为发包人、承包人的工程价款的结算埋下了风险，以至于一审法院的判决与二审法院的判决完全不同。

建设工程价款的合同约定风险主要有：建设工程合同价款约定不明或自相矛盾；建设工程价款的合同约定不全面；建设工程价款合同约定计价方式不科学；工程变更导致建设工程价款调整约定不明确等。

建设工程价款的合同约定风险防范，主要措施有：

第一，建设工程价款合同约定的确定依据是根据工程发包方式不同而不同。招标工程的合同价款的确定依据招标文件、中标人的投标文件、中标通知书。非招标工程的合同价款的确定依据是发包人、承包人共同审定的工程预（概）算书，该工程预（概）算书应作为合同附件，与正式合同具有同等的法律效力。

第二，建设工程合同价款的约定应全面。建设工程价款的合同约定事项应包括：预付工程款的数额、支付时限及抵扣方式；工程进度款的支付方式、数额及时限；工程承包过程中发生变更时，工程价款的调整方法、索赔方式、时限要求及金额支付方式；发生工程价款纠纷的解决方法；约定承担风险的范围及幅度以及超出约定范围和幅度的调整办法；工程竣工价款的结算与支付方式、数额及时限；工程质量保证（保修）金的数额、预扣方式及时限；安全措施和意外伤害保险费用；与履行合同、支付价款相关的担保事项等。

第三，工程价款的合同约定方式应明确。建设工程价款的合同约定方式主要有：一是固定总价方式，这种方式适合合同工期较短且工程合同总价较低的工程。二是固定综合单价方式，双方在合同中约定综合单价包含的风险范围和风险费用的计算方法，在约定的风险范围内综合单价不再调整，风险范围以外的综合单价调整方法，应当在合同中约定。三是可调价格方式，包括可调综合单价和措施费等，双方应在合同中约定综合单价和措施费的调整方法，调整因素包括：法律、行政法规和国家有关政策变化影响合同价款；工程造价管理机构的价格调整；经批准的设计变更；发包人更改经审定批准的施工组织设计

（修正错误除外）造成费用增加等。

第四，工程变更导致建设工程价款调整约定的依据、方式、程序等应约定清楚。1. 经批准的工程变更范围：（1）改变合同中任何一项工作的数量（此类改变并不一定构成变更）（2）取消合同中任何一项工作，但被取消的工作不能转由发包人或其他人实施；（3）改变合同中任何一项工作的质量或其他任何特性；（4）改变合同中任何一部分永久工程的基线、标高、位置和尺寸；（5）改变合同中任何一项工作的实施时间或改变已批准的施工工艺或顺序；（6）为完成合同需要追加的额外工作。2. 工程变更导致合同价款调整的程序：承包人应在合同规定的调整情况发生后 14 天内，将调整原因、金额以书面形式通知发包人，发包人确认调整金额后将其作为追加合同价款，与工程进度款同期支付。发包人收到承包人通知后 14 天不予确认也不提修改意见，视为已经同意该项调整。承包人应当及时提出调整报告，以维护自身的权益。3. 变更合同价款的依据和方法：合同中已有适用于变更工程的价格，按合同已有的价格变更合同价款；合同中只有类似于变更工程的价格，可以参照类似价格变更合同价款；合同中没有适用或类似于变更工程的价格，由承包人或发包人提出适当的变更价格，经对方确认后执行，如双方不能达成一致，按争议解决条款执行。4. 应特别关注暂列金额和暂估价。暂列金额是指招标人在工程量清单中暂定并包括在合同价格中的一笔款项，用于施工合同签订时尚未确定或者不可预见的所需材料、设备、服务的采购，包括以计日工方式支付的金额。暂列金额应按照发包人的指示使用。暂列金额在用于各项价款调整、索赔、现场签证确认及计日工作后，如有余额归发包人。暂估价是指招标人在工程量清单中提供的用于支付必然发生但暂时不能确定价格的材料设备的单价以及专业工程的金额。招标人在工程量清单中提供了暂估价的材料、设备和专业工程属于依法必须招标的，由承包人和招标人共同通过招标确定材料、设备单价与专业工程分包价。若材料、设备不属于依法必须招标的，经发、承包双方协商确认单价后计价。若专业工程不属于依法必须招标的，由发包人、总承包人与分包人按有关计价依据进行计价。

二、建设工程合同价款结算的风险分析与防范

本案中，上诉人在工程结算书上匆忙签字和盖章，给上诉人带来了很大风险。如果上诉人在结算书签字时注明以工程审计结果为准,则可以有效地维护自己的合法权益。

工程价款的结算风险主要有：工程预付款的结算风险、工程进度款的结算风险、工程竣工价款的结算风险等。

工程价款的结算风险的防范措施主要有：

第一,工程预付款的结算风险防范主要是注意预付款的支付比例、支付时间、抵扣及担保等。发包人、承包人应严格按照工程承包合同的约定进行工程预付款的结算。工程预付款的支付比例一般不低于合同金额的10%,不高于合同金额的30%。在具备施工条件的前提下,发包人应在双方签订合同后的1个月内或不迟于约定的开工日期前7天内预付工程款。预付的工程款必须在合同中约定抵扣方式,并在工程进度款中进行抵扣。为了保证预付款的安全,发包人一般要求承包人提供与预付款金额相同的担保函。

第二,工程进度款的结算风险防范主要是注意工程进度款的结算方式、工程量计算、工程进度款的支付等。1. 严格按照工程承包合同的约定的工程进度款的结算方式进行结算。结算方式一般有：一是按月结算与支付,即实行按月支付进度款,竣工后清算的办法;二是分段结算与支付,即当年开工、当年不能竣工的工程按照工程形象进度,划分不同阶段支付工程进度款。2. 及时办理工程计量。承包人应按照合同约定的方法和时间,向发包人提交已完工程量报告。发包人接到报告后14天内核实已完工程量,并在核实前1天通知承包人,承包人应提供条件并派人参加核实。发包人收到承包人报告后14天内未核实完工程量,从第15天起,承包人报告的工程量即视为被确认,作为工程价款支付的依据。对承包人超出设计图纸范围和因承包人原因造成返工的工程量,发包人不予计算。3. 发包人应按工程施工合同的约定及时支付工程进度款。根据确定的工程计量结果,承包人向发包人提出支付工程进度款申请,14天内,发包人应按不低于工程价款的60%,不高于工程价款的90%向承包人支付工程进度款。按约定时间发包人应扣回的预付款,与工程进度款同期结算抵扣。

第三,工程竣工价款的结算风险防范主要注意工程竣工结算的编制、工程竣工结算审查期限、工程竣工结算争议、工程竣工结算价款的支付等。1. 承包人应按照工程承包合同约定完成工程竣工结算编制工作。承包人应在合同约定期限内完成竣工结算编制工作，未在规定期限内完成并且无正当理由延期的，承包人应承担相应的责任。2. 发包人应按照工程承包合同约定的期限完成工程竣工结算审查工作。一般情况下，发包人应在以下时间内完成核查并提出审查意见：工程竣工结算报告金额 500 万元以下的，从接到竣工结算报告和完整的竣工结算资料之日起 20 天内完成审核；工程竣工结算报告金额 500~2000 万元的，从接到竣工结算报告和完整的竣工结算资料之日起 30 天内完成审核；工程竣工结算报告金额 2000~5000 万元的，从接到竣工结算报告和完整的竣工结算资料之日起 45 天内完成审核；工程竣工结算报告金额 5000 万元以上的，从接到竣工结算报告和完整的竣工结算资料之日起 60 天内完成审核。3. 发包人、承包人应按照工程承包合同约定的程序与争议解决方式解决工程竣工结算争议。一般情况下，发包人对竣工结算文件有异议的，应当在 28 天内向承包人提出，并可在提出之日起的 28 天内与承包人协商。发包人在 28 天内未与承包人协商或经协商未能与承包人达成协议的，应委托工程造价咨询单位进行竣工结算的审核。发包人应在 28 天期满后的约定期限内向承包人提出工程造价咨询单位出具的竣工结算审核意见。发包人、承包人对工程造价咨询单位出具的竣工结算审核意见仍有异议的，可通过申请行政调解、仲裁或诉讼方式进行解决。4. 发包人应按照工程承包合同的约定及时支付工程竣工结算价款。发包人应根据确认的竣工结算报告向承包人支付工程竣工结算价款，保留 5% 左右的质量保证（保修）金，待工程交付使用质保期到期后结算。发包人应在收到申请后 15 天内支付结算款，到期未支付的应承担违约责任。

三、工程审计的风险分析与防范

本案中双方当事人进行工程结算后是否需要经过工程审计，也是本案的焦点问题之一。2001 年 4 月 10 日，二审法院认为，依据当时的规范性文件的规定，涉案项目的工程结算后仍需要经过审计，经过审计的工程价款的结算才有效。

工程结算是指工程通过竣工验收后，发包人与承包人依据合同、国家定额及工程有关资料对工程竣工价款进行审查、核对及确认的工作。具体做法可以由发包人、承包人自行协商确定最终工程竣工价款，也可以由双方共同委托有工程造价资质的机构审定最终工程竣工价款。

工程审计是指审计机关对使用国家财政性资金、专项资金、国家计划安排的银行贷款和利用外资等基本建设项目和技术改造项目的投资效益包括工程造价、投资质量等实行监督、评价。具体做法是：审计机关根据法律、法规和国家其他有关规定，按照本级人民政府和上级审计机关的要求，确定年度审计工作重点，编制年度审计项目计划。审计机关在年度审计项目计划中确定对国有资本占控股地位或者主导地位的项目进行审计。审计机关应当根据年度审计项目计划，组成审计组，调查了解被审计单位的有关情况，编制审计方案。审计机关审计后按照下列规定办理：（一）提出审计机关的审计报告，内容包括：对审计事项的审计评价，对违反国家规定的财政收支、财务收支行为提出的处理、处罚意见，移送有关主管机关、单位的意见，改进财政收支、财务收支管理工作的意见；（二）对违反国家规定的财政收支、财务收支行为，依法应当给予处理、处罚的，在法定职权范围内作出处理、处罚的审计决定；（三）对依法应当追究有关人员责任的，向有关主管机关、单位提出给予处分的建议；对依法应当由有关主管机关处理、处罚的，移送有关主管机关；涉嫌犯罪的，移送司法机关。

工程结算与工程审计虽然都是对工程造价进行审定，但两者性质完全不同，工程结算是民事法律行为，工程审计是行政法律行为。因此，2001年4月2日，最高人民法院《关于建设工程承包合同案件中双方当事人已确认的工程决算价款与审计部门审计的工程决算价款不一致时如何适用法律问题的电话答复意见》规定："审计是国家对建设单位的一种行政监督，不影响建设单位与承建单位的合同效力。建设工程承包合同案件应以当事人的约定作为法院判决的依据。只有在合同明确约定以审计结论作为结算依据或者合同约定不明确、合同约定无效的情况下，才能将审计结论作为判决的依据。"

工程结算后再经过工程审计，对承包人来说风险比较大。根据我国《审计法》第48条"被审计单位对审计机关作出的有关财务收支的审计决定不服的，可以依法申请行政复议或者提起行政诉讼。被审计单位对审计机关作出的有关财政收支的审计决定不服的，可以提请审计机关的本级人民政府裁决。本级人民政府的裁决为最终决定"规定，发包人对审计决定不服的，可以申请行政复议、提起行政诉讼或申请政府裁决；承包人对审计结论不服的，没有法律救济的渠道。

防范此类风险，主要应采取以下措施：

第一，在建设工程承包合同中对需要经过工程审计并以审计结论作为结算依据的作出明确约定。根据最高人民法院上述答复意见，在合同中没有明确约定以工程审计结论作为结算依据的，审计结论不得作为人民法院判决依据。

第二，依法在建设工程承包合同中明确限定工程审计的范围。根据我国《审计法》《审计法实施条例》的有关规定，审计是指审计机关依法独立检查被审计单位的会计凭证、会计账簿、财务会计报告以及其他与财政收支、财务收支有关的资料和资产，监督财政收支、财务收支真实、合法和效益的行为。审计法所称财政收支，是指依照《中华人民共和国预算法》和国家其他有关规定，纳入预算管理的收入和支出，以及下列财政资金中未纳入预算管理的收入和支出：（一）行政事业性收费；（二）国有资源、国有资产收入；（三）应当上缴的国有资本经营收益；（四）政府举借债务筹措的资金；（五）其他未纳入预算管理的财政资金。审计法所称财务收支，是指国有的金融机构、企业事业组织以及依法应当接受审计机关审计监督的其他单位，按照国家财务会计制度的规定，实行会计核算的各项收入和支出。只有在上述范围内的工程，才需要进行工程审计。

第三，在工程承包合同中明确约定，由于发包人的违法或违约行为导致工程审计结论损害承包人的合法利益的，发包人应承担赔偿责任。

第四篇
建设工程总承包法律风险防范

工程总承包项目投标风险分析与防范

——从代理北京某工程公司参加山西大同某工程
总承包项目投标纠纷非诉讼案谈起

【案情简介】

项目概况：本项目的业主为山西某煤矿集团有限公司，项目性质为某选煤厂总体交钥匙工程。招标范围从主井井口房（不包括井口房）主井皮带输送机溜槽下接起至铁路装车站（包括装车站）的全部地面生产系统及附属工程。

招标投标过程：2003年3月25日起投标人购买招标文件，2003年4月23日递交所有标书，2003年4月23日在山西太原进行公开开标，招标结果在中国国际招标网上公布。北京某工程有限公司与美国某公司（以下简称"该投标人"）共同参加了投标，未能中标，2003年5月3日，对其招标结果提出了质疑。

该投标人质疑：

1. 该投标人提出其报价低于评标结果公示表推荐中标商人民币5000余万元，根据我国《招标投标法》第41条"中标人的投标应当符合下列条件之一：（一）能够最大限度地满足招标文件中规定的各项综合评价标准；（二）能够满足招标文件的实质性要求，并且经评审的投标价格最低；但是投标价格低于成本的除外"之规定，该投标人应该中标。

2. 评标结果公示表推荐中标商的业绩没有该投标人的业绩优秀，因此，中标单位应该是该投标人。该投标人的外方是一个历史悠久的设计和工程跨国公司，在选煤厂设计、工程总承包、运营和管理等方面有辉煌业绩；该投标人的中方是有过设计、承包众多大型选煤厂（包括1500万吨/年的大型选煤厂）的经验和业绩。评标结果公示表推荐中标商是一家贸易代理商，不仅在国外没有工程业绩，而且在中国介入设计与工程仅1年多，其在中国已承包的唯一工程与本项目相比不仅厂型小，而且工艺简单，至今未正常生产。

3. 评标委员会认为该投标人在投标文件中"未设事故备用浓缩机池，仅布置了事故放水池"，不符合本项目招标书第二册第八章4.7.3条"选煤厂产生的生产和生活污水应在厂内处理，煤泥水系统浓缩池必须有同容积的事故备用池，实现全闭路循环，严禁场内污水外排"的要求。该投标人认为"设事故备用浓缩机池"不是招标文件的要求；"布置了事故放水池"是主流设计之一，能满足"全闭路循环，严禁场内污水外排"的要求。

4. 评标委员会认为该投标人在投标文件中"主井口到落煤塔输送皮带能力为3900吨/小时，与主井最大提升能力不相匹配。"该投标人认为招标人从未提供主井最大提升能力为6000吨/小时的要求，以未公开的标准作为评标标准严重违反我国《招标投标法》的有关规定。

【风险分析与防范】

首先，该投标人关于其投标价格低而不能中标的质疑，根据我国《招标投标法》第41条规定及本项目招标书规定的综合评价法的评标方法，此质疑的理由难以成立。但是我国《招标投标法》第41条规定关于经评审的最低价法与综合评估法确实存在有不科学之处，且存在诸多弊端，需要尽快修改，以更科学的方法来取代。经评审的最低价法一般做法是废除报价高于最高限价的报价和低于成本的报价，剩下报价加权平均再下浮几个点，取前几名评审，如符合招标文件要求即为中标候选人，这种方法的不科学性主要表现在：一是最高限价的计算和成本价的计算方式及标准缺乏客观统一的标准；二是下浮点由谁界定，如何界定缺乏依据。综合评估法，无论是评审经济标，还是评审技术标都缺乏客观标准，存在较大人为因素，难以保证评标的客观公正。这两种方法的弊端主要有：易造成有极强的承包能力、业绩显著并且报价低的企业无法中标;为招标人与投标人及投标人之间相互串通投标提供了方便;造成国有资金的极大浪费和国有资产的流失;易产生商业贿赂和滋生腐败。根据国际惯例以及现代信息技术的应用,采用最低价法中标是非常必要和迫切的。最低价法中标的做法是从最低报价开始评标,主要看投标人的工程量计算是否符合项目实际情况,看投标人的材料单价、人工单价等是否与市场的价格相符,评标委员会对其工程量和单价有疑问的,应要求投标人提供相应材料。如果投标人提供的材料能说明其报价符合实际情况,该报价应中标,无须对第二低报价进行评审;如果投标人不提供材料或提供的材料不能说明其报价,该报价不能中标,需对第二低报价进行评审,以此类推。同时,为了防止在合同履约中出现风险,应提高中标人的履约保函的担保额。最低价法中标能避免经评审的最低价法与综合评估法的弊端,真正实现招标的优胜劣汰功能。

其次,该投标人关于业绩优秀而不能中标的质疑,根据该项目招标文件对资格审查标准的规定,此质疑的理由也是难以成立的。该项目招标的资格审查采取的是资格后审的方式,在招标文件的"投标人须知"中规定"合格的投标人"为"除非下文另有规定,凡是来自中华人民共和国或是与中华人民共和国有正常贸易往来的国家或地区的供货人均可投标";"只有在法律上和财务上独立、合法运作并独立于招标人和招标代理机构的供货人才能参加投标";"授标决定将考虑投标人的财务、技术和生产能力"。这种资格审查的标准过于原则,不具体,不具有操作性,在资格后审中难以做到客观公正。此外,资格审查公告的发布、资格审查委员会成员资格与组成方式如何保证公平、公正也是值得关注的。现行的资格审查有资格预审与资格后审两种方式。资格预审是指由招标人在投标前对潜在投标人进行资格审查。资格预审方式由于将投标人的信息公开化,已经为围标、串标提供了方便条件。资格后审方式是应大力提倡的一种资格审查方式,一方面可以防止人为设置不合理招标条件,更充分体现"公开、公正、公平"的原则;另一方面可以避免投标人身份、数量及各种信息的外泄,防止串标的发生或增加了串标的难度。我国资格审查制度存在诸多问题,尽快完善资格审查制度是健全我国招标投标制度一项重要内容。

第三,该投标人对评标委员会认为其在投标文件中"未设事故备用浓缩机池"不符合本项目招标书第二册第八章4.7.3条的质疑。投标人在编制投标书前认真审查招标文件,对发现的疑问及时向招标人提出并由其答复,就可以避免这种情况的发生。此外,规范招标文件内容也是必要的和迫切的,以防止某些招标人故意通过在招标文件中设置陷阱和障碍,为招标人与投标人相互串通提供方便条件,这可以通过发布标准招标文件、公布招标文件接受社会监督、加大投标人投诉处理力度等方式进行规范。

第四,该投标人认为招标人从未提供主井最大提升能力为6000吨/小时的要求的质疑,如果查证属实,该项目应该重新进行招标。评标委员会认为该投标人的投标文件的主井口到落煤塔输送皮带能力为3900吨/小时,与主井最大提升能力不相匹配。该投标人认为招标人从未提供主井最大提升能力为6000吨/小时的要求,在招标文件中确实没有这样的要求,招标人提出主井最大提升能力为6000吨/小时的要求有两种可能,一种是在答疑时没有通知该投标人,如果属于此种情形,那招标人的行为违反了我国《招标投标法》第23条"招标人对已发出的招标文件进行必要的澄清或修改的,应当在招标文件要求提交投标文件截止时间至少十五日前,以书面形式通知所有招标文件收受人。该澄清或修改的内容为招标文件的组成部分"的规定;另一种是评标委员会擅自增加了评标的标准,这也违反了我国《招标投标法》第40条规定的评标委员会应当按照招标文件确定的评标的标准和方法进行评审和比较的规定。

第五,健全和完善建设工程招标投标的异议和投诉制度是招标投标工作健康开展的重要保障。投标人和其他利害关系人是最关注建设工程招标投标是否规范,是否违法,异议与投诉是发挥他们的监督作用的两个重要渠道。我国《招标投标法》第65条仅原则规定,投标人和其他利害关系人有权向招标人提出异议或依法向有关行政监督部门投诉。关于异议,投标人向招标人何时提出异议、提出异议后招标人不答复或投标人对答复不满意如何处理、招标工作是否应暂停、招标人应承担何种责任等均不明确。关于投诉,尽管2004年国家发展和改革委员会、建设部等7个部委联合发布《工程建设项目招标投标活动投诉处理办法》对投诉的提出、立案、调查、处理作出了规定，但此规定仍不全面，如对投诉结果处理前招标工作是否应暂停不明确，并且此办法是部门规章，效力层次不高，执行力度不够。因此，《招标投标法实施条例》的颁布实施，在行政法规层面对异议与投诉制度作出了全面、具有操作性的规定。

工程总承包项目招标投标风险分析与防范

——从代理中国某工程公司参加河南洛阳某项目工程总承包招标定标纠纷非诉讼案谈起

【案情简介】

项目概况：河南某大学第一附属医院外科病房楼工程项目是由洛阳市财政投资的关系社会公共利益、公众安全的公用事业项目，建设地点在洛阳新区关林路与学府路交叉口西北角。

河南某大学第一附属医院新区医院外科病房楼净化工程建设内容包括：手术部手术室 16 间（Ⅰ级三间、Ⅱ级 4 间、Ⅲ级 9 间，含内窥镜手术间 1 间及相应配套辅房和公用空间，其中一间Ⅱ级骨科手术室为放射线屏蔽手术室，两间Ⅲ级感染手术室为正负压手术室）；土建墙体施工；水、电、空调、装修（含门）、医用气体的细化设计及施工；ICU 重症监护室（Ⅲ级）、供应室、产房工作区空气净化系统（洁净空调Ⅲ级）；ICU 辅助用房的地面找平层、地面面层、墙面面层、顶面面层、所有的门（含防火门）；产房净化机组；产房及产房待产室吊顶；ICU 入口处到 ICU 护士站、手术部入口到手术部护士站、护士值班室彩色可视对讲系统。招标范围内的招标设备、设备安装、装饰、强电照明股线敷设、手术部内医用气体、吊塔的管线敷设、施工预埋件、调试、竣工、验收、移交、人员培训、售后服务。质量要求：必须符合国家及行业现行规范的验收标准且一次性通过卫生厅行政主管部门及行业主管部门的质量验收，符合主体工程省优质工程质量标准。

第四篇 建设工程总承包法律风险防范

招标投标过程：该工程项目于2009年2月24日在中国采购与招标网上发布招标公告，共有四家公司参加了投标，其中一家是在北京的中国某国际工程公司，另外是位于江苏的三家公司。2009年4月29日该工程项目进行了公开开标，位于北京的中国某国际工程公司的报价低于基准价14.07%，并且其业绩非常优秀；位于江苏的三家公司的报价分别高于基准价的2.91%、4.84%、6.33%。

经评标委员会评审，中国某国际工程公司为第一中标候选人，并于开标当日在中国采购与招标网发布中标公告，公示期为2009年4月30日至2009年5月5日。在公示期间，中国某国际工程公司未收到招标人或招标监管机构转来的任何人或单位提出的异议或投诉。

2009年5月25日，该项目招标代理人电话通知中国某国际工程公司其第一中标候选人资格被取消，改由原第二中标候选人补上，并已经在中国采购与招标网发布公告。

结果：中国某国际工程公司认为招标人及当地招标监管机构这种做法严重违反了招标投标的法律、法规的规定，提出要求恢复第一中标候选人资格。中国某国际工程公司与招标人及当地招标投标监管机构进行了交涉，招标人及当地招标投标监管机构答复由原第二中标候选人提出投诉，在没有中国某国际工程公司任何答辩的情况下，又请了原评标委员会成员重新进行评审，取消了中国某国际工程公司的第一中标候选人资格，改由原第二中标候选人补上。在中国某国际工程公司的再三要求下，招标人及当地招标投标监管机构再次将原评标委员会成员召集再次进行评审，结果是维持第二次的意见，即取消中国某国际工程公司的第一中标候选人资格，改由原第二中标候选人补上。

【风险分析与防范】

首先，招标人及当地招标监管机构的这种做法严重违反了《中华人民共和国招标投标法》《工程建设项目施工招标投标办法》《工程建设项目招标投标活动投诉处理办法》的规定。一是根据《中华人民共和国招标投标法》第4章的规定，招标人及招标代理机构在评标委员会确定中标候选人后不得进行第二次评审。中国某国际工程公司被确定为第一中标候选人后又由原评标委员会的成员对该项目进行了第二次评标，不仅严重违反了招标投标的法律规定，而且严重违反了"公开、公平、公正"的招标投标活动的基本原则。二是根据《工程建设项目施工招标投标办法》第58条规定，排名第一的中标候选人只有在放弃中标、因不可抗力提出不能履行合同，或招标文件规定应当提交履约保证金而在规定的期限内未能提交的，才可以取消第一中标候选人的资格。而中国某国际工程公司不存在上述任何一种情形，因此，取消中国某国际工程公司的第一中标候选人的资格严重违反了上述招标法规的规定。三是根据《工程建设项目招标投标活动投诉处理办法》第16条规定："在投诉处理过程中，行政监督部门应当听取被投诉人的陈述和申辩，必要时可通知投诉人和被投诉人进行质证。"该办法第20条规定，对投诉属实的，应当依据《招标投标法》及其他有关法规、规章作出处罚。当地招标投标监管机构未进行任何调查就取消中国某国际工程公司的第一中标候选人的资格不仅严重违反了《工程建设项目招标投标活动投诉处理办法》第16条规定，而且处理的结果不符合招标投标的法律、法规、规章的规定。

其次，本案中的工程项目是政府投资的关系社会公共利益、公众安全的公用事业项目。中国某国际工程公司的医疗工程总承包的的能力及业绩在全国名列前茅，并且其报价比第一次排名第二的企业的报价低300多万元。这种做法一方面导致我国国有资产的极大流失，另一方面说明我国《招标投标法》第41条规定关于经评审的最低价法与综合评估法确实存在有不科学之处，且存在诸多弊端，需要尽快修改，以更科学的方法来取代。

再次，本案的事实说明我国建设工程招标投标的异议和投诉制度严重不健全。《招标投标法实施条例》的颁布和实施对完善我国建设工程招标投标的异议和投诉制度有很大的促进作用，主要体现在：一是明确了异议的对象、内容和答复的时间。投标人或其他利害关系人认为招标投标活动不符合有关规定的，有权向招标人提出异议。招标人应当在收到异议后5个工作日内答复。二是明确了异议的后果。投标人或者其他利害关系人认为资格预审文件、招标文件内容违法或者不当的，应当在递交资格预审申请文件截止时间两日前或者递交投标文件的截止时间五日前向招标人提出异议；认为开标活动违法或者不当的，应当在开标现场向招标人提出异议；认为评标结果不公正的，应当在中标候选人公示期间或者被告知中标候选人后三个工作日内向招标人提出异议。招标人需要对资格预审文件、招标文件进行澄清或者修改的，按照《招标投标法》和本条例有关规定处理；未对异议作出答复的，招标人不得进行资格审查、开标、评标或者发出中标通知书。三是明确了投诉的具体内容与程序。投标人或者其他利害关系人认为招标投标活动不符合有关规定的，可以向有关行政监督部门投诉。投诉应当自知道或者应当知道违法行为之日起十日内提起，有明确的请求和必要的合法证明材料。对依法应首先提出异议的事项提出投诉的，应当先提出异议。在收到招标人答复前，投标人或者其他利害关系人不得就相关事项向行政监督部门投诉，但招标人无正当理由不在规定时间内答复的除外。异议处理时间不计算在前款规定的十日内。行政监督部门应当自受理投诉之日起三十个工作日内，对投诉事项作出处理决定，并以书面形式通知投诉人、被投诉人和其他与投诉处理结果有关的当事人。四是明确禁止恶意投诉及其法律责任。投标人或者其他利害关系人不得通过捏造事实、伪造证明材料等方式，或者以非法手段或者渠道获取的证据材料提出异议或者投诉，也不得以阻碍招标投标活动正常进行为目的恶意异议或者投诉。否则，由招标投标监管机构予以警告，处一万元以上十万元以下罚款，情节严重的，取消其二至五年内参加依法必须招标项目的投标资格并予以公告。

工程总承包合同的风险分析与防范

——从代理北京某设计院参加某项目EPC总承包
地基处理纠纷法律服务非诉讼案谈起

【案情简介】

项目业主某公司在广东省某市建设16台储罐及其配套的泵棚、管廊、变配电站、泡沫站等设施以及配套的装卸和消防等设施（以下简称"该项目"），总投资2.3亿元，工期为486个日历日。该项目总承包的范围包括：项目的详细设计；设备和材料采购；施工安装；政府报批报建报验；业主培训；为该项目的联动试车、投料试车等提供保障服务；提供竣工图和竣工资料等文件；提供保修服务等直至业主颁发履约证书。该项目实行公开招标发包，北京某设计院参加该项目投标并中标。2009年8月28日，北京某设计院与项目业主签订了《某项目EPC总承包合同》（以下简称"EPC总承包合同"）。在EPC总承包合同中约定："本项目建设场地业主已完成地基强夯处理，并按基础设计总平面布置图完成了详细地质勘察，承包商应评估业主提供的详细勘察报告。如果承包商认为质量有问题，承包商应负责补充地质勘察或补充地基处理，直至质量合格。承包商的勘察资料或地基资料与业主提供的详细勘察报告之间的任何不一致之处均不构成合同变更。"

在EPC总承包合同履行过程中，北京某设计院的项目人员发现该项目的地基实际状况与业主提供的详细地质勘察严重不符，由此增加补充地质勘察费和补充地基处理费共计1000余万元，北京某设计院与项目业主之间因此发生纠纷。项目业主以 EPC 总承包合同中关于补充地质勘察和补充地基处理条款为依据，认为增加的费用由承包商自行负责。北京某设计院认为该费用应当由项目业主承担。

本律师作为北京某设计院的法律顾问，参与了该项目上述纠纷的处理，通过本律师的非诉讼法律服务较好地处理了上述纠纷，保证了该项目工程总承包的顺利进行，有效地维护了北京某设计院的合法权益。

【代理过程和结果】

北京市金洋律师事务所惠承北京某设计院的委托，指派本律师就该项目发生的上述纠纷进行了认真分析，认真审阅了北京某设计院提供的《某项目 EPC 总承包合同条款》及附件、某勘察设计研究院出具的《岩土工程详细勘察报告书》等材料，听取了项目人员对该项目地质勘察实际情况的介绍，根据我国《建筑法》《合同法》《建设工程质量管理条例》《建设工程勘察设计管理条例》等法律、法规的规定，结合工程勘察设计行业实际情况，出具了《法律意见书》，内容如下：

一、根据我国《建筑法》《合同法》《建设工程质量管理条例》《建设工程勘察设计管理条例》等法律、法规的规定，工程勘察文件必须真实、准确，工程勘察文件的修改必须由原工程勘察单位进行。

我国《建筑法》第 56 条规定："建筑工程的勘察、设计单位必须对其勘察、设计的质量负责。勘察、设计文件应当符合有关法律、行政法规的规定和建筑工程质量、安全标准、建筑工程勘察、设计技术规范以及合同的约定。"我国《合同法》第 286 条规定："因发包人变更计划，提供的资料不准确，或者未按照期限提供必需的勘察、设计工作条件而造成勘察、设计返工、停工或者修改设计，发包人应当按照勘察人、设计人实际消耗的工作量增付费用。"我国《建设工程质量管理条例》第 20 条规定"勘察单位提供的地质、测量、水文等勘察成果必须真实、准确。"我国《建设工程质量管理条例》第 21 条规定"设计单位应当根据勘察成果文件进行工程设计。"我国《建设工程勘察设计管理条例》第 26 条第 1 款规定："编制建设工程勘察文件，应当真实、准确，满足建设工程规划、选址、设计、岩土治理和施工需要。"我国《建设工程勘察设计管理条例》第 28 条规定："建设单位、施工单位、监理单位不得修改建设工程勘察、设计文件；确需修改建设工程勘察、设计文件的，应当由原建设工程勘察、设计单位修改。经原建设工程勘察、设计单位书面同意，建设单位也可以委托其他具有相应资质的建设工程勘察、设计单位修改。修改单位对修改的勘察、设计文件承担相应责任。施工单位、监理单位发现建设工程勘察、设计文件不符合工程建设强制性标准、合同约定的质量要求的，应当报告建设单位，建设单位有权要求建设工程勘察、设计单位对建设工程勘察、设计文件进行补充、修改。建设工程勘察、设计文件内容需要作重大修改的，建设单位应当报审批机关批准后，方可修改。"

以上法律、法规非常明确地规定：建设工程勘察文件应当真实、准确；确需修改建设工程勘察文件的，应当由原建设工程勘察单位修改；施工单位发现建设工程勘察文件不符合工程建设强制性标准、合同约定的质量要求的，应当报告建设单位，建设单位有权要求建设工程勘察单位对建设工程勘察文件进行补充、修改；建设单位对于由其提供的资料不准确造成返工或停工的应按实际消耗的工作量增付费用。

二、《某项目 EPC 总承包合同》中的有关约定违反了上述法律、法规的规定。

本项目的工程勘察是由业主委托某勘察设计研究院进行的，某勘察设计研究院出具的《岩土工程详细勘察报告书》应按照上述法律、法规的规定确保真实、准确。而实际情况是，该工程勘察文件与实际地质状况严重不符合，违反了有关工程建设的强制性标准。依据上述法律、法规的规定，贵院发现工程勘察文件有质量问题应报告业主，业主应要求原勘察设计研究院进行补充勘察。

《某项目 EPC 总承包合同》关于"如果承包商认为质量有问题，承包商应负责补充地质勘察，直至质量合格"的约定，显然，既不符合上述法律、法规中"工程勘察文件必须真实、准确"的要求，又不符合工程勘察文件修改的程序规定。

三、《某项目 EPC 总承包合同》中有关约定依法应属于无效。

我国《合同法》第 52 条规定，违反法律、行政法规的强制性规定的，合同无效。我国《合同法》第 56 条规定:"无效的合同或者被撤销的合同自始没有法律约束力。合同部分无效,不影响其他部分效力的,其他部分仍然有效。"

《某项目 EPC 总承包合同》中关于"如果承包商认为质量有问题,承包商应负责补充地质勘察,直至质量合格"的约定,违反了上述法律、法规的强制性规定,因此,该条款无效。

北京某设计院以上述《法律意见书》为依据,向项目业主发出了书面函件,认为项目业主以 EPC 总承包合同中关于补充地质勘察和补充地基处理条款为依据不承担相应费用是错误的,项目业主提供的详细勘察报告书未真实、准确地反映实际地质状况,违背了国家法律法规的强制性规定,相应合同条款为无效条款,不具有法律约束力;EPC 总承包合同中有关实际发生的补充地质勘察和补充地基处理费用由承包商承担的约定显失公平,要求由项目业主承担增加的全部费用。双方经过多次艰苦谈判和交涉,双方协商同意就增加的补充地质勘察费和补充地基处理费用各自承担一半,工期相应顺延。

通过本律师的专业法律服务,有效化解了该项目在工程总承包过程中发生的纠纷,避免了该项目可能出现的诉讼法律风险,保证了该项目工程总承包的顺利进行,该项目最终按照项目业主的要求顺利竣工验收并交付使用,双方按期进行了工程竣工结算,项目业主及时支付了相应的工程款,保证了项目业主的投资效益和承包商的合法权益。

【风险分析与防范】

本案中业主与承包商之间发生的纠纷是项目基础资料提供的责任风险划分的纠纷,之所以出现这样的风险,一是由于我国国内工程总承包合同缺乏规范的、引导性的《建设项目工程总承包合同示范文本》,造成工程承包合同内容中业主与承包商的权利与义务失衡;二是由于业主不按照中国的法律规定和工程项目的实际情况,照搬 FIDIC 条款,利用业主在工程总承包中的优势地位,将合同中不公平的条款强加给承包商;三是由于承包商在签订的工程总承包合同时,对有关基础资料的风险评估不够,对风险责任划分不重视,一旦实际状况与基础资料不一致，造成承包商利益的重大损失。

工程总承包包括设计采购施工（EPC）/交钥匙总承包、设计施工总承包、设计采购总承包、采购施工总承包等是国际通行的建设项目组织实施方式之一。自1984年9月我国提出推行工程总承包建设项目组织实施方式以来，工程总承包得到了快速发展，目前我国开展工程总承包的行业已从早期启动的化工、石化等少数几个行业推广到涉及冶金、电力、机械、建材、石油天然气、纺织、电子、兵器、轻工、城市轨道交通等全国大部分领域。据统计，2010年勘察设计企业完成工程承包收入5634亿元，已占勘察设计企业全部营业收入的59％。实践证明，工程总承包的推进，不仅有利于调整企业经营结构，增强综合实力，而且有利于保障工程项目的质量安全、缩短工期、节省投资，提高工程项目的综合效益。

但是，由于工程总承包具有投资额大、建设周期长、性质复杂、受项目所在地自然环境影响大等特点，同时又关系到国有资金投资、社会公共利益、公众安全等，工程总承包具有非常大的风险，签订具体、明确、完备的工程总承包合同是防范工程总承包风险的重要措施之一。

2011年9月7日，住房和城乡建设部、国家工商行政管理总局联合发布了《建设项目工程总承包示范文本（试行）》（建市［2011］139号）（以下简称"示范文本"）。国际咨询工程师联合会于1999年出版了有关工程总承包的新合同标准格式第1版，包括：《生产设备和设计－施工合同条件》（以下简称"黄皮书"）和《设计采购施工（EPC）/交钥匙工程合同条件》（以下简称"银皮书"）。示范文本适用于中国境内的所有各行业的总承包项目，具有合法性、适宜性、公平性、统一性、灵活性等特点。黄皮书、银皮书适用于国际金融组织贷款项目和一些国际项目，具有国际性、通用性和权威性等特点。同时应特别注意区别黄皮书与银皮书的适用范围不同，银皮书不适用的情形包括：投标人没有足够时间或资料，以仔细研究和核查雇主要求，或进行他们的设计、风险评估和估算；建设内容涉及相当数量的地下工程，或投标人未能调查的区域内的工程；雇主要严密监督或控制承包商的工作，或要审核大部分施工图纸；每次期中付款的款项要经职员或其他中间人确定。上述银皮书不适用的情形，应当适用黄皮书。

第四篇　建设工程总承包法律风险防范

尽管示范文本、黄皮书、银皮书为工程总承包合同的风险分析与防范提供了指导，但仍需根据工程项目的具体情况及合同条款的具体内容，对工程总承包合同风险进行分析并提出防范措施。工程总承包合同一般分为四个部分，包括合同标题部分、合同序言部分、合同正文部分、合同结尾部分。工程总承包合同的风险包括合同标题部分的风险、合同序言部分的风险、合同正文部分的风险、合同结尾部分的风险。在合同标题部分，要注意防范合同与合同草案、合同与合作意向书、谅解备忘录等之间区别的风险。在合同序言部分，一是要注意防范签约主体的形式与内容的风险，签约主体内容不仅关系到合同当事人民事法律行为能力、责任承担事项，而且关系到关联交易、纳税等问题；二是注意防范签约背景与目的的风险，签约背景与目的是指通常所说的"鉴于"条款，尽量精炼、避免约定具体权利、义务与定义条款；三是要防范签约时间与地点方面的风险。在合同结尾部分，要注意防范签署条款、附件条款、签字格式等方面的风险。本文将就工程总承包合同的正文部分的风险与防范进行重点分析。

一、关于定义与解释的风险分析与防范

定义是指对合同条款中使用的概念、术语的内涵与外延所作的简要说明。解释是指阐明合同条款的含义，从而明确当事人在合同中权利与义务的活动。

定义与解释在工程总承包合同特别是在国际工程承包合同中具有非常重要的地位和作用，一方面有利于使工程总承包合同更加简练、内容更加明确，符合工程总承包投资额大、履行周期长、受各种因素制约等特点，防止合同当事人因国家不同、文化背景不同、法律或技术差异而产生争议；另一方面通过自行约定的有利于自己的定义与解释条款可以将最大限度保护自己的合同利益的内容固定在合同中。

定义与解释条款的风险主要有：定义与解释内容分散且无规律的风险；定义前后不一致的风险；循环定义的风险；定义中规定具体权利与义务的风险；进行不必要定义的风险；关键术语或表述未进行定义与解释的风险；解释顺序不符合法律规定的风险；解释的内容缺乏公平性条款的风险等。

在定义与解释条款中，防范风险应采取以下措施：一是尽量将所有定义与解释的内容放在同一章内并置于合同正文部分的首部，并按照一定顺序进行排

列或分类,如英文工程总承包合同可以按照术语第一个英文字母的顺序排列;可以按照术语出现的先后顺序排列;可以如黄皮书、银皮书将定义进行合并,各方和人员,日期、试验、期限和竣工,款项和付款,工程和货物,其他等进行分类排列等。二是在整个工程总承包合同中使用与定义中相同意义的术语或表述时应保证其形式上的前后一致性,包括合同序言部分、正文部分及结尾部分,如通过英文大写字母开头或下划线等方式进行区别。三是要避免循环定义。四是定义条款中不要包含涉及合同双方具体权利与义务的内容。五是对于较为常见且通常含义足以表达某一词语的意思或相关法律、法规中已进行定义的词语或表述,就无须定义。六是工程总承包合同中有关合同的组成、参与工程总承包的各方和人员、工程总承包各关键阶段、工程各款项、材料设备等关键术语应当进行定义;对工程总承包合同中使用"同意(商定)"、"达成(取得)一致"或"协议"等词均解释为用书面形式进行记载;合同中的条款标题仅为阅读方便,不作为对合同条款解释的依据等。七是合同文件的优先解释顺序应符合法律规定和国际惯例。如示范文本中合同文件的优先解释顺序是本合同协议书、本合同专用条款、中标通知书、招投标文件及其附件、本合同通用条款、合同附件、标准与规范及有关技术文件、设计文件与资料和图纸、双方约定构成合同组成部分的其他文件。由于示范文本适用于国内工程总承包项目,这样的约定与中国的法律规定不符,且将招标文件作为合同解释文件也不符合国际惯例;同时在国际工程承包合同中,应当区别黄皮书与银皮书关于合同文件优先次序条款的不同,黄皮书的文件优先次序是合同协议书、中标函、投标函、专用条件、本通用条件、雇主要求、资料表及承包商建议书和构成合同部分的任何其他文件;银皮书的文件优先次序是合同协议书、专用条件、本通用条件、雇主要求、投标书和构成合同组成部分的任何其他文件。八是注意防范合同条款中不公平的扩大解释条款的风险,在业主提供的工程总承包合同条款中,往往有对合同意图扩大解释、标准适用的严格解释、工作内容的宽泛解释、工作性质与工作标准的扩大解释等不公平条款,如合同意图解释为合同各个部分作为合同整体并相互补充,如果合同某个部分规定的工作、服务或义务,而其他部分没有规定,这种情况下应视为合同整体要求,承包商应当按照合同整体要求执行这些工作、服务或义务等,承包商应尽量删去该部分的内容;如一定要保留,应全面、深入分析风险范围并有相应的防范风险的应对措施。

二、关于陈述与保证的风险分析与防范

陈述与保证是指合同当事人就合同有关的、一方知悉而对方不易核实的事实所作的一种书面声明。陈述一般是对过去和目前的情况所作的声明，保证一般是对将来实施某些行为所作的声明。

陈述与保证条款是国际商务合同中十分重要的基本条款。一方面，合同当事人一方通过此条款要求另一方对自己认为重要的且自己难以获取的信息作出声明，保证其在本协议下真实有效，保障合同的周延性，填补漏洞，防范风险；另一方面，合同当事人一方一旦发现对方存在不实的声明，可以通过此条款及相应的责任条款，清晰且直接地追究对方的违约责任或采取包括终止合同在内的救济措施。目前，无论是国内工程总承包的示范文本，还是 FIDIC 的黄皮书、银皮书，均未单独设立陈述与保证条款，本律师认为这是上述合同文本中的一大缺陷，在国内工程承包市场不规范、国际工程承包风险大、信息不对称、诚信缺失等情形下，在工程总承包合同中增加陈述与保证条款是非常的必要的，是规范市场、防范风险的重要举措。

陈述与保证条款的风险主要有：陈述与保证条款的内容不全面、重要内容遗漏的风险；违反陈述与保证条款的责任未约定或约定不明确的风险等。

在工程总承包合同中防范陈述与保证条款的风险，应采取以下措施：首先，陈述与保证条款内容应当全面，重点应当突出。工程总承包合同中陈述与保证条款应当包括以下内容：一是签约各方主体是否合法设立，是否具有相应的资格或资质；二是签约人是否已经获得相应的授权；三是工程项目是否已经获得相应的批准；四是工程项目的发包与承包是否符合相应的法律规定；五是工程项目的建设程序是否合法；六是工程项目建设过程中是否可能违反相关法律规定；七是双方是否存在其他诉讼或仲裁；八是签署执行本协议是否导致其违法或违反与第三方签订的合同义务等。其次，应当明确约定违反陈述与保证条款的相应责任，如：一方承诺如他们违反陈述和保证，将赔偿因此给另一方造成的所有费用、损失并承担全部责任，另一方有权解除合同。

三、关于工程总承包的范围与内容的风险分析与防范

工程总承包的范围与内容是工程总承包合同的标的，是发包人、承包人权

利与义务共同指向的对象,既应当明确发包人与承包人责任范围的界限,又应当明确发包人与承包人的职责分工。

工程总承包的范围与内容是工程总承包合同履行的前提,与承包人的合同主体资格、合同价格、工程索赔、工程保修、工程担保等环节密切相关,不仅关系到承包人的利益,更关系到承包人的责任。由于工程总承包具有涉及的内容多、合同文件多、业主要求多为基础性与概念性要求、建设规模和投资变化较大、技术性强等特点,工程总承包的范围与内容风险较大,应当高度重视、明确约定。

工程总承包的范围与内容条款的风险主要有:工程总承包的范围约定不明确;工程总承包的内容不清晰;工程总承包的范围与内容条款与其他合同条款之间不衔接等。

防范工程总承包的范围与内容条款的风险,应采取以下措施:一是仔细阅读和研究招标文件和业主要求,在投标时应尽可能将招标范围、投标报价所包含的工作内容、费用项目明确列举,在签订工程总承包合同时详细、明确约定工程总承包的范围与内容。二是针对不同的工程总承包项目的类型,明确不同的工程总承包的范围与内容。对于国际工程总承包项目来说,应当区分电气或机械生产设备供货及工程设计和施工项目与以交钥匙方式提供加工或动力设备、工厂或类似设施或基础设施工程或其他类型的开发项目,这两者虽均为工程总承包项目,但其工程总承包的范围与内容是不同的。对于国内工程总承包项目来说,由于国内工程总承包有设计采购施工(EPC)/交钥匙总承包、设计施工总承包、设计采购总承包、采购施工总承包等多种方式,应当区分工程总承包的不同方式,明确其相应的工程总承包的范围与内容。三是采取概括列举与详细具体列举相结合的方式,明确工程总承包的范围与内容。在工程总承包合同协议书中,应明确工程总承包的主要阶段内容,如 EPC 项目总承包合同中应明确工作范围包括:项目的详细设计、设备和材料采购、施工安装、联动试车、竣工验收、保修等。在工程总承包合同的附件中,详细列举工程总承包的范围与内容,一般包括项目概况、项目目标、最终交付的永久性工程的描述、项目管理、设计、采购、施工、单机试车与中间交接、试车服务、缺陷整改、培训等具体内容,应当高度关注发包人与承包人在政府批准和许可手续方面办理的分工、发包人指定分包的范围、暂列款的使用范围等内容。四是对于工程总承包的范围与内容作出原则性的概括性表述如"如果某项工作按照行业惯例是圆满完成本合同项下工作的一部分,但该项工作在合同中没有明确规定,那么此项工作应视为已经包含在合同中并构成合同工作范围的一部分",应当仔细研究分析,尽量避免类似的表述,以免发包人扩大解释工程总承包的范围与内容,给承包人带来风险。五是工程总承包的范围与内容条款应当与其他合同条款之间相衔接,如对于发包人指定分包的内容,应当在相应条款中明确发包人指定分包的范围与估算金额;发包人选定分包人的时间、方式与程序;发包人、承包人在指定分包合同中权利、义务与责任;承包人的总包管理职责与总包管理费等。

四、关于发包人与承包人的一般责任划分的风险分析与防范

工程总承包合同是明确发包人、承包人的权利、义务与责任的书面协议,在工程总承包中划分发包人与承包人的责任是非常复杂的,既有涉及工程总承包全过程的责任划分,又有就工程总承包中某一阶段的责任划分。本文将涉及工程总承包全过程中发包人与承包人的责任界定为一般责任,其内容主要包括发包人分别发包及承包人联合承包的合作责任、法律适用责任、标准采用责任、行政许可手续办理的责任、项目管理人员的委派与职权责任、沟通与项目文件保管与提供的责任。

发包人与承包人的一般责任划分不仅关系工程总承包的全过程,而且直接关系到工程总承包合同履行能否顺利进行,如果一般责任划分不公平或不明确,将给承包人带来极大风险。因此,防范发包人与承包人一般责任的风险是工程总承包合同中承包人特别关注的内容之一。

发包人与承包人的一般责任划分的风险主要有:一是同一个项目中既有承包人的工程总承包,又有其他承包人的工程承包,承包人与其他承包人之间的责任划分不清的风险;二是工程总承包是由多个承包人组成的联合体进行的工程总承包,联合体各方的共同及各自的责任划分不清的风险;三是在工程总承包过程中适用的法律无约定或约定不清的风险;四是在工程总承包过程中采用的标准无约定或约定不清的责任;五是工程项目的行政许可手续办理的主体、范围及协助的约定不清的风险;六是发包人、承包人对工程的项目负责人的条件、委派程序、职责权限约定不明的风险；七是发包人与承包人之间沟通的语言、形式及项目文件的保管与提供约定不明的风险。

防范发包人与承包人的一般责任划分的风险，应采取以下应对措施：

（一）关于同一个项目有多个承包人的风险防范

首先，应当在工程总承包的范围与内容条款中明确划分总承包人与其他承包人的责任范围。

其次，总承包人应当根据工程总承包合同和发包人的书面要求为其他承包人提供包括总承包人的设备、总承包人负责的临时工程、施工现场的进入等服务。

再次，如果上述服务增加了工程费用，应当在工程总承包合同中明确约定或由总承包人及时提出工程费用变更函包括时间、方式及费用增加额等，发包人与承包人应及时进行洽商。

最后，尽管提供了上述服务，但施工现场的总负责人仍由总承包人负责，总承包人应当加强管理，做好协调服务。

（二）关于联合体承包的风险防范

首先，在工程总承包合同中应当明确联合体各方的责任或联合体各方签订书面联合体协议作为工程总承包合同的附件。

其次，联合体各方在合同或协议中应当明确各自应当承担的责任，联合体各方对发包人应当承担共同的连带责任。

再次，应当在合同中、协议中或以书面形式通知发包人对联合体各方有约束权的总牵头人或总协调人。

最后，承包人改变其联合体组成应当事先经过发包人的书面同意。

（三）关于总承包工程适用法律的风险防范

第一，应当明确总承包工程应当符合工程所在地的法律，国内工程总承包项目应当符合中国的法律，国际工程总承包项目应当符合工程所在国的法律。

第二，应当明确总承包工程的适用法律是广义的法律范围。在国内总承包工程适用中国的法律、行政法规、部门规章、地方性法规和地方性政府规章。国际工程总承包项目应当适用的法律包括所有全国性的法律、条例、法令和其他法律，以及任何合法建立的公共当局制定的规则和细则等。

第三,应当明确总承包工程适用的法律内容包括工程建设、质量与安全、环境保护等方面的法律。

第四,应当明确总承包工程适用法律的时限,总承包工程适用的法律应当是在递交投标文件截止日期之前30日的有效法律,在合同履行过程中发生法律变更,承包人应当适用修改后的法律并且在工程移交发包人时工程应当符合当时有效的法律。

第五,承包人应当对总承包工程适用法律的正确性负责,发包人负有对承包人要求的对取得与合同有关的但不易取得的工程所在国的法律文本提供合理协助的义务。

（四）关于总承包工程采用标准的风险防范

第一,明确总承包工程应当采用工程所在国的工程建设强制性标准,承包人有义务遵守。

第二,对于工程建设强制性标准以外的标准包括国内工程是否采用国外工程建设推荐性标准或国外工程是否采用本国工程建设推荐性标准或本国以外的工程建设推荐性标准等,在总承包工程中是否采用应当在发包人要求或合同中作出明确约定,承包人对于约定采用的标准是否适合本工程或符合法律规定负有审查义务,并承担一定责任。

第三,对于总承包工程中没有相应成文规定的工程建设标准时,发包人应当提出明确的技术要求,承包人应当按照技术要求提出实施办法,发包人一般应当对其技术要求的正确性承担责任。但对于国际工程承包来说,承包人应当按照发包人要求的约定承担责任,承包人应当对实施方法的正确性承担责任。

第四,应当明确总承包工程适用标准的时限及新标准的适用方法,总承包工程适用的标准应当是在递交投标文件截止日期之前30日的有效标准,在合同履行过程中发生标准变更,对于强制性标准,承包人应当适用修改后的标准,但对于非强制性标准是否采用应当由发包人决定,承包人应当事先向发包人提供建议。

第五,应当明确总承包工程适用的工程建设标准之间存在相互矛盾的情形的处理原则,在工程总承包合同中一般约定应执行本行业或本专业最严格要求的标准,但发包人另有要求的除外。

（五）关于行政许可包括审批、执照、批准、备案等手续的办理的风险防范

首先，应当明确发包人、承包人各自办理行政许可手续范围。在国际工程总承包过程中，有关永久性工程规划许可及其他发包人承诺的许可手续由发包人办理，其他在工程承包过程中的行政许可手续由承包人办理；在国内工程总承包过程中，项目立项、建设用地规划、规划意见书等由发包人办理，其他50余项行政许可手续的办理由承包人办理。

其次，应当明确行政许可手续办理的费用承担，一般是由谁办理手续谁承担相应的费用，承包人在进行工程报价时应当包括此部分的费用。

最后，应当明确承包人在办理包括工程承包许可、进出口关税等行政许可手续时，应承包人的要求，发包人有义务提供合理协助。

（六）关于工程项目负责人的委派与职责的风险防范

首先，发包人委派项目负责人应当注意：一是项目负责人应具有相应的资格和相应能力；二是发包人应当将其委派的项目负责人的姓名、地址、任务和权力在工程总承包合同中明确约定或提前14天书面通知承包人；三是项目负责人除非有须经发包人事先批准的专门约定外应具有合同约定的全部权力，但无权修改合同、无权终止合同；四是项目负责人的任何批准、同意等不应解除承包人根据合同应当承担的任何责任和义务，不影响发包人拒绝接受承包人不符合合同要求的工作、设备、材料；五是项目负责人有权书面委托或撤销其助手，助手应在明确的范围内履行职责；六是项目负责人或助手的指示应当采取书面形式；七是发包人有权更换项目负责人但应当提前通知承包人，如承包人有详细依据，可以提出合理的意见；八是如果发包人委托监理公司进行监理，总监理工程师的委派与职责应符合上述要求。

其次，承包人委派项目经理应当注意：一是承包人应授予项目经理根据合同采取行动所需的全部权力；二是项目经理的任命应当在工程总承包合同中明确约定或经过发包人的书面同意；三是未经发包人事先同意，承包人不得更换项目经理；四是应当明确约定项目经理是否将其全部时间用于指导承包人履行合同，如在黄皮书中有此约定，但在银皮书中没有此约定，具体应根据项目的具体情况进行约定；五是项目经理可以书面委托或撤销其助手，助手应在明确

的范围内履行职责。

最后,应当明确承包人的人员条件与撤换条件,承包人派驻项目的人员应具有相应资质、技能和经验。发包人要求撤换承包人的人员的条件包括:经常行为不当或工作漫不经心;无能力履行义务或玩忽职守;不遵守合同规定;坚持有损安全、健康或有损环境保护的行为。

(七) 关于沟通与项目文件照管与提供的风险防范

首先,关于发包人与承包人之间的沟通,一是明确沟通的主体,应当为发包人与承包人派驻项目的负责人;二是明确沟通的语言,应当按照合同约定的语言进行沟通;三是沟通的形式,应当采用书面形式,包括合同书、信件和数据电文(包括电传、传真、电子数据交换、电子邮件等)等;四是应当在合同中明确回复的期限,对于需要发包人书面答复的内容,发包人应当在合同约定期限内及时答复。

其次,关于项目文件的照管与提供,一是应当明确文件的范围与内容,此处文件即承包人文件是指承包人为完成工程准备与工程设计、采购、施工、试车和操作维修等与承包人工作有关的设计、数据、计划、规格、流程、图纸、手册、项目管理以及其他技术性文件。二是应当明确保管责任主体、期限及份数,承包人对上述文件负有保存和照管的责任,直到发包人接受为止,承包人一般应当向发包人提交一式六份。三是应当明确文件的提供与使用,发包人有权在合理的时间使用这些文件,承包人应当提供。四是应当明确文件的错误与缺陷的通知,一方发现上述文件有技术性错误或缺陷,有义务立即将此错误或缺陷通知另一方。

五、关于工程工期的风险分析与防范

工程工期是指一个工程从正式开工到全部建成投产时所经历的时间。工程总承包项目工期,按照其承包内容来划分,可以分为设计工期、采购工期、施工工期。工程总承包工期,按照工程的关键路径,一般包括开工日期、机械竣工日期、中间交接日期、工程接收日期。

工程工期是工程总承包合同中关键内容之一。对于发包人来说,希望加快工程进度、缩短工程工期,以便使工程项目早日建成投产,确保投资效益;对承包人来说,希望工程工期合理,以确保工程质量、防范违约风险。因此,合理加快工程进度,既是工程市场竞争对承包人的要求,又是满足发包人要求的必要条件,还是承包人提高经济效益和社会效益的有效途径。由于工程总承包合同对工程工期约定不明,造成工程工期存在着较大风险,如何防范工程工期风险已引起了发包人、承包人的广泛关注。

工程工期风险主要有:一是工程工期期限约定不明确或不合理的风险,包括开工日期、竣工日期约定不明确的风险;二是工期责任范围划分不清的风险;三是工期控制约定不明确的风险;四是暂时停工的条件、程序、责任及处理约定不明的风险。

防范工程工期风险,应当采取以下措施:

(一)关于工程工期期限的风险防范

工程工期的约定主要是防范在开工日期、竣工日期和工程进度计划方面的风险。

1. 关于开工日期的风险防范

在国内工程总承包中,开工日期包括设计开工日期、采购开始日期、施工开工日期,一般有以公历年、月、日所表明的具体期限的绝对日期和以公历天数表明的具体期限的相对日期来表示。由于工程总承包的内容复杂,其开工需具备一定条件。因此,为了防范风险,工程总承包工程的开工日期应当采用相对开工日期,如设计开工日期确定应当以发包人提供项目资料和支付预付款为依据;施工开工日期应当以施工现场具备施工条件为依据,或者依照国际惯例,开工时间以发包人发出的书面开工通知为准。在国际工程承包中,开工时间一般在合同生效后的42天内,开工前的7日内以发包人的书面通知开工日期为准,一般不具体约定设计开工日期、采购开始日期、施工开工日期。

2. 关于竣工日期的风险防范

竣工日期是指合同中约定的,由承包人完成工程施工(含竣工试验)的绝对日期或相对日期,包括合同约定的任何延长日期。竣工日期包括计划竣工日期和实际竣工日期。

首先,应当明确竣工的内容,一是是否包括竣工试验阶段应当明确;二是竣工内容不应包括竣工试验预留的施工部位、发包人要求预留的施工部位、不影响发包人实质操作使用的未完扫尾工程、缺陷修复。在国际工程承包中,竣工内容包括竣工试验，但不包括对工程预期使用目的没有实质影响的少量收尾工作和缺陷修复。

其次，应当明确工程实际竣工日期的标准，一是承包的工程如果包括竣工试验阶段，单项工程最后一项竣工试验通过的日期为该单项工程的实际竣工日期，工程中最后一项单项工程通过竣工试验的日期为工程的实际竣工日期；二是承包的工程如果不包括竣工试验阶段，承包人按合同约定完成施工图纸规定的单项工程中的全部施工作业且符合合同约定的质量标准的日期为单项工程的实际竣工日期，承包人按照合同约定完成施工图纸规定的工程中最后一个单项工程的全部施工作业且符合合同约定的质量标准的日期为工程的实际竣工日期。

最后，应当明确工程实际竣工日期确定的形式，一是以发包人、承包人共同签署的竣工试验通过日期或单项工程、工程符合合同约定的质量标准的验收日期为工程实际竣工日期；二是承包人已提交竣工试验或验收申请，但发包人拖延试验或验收，在一定期限内应当视为工程验收合格，承包人提出的申请之日即为工程实际竣工日期；三是工程未经试验或验收，发包人擅自使用的，以转移占有工程之日为工程实际竣工日期。

3. 关于工程进度计划的性质与责任风险防范

工程进度计划是指合同生效之日起，按合同约定的工程全部实施阶段（包括设计、采购、施工、竣工试验、工程接收等阶段）或若干实施阶段的时间计划安排。

首先，应当区别工程进度计划的性质。在国内工程总承包合同中，工程进度计划是作为合同的文件内容；但是在 FIDIC 条款中，工程进度计划不属于合同文件。在工程总承包中，承包人应当对工程进度全面负责，对工程的组织应当自行安排，工程进度计划只是工程进度的参照系，当发现实际进度与计划进度不一致时，承包人应当自费采取措施，赶上工程进度计划。

其次，应当明确工程进度计划是否需要经过发包人批准。在示范文本中，工程进度计划是要经过发包人批准后实施；但在国际工程承包中，承包人有义务向发包人提交详细的工程进度计划，发包人除对工程进度计划中不符合合同约定之处书面指出外，不对工程进度计划进行批准。

再次，应当明确发包人对承包人工程进度计划的意见、同意或批准，并不表示也不构成发包人同意承包人工作延期，也不表示或构成发包人对工期的变更，除非合同条款另有明确约定。

最后，在国际工程承包中，尽管承包人不提供工程进度计划不构成违约，但工程进度计划对承包人的权益保护特别是工程索赔有非常重要的作用。因此，承包人还是应当及时向发包人提交工程进度计划，并且在工程进度计划包括修改计划中在时间安排上应当务实并留有余地，以争取主动。

（二）关于工程工期责任范围划分的风险防范

工程总承包工程包含了发包人、承包人的全部工作，任何一方的工作延迟均可能导致工程工期的延长，因此，在工程总承包合同中应当明确工程工期的责任范围，以便在工程总承包合同履行中确定工期延长的责任主体。

首先，应当明确发包人对工期延长承担责任的范围，包括：一是发包人的变更，包括工程范围与内容的变更、工程设计变更、工程质量标准变更等；二是根据合同约定发包人承担工期延长责任的情形，包括发包人要求错误、由于发包人原因造成承包人进入和占用现场时间迟延、由于发包人原因造成现场放线错误、不可预见的物质条件、化石或文物、由于发包人原因造成试验或竣工试验延迟等；三是由于政府部门的因素导致发包人承担工期延长责任的情形，如政府相关设计审查部门批准时间延长等，但政府部门的因素应具备一定条件，包括承包人遵守政府规定的程序、政府延误且这种延误是不可预见的；四是发包人或发包人委托的其他单位的原因造成的工期延长，包括发包人付款延迟、发包人的原因造成设计审核会议时间延迟、发包人指定的分包单位造成的延迟、监理单位造成的延迟、发包人委托的其他单位如设备供应单位或其他承包人等的行为造成的延误等；五是不可抗力造成的工期延长。除以上原因外，在国内工程总承包中，对于发包人提供的资料不真实、不准确、不齐全、不及时，也是发包人承担工期延长责任的理由之一；在国际工程承包中，黄皮书中将异常不利的气候条件、由于流行病或政府行为造成可用的人员或货物的不可预见的短缺列为发包人承担工期延长责任的原因，但银皮书中未列。对于以上原因是否导致承包人获得工期延长，还需要进行具体约定，如只有对关键日期或关键路径如设计开工日期、施工开工日期、关键控制点、里程碑点等造成影响，承包人才有可能获得工期延长。

其次，承包人应当对自身的原因包括工程分包人的原因造成的工期延长承担责任。

（三）关于工期控制的风险防范

首先，应当明确发包人在履行主要义务时的具体明确的期限，包括提供的项目基础资料和现场障碍资料；支付工程款；召开设计阶段的审核会议；发包人自行采购工程物资；参加工程物资的检验；提供具备施工条件的施工现场；办理应由其办理的各项批准手续；进行工程质量的检查、检验；参加验收；提供竣工试验的条件；组织工程接收；组织竣工验收等。

其次，应当明确承包人在工期控制方面的主要义务，包括：一是按照合同约定及时编制项目进度计划包括设计进度计划、采购进度计划和施工进度计划。二是在工程设计阶段，按照合同约定的时间及时提交设计审查阶段的设计文件；对发包人提供的项目基础资料和现场障碍资料中的短缺、遗漏、错误、疑问应及时提出进一步的要求；及时组织设计并按合同约定提交设计文件。三是在工程物资采购阶段，按照合同约定及时采购工程物资，特别加强大型或非标设备的生产进度的关键点的控制；按照合同约定及时邀请发包人参加工程物资的检查；及时办理进口工程物资的采购、报关、清关和商检工作。四是在工程施工阶段，按照合同约定及时提交总体施工组织设计；按照合同约定及时提交临时占地、临时用水、临时用电等资料；按照合同约定及时办理应由承包人办理的批准手续或应当及时通知发包人办理施工过程中需要办理的批准手续；按照合同约定及时投入人力和机具资源；按照合同约定及时通知发包人参检方参检及隐蔽工程验收和中间验收；按照合同约定及时提交竣工试验方案和通知发包人参加竣工试验的检验和验收；按照合同约定及时向发包人提交接受证书申请；按照合同约定及时完成扫尾工程和缺陷修复、提交竣工验收报告和工程竣工资料等。

最后，应当明确在工程工期方面的一切往来，均应当采用书面形式，并且应当明确签收人姓名与权限。

（四）关于暂时停工的风险防范

首先，应当明确暂时停工期间承包人的工作：一是立即停止现场的实施工作；二是根据合同约定对工程、工程物资及承包人文件等进行照管和保护。

其次，应当明确暂时停工的责任，一是由于发包人原因或不可抗力造成的暂停，工期顺延，增加的费用由发包人承担；二是由于承包人的原因造成的暂停，工期延误或费用增加由承包人承担；三是承包人在暂时停工期间未尽到照管和保护责任的，工期延误或费用增加由承包人承担。

再次，应当明确暂时停工的期限，在合同约定的暂停超过一定期限，承包人有权要求复工、调减部分工程或解除合同。

最后，应当明确暂停时对生产设备和材料的付款的条件。对此，在示范文本中未约定；在黄皮书和银皮书中均约定：承包人有权获得尚未运到现场的生产设备和材料款项的条件，一是按照暂停开始日期时的价值付款；二是生产设备的生产或生产设备和材料的交付被暂停达28天以上；三是承包人已按照发包人要求标明上述生产设备和材料为发包人的财产。

六、关于工程质量的风险分析与防范

工程质量是指满足发包人要求的，符合国家法律法规、技术标准规范，达到合同约定的对工程的安全、适用、经济、与环境相协调等特性的综合要求。其中安全是指工程建成后在适用过程中保证结构安全，保证人身、财产和环境免受危害；适用是指工程满足使用目的的各种性能包括结构性能、使用性能、外观性能等；经济是指工程从规划、建设到使用的全寿命周期内的成本和消耗的费用；与环境相协调是指工程与其周围生态环境相协调、与工程所在地经济环境相协调及与工程周边已建工程相协调。

工程质量不仅直接关系到国家利益、公共安全和人民生命财产安全，而且是工程总承包合同中最重要的内容之一。在工程总承包合同中，承包人的主要义务是完成合同约定的设计、采购和施工任务，向发包人交付合格的工程，因此，承包人对其所建设的工程负有质量担保义务。而工程质量又与工程决策、设计、材料、机械、环境、施工工艺、管理制度以及参建人员的素质等因素有直接或间接关系，工程质量存在非常大的风险，因此发包人、特别是承包人高度关注工程质量的风险防范。

工程质量的风险主要表现在：一是工程质量标准约定不清的风险；二是工程质量责任范围约定不明的风险；三是工程质量控制的约定不明晰的风险；四

是工程质量缺陷确定约定不明确的风险。

防范工程质量风险，应当采取以下应对措施：

(一) 关于工程质量标准风险防范

首先，工程质量标准应当明确、具体，包括：一是工程设计的质量标准，如详细工程设计质量、设计成品合格率100%，工程达到设计生产能力，经生产考核，性能达到发包人要求；二是工程物资采购的质量标准，如工程所有物资采购质量符合设计图纸及有关标准规范要求，设备材料合格率100%；三是工程施工质量，如施工质量符合设计图纸及有关标准规范要求，工程质量达到国家及行业施工验收规范合格标准，其中施工焊接质量一次合格率95%以上，单位工程合格率100%，土建工程一次合格率在95%以上，安装工程优良率在90%以上。

其次，工程质量标准客观、合法、合理。一是工程质量标准应当客观，不可将脱离客观实际的标准写入合同；二是工程质量标准应当合法，工程质量标准不得违反法律、行政法规的规定，不得违反国家强制性条文；三是工程质量标准应当合理，工程质量标准应当与工程造价相适应。

最后，工程质量标准应当是承包人有能力履行的，承包人没有能力履行的工程质量标准，不应在工程总承包合同中约定。

(二) 关于工程质量责任范围的风险防范

总承包工程包含了发包人、承包人的全部工作，任何一方工作瑕疵均可能导致工程质量缺陷，因此，在工程总承包合同中应当明确发包人与承包人工程质量的责任范围。如上所述，承包人对总承包工程负有质量担保义务，但在以下方面发包人与承包人负有各自不同的工程质量责任，应当注意加以防范。

首先，关于发包人要求，一是应当明确发包人要求的内容，包括工程的目标、范围、和（或）设计标准、计算和（或）其他技术标准。二是承包人对发包人要求是否需要进行审查，应当注意区分国内工程总承包与国际工程总承包的区别，在国内工程总承包中，承包人不需对发包人的要求进行审查，但在国际工程承包中承包人负有发包人的要求进行审查的义务。三是应当注意区分发包人要求错误的责任承担在国际工程承包与国内工程承包之间的不同，即使在国际工程承包中，由于项目的运作方式不同，其责任承担也不同。在示范文本中，承包人对发包人要求的错误不承担责任；在黄皮书中，承包人只有作为有经验的承包商难以发现发包人要求中的错误才可以不承担责任；在银皮书中，承包人应当对发包人要求中的错误承担责任，但对于在合同中规定由发包人负责的或不可变的要求、对工程预期目的的说明、竣工工程的试验和性能标准、承包人不能核实的要求中的错误除外。

第二，关于生产工艺技术和建筑设计方案，一是明确生产工艺技术和建筑设计方案的内容。生产工艺技术（含专利技术、专有技术、工艺包等）包括工艺流程、工艺技术数据、工艺条件、软件、分析守则、操作指导书、设备制造指导书和其他资料等，建筑设计方案包括总体布局、功能分区、建筑造型和主体结构设计等。二是明确生产工艺技术和建筑设计方案提供的主体及责任。生产工艺技术和建筑设计方案一般由承包人提供，但也有的总承包工程是由发包人提供，发包人、承包人对各自提供的生产工艺技术和建筑设计方案承担责任。对于发包人提供生产工艺技术和建筑设计方案，承包人有审查的责任，并对于其没有审查或作为有经验的承包人应当发现的错误而没有发现造成的工程质量缺陷承担相应的责任。

第三，关于现场数据：一是应当明确现场数据的范围，包括现场地下、水文条件及环境方面所有有关数据。具体包括现场状况和性质，包括地下条件；水文和气候条件；为完成工程所需的工作范围和性质；工程所在国的法律、程序和劳工惯例；现场进入、食宿、设施、人员、电力、运输、水和其他服务要求等。二是应当注意对发包人提供的上述现场数据对承包人的要求及责任是不同的。在示范文本中，承包人对发包人提供的现场数据没有明确规定进行核实和审查，只是对项目资料的短缺、遗漏、错误和疑问承包人应当提出进一步的要求及未及时提出要求规定了责任；在黄皮书中，承包人负责解释现场数据，在一定条件下被认为已取得所有必要资料并满足要求；在银皮书中，承包人应负责核实和解释所有此类资料，并对这些资料的准确性、充分性和完整性承担责任，但对于在合同中规定由发包人负责的或不可变的资料、对工程预期目的的说明、竣工工程的试验和性能标准、承包人不能核实的资料除外。

第四，关于基准坐标资料和放线：一是应当明确基准坐标资料与放线的内容，基准坐标资料包括基准控制点、基准控制标高和基准坐标控制线。放线是指通过仪器或其他方法将原始基准点、基准标高、基准线标识在固定位置。二是应当明确发包人、承包人的各自义务,发包人负责提供基准坐标资料并配合发包人在现场的实测复验,承包人负责放线并纠正基准坐标资料中的错误。三是应当明确发包人、承包人的责任范围,发包人应当对基准坐标资料的正确性负责;承包人负有审查、核实基准坐标资料准确性的义务,并对于其没有审核或作为有经验的承包人应当发现的错误而没有发现造成的工程质量缺陷承担相应的责任。

第五,关于工程物资,一是明确工程物资的范围,包括设计文件规定的将构成永久性工程实体的设备、材料和部件,以及进行竣工试验和竣工后试验所需的材料等;二是明确工程物资的提供主体与责任,工程物资一般由承包人提供,但也有的总承包工程是由发包人提供,发包人与承包人提供的工程物资各自承担责任,但对于发包人提供的工程物资,承包人有审查的责任,并对于其没有审查或作为有经验的承包人应当发现的错误而没有发现造成的工程质量缺陷承担相应的责任。

第六,关于不可预见的物质条件,一是应当明确不可预见的物质条件的范围,包括承包人在现场施工时遇到的自然物质条件、人为的及其他物质障碍和污染物,包括地下和水文条件,但不包括气候条件;二是根据项目地点、项目的性质不同,对不可预见的物质条件的责任和风险承担也是不同的。国内工程总承包项目,一般由发包人承担责任和风险如示范文本中的规定;国际工程承包项目,根据项目性质、采用的 FIDIC 合同文本不同划分不同责任和风险承担。黄皮书规定此类责任和风险在遵循一定的条件和程序下由发包人承担,但银皮书规定此类责任和风险由承包人承担。

第七,关于发包人指定分包:一是明确发包人指定分包的内容,发包人指定分包是指在总承包工程中,对于列入总承包合同暂估价中的专项(或专业)工程、工程物资或服务采购,由发包人选定的分包人进行承包或采购。二是明确责任范围,发包人指定分包虽然是由承包人与分包人签订分包合同,但发包人应当对其直接指定分包人的工程或指定购买的工程物资的质量承担责任。当然,承包人负有审核的责任,并对于其没有审核或作为有经验的承包人应当发现的错误而没有发现造成的工程质量缺陷承担相应的责任。在示范文本中,没有对指定分包作出约定，但在黄皮书、银皮书中均有"指定的分包商"的规定，承包人如对指定的分包人有合理的反对意见，应尽快向发包人发出通知并附详细依据资料，承包人有权拒绝使用。

第八，关于施工技术方法，承包人应保证施工技术方法符合操作规程、安全规程及质量标准并对其正确性负责，发包人的此类确认或建议不能减轻或免除承包人的责任。

（三）关于工程质量控制的风险防范

首先，应当明确发包人负责工程质量控制的范围与内容，包括基准日期的确定、法律文本及标准文本的提供、发包人要求的明确；发包人提供的生产工艺技术和建筑设计方案的范围与具体内容、发包人提供的项目基础资料和现场障碍资料的具体内容、设计阶段审查会议的组织与安排；发包人提供物资的范围与具体内容、工程物资的检验程序、进口工程物资采购、现场清点与检查；基准坐标资料的提供、现场施工条件的提供、工程质量检查及隐蔽工程和中间工程的验收；按经发包人确认的竣工验收方案中技术参数、时间、数量提供、电力、动力、水等试验条件，发包人应正确指令承包人按照发包人的竣工验收条件、试验程序和试验方法进行试验和竣工验收；工程接收后发包人承担工程照管责任；发包人负责组织完成竣工后试验的各项准备工作、进行竣工后试验和试运行考核；及时通知承包人履行保修义务；在接到竣工验收报告和完整竣工资料的一定期限内组织竣工验收等。

其次，应当明确承包人在工程质量控制方面的主要义务，包括一是明确承包人的质量控制义务，承包人在工程总承包的各个阶段负责质量管理，并按合同约定制定并采用经发包人批准过的质量保证方案和计划。二是在工程设计阶段，承包人应保证其提供的生产工艺技术、建筑设计方案的正确性并对合同约定的试运行考核保证值和使用功能的保证负责；按照发包人提供的项目资料、依据适用的法律和合同约定的标准进行工程设计，并对其设计的工艺技术和建筑功能及工程安全、设备材料质量、工程质量负责；设计图纸、设计文件中技术数据和技术条件是工程物资采购、施工质量及竣工试验质量依据；由承包人指导竣工试验和试运行考核试验，应编制操作维修手册；承包人应按合同约定和标准的规定向发包人提交相关设计审查阶段的设计文件，并按相关设计审查阶段批准的文件和纪要对相关设计进行修改、补充和完善等。三是在工程物资采购阶段，承包人应当按照合同约定和设计文件的规定负责组织工程物资的采购，负责运抵现场，并对其需用量、质量检查结果和性能负责；承包人应当依法通过招标方式选择供应商；承包人应负责合同约定由其负责采购工程物资依法进行强制性检查、检验、检测和试验，并通知发包人；未经发包人参检，不得覆盖和包装，但发包人未能按时参检除外；工程物资运抵现场的清点与检查；按合同约定负责进口工程物资的采购、报关、清关和商检；负责超限物资的运输；负责工程物资的保管与剩余物资的移交等。四是在工程施工阶段，承包人负责放线并对放线的准确性负责；负责编制施工组织设计；对新发现的施工障碍采取保护措施并及时通知发包人；承包人在施工开工前向施工分包人和监理人进行设计交底；承包人应采用符合有关操作规程、安全规程及质量标准的施工技术方法；承包人应遵守施工质量管理的有关规定，负有对其操作人员进行培训、考核、图纸交底、技术交底、操作规程交底、安全程序交底和质量标准交底及消除事故隐患的责任；承包人应按照设计文件、施工标准和合同约定，负责编写施工试验和检测方案，对工程物资进行检查、检验、检测和试验，不合格的不得使用；承包人的施工应当符合合同约定的质量标准；承包人应当按照合同约定的施工质量检查主体、检查部位、检查标准、检查程序等进行自检并通知参检方参检；承包人应当按照合同约定的需要质检的隐蔽工程和中间验收部位的分类、部位、质检内容、质检标准、质检表格和参检方等进行自检合格并通知发包人或监理人验收等。五是工程完成阶段，承包人应按照试验条件、试验程序及约定的标准、规范、数据完成竣工试验、检验和验收；接收工程时承包人应按照合同约定提交资料、作好扫尾工程和缺陷修复；承包人有义务协助编制竣工后试验方案、指导竣工后试验按照批准的竣工后试验方案的试验程序、试验条件、操作程序进行；依照双方约定的保修内容、范围、期限和责任提供质量保修服务；提供竣工验收报告及完整的竣工资料等。

最后，应当特别注意的是，对于发包人负责的部分工程质量控制方面的内容，如发包人提供的项目基础资料和现场障碍资料包括基准坐标资料、发包人提供的工程物资等，承包人负有审查的责任。对于承包人负责的部分工程质量控制方面的内容，如相关设计阶段的设计文件和资料、承包人对其采购的工程物资、施工组织设计、施工技术方法、竣工试验安全操作方案等，发包人虽然提出了建议或进行了预审和确认或参检，但不能减轻或免除承包人的合同责任和义务。

（四）关于工程质量缺陷确定的风险防范

首先，关于工程设计缺陷的确定，一般通过召开设计阶段审查会议来确定工程设计是否存在缺陷，以相关设计审查阶段批准的文件和纪要为依据，因此，应当在合同中明确设计阶段审查会议的组织包括参加审查会议成员，如上级单位、政府有关部门、相关专家等，时间安排，会议费用承担等，相关设计审查阶段批准的文件和纪要应当客观、全面、公正。

其次，关于工程物资缺陷的确定，一般通过现场清点与检查；发包人参检或发包人委托有资格、有经验的第三方参检；接受质量监督部门、消防部门、环保部门、行业主管部门的检查等方式，来确定工程物资是否存在缺陷，因此，在合同中应当明确约定工程物资缺陷确定的方式、确定的主体、确定的程序、确定的手段、结论的效力等。

再次，关于工程施工缺陷的确定，一般通过发包人、监理人的监督检查，发包人委托第三方的检验与检测等方法确定工程施工过程中是否存在缺陷。对施工质量结果有争议的，一般通过发包人与承包人一致同意的具有相应资质的工程质量检测机构进行检测来解决，因此，在合同中应当明确监理人的名称与职责及工程质量检测机构的名称。

最后，关于竣工试验结果缺陷的确定，一般先通过协商解决，协商不成的，发包人与承包人共同委托一个具有相应资质的检测机构进行检测，因此，在合同中应当明确检测机构的名称。

七、关于工程职业健康安全与环境风险分析与防范

工程职业健康安全与环境是指符合法律法规规章和标准规范的规定，达到合同约定的在工程总承包活动中有关健康、安全和环境方面的综合要求。

工程职业健康安全和环境管理的目的是通过控制工程总承包活动中影响健康、安全和环境的条件和因素，以保护与工程有关人员的健康和安全、保护环境。工程职业健康安全和环境管理，不仅关系到广大劳动者的安全健康和家庭幸福，而且关系到保障人民群众生命和财产安全，还关系到维持和改善人类生存和发展环境。由于工程总承包具有外部影响因素复杂、建设参与主体多、建设周期长、程序复杂等特点，工程职业健康安全和环境具有非常大的风险，必须坚持"安全第一、预防为主"的方针。工程总承包合同当事人特别是承包人必须加强工程总承包全过程特别是工程施工阶段的管理，防范工程职业健康安全和环境的风险。

工程职业健康安全和环境的风险主要有：一是职业健康安全和环境的目标约定不合理的风险；二是职业健康安全和环境的责任范围约定不清的风险；三是职业健康安全和环境控制约定不清的风险；四是职业健康安全和环境事故的处理约定不当的风险。

防范工程职业健康安全和环境风险，应当采取以下措施：

（一）关于工程职业健康安全和环境的目标的风险防范

首先，工程职业健康安全和环境的目标的约定应当符合法律和强制性标准的规定，工程职业健康安全和环境涉及到劳动者身体健康和公众安全，法律法规规章和标准规范对此均有强制性规定和强制性条文，在制定目标时应当严格遵守。

其次，工程职业健康安全和环境的目标的约定应当是承包人能够做到的，通过努力是能够实现的。

最后，工程职业健康安全和环境的目标的约定应当合理，如可以约定"追求最大限度地不发生事故、不损害人身健康、不破坏环境"。

（二）关于工程职业健康安全和环境的责任范围的风险防范

在国内工程总承包中，发包人的工程职业健康安全和环境责任主要有：施工现场周围已有设施和建筑物等安全保护；发包人自身设施的安全保护；涉及主体结构及承重结构变动的装修安全保护；发包人自己的工作人员和其委托的其他人员遵守职业健康、安全、环境保护；化石、文物的安全保护等。除由发包人负责的以上工程职业健康安全和环境以外，承包人负责工程职业健康安全和环境其余全部责任。在国际工程总承包中，发包人的工程职业健康安全和环境的责任主要有：一是保证现场的发包人自己的工作人员和其委托的其他人员采取遵守安全规则、照料安全、清除障碍物的行为和采取保护环境的行为；二是对现场发现的化石、文物负有安全保证责任。除由发包人负责的以上工程职业健康安全和环境责任以外，承包人应负责工程职业健康安全和环境的其余全部责任。

此外，还应当明确现场保安责任的划分。承包人一般承担其进入现场、施工开工至发包人接受工程之前的现场（包括承包人预制加工场地、办公及生活区）保安责任；发包人一般承担按合同约定其占用的区域、接受的工程的现场保安责任。

（三）关于工程职业健康安全和环境控制的风险防范

首先，通过签署 HSE（职业健康安全和环境）协议，明确发包人与承包人在工程职业健康安全和环境方面的范围、内容、权利、义务与责任。

其次，应明确发包人的工程职业健康安全和环境控制的主要义务，包括：遵守有关健康、安全、环境保护各项法律规定；依法办理各种有关职业健康安全和环境保护方面的审批手续；办理安全施工许可证；核查有关参与方的资质和相应的安全生产许可证；建立并保持职业健康安全管理体系和环境管理体系；建立安全责任制；保障安全生产的必要投入；依法和合同约定监督承包人的工程职业健康安全和环境管理工作；负责自身人员或其委托的其他人员的职业健康安全和环境教育；遵守承包人工程现场的职业健康安全和环境管理；不得强令承包人违反安全施工、安全操作及竣工试验的有关安全规定等。

再次，应当明确承包人的工程职业健康安全和环境控制的主要义务，主要有：一是遵守有关职业健康、安全、环境保护的各项法律规定、强制性条文及合同约定，在国内工程承包中，应当遵守《职业病防治法》《安全生产法》《环境保护法》及强制性条文的规定，按照合同约定的要求履行相应义务。在FIDIC 合同条件中，对工程职业健康安全和环境作出了明确具体的规定，如所付工资标准和遵守的劳动条件应不低于所在地该工种或行业制定的标准和条件或类似的标准和条件、遵守工程所在地劳动法的规定、提供必要的食宿和福利设施、采取合理维护人员健康的措施；遵守所有适用的安全规则、照料有权在现场的所有人员的安全、清除现场障碍物、工程移交前的保安、为周边人员提供便利、采取防止骚乱或无序行为发生的措施；采取一切适当措施保护环境，限制其施工作业引起的气体排放物、地面排水及排污、噪声等不超过合同约定的数值或法律规定的数值等。二是明确工程职业健康安全和环境控制程序，包括识别并评价危险源及风险、确定职业健康安全和环境目标、编制并实施职业健康安全和环境措施计划、验证职业健康安全和环境措施计划实施结果、持续改进相关措施。三是工程职业健康安全和环境控制应贯穿工程总承包的全过程，在工程设计阶段，依照法律规定和强制性标准的要求进行环境保护设施和安全设施的设计、工程设计应考虑施工安全和防护需要，特别是对涉及施工安全的重点部位和环节应在设计文件中注明并提出防范安全事故的指导意见，对于采用新结构、新材料、新工艺的工程和特殊结构的工程应当提出保障施工作业人员安全和预防生产安全事故的措施建议，在工程总概算中应当明确工程安全环保设施费用、安全施工和环境保护措施费等；在工程物资采购阶段，对采购的设备材料和防护用品进行职业健康安全和环境控制，采购合同应当包括相关的职业健康安全和环境要求的条款，并对供货、检验和运输的安全作出明确规定；在工程施工阶段，应当按照有关规范要求并结合行业和项目特点，对施工过程中可能影响职业健康安全和环境的因素进行管理；在工程试运行阶段，在试运行前应当对单项工程进行安全验收，应采取措施保证试运行过程的安全。四是明确采取健全规章制度、强化技术措施、改善工作环境等手段对工程职业健康安全和环境进行控制。在健全规章制度方面，主要有：防控责任制度、告知交底制度、申报许可制度、教育培训制度、监督检查制度、检测评价制度、事故处置制度、应急管理制度、奖惩制度、档案管理制度等。在强化技术措施方面，包括：提供劳动保护用品、提供防护器具、提供防暑降温用品、设置警示标志和说明等职业健康保障技术措施；实行封闭管理、采取保护道路和桥梁等免遭损坏措施、设置安全警示标志和说明、对特殊区域与设施采取安全防护措施、对特殊作业采取安全防护措施等安全技术措施；采取控制和处理现场的粉尘、废气、废水、固体废物和噪声等的污染和危害的环境保护技术措施等。在改善工作环境方面，坚持卫生防疫，配备医务人员和急救设施，保持住地及周边环境卫生；倡导文明施工，建设安全文明的作业环境；强化环境保护意识和行为，尽量减少对生态环境的破坏。

最后，应当注意：虽然发包人或其委托监理人对承包人的职业健康安全和环境控制有监督检查的责任和义务，但发包人对承包人的职业健康安全和环境控制的计划、方案或检查如职业健康安全和环境控制实施计划、对特殊作业区域的安全防护措施方案、特殊作业的安全防护措施方案、安全防护检查等进行建议、确认或认可，并不能因此减轻或免除承包人的责任。

（四）关于工程职业健康安全和环境事故处理的风险防范

工程职业健康安全事故分为职业伤害事故、职业病两大类。职业伤害事故是指因生产过程及工作原因或与其相关的其他原因造成的伤亡事故，按照事故发生的原因可分为物体打击、触电等20种；按照事故后果严重程度可分为轻伤事故、重伤事故、死亡事故、重大伤亡事故、特大伤亡事故、急性中毒事故。职业病是指用人单位的劳动者在职业活动中因接触粉尘、放射性物质和其他有毒、有害因素而引起的疾病，职业病分为10大类共115种。

工程环境事故即工程环境污染事故是指由于违反环境保护的工程总承包活动使环境受到污染，人体健康受到危害，财产受到损失，造成不良社会影响的突发事件，按照事故原因可分为水污染事故、大气污染事故、噪声与振动危害事故、固体废物污染事故等；按照严重程度可分为一般事故、较大事故、重大事故、特别重大事故。

发生工程职业健康安全和环境事故，承包人应当采取以下应对措施：一是应当立即采取救护措施，抢救伤员；二是立即采取措施，排除险情，防止事故蔓延扩大；三是保护事故现场；四是立即报告发包人并依照有关法律法规规章的规定和合同约定及时向有关主管部门报告；五是按照合同约定及时向投保的保险人报案；六是积极协助调查组或事故鉴定机构进行事故调查，应当全面、真实地阐述承包人在事故中减轻责任或免除责任的事实和依据；七是对于属于承包人责任的事故，积极做好伤亡赔偿、工伤认定、职业病处理等工作。

八、关于工程价款的风险分析与防范

工程价款是指在工程总承包合同中约定的包括工程设计、施工、采购、竣工和缺陷修补的款额，包括按照工程总承包合同约定作出的工程价款的调整。工程价款一般包括工程总价款、工程价款的支付、工程价款的调整三个部分内容。

工程价款是工程总承包合同的核心条款之一，不仅关系到发包人的投资控制与投资效益，而且直接关系到承包人的经济利益，因此，引起了发包人、承包人的高度关注。工程价款的支付是发包人的主要义务，但由于工程总承包项目具有投资额大、建设内容多、建设周期长、建设过程复杂及受项目所在地的政治环境、经济环境、自然环境等影响大的特点，工程价款的总价款、结算、支付、调整等具有非常大的风险，防范工程价款的风险是发包人、承包人特别是承包人关注的焦点之一。

工程价款的风险主要表现在：一是工程总价款、工程价款支付及工程价款调整的约定不明确的风险；二是工程价款责任范围约定不明确或约定不公平的风险；三是工程价款控制的约定不明确的风险；四是工程价款结算争议处理约定不明确或约定不科学的风险。

防范工程价款的风险，主要应当采取以下措施：

（一）关于工程价款确定的风险防范

首先，应当明确约定工程总价款。在国内工程总承包中，工程总承包工程如果是招标工程，工程总价款应当依据招标文件、中标人的投标文件由发包人、承包人在工程总承包合同中约定；如果是非招标工程，工程总价款应当依据审定的工程预算（或概算）书由发包人、承包人在工程总承包合同中约定。在黄皮书中，工程总价款应为总额中标合同金额即中标函中所认可的工程施工、竣工和修补任何缺陷所需的费用。在银皮书中，工程总价款是指总额合同价。

其次，应当明确并具体约定工程价款的支付方式。在国内工程总承包中，工程价款的支付方式的约定，主要包括预付工程款的数额、支付时限及抵扣方式；工程进度款的支付方式、数额及时限；工程竣工价款的结算与支付方式、数额及时限；工程质量保证（保修）金的数额、预扣方式及时限。在黄皮书和银皮书中，尽管两种文本对工程价款的支付方式约定有区别，但都均包括预付款、期中付款、竣工价款及保留金的约定，特别是对拟用于工程的生产设备和材料的付款规定了具体的条件。

最后，应当明确约定工程价款调整的条件、方法、时限要求及金额支付方式等内容。在示范文本中，对工程价款调整的约定不明确、具体，且有照搬施工承包合同文本的内容。在黄皮书、银皮书中，工程价款的调整，主要有暂列金额、工程变更、工程索赔、法律改变四种方式，对于工程成本改变是否作为工程价款调整的方式由发包人、承包人进行具体约定。

（二）关于工程价款责任范围的风险防范

第一，关于工程价款的充分性，承包人应当对工程总承包合同中约定的工程价款的正确性和充分性负责，一是除工程总承包合同中另有约定外，工程价款还包括承包人根据工程总承包合同应承担的全部义务，以及为正确地设计、实施和完成工程并修补任何缺陷所需的全部有关事项的费用；二是除因法律改变的调整外，工程价款不因任何税费、关税和费用进行调整；三是在招标文件的工程量清单、设备材料表和投标文件的投标报价中列示的工程量仅作为招标投标参考之用，工程价款不因与实际工程量之间的差异而进行调整；四是投标文件中列出的任何数量或价格数据仅用于投标文件中说明的用途，工程价款不因这些价格的差异而进行调整。在示范文本中，此方面的约定不明确；在黄皮书和银皮书中，此方面均有约定，但两者之间是有差异的。

第二，关于工程资金安排，发包人保证能够按照工程总承包合同的约定支付工程价款是发包人在工程总承包合同中最主要的责任之一，发包人是否有及时足额支付工程款的能力也是承包人的最大风险之一，因此，发包人的资金安排应当在工程总承包合同中作出明确约定，一是约定在承包人提出要求的一定期限内，发包人应提供工程款支付的合理证明；二是如果发包人拟对其资金安排做任何重要变更，应将详细的情况通知承包人。在黄皮书和银皮书中均有相同的上述要求，但在示范文本中对此未作出要求。

第三，关于工程价款支付的货币，在国内工程总承包合同中，工程价款支付的货币是人民币，如示范文本的规定；在国际工程总承包合同中，应当明确规定工程价款支付的货币及汇率，否则，承包人应当对工程价款支付采用当地货币及汇率，或采用基准日期当天工程所在国中央银行确定汇率的风险负责，如黄皮书、银皮书均是如此规定的。因此，在工程总承包合同中，一是应当对工程价款支付的货币是一种货币还是几种货币作出明确约定；二是如果工程价款包括工程进度款、暂列金额及因法律改变的调整的工程价款增减采用当地货币的，应当明确约定当地货币和外币的比例和款额，以及计算付款采用的固定汇率；三是应当明确约定损害赔偿费用的支付货币和比例；四是承包人付给发包人的其他款应以发包人花费该款项实际用的货币作为支付货币。

第四，关于生产设备和材料，一是应当明确生产材料和设备的所有权，对于生产材料和设备运至工程现场时，在符合工程所在国法律规定的范围内，其所有权属于发包人；对于尚未运到工程现场的生产设备和材料，如果是被暂停达到合同约定期限且承包人按照发包人的要求标明生产设备和材料为发包人的财产，在符合工程所在国法律规定的范围内，其所有权也属于发包人。在示范文本中，未对此作出约定；但在黄皮书和银皮书中，对此均有相同的约定。二是应当明确尚未运到工程现场的生产设备和材料的期中付款条件。在银皮书中规定的条件包括：生产设备和材料在工程所在国并已按照发包人要求标明是发包人的财产；承包人已向发包人提交了保险证据和银行保函。在黄皮书中规定了更为复杂的条件，且规定了期中付款可以达到80%以上。在示范文本中，对此未约定。

第五，关于暂列金额，暂列金额是指这部分工程的价格只是以暂定价的形式列入合同价格，而在实际发生时按照发生的情况确定其实际金额。暂列金额是工程价款调整的重要原因之一，是发包人、承包人防范工程价款风险的重要手段之一，在黄皮书、银皮书中均有明确规定，属于国际工程承包的惯例，但在示范文本中对此未作约定。在工程总承包合同中，应当对暂列金额进行约定，并明确以下内容：一是应当明确暂列金额的支付范围，包括发包人指定分包的款项；工程变更款项；在工程总承包合同签订时难以确定的工作、供货或服务的款项等。二是应当明确计入工程价款的暂列金额的结算，除了承包人已支付或应付的实际金额外，还应包括一定比例的管理费和利润的金额。三是应当明确暂列金额的结算是以实际发生数额进行计算，因此，如发包人要求，承包人应当提供报价单、发票、凭证以及账单或收据等证明。

第六，关于法律改变，法律改变是工程价款调整的原因之一，无论在示范文本中，还是在黄皮书、银皮书中均对此有规定。在工程总承包合同中：一是明确法律改变的时间，在国内工程总承包中一般是指合同签订后工程竣工验收前法律修改，在国际工程承包中一般是指基准日期（即递交投标书的截止日期前28天的日期）后工程移交前。二是应当明确法律的范围，包括工程所在国的法律、法规、规章及司法解释、政策性文件等。三是应当明确法律改变的范围，包括新的法律的颁布实施、现有法律的废除和修改。四是应当明确法律改变对合同价款调整的条件，只有法律改变影响到承包人对合同义务的履行且导致费用的增减，才对工程价款进行调整。五是应当明确法律改变对合同价款调整的程序，应按照工程索赔程序进行。

第七，关于成本改变，成本改变是否是工程价款调整的原因之一，要根据发包人、承包人在工程总承包合同中的约定执行。在示范文本中，只是规定了在合同履行过程中，工程造价管理部门公布的价格调整涉及承包人成本增减的，需要对合同价款进行调整。在黄皮书中，对成本改变的调整作出了具体详细规定。在银皮书中，对成本改变的调整只是作出了原则规定，具体在专用条款中约定。如果在工程总承包合同中规定工程价款不因成本因素的影响，承包人对成本改变的风险承担全部责任。如果在工程总承包合同中规定因成本改变对工程价款进行调整，一是应当明确成本改变的范围，包括人工成本、材料成本及其他成本；二是明确成本改变的具体计算方法；三是明确因成本改变调整工程价款的程序。

第八，关于工程变更，工程变更是工程价款调整的重要原因之一，无论在示范文本中，还是在黄皮书、银皮书中均对此有规定。在工程总承包合同中应当对工程变更的条件与程序作出明确规定，特别应当关注以下条款：承包人在接到发包人变更通知后的在合同约定期限内未提交增加费用的估算，视为该项变更不涉及工程价款调整，发包人不再承担此项变更的任何费用的责任；发包人在下达的变更指令中，未能确认承包人对此项变更提出的估算亦未提出异议，自发包人接到此项书面建议报告合同约定的期限届满之日开始，视为承包人提交的变更估算已被发包人批准。此类条款在示范文本中有约定，但在黄皮书、银皮书中没有约定。

第九，关于索赔，索赔是工程价款变更的重要原因之一，无论在示范文本中，还是在黄皮书、银皮书中均对此有规定。在工程总承包合同中应当对索赔的条件、范围与程序作出明确规定，特别应当关注以下条款：在示范文本中，发包人或承包人在索赔事件发生后的 30 日内未向对方发出索赔通知，对方不再承担任何责任；一方在收到对方送交的索赔资料后的 30 日内未与对方协商或未予答复或未向对方提出进一步的要求，视为该项索赔已被认可。在黄皮书、银皮书中，如果承包人未能在上述 28 天期限内发出索赔通知，承包商无权获得追加付款，而发包人应免除有关该索赔的全部责任；但对发包人的索赔，只是要求发包人尽快提出索赔，未对承包人的免责作出约定。

（三）关于工程价款控制的风险防范

首先，关于工程总价款，工程总价款的控制的关键是工程设计，而在工程总承包中，工程设计是由承包人根据发包人的要求及项目资料进行的，因此，就发包人来说，应当就工程提出全面、具体的要求包括工程的范围与内容、工程质量标准等，提供工程现场地下、水文条件及环境方面的所有资料包括项目基础资料和项目障碍资料等；就承包人来说，应当及时审查发包人的要求及提供的项目资料的准确性、充分性和完整性，并且应当在工程总承包合同中明确发包人、承包人的各自责任。此外，对于工程总承包合同签订时难以确定的金额，应当列入"暂列金额"。

其次，关于工程价款的支付：一是发包人的资金安排，在工程总承包中应当明确发包人的资金来源，包括自筹资金和贷款比例，贷款是政府贷款、国际金融机构（如世界银行、亚洲开发银行等）贷款还是商业银行贷款；对于延期付款项目，还应当在工程总承包合同中明确发包人提供的担保，包括工程所在国政府的主权担保、商业银行担保、银行备用信用证或银行远期信用证等。二是工程预付款，预付比例一般为合同总价款的10%至30%，作为承包人来说，为了降低风险应当尽可能提高预付款的比例；对于预付款的支付条件、支付时间应当在工程总承包合同中明确约定；预付款的抵扣应当在工程进度款中抵扣，具体抵扣方式应当在工程总承包合同中约定。三是工程进度款，应当明确工程进度款的支付方式是按月结算与支付，还是按付款计划表（或分段）结算与支付；工程进度款的结算与支付不仅包括工程进度款，还应当包括工程价款的调整额、缺陷责任保修金暂扣与支付、预付款的扣减、工程变更价款的增减、索赔额的增减、尚未完成的修正费用或更换费用等；应当明确约定发包人收到承包人提交的工程进度款付款申请后审查并支付工程进度款的具体期限；对于拟用于工程的生产设备和材料的款项支付应当明确此款项支付条件及应当支付的比例等。四是工程竣工价款，应当明确承包人向发包人提交竣工结算报告和完整的竣工结算资料的时间、内容和份数；明确发包人收到承包人提交的竣工结算报告和完整的竣工结算资料进行审查并提出修改意见的期限，应当特别明确发包人在接到承包人提交的竣工结算报告和完整的竣工结算资料后的一定期限内未提出修改意见也未答复的，视为发包人认可了该竣工结算资料为最终竣工结算资料；明确发包人在收到承包人提交的最终竣工结算资料后支付工程竣工价款的期限等。五是工程缺陷责任保修金，工程缺陷责任保修金的比例一般为5%；在工程进度款支付时按照同比例暂扣；在工程竣工结算时支付全部工程缺陷责任保修金的一半给承包人，剩余保修金在工程保修期结束时支付。六是支付的货币，在国际工程承包中，支付的货币直接关系到汇兑风险，因此在工程总承包合同中应当尽量采用硬货币或加大硬货币的采用比例，少采用工程所在国家的软货币，货币选择一般不超过三种货币，并且应当明确每一种货币的相应比例并明确说明汇率。七是支付的方式，在工程总承包合同中，应当明确采用账户转账方式支付工程价款；承包人的项目经理无权收取任何费用；对于第三方代支付的，应当有三方的书面协议等。

　　最后，关于工程价款的调整：一是暂列金额，在工程总承包合同中应当将发包人指定分包、在合同履行期间价格特别不稳定的生产设备和材料、预期难以把握的费率或税率、预期可能出现意外情形的地下和水文条件等列入暂列金额。二是法律改变，在工程总承包合同中，应当将法律、行政法规、部门规章、地方性法规、地方性政府规章、司法解释、规范性政策文件如政府有关部门的收费标准等的制定、修改或废除影响到工程价款增减的，均属于法律改变。三是成本改变，一般是指物价变动导致工程成本的改变。对于工期在1年以内的工程总承包项目，发包人不同意因成本改变而调整工程价款，承包人应当预测人工费、材料费等市场价格走势，在工程总价款中考虑相应的风险金。对于工期在1年以上的工程总承包项目，通常采用合理的价格调整方法，按照在工程总承包合同中约定的调价公式和约定的权威机构定期公布的市场价格指数，对因物价变动导致承包人遭受的损失，由发包人给予承包人调价补偿，此时应特别注意市场价格指数的采用。在国内工程总承包合同中，应当明确哪一级工程造价管理部门公布的价格指数及信息来源；在国际工程总承包合同中，应当明确发布价格指数的机构名称和资料来源。此外，在工程总承包合同中应当明确工程价款的调整是否以物价变动超过一定比例作为条件，并且还应明确工程价款调整部分是否包括一定比例的原基数。四是工程变更和索赔，在工程总承包合同中，应当明确提出因工程变更增加费用要求的具体期限及提出索赔的期限；应当明确发包人对因工程变更而增加费用及费用索赔的审查和批准的期限。

（四）关于工程价款结算争议处理的风险防范

　　首先，应当通过协商方式来解决工程价款结算争议。在工程总承包合同中应当明确,如果发包人不同意或无法核实竣工结算报告和完整的结算资料中任何部分,承包人应当按照发包人可能提出的合理要求提交补充资料,并按双方可能商定的意见,对竣工结算报告和资料进行修改,双方达成一致,结清竣工结算的款项。

其次,发包人、承包人不能就竣工结算整体达成一致的,应当就竣工结算中双方无异议的部分达成一致,结清该部分款项。

再次,协商不能达成一致的,发包人、承包人应当共同委托一家具有相应资质等级的工程造价咨询单位进行竣工结算审核,按审核结果,结清竣工结算的款项。工程审计与工程审价是不同的,在工程总承包合同中,对于发包人要求采取工程审计的做法应当慎之又慎。

最后,因工程质量异议导致工程价款结算争议的处理。发包人对工程质量有异议,已竣工验收或已竣工未验收但实际投入使用的工程,其质量争议按该工程保修合同执行;已竣工未验收且未实际投入使用的工程以及停工、停建工程的质量争议,应当就有争议部分的竣工结算暂缓办理,双方可就有争议的工程委托有资质的检测鉴定机构进行检测,根据检测结果确定的解决方案执行,其余部分的竣工结算依照工程总承包合同约定办理。

九、关于工程变更的风险分析与防范

工程变更是指在不改变工程功能和规模的情况下,发包人书面通知或书面批准的,对发包人要求或工程所作的任何更改。

由于总承包工程具有投资规模大、涉及面广、建设周期长、工程计价方法复杂等特征,因此,在工程总承包合同履行过程中,工程变更往往不可避免。工程变更不仅关系到工程工期,更是直接关系到工程造价,对于发包人来说,进行工程变更是本着对工程有利角度去考虑,但如果处理不当,将会对整个工程投资控制产生重大影响,从而带来工程投资失控、效益不佳等问题;对于承包人来说,充分利用工程变更是有经验的承包人增收创利的良机,特别是在原报价比较低的情形下更是如此,但如果处理不当,变更的价款得不到发包人的确认,风险更大;况且,在司法实践中,工程变更是造成工程总承包合同纠纷的重要原因之一,因此,如何防范工程变更的风险,是发包人、承包人均关注的焦点问题之一。

工程变更的风险主要表现在：一是工程变更的标准约定不明确的风险；二是工程变更的责任范围约定不清的风险；三是工程变更控制约定不明确的风险；四是工程变更价款的确定不明确或不公正的风险。

防范工程变更风险，应当采取以下应对措施：

（一）关于工程变更标准的风险防范

首先，工程变更必须要经过发包人的批准或同意，未经发包人批准或同意的工程更改，不属于工程变更。

其次，工程的性质与规模的改变如扩大或缩小初步设计批准的生产路线和规模、扩大或缩小合同约定的生产路线和规模、扩大初步设计批准的建筑规模、改变初步设计批准的使用功能、扩大合同约定的建设规模、改变合同约定的使用功能等，不属于工程变更。在 FIDIC 条款中，工程变更不应包括准备交他人进行的任何工作的删减，但对于一些小的或附带工作采取计日工作方式，属于工程变更的内容。应当特别注意：对于为满足现行法律及规范要求的更改、履行合同的必要工作、工程设计深化、招投标文件中工程量与实际工程量的差异、合格承包商在投标时能预见的标准提高或增加设备等，是否属于工程变更应当在工程总承包合同中进行具体约定。

最后，承包人对自身的设计、采购、施工、竣工验收、竣工后试验存在的缺陷进行修正、调整和完善不属于工程变更；承包人对于因自身的原因造成的实际进度明显落后于批准的项目进度计划的赶工不属于工程变更。

（二）关于工程变更责任范围的风险防范

首先，工程变更必须经过发包人的批准，未经发包人批准不得进行任何工程变更，因此，发包人应当对工程变更承担关键和主要责任。

其次，承包人应当遵守并执行每一项工程变更，承包人在没有取得发包人批准的情况下，不得进行任何工程变更。

再次，工程变更有三种情形：第一种是发包人直接发布工程变更指令进行工程变更，在这种情形下，承包人如认为难以取得变更所需的货物、变更将降低工程的安全性或适用性或对工程进度产生不利影响时，应当迅速向发包人发出通知，发包人应当作出取消、确认或改变原指示；第二种是发包人在工程变更之前要求承包人提交建议书，承包人应当提出能否进行工程变更的理由和依据；第三种是承包人可以随时向发包人提交工程变更的书面建议，但此建议的内容应当是将加快竣工、降低发包人的工程施工或维护或运行费用、提高发包人的竣工工程的效率或价值或为发包人带来其他利益。在上述三种情形下，尽管工程变更需要经过发包人批准，但承包人仍应当履行上述相应的责任。

最后，应当明确工程变更的范围。

在示范文本中，工程变更的范围包括设计变更如生产工艺流程的调整，对平面布置、竖面布置、局部使用功能的调整，对配套工程系统的工艺调整、使用功能调整，对区域内基准控制点、基准标高和基准线的调整，对设备、材料、部件的性能、规格和数量的调整，因执行基准日期后新颁布的法律、标准、规范引起的变更，其他超出合同约定的设计事项，上述变更所需的附加工作；采购变更如承包人已按合同约定的程序与相关供应商签订采购合同或已开始加工制造、供货、运输等后发包人通知承包人选择另一家供货商，因执行基准日期后新颁布的法律、标准、规范引起的变更，发包人要求改变检查、检验、检测、试验的地点和增加的附加试验，发包人要求增减合同中约定的备品备件、专用工具、竣工后试验物资的采购数量，上述变更所需的附加工作；施工变更如由于设计变更造成施工方法改变、设备、材料、部件、人工和工程量的增减，发包人要求增加的附加试验、改变试验地点，新增加的施工障碍处理，发包人对竣工试验经验收或视为合格的项目通知重新进行竣工试验，因执行基准日期后新颁布的法律、标准、规范引起的变更，现场其他签证，上述变更所需的附加工作；因执行发包人的赶工指令导致的变更；调减受暂停影响部分工程的变更；其他变更。

在黄皮书、银皮书中，对发包人发出对不可预见物质条件的处理指令，在黄皮书中规定可能构成变更，在银皮书中未规定；基准日期后执行新技术标准和法规构成变更；发包人改变进行规定试验的位置或细节，或指示承包人进行附加试验，构成变更；暂停超出一定期限删减部分项目构成变更；由于承包人以外的原因导致修补缺陷费用的产生，构成变更等。

（三）关于工程变更控制的风险防范

第一，应当明确工程变更应采用书面形式，包括书面变更通知单、现场签证单等。承包人不应当接受除书面形式以外的其他任何形式的工程变更的指令。

第二，应当明确工程变更的时限是在工程总承包合同生效后至工程竣工验收前的任何时间。在合同生效前或竣工验收后的更改不属于工程变更。

第三，应当明确工程变更的程序，一是发包人的变更通知应采用书面形式；二是承包人在接到通知后的合同约定期限内向发包人提交书面建议报告，包括可以接受工程变更或不接受工程变更的理由和依据、工程变更对工程造价和工期的影响等；三是发包人在接到承包人的书面建议报告后在合同约定期限内作出批准、撤销、改变或提出进一步要求的决定并书面通知承包人。

第四，如果工程变更涉及费用增加的估算和竣工日期的延长，承包人必须在书面建议报告中就此提出要求，否则，视为工程变更不涉及合同价款的调整和竣工日期的延长。另外，承包人在等待发包人回复的时间内，不得停止或延误任何工作。

第五，发包人应当在下达的变更指令中未能确认对此项变更提出的估算或竣工日期延长亦未提出异议的，在合同约定期限内视为发包人已经批准承包人提出的变更估算和工期延长。

（四）关于工程变更价款确定的风险防范

第一，应当明确工程变更引起的工程造价限额是否有要求，即是否将超过一定限额的工程变更作为合同价款调整的前提条件。在 FIDIC 条款中，没有此约定；但在国内工程承包合同中，一些业主要求增加此内容。此限额的确定尽量合理和科学，以防范风险。

第二，应当明确工程变更价款的确定方法，合同中已有相应人工、机具、工程量等单价（含取费）的，按合同中已有的相应人工、机具、工程量等单价（含取费）确定变更价款；合同中无相应人工、机具、工程量等单价（含取费）的，按类似于变更工程的价格确定变更价款；合同中无相应人工、机具、工程量等单价（含取费）的，亦无类似于变更工程的价格的，双方协商确定变更价款，也可以约定采用的定额和采用当地造价管理部门公布的当时的造价信息中的价格。

第三，应当明确工程变更中的增加与减少采用相同的工程变更价款确定方法。

第四，应当明确人工、机具、工程量等单价是否包括设计服务费、采购服务费、总包管理服务费、合理利润等，是综合单价还是单项价格。

第五，应当明确承包人提出的优化建议被发包人批准，承包人实施后所节省的费用，发包人与承包人之间的利益分享比例。

十、关于工程索赔的风险分析与防范

工程索赔是指在工程总承包合同履行中，合同当事人一方由于另一方未履行合同所规定的义务或妨碍了本方履行合同义务，或发生合同中规定的风险事件而致使本方遭受损失时，要求对方给予赔偿或补偿的权利。工程索赔是双向的，发包人和承包人都可能提出索赔要求。一般情况下，承包人对发包人提出的赔偿或补偿要求，称之为"索赔"；而发包人对承包人提出的赔偿或补偿要求，称之为"反索赔"。工程索赔包括工期索赔和费用索赔，工期索赔是指对承包人工程工期的延长或对发包人缺陷通知期限的延长，费用索赔是指发包人或承包人要求对方补偿费用损失。

总承包工程具有规模大、投资大、工期长、技术性强等特点，在技术经济和社会环境变化因素影响下，在工程总承包过程中面临着许多不确定性因素和风险，工程索赔实际是发包人和承包人之间对工程总承包风险责任进行再分配。对于发包人、承包人特别是对于承包人来说，工程索赔是减少风险损失的有效途径，是维护合同权益的重要手段，是经营管理水平高的综合体现。

工程索赔的风险主要表现在：一是工程索赔的依据约定不明确的风险；二是工程索赔的责任范围不明晰的风险；三是工程索赔的控制约定不明确的风险；四是工程索赔的工期和费用确定不明确的风险。

防范工程索赔的风险，应当采取以下措施：

（一）关于工程索赔依据的风险防范

工程索赔成功的关键是工程索赔依据是否明确、全面，一方面由于在工程总承包合同中对工程索赔的依据作出了明确约定，发包人、承包人对工程索赔的争议不容易产生；但另一方面由于工程总承包的风险因素较多，难以在合同中对工程索赔的依据一一列举，因此，在工程总承包合同中，对工程索赔的依据应当采取明确列举与概括定义相结合的方式进行约定。

明确列举方式是指索赔涉及的内容在工程总承包合同中能够找到依据，发包人或承包人可以据此提出索赔要求。概括定义方式是指索赔涉及的内容在工程总承包合同中没有专门的文字表述,但从工程总承包合同规定的风险和责任中分析得出发包人或承包人可以提出索赔要求。

在示范文本、黄皮书、银皮书中,对工程索赔依据的约定均采用了以上方式,但黄皮书、银皮书的约定更具体、明确。为了便于工程索赔,加大工程索赔的成功率,应当尽可能在工程总承包合同中对工程索赔的依据进行明确列举。

(二)关于工程索赔责任范围的风险防范

首先,应当在工程总承包合同中明确发包人承担责任的范围,发包人未能履行的职责、责任和义务,承包人有权提出工程索赔情形。

在示范文本中,主要包括:一是发包人承担责任的风险事件,包括政府相关设计审查部门批准时间较合同约定时间延长的;因不可抗力造成施工开工日期延误的;质检、消防、环保部门对工程物资的检查造成工期延误、费用增加等。二是发包人未履行合同义务应当承担的责任,包括违反保密义务给承包人造成损失的;违反安全保证义务造成承包人损失和损害的;未按合同约定提供项目基础资料和现场障碍资料等相关资料造成工期延误或费用损失的;未按合同约定支付预付款造成工期延误或费用损失的;未能按照合同约定的时间安排设计阶段审查会议造成工期延误和费用损失的;承包人纠正坐标资料中的错误造成工期延误和费用损失的;发包人对工程物资未按时参检经重检,如合格,造成工期延误或费用增加的;发包人对施工质量(包括隐蔽工程)重检,如合格,造成工期延误或费用增加的;因发包人原因违反安全规定导致人身伤害和财产损失的;因发包人原因未能通过竣工试验或延误竣工试验等。三是因发包人原因妨碍了承包人履行义务,包括因发包人原因造成工程暂停导致导致承包人费用增加或关键路径工期延误的;因发包人采购原因造成工期延误或费用增加;因发包人原因未能提供进场条件导致承包人不能按时开工的;因发包人代表和(或)监理人指令失误造成工期延误或费用增加;因发包人要求对隐蔽工程和中间验收延期造成的工期延误或费用增加等。

在黄皮书、银皮书中,关于承包人有权提出索赔的情形主要有:对有经验的承包人难以发现的发包人要求中的错误,在黄皮书中承包人有权提出索赔,但在银皮书中则没有此规定；由于发包人原因未能及时给予承包人现场进入和占用的权利造成延误和费用增加；对有经验的承包人不能合理发现基准坐标资料中的错误，在黄皮书中承包人有权提出索赔，但在银皮书中则没有此规定；对不可预见的物质条件，在黄皮书中承包人有权提出索赔，但在银皮书中则明确规定不允许索赔；由于现场发现化石、文物等导致承包人延误或费用增加；由于服从发包人试验指示或发包人负责的其他原因导致延误或费用增加；对于竣工时间延长的工期索赔，黄皮书规定了五种原因，而银皮书只规定了其中三种原因；由于发包人原因暂时停工导致承包人延误或费用增加；对于发包人接受和（或）使用部分工程导致承包人费用增加，黄皮书中承包人有权提出费用索赔要求，但银皮书中未规定；发包人对竣工试验的拖延造成延误或费用增加；由于发包人对竣工后试验拖延造成承包人费用增加；发包人拖延承包人对未通过竣工后试验原因调查、修正导致承包人费用增加的；因法律改变导致承包人延误或费用增加；因不可抗力导致延误或费用增加等。

其次，应当在工程总承包合同中明确承包人承担责任范围，承包人未能履行的职责、责任和义务，发包人有权提出工程索赔的情形。

在示范文中，主要包括：违反保密义务给发包人造成损失的；未能按合同约定的时间和深度要求提交设计文件造成损失或关键路径延误的；因承包人原因不能按时开工的；因承包人原因造成竣工日期延误的；承包人未按合同约定时间对发包人提供的资料提出进一步要求造成损失或工期延误的；承包人未按合同约定对基准坐标资料进行实测复验并纠正错误的导致费用增加或工期延误的；因承包人设计原因造成费用增加或工期延误的；因承包人原因造成设计缺陷导致费用增加或工期延误的；因承包人采购原因导致工期延误或费用增加的；加工制造的工程物资未经发包人现场检验已覆盖、包装或运抵启运地点造成的工期延误或费用增加的；发包人对工程物资未按时参检经重检，如不合格，造成工期延误或费用增加的；因承包人未能按时提交临时占地、临时用水、临时用电资料或办理审批手续；承包人未按合同约定进行施工试验和检测；承包人施工质量不符合要求；发包人对施工质量（包括隐蔽工程）重检，如不合格，造成工期延误或费用增加的；因承包人原因违反安全规定导致工期延误或费用增加的；因承包人的原因造成竣工试验未能通过或延误等。

在黄皮书、银皮书中，关于发包人有权提出索赔的情形主要有：承包人未履行避免干扰的义务造成发包人承担损害赔偿费、损失和开支（包括法律费用和开支）；承包人未履行货物运输的义务造成发包人承担损害赔偿费、损失和开支（包括法律费用和开支）；承包人未履行支付电、水和燃气应付金额义务的；承包人未履行支付使用发包人设备的应付金额义务的；发包人对生产设备、材料、设计或工艺拒收或再次试验使发包人增加了费用；承包人未能遵守发包人的生产设备、材料更换或修补工作的指示导致发包人费用的增加；由于承包人原因赶工导致发包人增加费用；由于承包人原因导致工期延误向发包人支付误期损害赔偿费；未能通过竣工试验减少合同价格；由于某项缺陷导致工程或主要生产设备不能按原定目的使用，发包人有权提出缺陷通知期限延长的索赔；承包人未能修补缺陷导致发包人费用增加；由于承包人原因导致竣工后试验未通过和重新试验造成发包人费用增加等。

（三）关于工程索赔控制的风险防范

第一，工程索赔应当采取单项索赔方式即一事一索赔的方式，在每一件索赔事件发生后，报送索赔通知书，编报索赔报告，单项解决。

第二，应当明确工程索赔提出的期限，从知道或应当知道索赔事件发生之日起计算，工程索赔的提出应当采取书面索赔通知形式。超过此期限，无权提出索赔。

第三，应当明确索赔通知发出后的一定期限内提供书面的说明，包括索赔事件的正当理由、条款依据、有效可证实的证据（包括同期记录）和索赔估算等详细的索赔资料。

第四，应当明确接受索赔报告的一方应当给予答复（包括同意、不同意或作出原则回应但应进一步提供资料）的期限，以及接受索赔报告一方在约定期限内不予答复视为认可索赔的期限。

第五，应当明确当索赔事件持续影响时提出索赔一方应当连续提交报告的期限，及送交最终索赔报告和资料的期限。

第六，承包人对发包人的索赔，可以得到竣工时间的延长和（或）追加付款；发包人对承包人的索赔，可以得到承包人支付的金额和（或）缺陷通知期限的延长期。索赔款项应当与工程进度款同期支付或扣减。

（四）关于工期索赔和费用索赔确定的风险防范

首先，应当明确工程索赔事件与工期索赔、费用索赔之间的关系。

其次，关于工期索赔，通常包括时间的延长和经济损失的补偿两个方面。时间延长应当依据工程总承包合同规定的总工期、进度计划以及发包人、承包人共同认可的对工期修改文件、调整计划和受干扰后实际工程进度记录，采取分析法进行确定；对经济损失的补偿即延期管理费的计算，可以约定"据实计算"或约定延期管理费的比例。

第三，关于费用索赔，以补偿实际损失为原则，实际损失包括直接损失和间接损失两个方面，具体包括：直接费如工费、料费、机械折旧费或机械闲置费；管理费；赶工费；额外发生的工、料、机费；资金回收；利息；整理索赔时发生的费用等。费用索赔是否包括预期利润需要根据索赔事件的具体情况确定。

十一、关于工程分包的风险分析与防范

工程分包是相对于工程总承包而言的，是指承包人将总承包工程中设计、采购、施工等的一项或若干项的具体实施工作交给其他单位，通过另一种合同关系在自己的管理下由其他单位实施的行为。

按照不同的标准，工程分包有不同的分类。按照工程分包的内容，工程分包可以分为设计分包、施工分包、材料供应分包、设备供应分包等。其中施工分包又可分为专业工程分包、劳务分包；按照工程分包是否需要经过发包人指定，工程分包分为发包人指定分包、承包人自愿分包。

工程分包是工程建设市场专业化分工的必然趋势，是加快工程进度和提供生产效率的必然要求，是转移和减少承包人风险的重要举措。工程分包集中众多承包人的优势和特点，全力为工程建设服务，有利于工程建设的质量和进度的提高；专业的分包队伍通过提高管理水平和技术水平，从而可以提高生产效率，降低成本，提高效益；通过工程分包，由承包人和分包人共担风险，提高抗风险的能力。

分包工程是总承包工程的一部分，分包工程的质量、进度直接影响着总承包工程的进度和质量。一旦分包工程的质量和进度得不到有效的控制和管理，势必就会影响总承包工程的进度和质量，给工程总承包带来风险。因此，在工程总承包合同中明确、具体约定工程分包的内容是防范工程总承包中工程分包风险防范的重要措施之一。

工程总承包合同中工程分包的风险主要包括：一是工程分包的权限约定不明确的风险；二是工程分包的范围与内容约定不清的风险；三是工程分包人的要求没有约定或约定不明确的风险；四是工程分包中发包人与承包人的权利与义务约定不明确的风险；五是工程分包的责任约定不清的风险。

防范工程总承包合同中工程分包的风险，应当采取以下措施：

（一）关于工程分包的权限

我国《建筑法》第29条规定：除总承包合同中约定的分包外，必须经过建设单位认可。因此，国内工程分包是需要经过发包人批准的，可以在工程总承包合同中直接约定分包，也可以在工程实施阶段报发包人批准，示范文本也是如此规定的。在黄皮书中，承包人在选择材料供应商或总承包合同中已指明的分包商进行分包时，无须取得发包人同意；对其他建议的分包商，应取得发包人的事先同意。在银皮书中，承包人有权自行选择分包商，无须事先经发包人同意。

关于指定分包人，指定分包人是指发包人指示承包人雇佣的分包人。指定分包是国际惯例，在黄皮书、银皮书中均有明确规定，但在我国的法律及示范文本中未对此作出规定。在工程总承包实施过程中，发包人指定分包的方式包括发包人独立招标方式、与承包人联合招标方式、发包人独立直接发包或与承包人共同直接发包方式等。

关于劳务分包，劳务分包是指承包人将工程施工中的劳务作业发包给具有劳务承包资质的其他施工企业的行为，承包人有权自行委托劳务分包人，无须经过发包人同意或批准。

（二）关于工程分包的范围与内容

首先，承包人不得将整个工程分包出去。我国《建筑法》第28条明确规定了此内容，在示范文本、黄皮书、银皮书中也均明确了此内容。

其次，工程中主体工作、关键性工作不得分包。我国《建筑法》第29条规定：施工总承包的，建筑工程主体结构的施工必须由总承包单位自行完成。我国《招标投标法》第48条规定：中标人按照合同约定或经招标人同意，可以将中标项目的部分非主体、非关键性工作分包给他人完成。以上规定具有中国特色,在黄皮书、银皮书中对此没有作出规定。

第三,发包人指定分包的工程范围与内容只限于列入总承包合同中暂估价的内容。"暂估价"是指工程总承包在招标或直接发包工程总承包合同中暂时估定的工程、货物、服务的金额。

第四,劳务分包的范围与内容仅限于工程中的劳务包括计件或计时的施工劳务作业。

(三)关于工程分包人的要求

首先,工程分包人的资质、资格要求。在国内工程总承包中,国家有关法律和示范文本中,对施工分包,均要求施工承包人应当具有相应的资质证书,包括施工总承包资质、专业施工资质或劳务资质。对设备供应分包,国家规定设备供应单位需要相应资质或资格证书的,应当具备相应的资质、资格证书。

其次,工程分包人不得将其承包的工程再分包。

最后,对工程分包人的具体要求应当在工程总承包合同中明确约定,如潜在分包商和供货商范围是否应当事先经过发包人批准等。

(四)关于工程分包中发包人与承包人的权利与义务

首先,发包人对于承包人提出的分包事项的申请应当在合同约定的期限内予以批准或提出意见。

其次,承包人应当履行相应的通知义务。在黄皮书中,承包人应至少提前28天将各分包商承担工作的拟定开工日期和该工作在现场的拟定开工日期通知工程师。在银皮书中,除以上内容外,通知内容还包括拟雇用的分包商,并附包括其相关经验的详细资料。在示范文本中,对此未进行规定。

再次,在指定分包中,承包人应当对指定分包人拥有一定否决权。黄皮书、银皮书中均规定:如果承包商对指定的分包商尽快向雇主发出通知,提出合理的反对意见,并附有详细的依据资料,承包商不应有任何雇用的义务。在示范文本中,没有对此进行规定,但在国内工程总承包实际操作中,承包人在发包人指定分包时往往没有参与权,上述国际惯例值得借鉴。

最后,在工程总承包合同中,应当明确发包人参与工程分包人确定的范围、内容、阶段、权限及程序等内容,具体包括:发包人对工程分包有监督权和批准权；对分包工程款的支付，发包人有权监督承包人向指定分包人支付相应款项及代为支付的条件。除此以外，发包人未经承包人同意，发包人不得以任何形式向分包人支付任何款项；对分包人在质量、HSE、工期等方面对工程目标产生重大影响时，发包人有权要求承包人终止该分包合同并清理出场等。

（五）关于工程分包的责任

首先，承包人对分包人的行为向发包人负责，承包人和分包人就分包工作向发包人承担连带责任。在我国有关法律及示范文本中，均如此规定。黄皮书、银皮书中均规定：承包商应对任何分包商、其代理人或雇员的行为或违约，如同承包商自己的行为或违约一样负责。

其次，对发包人指定分包包括指定的建筑材料、建筑构配件、设备不符合强制性标准；直接指定分包人分包专业工程等造成工程质量缺陷，应当承担过错责任。如果承包人有过错，也应当承担相应的过错责任。

再次，在发包人指定分包的工程分包合同中，应当明确约定：在承包人按照合同约定履行了相应管理及配合、协调、服务义务情形下，发包人指定分包单位应当保证免除承包人因其未全面履行合同所引起的承包人应向发包人承担的责任，并且还应当约定由于发包人指定分包人未全面履行其义务导致承包人损失的，发包人指定分包单位应当承担赔偿责任。

最后，在劳务分包中，承包人、劳务分包人均按劳务分包合同约定承担相应责任，并不共同向发包人承担连带责任。

十二、关于工程担保的风险分析与防范

本文所称工程担保即对工程总承包合同的保证担保，是指在工程总承包活动中根据合同约定，由担保人向债权人提供的，保证债务人不履行债务时，由担保人代为履行或承担责任的法律行为。

在工程总承包活动中，除了在工程招标阶段需要投标人提供投标担保外，工程担保一般分为业主工程款支付担保、预付款担保、履约担保、保修担保等种类；在工程分包中，有承包人付款担保和分包人的担保两种；在国际工程承包中，还有进口工程物资免税担保。工程担保通常由银行出具保函的方式提供，上述担保又称为投标保函、业主工程款支付保函、预付款保函、履约保函、保修保函。投标保函是指银行为投标人向招标人提供的保证投标人按照招

第四篇　建设工程总承包法律风险防范

标文件的规定参加招标活动的保函。业主工程款支付保函是指为保证业主履行工程总承包合同约定的工程款支付义务，由银行为业主向承包人提供的保证业主支付工程款的保函。预付款保函是指为保证承包人按照工程总承包合同约定使用预付款，由银行为承包人向业主提供的保证承包人正确和合理使用预付款的保函。履约保函是指银行为承包人向业主提供的保证承包人履行工程总承包合同约义务的保函。保修保函是指银行为承包人向业主提供的保证承包人在工程质量保修期限内承担质量保修责任的保函。

银行保函按照索偿条件划分，又可以分为一般保函即有条件保函和独立保函即无条件保函两种。有条件保函是指保函受益人在向银行索偿兑现时有某些限制条件。无条件保函，也叫"见索即付"保函，就是当保函受益人凭保函向银行索偿时，银行不再征询保函申请人的意见即立刻兑现，该保函具有独立性、无条件性、不可转让性和不可撤销性等特点。

虽然在工程总承包中是否需要工程担保是根据招标文件的要求确定的，但是发包人为了避免因承包人违约而遭受损失，一般要求承包人提供可靠的工程担保。在各种担保形式中，银行保函因为其信用最高，且收费合理，成为最普遍、最易被各方接受的常见的工程担保形式。银行保函有保函申请人、保函受益人、银行三方当事人；同时涉及保函申请人与保函受益人之间的工程总承包合同关系、银行与主债务人之间的委托关系、银行与债权人之间的保证合同关系；银行保函在工程总承包中既是一份独立的法律文件，又是工程投标和工程承包合同不可缺少的组成部分，银行保函不可避免地存在诸多风险，因此，在工程总承包中防范银行保函的风险应当引起发包人、承包人特别是承包人的高度重视。

在工程总承包中，由于发包人处于有利地位，在招标文件中往往不要求发包人提供工程款支付担保，更多的是要求承包人提供预付款保函、履约保函、保修保函。银行保函的风险主要表现在：一是银行保函出具的主体限制的风险；二是银行保函提交约定不明确的风险；三是银行保函期限约定不明确的风险；四是银行保函金额约定不明确的风险；五是银行保函的索偿约定不合理的风险；六是银行保函退还约定不明确的风险。

防范银行保函的上述风险，应当采取以下措施：

(一) 关于银行保函出具主体

银行保函出具主体应当在招标文件和工程总承包合同中有具体要求，承包人应当按照上述要求申请符合要求的银行开具保函。

在国内工程总承包中，一般由符合要求的国内商业银行直接开具银行保函即可。

在国际工程承包中，业主一般只接受项目所在国的银行开具的保函或经业主认可的银行开具的保函。如果业主认可我国的中国银行或我国其他商业银行开具的保函，承包人就可以申请这些银行直开保函；如果业主不认可我国的中国银行或我国其他商业银行开具的保函，承包人可以采取转开保函或转递保函方式提交保函。转开保函是指承包人在我国的担保银行（须经当地银行或业主指定银行同意的我国银行）首先开出一份保函给当地银行或业主指定的银行，然后该银行再开出一份以业主为受益人的保函。转递保函是指按照招标文件要求或经业主的书面认可，由承包人所在国的担保行开出以业主为受益人的保函，再通过项目所在国的一家银行或业主指定的银行呈交给业主的保函。在直开保函、转开保函、转递保函三种保函形式中，转开保函风险大、成本高（需支付双重手续费）；直开保函风险小、成本低，对于承包人来说，应当积极争取采取直开保函的方式。

(二) 关于银行保函的提交

银行保函提交的时间或条件应当在招标文件中或工程总承包合同中约定。

关于履约保函的提交，在国内工程总承包中，根据我国《招标投标法实施条例》的规定，承包人提交履约保函的时间是在承包人收到中标通知书后，工程总承包合同正式签署之前。在国际工程总承包中，承包人应尽量争取先签订工程总承包合同，再提交履约保函。如果发包人与承包人双方各自坚持自己的要求，承包人在开具履约保函时，增加银行保函生效条件即本保函自工程总承包合同签订生效之日起生效。在黄皮书中，履约保函的提交是在承包人收到中标函后的28天内；在银皮书中，履约保函的提交是在双方签署合同协议书后的28天内。

关于预付款保函的提交，预付款保函应当在工程总承包合同生效后的一定期限内提交。

关于保修保函的提交，保修保函的提交应当在发包人与承包人签署工程结算报告后一定期限内提交。

（三）关于银行保函的期限

首先，关于银行保函的生效时间或条件，预付款保函的生效时间应当与发包人支付预付款同时生效；履约保函的生效时间应当以承包人收到全部预付款为生效条件；保修保函应当以发包人支付工程尾款为生效条件。

其次，关于银行保函的失效时间或条件，应当尽量采取以下两种方法：一种是直接约定银行保函的失效的具体日期；二是明确约定银行保函失效的条件或具体日期，以先到者为准。

再次，关于银行保函的有效期，预付款保函的有效期应当自生效之日起至发包人全部扣回全部预付款之日止；履约保函的有效期应当与工程工期相适应，尽量避免与预付款保函、保修保函的重叠期；保修保函有效期应当与保修期限一致。在黄皮书、银皮书中，承包人应确保履约保函直到其完成工程的施工、竣工和修补任何缺陷前持续有效和可执行。

最后，关于银行保函的延期，银行保函的延期必须经过保函申请人、保函受益人、银行三方的书面同意。

（四）关于银行保函金额

关于银行保函的最高额度，预付款保函的额度应当与预付款的金额一致，在国际工程承包中预付款的额度一般为10%~15%；履约保函的最高额度，根据《招标投标法实施条例》的规定国内工程总承包不得超过中标合同金额的10%，在国际工程承包中履约保函的额度为10%左右；保修保函的最高额度一般不超过合同总价的5%。

关于银行保函的币种，国内工程总承包以人民币表示和计价；国际工程总承包应当在招标文件或工程总承包合同中规定。

关于预付款保函中还应当明确递减条款即预付款保函金额随预付款扣还而递减，在预付款保函中明确、具体约定减额规则包括递减时间安排、递减比例以及递减程序等。

（五）关于银行保函的索偿

首先，应尽量避免使用无条件银行保函。由于无条件保函的发包人凭该保函向银行索偿时，银行不再征询承包人意见即立刻兑现，承包人的申辩的权利被剥夺，银行保函的索偿权利完全由发包人掌控，因此，无条件保函是所有银行保函中潜在风险最大的一种保函，承包人应当尽量避免使用。

其次，承包人应尽量与发包人协商出具有条件的银行保函。这些条件包括：发包人索偿时应当提供承包人违约的证明材料；在发包人索偿时先将银行保函所担保的金额交给第三方保管，待发包人与承包人争端得到解决后再交付给发包人；发包人索偿与银行支付有一定的间隔时间等。出具有条件的银行保函，一方面通过提供违约证据或争端的提前解决，防止发包人无理索偿及适用按价索偿原则以保护承包人的合法利益，或为承包人争取时间以采取补救措施如协商解决争端、向法院申请财产保全、向法院申请裁定银行暂停支付等；另一方面符合 FIDIC 合同条件的有关规定。黄皮书、银皮书均对发包人对银行保函的索偿明确规定了条件，包括：一是承包人未按合同约定延长履约保函的有效期；二是承包人未按合同约定的期限将确定的应付金额支付给发包人；三是承包人未能在收到发包人要求纠正违约的通知后的 42 天内进行纠正；四是发包人有权根据合同约定终止合同的情形。

最后，如果发包人坚持要求出具无条件银行保函，在银行保函的索偿方面应当约定：一是发包人在索偿时应当向银行提交书面索偿文件，以便于承包人了解违约情形；二是银行在接到发包人索偿通知时应及时通知承包人，以便承包人进行诉讼准备。

（六）关于银行保函的退还

为防范银行保函风险，在工程总承包合同中应当明确银行保函的退还时间。

当承包人在规定的时间内还清预付款项后，发包人应当退还预付款保函。

履约保函一般应当在工程竣工验收合格后退还给承包人。黄皮书、银皮书均规定：雇主应在承包商有权获得履约证书后 21 天内将履约担保退还承包商。

在规定的保修期内，承包人圆满完成保修任务或者该工程没有发生任何需要保修的缺陷，发包人应当将保修保函退还承包人。

十三、关于工程保险的风险分析与防范

本文所指工程保险即工程总承包保险，是指以承包商负责设计、施工、材料采购等全部内容的各类工程项目为保险标的的保险，保险人承担对被保险人在整个承包期间由自然灾害、意外事故、人为过失等引起的一切损失的经济赔偿责任。工程总承包保险并非单独的一个险种，在国内工程总承包中一般由以下险种组成：工程设计责任保险、建筑工程一切险、安装工程一切险、第三者责任险、施工机具保险、货物运输险、雇主责任险、意外伤害险等；在国际工程总承包中，常用的保险险种包括：建筑工程一切险、安装工程一切险、雇主责任险、施工机具保险、产品责任险、货物运输险、职业责任保险、出口信用保险、一般商业责任保险、工程保证保险、利润损失保险等。

工程总承包项目普遍具有投资大、建设工期长、施工难度大、技术复杂以及工程参与方众多、不可预见的因素多等特点，一旦遭遇自然灾害或意外事故，不仅会影响工程建设的顺利进行，而且还会造成巨大的经济损失，而工程保险则可使被保险人从保险人那里获得经济赔偿，可以有效地分散和转移风险，因此，工程总承包的发包人和承包人均应当高度重视工程保险，应当在工程总承包合同中对工程保险作出明确约定。在黄皮书、银皮书中，设有第18条对工程保险作出了详细、明确的规定；而在示范文本中，虽然在第15条也规定了保险，但内容过于简单。

工程保险的风险主要有：一是对工程保险的覆盖范围约定不明确的风险；二是工程保险的投保人及其义务的约定不明确的风险；三是工程保险的被保险人约定不明确的风险；四是工程保险的保险责任约定不明确的风险；五是工程保险的保险金额约定不明确的风险；六是工程保险的保险期限约定不明确的风险。

防范工程保险的上述风险，应当采取以下措施：

（一）关于工程保险的覆盖范围

为了转移和分散工程总承包的风险，工程保险应当覆盖工程总承包全过程包括设计、施工、采购等，具体覆盖工程、生产设备、材料；承包商文件；承包商设备；工程总承包行为引起的人身伤害和财产损害；承包商人员的伤害、患病、疾病或死亡等方面。根据保险公司设计和提供的保险产品，工程总承包中常用的保险险种主要有：建筑工程一切险、安装工程一切险、第三者责任险、工程设计责任保险、承包商施工机具保险、货物运输险、雇主责任险、意外伤害险等。

建筑工程一切险，是以承包合同价格或概算价格作为保额，以重置基础进行赔偿的，承保以土木建筑为主体的工程在整个建设期间由于保险责任范围内的风险造成保险工程项目的物质损失和列明的费用负责赔偿的保险。

安装工程一切险，是以设备的购货合同价加各种相关费用或以安装工程的最后建成价格为保额的，以重置基础进行赔偿的，专门承保以新建、扩建或改造的工矿企业的机器、设备或钢结构建筑物在整个安装、调试期间由于保险责任范围内的风险造成的保险财产的物质损失和列明的费用负责赔偿的保险。

工程设计责任保险，是以投保人与保险人约定的累计赔偿限额为保额的，以不超过每次赔偿限额的实际损失为基础进行赔偿的，专门承保工程设计人员因设计过失造成事故，引起受害人人身伤害或财产损失承担赔偿责任的保险。

第三者责任险，是以工程总承包引起的意外事故造成第三者财产损失或人身损害的赔偿责任为保险标的的责任保险。

承包商施工机具保险，是以施工机具的购货合同价为保额的，以重置基础进行赔偿的，专门承保在施工期间内，位于工程现场区域内，发生由于保险责任范围内的风险造成承包商施工机具灭失或损坏需要修理或替换负责赔偿的保险。

货物运输险，是以运输途中的货物作为保险标的，保险人对由自然灾害和意外事故造成的货物损失负责赔偿责任的保险。货物运输保险条款按运输方式来划分，有海洋、陆上、航空和邮包运输保险条款四大类。

雇主责任险，是以雇主的雇员在受雇期间从事业务时因遭受意外导致伤、残、死亡或患有与职业有关的职业性疾病而依法或根据雇佣合同应由雇主承担赔偿责任的保险。

意外伤害险，是指以意外伤害而致身故或残疾为给付保险金条件的保险。

由于工程总承包中涉及的保险险种比较多，工程总承包需要投保的具体险种的名称应当在工程总承包合同中明确约定。

（二）关于工程保险的投保人

投保人是指与保险人订立保险合同，并按照合同约定负有支付保险费义务的人。根据工程保险险种的特点，承包人、发包人均可成为一些工程保险险种的投保人即办理并保持相关合同条款中规定的保险负有责任一方，关键是在工程总承包合同中对此应当作出明确约定。

当承包人是应投保方时，应当按照发包人批准的条件向保险人办理每项保险；当发包人是应投保方时，应当按照与合同专用条件所附的详细内容一致的条件，向保险人办理每项保险。

应投保方的义务包括：一是应当在合同约定的期限内向另一方提交保险已生效的证据及工程一切险、承包商设备险、第三者责任险的保险单副本；二是向另一方提交每笔保险费已付的证据；三是保持使保险人随时了解工程实施过程中任何相关变化并按合同约定保持保险的有效；四是对保险条件进行实质性变动应当得到另一方的事先批准；五是首先收到保险人的任何变动的通知的一方应当迅速通知另一方；六是应投保方未按合同约定办理保险，另一方可以自行办理，保险费由应投保方支付；七是应投保方未按合同约定办理保险，另一方既没有认可，又没有办理与此项违约有关的保险，则根据此项保险应能收回的任何款项应由应投保方支付。

建筑工程一切险、安装工程一切险的投保人，既可以是发包人，也可以是承包人，一般应当由承包人作为应投保方办理和维持建筑工程一切险、安装工程一切险；工程设计责任险的投保人应当是承包人；第三者责任险作为附加于建筑工程一切险和安装工程一切险的附加险，其投保人应当与建筑工程一切险、安装工程一切险的投保人一致；施工机具险的投保人应当为承包人；货物运输险的投保人，既可以是发包人，也可以是承包人，一般应当由承包人作为应投保方办理和维持货物运输险；对承包商人员提供的雇主责任险、意外伤害险应当由承包人作为投保人。

（三）关于工程保险的被保险人

被保险人是指其财产或者人身受保险合同保障，享有保险金请求权的人。工程总承包中保险险种不同，被保险人的范围也各不相同。

所有对建筑工程、安装工程具有可保利益的有关方均可成为建筑工程一切险、安装工程一切险的被保险人，包括工程所有人即业主、工程承包人即主承包商与分包商、材料设备供货人、材料设备制造人、技术顾问、其他关系方如贷款银行等。对各被保险人的保障，如同向每一方发出单独保险单一样，对每个被保险人分别适用,这符合工程总承包过程中涉及的单位和人员极其复杂的特点,一旦发生意外事故,由于各方均为保险单指定的被保险人,各方的利益均由保险人保障,避免了各方就责任与赔偿陷入无休止的纠纷之中。

第三者责任险作为建筑工程一切险和安装工程一切险的附加险,其被保险人应当与建筑工程一切险、安装工程一切险的被保险人一致。

工程设计责任保险的被保险人是承包人。

施工机具保险的被保险人是承包人。

货物运输保险的被保险人应是对货物本身具有保险利益,即对货物具有所有权和承担损失风险的买方或卖方。

雇主责任险的被保险人是雇主。

意外伤害险的被保险人是指列入保险单明细表中,其人身受保险合同保障,享有保险金请求权的人。

(四) 关于工程保险的保险责任

保险责任是指保险合同中约定由保险人承担的危险范围。保险责任一般区分为基本责任、除外责任和特约责任三种。基本责任是指财产保险合同中载明的保险人承担经济损害赔偿责任的保险危险范围。除外责任是指财产保险合同中列明的保险人不承担经济赔偿责任的风险损失。特约责任是指财产保险合同载明的基本责任以外,或列为除外责任的风险损失,经保险双方协商同意后特约附加承保的一种责任。

建筑工程一切险、安装工程一切险的保险基本责任是对除外责任以外的任何自然灾害或意外事故造成的物质损坏或灭失承担赔偿责任,自然灾害是指地震、海啸、雷电、飓风、台风、龙卷风、风暴、暴雨、洪水、水灾、冻灾、冰雹、地崩、山崩、雪崩、火山爆发、地面下陷下沉及其他人力不可抗拒的破坏力强大的自然现象;意外事故是指不可预料的以及被保险人无法控制并造成物质损失或人身伤亡的突发性事件,包括火灾和爆炸。

第三者责任险的保险基本责任是对承包人履行工程总承包合同时造成第三者的人身伤亡或财产损失承担赔偿责任。

工程设计责任保险的保险基本责任是对工程设计人员的过失引起工程事故造成的损失承担赔偿责任。

施工机具保险的保险基本责任是指对施工机具发生不可预见的突发物质灭失或损坏需要修理或替换承担赔偿责任。

货物运输保险的保险基本责任是对货物在运输过程中遭受各种自然灾害或意外事故造成的损失承担的赔偿责任。

雇主责任险的保险基本责任是对雇主的雇员在受雇期间从事业务时因遭受意外导致伤、残、死亡或患有与职业有关的职业性疾病而依法或根据雇佣合同承担的赔偿责任。

意外伤害保险的保险基本责任是对被保险人遭受意外伤害并由此造成死亡、残废、支出医疗费或暂时丧失劳动能力承担给付保险金的责任。

(五) 关于工程保险的保险金额

保险金额,又称"保额",是指一个保险合同项下保险公司承担赔偿或给付保险金责任的最高限额。工程保险中保险险种不同,保险金额的确定也不同。对工程价值的估价和确定直接影响工程一切险的保险金额的大小。

建筑工程一切险、安装工程一切险的保险金额应当不低于全部复原费用,包括拆除、运走废弃物的费用以及专业费用和利润。

第三者责任险,对发生每次事件的保险金额应当不低于工程总承包合同中规定的数额,事件发生次数不限。

工程设计责任保险的保险金额即赔偿限额应当不低于全部复原费用,包括拆除、运走废弃物的费用以及专业费用和利润,具体赔偿限额在保险合同中约定。

施工机具险的保险金额不低于全部重置价值,包括运至现场的费用。

货物运输险的保险金额一般按照货物目的地的货物市场价即销售价格确定,或者按照货物的购进价格加上运达目的地的一切运杂费、包装费、保险费及税款等费用确定。

雇主责任险的责任限额包括每人伤亡责任限额、每人医疗费用责任限额、法律费用责任限额及累计责任限额,由雇主自行确定,并在保险合同中载明。

意外伤害保险是由保险人结合生命经济价值、事故发生率、平均费用率、以及当时总体工资收入水平,确定总保险金额,再由投保人加以认可的方式确定。

(六）关于工程保险的保险期限

保险期限又称"保险期间"，是指保险合同的有效期限，即保险合同双方当事人履行权利和义务的起讫时间。由于保险期限一方面是计算保险费的依据之一，另一方面又是保险人和被保险人双方履行权利和义务的责任期限，因此，保险期限是保险合同的主要内容之一。工程保险中保险险种不同，保险期限的计算方法也不同。

建筑工程一切险、安装工程一切险的保险期限，其开始时间以工程在工地动工或用于工程的材料、设备运抵工地之时起，两者以先发生者为准；其保险期限终止一般以工程完成移交给业主计算。

第三者责任险作为建筑工程一切险、安装工程一切险的附加险，其开始时间和终止时间与建筑工程一切险、安装工程一切险的保险期限相同。

工程设计责任保险险种不同，其保险期限也不同。年度综合保险的保险期限是1年，到期后可以续保；单项工程设计责任保险的保险期限是工程工期加3年，一般不超过8年；此保险应自工程总承包合同约定的生效之日起至工程移交给发包人为止的整个期间持续有效。

施工机具险的保险期限的开始时间应当从该设备运往现场的过程起计算，直到其不需再作为承包商设备作为终止时间。

货物运输保险的保险期限通常不是采取1年期的定期制，而是以约定的运输途程为准，即将从起运地仓库至到达目的地仓库的整个运输过程作为一个保险期限。

雇主责任险、意外伤害保险的保险期限均比较短，一般为1年，到期后可以续保，此类保险应在这些人员参加工程实施的整个期间保持全面实施和有效。

十四、关于工程总承包合同解除的风险分析与防范

工程总承包合同解除是指工程总承包合同有效成立后，根据法律规定或合同约定或双方协议，使基于工程总承包合同发生的权利义务关系归于消灭的行为。

工程总承包合同解除分为协议解除、约定解除、法定解除、单方解除四种。

第四篇 建设工程总承包法律风险防范

协议解除是指发包人、承包人协商一致解除工程总承包合同的行为。

约定解除是指在工程总承包合同中事先约定或签订工程总承包合同后另订解除合同条款，约定在出现某些情形时，当事人有权解除工程总承包合同。

法定解除是指当事人在法律规定的解除条件出现时，行使解除权而使工程总承包合同关系消灭。我国《合同法》第94条规定了法定解除的五种情形：（1）因不可抗力不能实现合同目的的；（2）在履行期限届满之前，当事人一方明确表示或者以自己的行为表明不履行主要债务；（3）当事人一方迟延履行主要债务，经催告后在合理期限内仍未履行；（4）当事人一方迟延履行债务或者有其他违约行为致使不能实现合同目的；（5）法律规定的其他情形。《最高人民法院关于审理建设工程施工合同纠纷案件适用法律问题的解释》对发包人和承包人的法定解除权作了进一步的明确，第8条规定："承包人具有下列情形之一，发包人请求解除建设工程施工合同的，应予支持：（1）明确表示或者以行为表明不履行合同主要义务的；（2）合同约定的期限内没有完工，且在发包人催告的合理期限内仍未完工的；（3）已经完成的建设工程质量不合格，并拒绝修复的；（4）将承包的建设工程非法转包、违法分包的。"第9条规定："发包人具有下列情形之一，致使承包人无法施工，且在催告的合理期限内仍未履行相应义务，承包人请求解除建设工程施工合同的，应予支持：（1）未按约定支付工程价款的；（2）提供的主要建筑材料、建筑构配件和设备不符合强制性标准的；（3）不履行合同约定的协助义务的。"

单方解除是指工程总承包合同的发包人可以随时解除工程总承包合同。我国《合同法》第268条规定："定作人可以随时解除承揽合同，造成承揽人损失的，应当赔偿损失"，第287条规定："本章（建设工程合同）没有规定的，适用承揽合同的有关规定。"而我国《合同法》第十六章中没有对解除建设工程合同作出专门规定，建设工程合同的解除应当适用承揽合同的有关规定，即发包人拥有单方解除合同权。在黄皮书、银皮书中规定："雇主应有权在对他方便的任何时候，通过向承包商发出终止通知，终止合同。"对承包人来说，则不享有对工程总承包合同的单方解除权。发包人拥有单方解除权是根据工程总承包合同的特点规定的一项特殊制度，发包人是根据自身的特殊要求订立工程总承包合同，同时由于工程总承包合同的履行有一个过程，在此期间，发包人因为自身要求的变化或出现情势变更情形,会发生没有必要履行工程总承包合同的情况,如果发包人没有单方解除合同的权利,将会造成发包人损失扩大和资源的不必要浪费。

工程总承包具有以下特殊性,一是工程总承包的对象是不动产,而政府对不动产的监管是非常严格的,如行政许可、强制招标等,而一旦合同解除需要重新办理相关政府监管手续;二是工程总承包涉及面广、关系复杂,工程总承包不仅涉及发包人与承包人的关系,而且涉及到与分包单位、材料设备供应单位的关系;三是工程总承包的活动直接关系工程质量和安全,责任重大,因此,工程总承包合同的解除风险很大,因此,除了协议解除、法定解除外,在工程总承包合同中应当对约定解除、单方解除作出明确、具体的约定,以防范风险。

工程总承包合同解除的风险主要有:一是工程总承包合同解除条件约定不明确的风险;二是工程总承包合同解除的程序约定不明确风险;三是工程总承包合同解除后的处理约定不明确风险;四是工程总承包合同解除后的工程结算与工程结算款支付约定不明确的风险。

防范工程总承包合同解除风险,应当采取以下措施:

(一)关于工程总承包合同解除的条件

工程总承包合同中合同解除的条件的约定,除了对法定解除条件进行具体化或补充进行约定外,应当对约定解除的条件作出明确具体的规定。

发包人对工程总承包合同解除的条件,主要包括:一是承包人未能遵守工程总承包合同中履约保函的约定;二是承包人未能执行工程总承包合同中通知改正的约定;三是承包人放弃工程或明确表现出不继续履行合同义务;四是承包人无正当理由未按照工程总承包合同中有关开工、延误、暂停的约定实施工程;五是工程质量有严重缺陷,承包人无正当理由使修复开始日期拖延达30日以上;六是承包人将工程转包给他人或未经发包人同意,将工程分包给他人;七是承包人进入破产和/或清算程序,或情况表明承包人将进入破产和/或清算程序;八是承包人采取行贿等非法手段贿赂发包人人员或任何第三方人员。

承包人对工程总承包合同解除的条件,主要包括:一是发包人未能按照工程总承包合同约定提交工程款支付保函;二是发包人延误付款达 60 日以上;三是发包人实质上未能根据合同约定履行其义务;四是承包人根据合同约定要求复工,但发包人在 180 日内仍未通知复工的;五是发包人进入破产和/或清算程序,或情况表明发包人将进入破产和/或清算程序。

关于发包人单方解除合同,在黄皮书、银皮书中明确规定限制性的条件,即发包人不应为了自己实施或安排另外的承包人实施工程而单方面解除合同。

(二)关于工程总承包合同解除的程序

我国《合同法》第 96 条规定:"当事人一方依据本法第 93 条第 2 款、第 94 条的规定主张解除合同的,应当通知对方。合同自通知到达对方时解除。"所以,发包人或者承包人解除合同的条件具备后,应将解除合同的意思表示通知对方才能解除合同。即使此前已经通知对方在合理期限内履行义务,但是期限到期对方未履行合同,也不当然产生合同解除的效力,需要再次发出解除合同的通知才能解除合同。这是工程总承包合同法定解除的程序。

对于约定解除的程序,在示范文本中明确规定,发包人或承包人解除合同应当提前 15 天通知对方;在黄皮书、银皮书中规定,除进入或将进入破产和/或清算程序等两种条件具备时通知对方解除合同立即生效外,其他合同解除条件具备时解除合同均需要提前 14 天通知对方。

(三)关于工程总承包合同解除后的处理

承包人收到或发出工程总承包合同解除通知后,主要工作包括:一是除为保护生命、财产、工程安全而进行的必须执行的工作外,停止所有进一步的工作;二是移交已完成的永久性工程及承包人提供的工程物资(包括现场保管的、已经订货的、正在加工制造的、正在运输途中的、现场尚未交接的);三是移交全部文件资料包括发包人提供的所有信息相关的数据及资料,包括已经付款并已经完成和尚待完成的设计文件、图纸、资料、操作维修手册、施工组织设计、质检资料、竣工资料等,对尚未付款但已完成的相关设计文件、图纸和资料等按发包人与承包人的约定移交;四是提交全部工程分包、采购、租赁以及服务等合同清单及执行状况,经发包人及第三方同意,将与被解除合同有关的正在执行的分包合同、采购合同等以及相关的责任和义务转让至发包人或发包人指定方的名下;五是在约定期限内应撤离项目现场,从项目现场运走所有承包人设备和临时工程。

发包人或承包人发出解除工程总承包合同的通知，不影响其根据合同或依法所享有的任何权利。发包人有权不受限制地使用承包人移交的所有承包人文件和任何其他设备和设施。

（四）关于工程总承包合同解除后工程结算和结算款支付

工程总承包合同解除后工程结算与支付是发包人、承包人关注的重点内容，在工程总承包合同中主要约定结算时间、结算内容、工程款的支付。

首先，关于工程结算时间，无论是发包人解除工程总承包合同，还是承包人解除工程总承包合同，发包人、承包人均应当立即进行工程款的结算。

其次，关于工程结算的内容，应当区别不同情形，确定不同的结算内容与方式：一是承包人违约、发包人解除合同的情形，工程结算的内容与方式包括：工程、工程物资和承包人文件的价值以及承包人应得的其他款项包括预付款、工程进度款、合同价格调整款项、缺陷责任保修金暂扣款项、索赔款项、补充协议款项、合同约定增减款项；发包人根据合同约定提出的索赔款项；将应付承包人的款项中应当扣除发包人遭受的损失费、损害赔偿费以及完成工程所需的任何额外费用。二是发包人单方解除合同的情形，工程结算内容包括：承包人已完成的合同明确约定价款的应付款项；为工程订购的，已交付给承包人或承包人有责任接受交付的生产设备和材料的费用；预期合理的费用或债务；临时工程和承包人设备撤离现场的费用及运回承包人本国工作地点的费用；为工程雇用的承包人的员工遣返回国的费用。三是发包人违约、承包人解除合同的情形，工程结算的内容包括：承包人已完成的合同明确约定价款的应付款项；为工程订购的，已交付给承包人或承包人有责任接受交付的生产设备和材料的费用；预期合理的费用或债务；临时工程和承包人设备撤离现场的费用及运回承包人本国工作地点的费用；为工程雇用的承包人的员工遣返回国的费用；承包人因此项解除而遭受的任何利润损失或其他损失或损害的款额。

最后，关于结算款的支付：一是在承包人违约、发包人解除合同的情形下，在工程结算前，发包人暂停向承包人支付进一步的款项；发包人应当将应付承包人的款项中扣除发包人遭受的损失费、损害赔偿费以及完成工程所需的任何额外费用后的余额支付给承包人；如果发包人仍有未能收回的款项，可扣留与应收款价值相当的承包人的机具、设备、设施等作为抵偿。二是在发包人违约、承包人解除合同的情形下,发包人在工程总承包合同解除生效后应当迅速将履约担保退还承包商;发包人在工程总承包合同解除生效后应当迅速支付工程结算款项。

十五、关于工程总承包合同转让的风险分析与防范

工程总承包合同转让即工程总承包合同权利、义务的转让,是指发包人或承包人将工程总承包合同的权利或义务全部或部分转让给第三人的现象。按照所转让的内容不同,工程总承包合同转让包括合同权利的让与、合同债务的承担和合同权利义务的概括移转三种类型。当然,工程总承包合同转让可以是全部,也可以是部分。

工程总承包合同具有标的额大、履行周期长、涉及面宽、政府监管严格等特点。同时,工程总承包合同属于承揽合同的一种,此类合同是以特定当事人之间的信赖关系为基础,当事人一方对工程总承包合同的转让给第三方,而另一方当事人对第三方的能力和信誉难以了解和控制,工程总承包合同的转让就会对另一方当事人的权利和义务产生影响,因此,工程总承包合同转让风险较大,发包人、承包人应当在工程总承包合同中对此作出明确的约定。

工程总承包合同转让的风险主要有:一是工程总承包合同转让的条件约定违反法律规定或未明确的约定;二是工程总承包合同转让的范围与内容约定不明确;三是工程总承包合同转让的时间约定不明确;四是工程总承包合同转让相关条款约定不明确。

防范工程总承包合同转让的风险,应当采取以下措施:一是对工程总承包合同转让的条件的约定应当符合工程所在地的法律规定,如我国《建筑法》明确规定,承包人不得转包工程。二是应当在工程总承包合同中明确约定工程总承包合同转让的条件,如 FIDIC 条款中规定:"任一方都不应将合同的全部或任何部分转让他人,但任一方在另一方完全自主决定的情况下,事先征得其同意后,可以将全部或部分转让"。三是应当明确工程总承包合同的转让的权利与义务的范围与内容,如果是全部转让,应当明确全部的权利和义务均进行了转让;如果是部分转让,应当采取列举的方式明确解除了转让人的哪些权利和义务、接受转让的第三人履行或承担哪些权利和义务。四是应当明确工程总承包合同转让的具体时间,也就是明确转让人权利和义务的解除时间、接受转让的第三人履行或承担权利和义务的具体时间。五是如果工程总承包合同的转让涉及担保义务的同时转让,应当就担保方面的相关转让进行详细规定。六是工程总承包合同转让还涉及到保密条款的相应约定,通过保密条款或单独的保密协议就合同一方、转让方、受让方的保密义务进行详细约定。

十六、关于工程总承包合同保密的风险分析与防范

工程总承包合同中的保密是指发包人、承包人在订立和履行工程总承包合同过程中,向对方披露或从对方接受的信息包括商业秘密,不被未经自己同意的任何人知晓或不正当使用。

工程总承包合同中约定的内容以及为履行工程总承包合同而相互之间提交的各种文件、资料,包括各种信息往来,是发包人、承包人之间的商业秘密,通常不愿为第三方知晓,因此,在工程总承包合同中约定保密非常必要。

工程总承包合同中保密约定的风险主要有:一是保密主体约定不明确;二是保密客体约定不明确;三是保密方式约定不明确;四是保密时间约定不明确。

防范工程总承包合同中保密约定的风险,应当采取以下对策。一是明确并合理界定保密主体的范围,采取切实可行的保密措施。由于工程总承包参与主体多,接触保密信息的主体不仅包括发包人、承包人,还涉及到分包人、材料设备供应商、咨询公司等,要想保密信息不被泄漏,应当保证接触到保密信息的人均有义务对保密信息进行保密,也就是说保密信息接受方都应作为保密主体,可以采取三种方式进行约定:第一种方式是约定信息再披露必须经过信息披露方事前书面许可;第二种方式约定信息再披露必须限于为履行合同而又必要接触保密信息的分公司、咨询公司等;第三种方式由信息披露方、信息接受方、信息再披露接受方签订保密协议。二是应当明确保密的内容。工程总承包中保密的内容通常包括工程总承包合同的详情、发包人的要求及其他文件、承包人编制的承包人文件及其他设计文件等,一般采取保密信息必须明示或对保密信息进行列举等方式进行保护。三是明确约定保密方式。通常在工程总承包合同中对当事人使用保密信息的方式和范围作出明确约定,同时约定信息接受方不得向第三方披露、不得复制或不得将保密信息用于工程总承包合同之外的

目的。四是明确信息接受方承担保密义务的时间。保密期限可以是固定期限，也可以是无固定期限，具体应当根据总承包工程的实际情况确定。

十七、关于工程总承包合同知识产权的风险分析与防范

工程总承包合同知识产权是指与总承包工程有关的著作权、专利权、商标权、商业秘密或其他知识产权。工程总承包过程中涉及知识产权保护的内容很多，如编制的文件包括发包人编制的文件即列明工程目的、范围以及设计或其他技术标准，以及按照合同对此项文件所作的任何补充和修改等，承包人编制的文件即承包人根据合同提供的所有计算书、计算机程序和其他软件、图纸、手册、模型和其他技术性文件等著作权的归属及使用；工程总承包中所涉及的各种具有新颖性、创造性和实用性的新工艺、新设备、新材料、新结构以及对原有技术进行的新改进等专利权和专有技术的归属及使用；工程物资采购由于涉及产品类别众多、技术性强，直接关系到著作权、专利权、专有技术、商标权等知识产权的保护。

随着世界经济全球化进程的加快和科学技术的迅猛发展，知识产权制度作为鼓励和保护创新、促进人类社会进步和经济发展的基本法律制度，在人类社会的各个领域得到广泛重视和应用，在工程总承包领域也不例外。在工程总承包合同中加强知识产权的保护，不仅有利于鼓励各方进行创新，而且有利于保护工程总承包各方的合法权益。由于总承包工程涉及投资、设计、采购、施工、试运行等众多管理环节，关系到发包人、承包人、分包人等多方主体利益，加上知识产权法律制度的不完善，工程总承包中知识产权保护存在较大风险，而在工程总承包合同中对知识产权保护进行明确约定是防范风险的关键。

工程总承包合同中知识产权的风险主要有：一是知识产权归属约定不明确；二是知识产权的使用约定不明确；三是知识产权保护的担保责任未约定或约定不明确；四是知识产权侵权应对约定不明确。

防范工程总承包合同中知识产权的风险，应当采取以下对策：

首先，应当明确工程总承包合同履行过程中产生的成果的知识产权的归属，主要包括：一是承包人编制的承包人文件、发包人编制的发包人文件的著作权及其他知识产权的归属应当明确。在黄皮书、银皮书中，均明确：承包商编制的承包商文件以及其他设计文件，其版权和其他知识产权应归承包商所有；由雇主编制的雇主要求和其他文件，其版权和其他知识产权应归雇主所有。二是应当明确工程总承包合同一方当事人利用另一方当事人提交的技术成果所完成的新的技术成果，其知识产权的归属。

其次，应当对工程总承包合同一方当事人使用另一方当事人的知识产权的使用许可作出明确约定，主要包括：一是发包人使用承包人文件的许可应当明确。在黄皮书、银皮书中，均明确：承包商（通过签署合同）应被认为已给予雇主无限期的、可转让的、不排他的、免版税的，复制、使用和传送承包商文件的许可，包括对它们作出的修改和使用修改后的文件的许可；明确这项许可的使用期限、使用方式、使用形式如计算机软件等内容；未经承包商同意，雇主不得在本款允许以外，为其他目的使用、复制由承包商编制的承包商文件和其他设计文件，或将其传送给第三方。二是承包人使用发包人文件的许可应当明确。在黄皮书、银皮书中均明确：承包商应合同目的，可自费复制、使用和传送上述文件。除合同需要外，未经雇主同意，承包商不得复制、使用这些文件，或将其传送给第三方。

再次，应当明确工程总承包合同各方当事人知识产权保护的担保责任，主要包括：一是发包人应当保障承包人免受由于承包人遵循发包人要求导致侵犯第三方知识产权（包括专利权、著作权、商标权、商业秘密等）的任何索赔引起的损害；二是承包人应当保障发包人免受由于承包人的工程设计、制造、施工，承包人设备的使用，工程的正确使用导致侵犯第三方知识产权（包括专利权、著作权、商标权、商业秘密等）的任何索赔引起的损害。

最后，应当明确工程总承包合同当事人应当知晓知识产权侵权索赔的具体要求，主要包括：一是应当明确工程总承包合同一方当事人收到知识产权侵权索赔时应当通知另一方的具体期限及后果。在黄皮书、银皮书中均明确：当一方未能在收到任何索赔的 28 天内，向另一方发出关于该索赔的通知时，该方应被认为已放弃根据本款规定的任何保障的权利。二是应当明确如果发生侵犯第三方知识产权情形的各方责任和义务。若发生侵犯第三方知识产权的情况，负有责任的一方应当负责与第三方交涉，并承担由此产生的全部法律责任，并对因该侵权行为给另一方造成的损失承担赔偿责任；另一方应当协助抗辩该索赔，并且不应作出可能损害负有责任一方的任何承认。

十八、关于工程总承包合同违约责任的风险分析与防范

工程总承包合同违约责任，即违反工程总承包合同的民事责任，是指工程总承包合同当事人不履行工程总承包合同义务，或履行工程总承包合同义务不符合约定而应当承担的民事责任。

工程总承包合同违约责任包括违约行为与责任承担方式两个方面。工程总承包合同违约行为的表现方式有多种，按照是否完全违背缔约目的，违约行为可分为根本违约和非根本违约；按照合同是否履行与履行状况，违约行为可分为不履行和不适当履行。工程总承包合同违约责任承担方式包括继续履行、支付违约金、采取其他补救措施、赔偿损失等。

工程总承包合同违约责任与工程索赔虽然都要求对方承担一定的责任，但两者有明显区别：一是违约责任必须以工程总承包合同的约定为依据，而工程索赔不一定；二是不可抗力可以成为违约责任免责的依据，而这可能成为工程索赔的依据；三是违约责任具有补偿性与惩罚性双重属性，而工程索赔只具有补偿性。

违约责任是当事人不履行合同义务时，国家强制其履行义务或者承担民事责任的一种方式，是国家强制力的一种体现。我国《合同法》第60条规定，当事人应当按照约定全面履行自己的义务。只要是合同中明确规定的，当事人必须遵守，这是合同法律效力的具体表现。工程总承包合同中对违约责任的约定是否明确、具体直接关系到工程总承包合同的法律效力，关系到发包人、承包人的责任承担，关系到工程总承包合同的履行，因此，违约责任是工程总承包合同重要的通用条款，应当引起发包人、承包人的高度关注。

工程总承包合同违约责任约定的风险，主要表现在：一是对违约行为没有进行具体明确约定；二是对具体违约行为应当承担责任的具体方式约定不明确；三是对违约责任中免责、限制责任约定不明确。

防范工程总承包合同中违约责任的风险，主要应当采取以下措施：

首先，应当对工程总承包合同中发包人、承包人的违约行为作出具体明确约定。发包人主要违约行为有：不按工程总承包合同约定及时提供真实、准确、齐全的工艺技术和（或）建筑设计方案、项目基础资料和现场障碍资料；逾期支付工程价款等。承包人主要违约行为有：擅自停工；非法转包或违法分

包；逾期竣工；工程质量有缺陷等。

其次，应当针对具体违约行为明确约定相应的违约责任承担方式。就发包人而言，其逾期支付工程价款的，除应支付工程款外，对逾期付款的违约金的具体比例或金额作出明确约定。就承包人而言，其逾期竣工的，对逾期竣工的违约金的具体比例或金额作出明确约定；工程质量不合格的，除应当修复、更换、返工或改建外，对工程质量不合格的违约金的具体比例或金额作出明确约定等。当然，这里应当注意：一是违约金的约定应当适当，违约金过高或低于损失的，当事人可以请求法院或仲裁机构予以适当减少或增加；二是对于非违约方的自救措施，应当明确约定限制条件如给予违约方合理的补救期限或取得违约方同意方可采取等。

最后，应当对工程总承包合同违约责任中免责、限制责任作出明确约定。我国《合同法》第117条规定，不可抗力可以免除责任。同时，我国《合同法》第53条规定，合同中关于造成对方人身伤害的免责条款及因故意或重大过失造成对方财产损失的免责条款无效。我国《合同法》第113条规定，违约造成对方损失的，损失赔偿额应当相当于因违约所造成的损失，包括合同履行后可以获得的利益，但不得超过合同一方订立合同时预见或者应当预见的因违反合同可能造成的损失。由于有上述法律规定，国内工程总承包合同一般不对责任限度作出约定，如示范文本中没有此规定。但在国际工程承包合同中，应当对免责、限制责任作出明确约定，如黄皮书、银皮书中17.6责任限度条款明确规定：除根据16.4款和第17.1款的规定外，任何一方不应对另一方使用任何工程中的损失、利润损失、任何合同的损失，或对另一方可能遭受的与合同有关的任何间接或引发的损失或损害负责。除根据第4.19款、第4.20款、第17.1款以及第17.5款的规定外，承包商根据或与有关合同对雇主的全部责任不应超过专用条件中规定的总额或中标合同金额。本款不应限制违约方的欺诈、有意违约、或轻率的不当行为等任何情况的责任。

十九、关于工程总承包合同不可抗力的风险分析与防范

工程总承包合同不可抗力是指工程总承包合同签订后发包人、承包人无法合理预见并加以防止的风险事件。根据我国《民法通则》和《合同法》等法律的定义解释，不可抗力是指不能预见、不能避免并不能克服的客观情况。不

可抗力通常包括自然现象和社会现象两种，自然现象如地震、台风、洪水、海啸、火山等，社会现象如战争、叛乱、罢工等。

工程总承包具有投资额大、工期长、受当地自然环境、社会环境影响大等特点，工程总承包潜伏较大的发生不可抗力风险，风险的出现对工程总承包项目的实施及发包人、承包人的利益产生不同程度的影响，有的甚至起到决定性的影响，特别是对承包人的利益有直接的决定性的影响，因此，在工程总承包合同中对不可抗力作出公正、明确的约定是非常必要的，有利于保护承包人的合法权益。

工程总承包合同不可抗力的风险主要表现在：一是不可抗力的范围不明确；二是不可抗力发生时的义务不明确；三是不可抗力的责任分担不明确或不公正；四是不可抗力的后果不明确。

防范工程总承包合同不可抗力的风险，应当采取以下主要措施：

首先，应当明确不可抗力的范围。有些事件如地震、洪水、战争等对发包人、承包人都可能造成重大影响，甚至不能履行，双方将此事件列为不可抗力事件意见比较一致；对有些事件如政府行为、市场行情的剧烈波动等，可能只对合同的一方构成重大影响，而对另一方影响较小，双方是否将此事件列为不可抗力事件争议比较大，因此，应当在工程总承包合同中对不可抗力事件的范围作出明确、具体约定。工程总承包合同中的不可抗力条款，主要有三种约定方式：第一种是概括式约定，即对不可抗力事件作笼统的提示；第二种是列举式约定，即逐一订明不可抗力事件的种类；第三种是综合式约定，即将概括式和列举式合并在一起。在工程总承包合同中应当采取第三种综合式约定方式。如黄皮书、银皮书第19.1条明确了不可抗力应当具备的4个条件，并规定了不可抗力的5种情形。在工程总承包合同中，应当特别对容易引起争议的下列事项是否属于不可抗力事件作出明确约定：一是政府行为包括管制、禁运、征收、征用等；二是分包商、供货商或运输商的违约或失误；三是承包商和/或其分包商、供货商或运输商人员的罢工、劳务纠纷或其他行为；三是市场设备材料短缺以及运输短缺、价格波动或变更；四是恶劣的气候影响。

其次，应当明确不可抗力发生时的义务。一是遭受不可抗力一方应当在合同约定的期限内通知另一方，通知内容包括不可抗力情形以及不可抗力对合同工作可能造成的影响等；二是发包人、承包人均应当始终尽所有合理的努力，使不可抗力对合同履行造成的影响降至最低。

再次，应当明确不可抗力的责任承担。一是遭受不可抗力一方在该不可抗力影响其履行义务期间，免于履行该义务，不承担任何责任；二是遭受不可抗力不应成为一方根据工程总承包合同向另一方支付义务的免责的理由；三是因合同一方延迟履行合同后发生不可抗力的，不能免除延迟履行方的相应责任；四是分包商的不可抗力事件多于承包人的不可抗力事件的，此类更多更广的不可抗力事件不应成为承包人不履行合同义务的理由；五是发生不可抗力一般各方均不承担责任，由各方承担相应的经济损失，如在示范文本中规定永久性工程和工程物资等损失、损害由发包人承担，承包人的机械设备损坏及停工损失由承包人承担，发包人、承包人的人员伤亡分别由其所在单位负责等，但黄皮书、银皮书中规定，不可抗力造成的损失是由雇主承担责任，并给予承包商合理补偿，承包商可进行工期和费用的索赔。

最后，应当明确不可抗力的后果。一是不可抗力造成工程暂停后恢复建设，应当明确恢复建设的程序和责任承担。当一方不再受不可抗力影响时，应向另一方发出通知，承包人应当根据具体情况在与发包人约定时间内，提交清理、修复的方案及其估算，以及进度计划安排的资料和报告，经发包人确认后恢复建设，所需清理、修复费用由发包人承担，工期相应顺延。二是不可抗力导致合同解除，应当明确不可抗力导致合同解除的条件、程序与付款。解除条件应当包括不可抗力影响到对整个工程总承包合同或整个工程总承包合同义务的主体部分的履行以及影响持续的时间。解除程序包括任何一方均有权以书面形式通知对方要求解除合同，解除合同通知应当在解除通知发出7天后生效。合同解除，发包人应当支付的款项，如黄皮书、银皮书中明确包括：已完成的、合同中有价格规定的任何工作的款额；为工程订购的，已交付给承包人或承包人有责任接受交付的生产设备和材料的费用；在承包人原预期要完成工程的情况下，合理导致的任何其他费用或债务；将临时工程和承包商设备撤离现场，并运回承包商本国工作地点的费用；将终止日期时的完全为工程雇佣的承包商的员工遣返回国的费用。

第四篇 建设工程总承包法律风险防范

二十、关于工程总承包合同适用法律的风险分析与防范

工程总承包合同的适用法律是指工程总承包合同的发包人、承包人对工程总承包合同争议包括合同的订立、合同的效力、合同的履行、合同的变更和转让、合同的终止以及违约责任等争议选择适用的法律。工程总承包合同的适用法律与总承包工程采用的法律是有区别的，工程总承包合同的适用法律，合同当事人可以选择，而总承包工程如工程质量、安全、环境保护等采用的法律，一般应当采用工程所在地的法律。国内工程总承包合同适用中国的法律是明确的，本文仅就涉外工程总承包合同中适用法律的条款进行探讨。

在工程总承包合同中，适用的法律不同将对工程总承包合同的效力、双方的权利与义务、争议解决等产生直接影响，因此，法律适用条款是工程总承包合同、特别是涉外工程总承包合同的非常重要的条款之一。

工程总承包合同适用法律选择的风险主要表现在：一是选择适用的法律性质不合法；二是选择适用的法律不明确；三是选择适用的法律不自主、不公平；四是选择适用的法律与法律的强制适用相冲突。

防范工程总承包合同适用法律选择的风险，应当采取以下措施：一是根据中国法律和最高人民法院关于审理涉外民事或商事合同纠纷案件法律适用若干问题的规定，涉外工程总承包合同发包人、承包人在选择法律适用时，虽然可以选择中国的法律，也可以选择外国的法律，但必须选择实体法，不得选择冲突法规范和程序法。二是涉外工程总承包合同中选择适用的法律应当明确，也就是说应当采取明示的方式，包括对合同适用的法律与争议解决部分适用的法律、合同签约生效后修改的法律是否适用等作出明确约定。如果发包人、承包人在涉外工程总承包合同中未选择合同争议应适用的法律的或选择不明确，根据中国最高人民法院的上述司法解释，适用与涉外工程总承包合同有最密切联系的国家或者地区的法律即建设工程所在地法律。三是涉外工程总承包合同选择适用法律应当坚持自主、公平原则，涉外工程总承包合同的当事人应当选择当事人最为熟悉而又能保护自身利益的法律，如当事人的本国法，在对方当事人不同意的情况下，应当选择当事人自己比较熟悉而又可能最大限度保护自身利益的其他国家的法律或国际公约、国际惯例，如 FIDIC 条款。四是涉外工程总承包合同选择适用的法律应尽量避免与法律适用的强制规定相冲突。由于各国均有对合同适用法律的强制性的规定,如中国法律规定当事人规避中国法律、行政法规的强制性规定的行为或外国法律违反中国社会公共利益的应当适用中国法律,因此,应当认真研究各国的相关法律规定,避免法律适用的选择无效。

二十一、关于工程总承包合同争议解决方式的风险分析与防范

根据我国《合同法》第 128 条的规定,合同争议的解决方式有四种:和解、调解、仲裁和诉讼。和解和调解并非解决合同争议必经的程序,即使合同当事人在合同争议条款中作了相应的规定,当事人也可不经协商和解或调解而直接申请仲裁或提起诉讼,故选择仲裁还是诉讼解决合同争议是订立合同争议条款要解决的一个重要问题。另外,目前在工程建设领域正在建立和完善一种新的争议解决方式即争议评审方式。因此,工程总承包合同的争议解决方式主要有:争议评审、仲裁、诉讼。

争议评审是指发包人、承包人在履行工程总承包合同发生争议时,根据约定,将有关争议提交争议评审组进行评审,由评审组作出评审意见的一种争议解决方式。当事人可以对评审意见的效力作出约定,评审意见依约定对当事人产生约束力。争议评审方式具有专业、简便、快捷、成本低等特点。目前,在世界银行贷款项目、黄皮书及银皮书、国际商会(ICC)均采用了争议评审方式,效果良好。2011 年 12 月 20 日,国家发改委、住房和城乡建设部、交通运输部等 9 个部门联合制定并颁布了《中华人民共和国标准设计施工总承包招标文件》(以下简称"标准文件"),其中的"通用合同条款"的争议解决条款中引入了争议评审机制,尝试在国家投资建设工程项目中通过争议评审方式解决争议。

仲裁指发包人、承包人根据有效的仲裁协议,将工程总承包合同纠纷提交给仲裁机构进行处理的一种争议解决方式。仲裁协议一旦依法成立,当事人不得再就争议事项向法院提起诉讼。同诉讼相比,仲裁具有快速、便捷、高度保密、裁决便于执行、能够充分体现双方当事人的意思自治等特点。

诉讼是解决工程总承包合同争议的一种解决方式。它是一种强制管辖,假若合同中没有有效的仲裁条款,也没有另外达成有效的仲裁协议,即使合同中没有约定诉讼,当事人仍有权就该合同争议向人民法院起诉。我国诉讼制度比较仲裁制度而言具有程序严格、公正、对当事人的诉权保障全面、法官审判经验丰富等特点。

争议解决条款是工程总承包合同的必备条款，如果发包人、承包人不能按照工程总承包合同履行，需要求助于司法机关或准司法机构保障工程总承包合同的强制执行力，以实现工程总承包合同的法律约束力。

工程总承包合同争议解决方式的风险主要有：一是争议评审的约定不明确；二是仲裁约定不明确、具体；三是诉讼约定违反法律规定或约定不明确。

防范工程总承包合同争议解决的风险，应当采取以下对策：

首先，对争议评审的解决方式应当进行全面、具体的约定。一是应当明确争议评审组成立时间、方式、工作内容等，评审组成员应当分别与全体当事人签订《评审组成员协议》，内容包括评审组解决争议的范围、评审组的工作内容、评审组成员与当事人的一般义务、评审组成员的报酬和费用、协议的生效和终止等，《评审组成员协议》应当作为工程总承包合同附件。二是应当明确评审具体程序和要求，《评审程序规则》应当作为工程总承包合同的附件。三是应当明确评审意见的效力，如在标准文件中约定："发包人和承包人接受评审意见的，由监理人根据评审意见拟定执行协议，经争议双方签字后作为合同的补充文件，并遵照执行。发包人或承包人不接受评审意见，并要求提交仲裁或提起诉讼的，应在收到评审意见后的14天内将仲裁或起诉意向书面通知另一方，并抄送监理人，但在仲裁或诉讼结束前应暂按总监理工程师的确定执行。"

其次，对仲裁的争议解决方式，关键是对仲裁条款的约定是否有效，是否明确、具体。仲裁条款应当对仲裁意思表示、仲裁范围、仲裁机构、仲裁地、仲裁规则、仲裁语言、仲裁效力等作出明确具体的约定。国际工程承包合同的争议应尽量选择仲裁方式解决。

最后，对诉讼的争议解决方式的约定不得违反法律规定且应当明确。一是协议管辖不得违反级别管辖与专属管辖的规定，合同当事人只能依法就第一审案件约定管辖法院，而不能以协议约定第二审法院；二是被选择的法院必须与合同有关联，即只能在被告住所地、合同履行地、合同签订地、原告住所地、标的物所在地的法院中进行选择，而当事人在协议管辖约定时应做到表述明确，选择的管辖法院是确定、单一的，尽量避免"向原告所在地法院管辖"的约定；三是双方必须以书面方式约定管辖法院，口头约定无效。

二十二、关于工程总承包合同通信交流的风险分析与防范

工程总承包合同通信交流条款是指发包人与承包人之间在工程总承包合同履行过程中有关批准、证明、同意、确定、通知或请求时应当采取的方式和具体要求。

工程总承包合同通信交流条款是工程总承包合同中发包人、承包人正确履行通知义务、明确各方责任的关键条款，其效力与合同的核心内容如合同标的、合同价款、合同履行、违约条款等具有同等的重要性，因此，工程总承包合同中应当对此作出明确约定。

工程总承包合同中通信交流条款的风险，主要有：一是通信交流的方式没有约定或约定不明确；二是通信交流的收件人的约定不明确；三是通信交流完成的标准不明确；四是通信交流变更责任未约定或约定不明确；五是通信交流的语言约定不明确。

防范工程总承包合同通信交流风险，应当采取以下应对措施：一是应当明确约定通信交流应当采取书面形式，一般采用发送电子邮件、特快专递、挂号信邮寄、有书面记录的直接交付等形式。二是应当明确各方收件人的姓名、地址、电话号码、传真号码、电子邮箱地址等。三是明确通信交流的接受时间，对于采取发送电子邮件的方式，一方需要通知的信息发送至对方指定的电子邮箱超过 3 日，即视为对方已经看到并了解邮件内容，视为接受；对于采取特快专递、挂号信邮寄的方式，一方需要通知的信息发送至合同约定的地址时，视为接受；对于采取有书面记录的直接交付的方式，对方签收人签字，视为接受。四是明确联系方式变更的通知责任，在合同有效期内，任何一方的联系方式发生变更的，应当及时书面通知对方，否则，自行承担因此产生的不利后果。五是应当明确通信交流的语言是否与工程总承包合同的语言一致，如不一致，应当明确何种语言。

二十三、关于工程总承包合同语言文字的风险分析与防范

工程总承包合同语言文字是指工程总承包合同采取何种语言文字编写、解释和说明及通信交流。

工程总承包合同语言文字形式直接关系到工程总承包合同的签订、履行，如果工程总承包合同采用一种以上语言文字，风险较大，应当引起足够重视。

工程总承包合同语言文字的风险，主要有：一是工程总承包合同采用何种语言不明确；二是采用两种以上语言，以哪种语言为准不明确；三是合同语言与通信交流语言是否一致不明确；四是工程总承包合同采用的语言违反法律的强制性规定。

防范工程总承包合同语言文字的风险，应当采取以下对策：一是明确工程总承包合同采用的语言文字形式，如国内工程总承包合同，一般采用中国的汉语简体语言文字；在少数民族地区，可以约定采用少数民族语言；在国际工程总承包合同中，使用最多的语言是英语，也可以是其他语言。二是采用两种以上语言的，如果两种以上语言之间产生争议，应当明确以那种语言为准，也可以约定两种以上语言具有同等的法律效力。三是应当明确指定通信交流使用的语言，如未指定，应当使用合同编写用的语言。四是工程总承包合同采用的语言不得违反工程所在地法律的强制性规定。

二十四、关于工程总承包合同期限的风险分析与防范

工程总承包合同期限包括工程总承包合同生效时间和工程总承包合同的终止时间。

工程总承包合同的期限直接关系到发包人、承包人的权利与义务开始与结束的时间，因此，在工程总承包合同中应当明确加以约定。

工程总承包合同期限的风险，主要表现在：一是工程总承包合同生效时间约定不明确；二是工程总承包合同终止时间约定不科学；三是工程总承包合同约定具体有效期不合理；四是工程总承包合同部分条款有效期与工程总承包合同有效期完全一致。

防范工程总承包合同期限的风险，应当采取以下措施：一是应当明确工程总承包合同的生效时间，一般为双方签字盖章之日；如果工程总承包合同中未明确约定生效时间，但对合同的生效有附加条件的限制，则以该附加条件达成时为合同生效时间。二是工程总承包合同的终止时间可以约定，也可以不约定，如果约定终止时间应当约定为发包人和承包人双方完全履行合同所约定的各方义务后终止。三是避免在工程总承包合同中约定工程总承包合同具体有效期限,工程总承包合同的特点决定在合同签订时难以确定其合同有效的具体期限。四是应明确在工程总承包合同中某些条款如结算和清理条款、保密条款、争议解决条款等,在合同履行完毕后仍然继续有效。

第五篇
建设工程施工分包法律风险防范

工程总承包中施工分包合同的风险分析与防范

——从代理中国某国际工程公司参加北京某建设工程
有限公司施工分包合同纠纷应诉案谈起

【案情简介】

2006年4月5日，中国某国际工程公司对北京某医院装修改造工程进行招标，北京某建设工程公司参加了投标。2006年8月25日，中国某国际工程公司向北京某建设工程公司发出了中标通知书。2006年8月31日，中国某国际工程公司与北京某建设工程公司签订了《工程施工合同》（以下简称"该合同"），合同落款甲方委托代理人处由胡某签字。该合同约定施工承包范围：在设计图纸范围内甲方委托的施工内容，包括：（1）1、2号楼局部室内装修工程，电梯井道土建工程；（2）3号楼整体室内外建筑装修工程，地下一层与首层局部接（新）建工程，与上述工程相配套的机电安装工程；（3）4号楼整体室内外建筑装修工程，室外连廊接（新）建工程，与上述工程相配套的机电安装工程；（4）6、7、8、9、10号楼建筑装修工程，与上述工程相配套的机电安装工程；（5）场区（院区）内因工程需要的管沟开挖、管线敷设、管沟覆盖及施工导致损坏的路面修复工程；（6）上述范围内为完成本次改造工作所需的拆除与结构加固工程，以及除消防火灾报警系统、医用气体系统外的所有机电系统安装工程，包括给排水、水消防系统、采暖与通风空调系统、蒸汽管道系统、电气系统（强电及弱电系统，其中弱电系统包括埋管穿线与面板安装）。该合同约定合同工期：开工日期2006年7月1日，竣工日期2006年11月29日，合同工期总日历天数150天；约定质量标准为合格；约定合同价款1100万元。

北京某建设工程公司实际进场施工时间是2006年6月26日。该合同签订生效后，2006年9月22日，中国某国际工程公司在收到预付款保函的当日向北京某建设工程公司支付了预付款110万元。

在该合同履行过程中，中国某国际工程公司与北京某建设工程公司对部分工程进行了洽商变更、签订了有关补充协议。2007年1月26日，双方签订了施工合同补充协议，约定将原施工合同范围内的4#楼三层钢结构及围护工程、3#-4#楼连廊二层钢结构工程、4#楼二层及首层原手术室区域内消火栓系统及采暖系统剔除，由中国某国际工程公司另行分包，竣工结算时统一核算。2007年3月6日，双方签订备忘录，约定电缆材料原由北京某建设工程公司进行采购改为由中国某国际工程公司负责签订材料采购合同，北京某建设工程公司仍负责材料进场的组织、验收及安装。2007年4月，双方签订了《北京某医院改造工程结算原则》。

2007年4月27日，经中国某国际工程公司、北京某建设工程公司、建设单位、监理单位对北京某医院改造工程进行了验收，达到合格标准。2007年4月28日，北京某建设工程公司将北京某医院改造工程正式移交中国某国际工程公司。

2009年6月，北京某建设工程公司以中国某国际工程公司为被告以拖欠工程款为由向北京市海淀区人民法院提起民事诉讼，法院受理此案后，被告中国某国际工程公司提出了反诉，一审法院依法进行了开庭审理，并于2009年7月21日作出了一审判决，判决中国某国际工程公司于本判决生效后10日内给付北京某建设工程公司930.372218万元及逾期付款利息，判决北京某建设工程公司于本判决生效后10日内给付中国某国际工程公司代垫款0.52万元，驳回北京某建设工程公司、中国某国际工程公司的其他诉讼请求。

2009年7月31日，中国某国际工程公司不服一审判决向北京市第一中级人民法院提出上诉，二审法院经审理依法裁定：撤销一审判决，发回原审法院重审。

第五篇　建设工程施工分包法律风险防范

北京市海淀区人民法院经重新审理并依法委托北京某工程造价咨询有限公司对涉案工程造价进行了鉴定，于2011年11月11日，作出了重审后的一审判决，判决被告中国某国际工程公司于本判决生效后10日内给付原告北京某建设工程公司281.292376万元及逾期付款利息，判决反诉被告北京某建设工程公司于本判决生效后10日内给付反诉原告中国某国际工程公司代垫款0.52万元，驳回北京某建设工程公司、中国某国际工程公司的其他诉讼请求。

原告北京某建设工程公司不服重审的一审判决向北京市第一中级人民法院提出上诉，2012年3月20日二审法院经审理依法判决：驳回上诉，维持原判。

【一审代理意见和判决】

原告的诉讼请求

原告北京某建设工程公司诉称，2006年8月31日，原告与被告中国某国际工程公司签订了《工程施工合同》。在该合同履行过程中，原告履行了全部义务，但被告却迟延支付预付款、工程款，并擅自变更合同，且在确认工程结算总价款1726.6116万元的情况下，又以各种理由拒绝支付尚未支付的966.6116万元工程款，故诉至法院，要求判令被告立即向原告支付剩余工程款966.6116万元及其利息；被告立即支付逾期支付预付款110万元的利息1.2089万元并承担本案诉讼费用。

被告的代理意见

针对原告的诉讼请求及事实理由，被告向法院书面提出工程造价鉴定申请并提起了反诉，提供了如下代理意见：

一、本案的建设工程价款尚未结算，原告要求被告支付工程款及利息缺乏事实依据。

根据被告与原告2006年8月31日签订的《工程施工合同》（以下简称"该合同"）第三部分《专用条款》第33.2条约定"甲方收到乙方递交的竣工结算报告及结算资料后28天内进行核实，给予确认或提出修改意见。甲方确认竣工结算报告后不迟于7天内向乙方支付至结算价75%的工程结算价款；并在其后的180天内向乙方支付至结算价95%的工程款；余款在保修期满后一次性付清。"根据上述约定，被告支付工程结算价款的前提条件是竣工结算报告已经过被告确认。本案中竣工结算报告从未经被告确认，原告要求被告支付工程款及利息缺乏事实依据。

原告提交的《北京市建筑工程安装工程结算书》（以下简称"该结算书"）不能证明被告已经确认了工程结算报告。理由如下：（1）根据财政部、建设部2004年10月20日发布实施《建设工程价款结算暂行办法》第14条"单项工程竣工结算或建设项目竣工总结算经发、承包人签字盖章后有效"的规定，该结算书上没有被告的盖章，表示该结算书没有经过被告确认。（2）根据该合同第三部分《专用条款》第5.3条的规定，胡某虽为被告代表，但其职权是仅代表被告负责施工现场管理与协调。竣工结算的签字确认不属于施工现场管理与协调的职权范围内，因此，胡某无权代表公司签字确认工程结算报告。（3）该结算书上的张某于2008年1月3日的签字仅表示收到此文件、胡某于2008年3月12日仅表示退回此文件，在该结算书上没有任何"同意"或"确认"字样，因此，张某和胡某的签字只是表示被告与原告的结算正在进行中，未进行最终确认。（4）2008年5月6日，被告、原告与北京某洁净工程技术有限公司签订了《北京某医院关于施工承包范围内通风空调工程付款的三方协议》，就该工程通风空调工程款的支付方式进行了约定。该协议进一步说明在2008年3月12日原告与被告未就该工程的工程结算达成一致。（5）根据法庭调查中通过原件与复印件的核对，复印件与原件明显不同，原告对该结算书的内容已经进行了更换；该结算书也与原告2009年4月29日第一次起诉提交的材料完全不同。（6）从该结算书的内容来看，该结算书存在将合同内容擅自变更为洽商内容、同一工作内容重复计算、变更洽商无依据、无中生有、随意调整人工单价等问题（详见附件标注）。被告对于存在上述诸多问题的该结算书是不可能进行确认的。

为了公正、客观地对本案进行结算，因此，被告特向法庭提出《工程造价鉴定的申请》，对于被告的此项诉讼权利，望法庭给予保障。

二、原告要求被告支付逾期支付预付款的利息缺乏事实依据。

该合同第三部分《专用条款》第24条约定"乙方进场后15日内，甲方向乙方支付合同总价10%的预付款，乙方向甲方提供占合同价款10%的预付款保函。"该条明确约定了被告支付预付款的条件是原告提供了相应保函。被告提供的证据非常明确，在原告提供了预付款保函的同一天，被告就向原告支付了110万元的预付款，被告支付预付款没有任何延期，因此，原告要求被告支付预付款利息是完全没有事实依据的。

三、原告（反诉被告）不支付施工期间的费用和不履行保修责任造成被告（反诉原告）损失的，原告（反诉被告）应承担赔偿责任。

该合同第三部分《专用条款》第23.1条（2）约定"本工程为全过程承包制：由承包人负责承包范围内所有项目的包工、包料、包质量、包工期、包本工程所需缴纳的税金和保险、报装手续及费用。所有施工之资质、各种政府规费、税捐、安监、质监费用等凡与本工程有关之全部费用均已包含入总价之中，不得再向发包人收取任何费用或要求发包人支付给第三方。"根据上述约定，施工期间的水费、电费和电话费应由原告（反诉被告）全部承担，现原告（反诉被告）只承担了部分费用，剩余费用共计9.735254万元已由被告（反诉原告）垫付，该部分费用应由原告（反诉被告）承担。

根据《建设工程质量管理条例》第40条规定：电气管线、给排水管道、设备安装和装修工程的保修期限为2年，建设工程的保修期自竣工验收合格之日起计算。该工程由原告（反诉被告）负责施工的3#楼的竣工验收的时间为2007年5月28日，4#楼的竣工验收的时间为2007年6月5日（见补充证据）。原告（反诉被告）履行保修义务的时间应从2007年6月至2009年6月。2007年6月至2008年4月，原告（反诉被告）只部分履行了保修义务。2008年4月至2009年6月，原告（反诉被告）没有履行任何保修义务。为了对业主负责，被告（反诉原告）在原告（反诉被告）不履行保修义务的情况下花费了大量的财力、物力、人力对该项目进行了保修。该保修的费用21.6779万元理应由原告（反诉被告）来承担。

一审法院判决

北京市海淀区人民法院受理此案后，于2009年7月3日公开开庭进行了审理。法院经审理认为原告与被告之间签订的工程施工合同合法有效，对双方争议的主要问题认定如下：

一、关于预付款

合同中"乙方进场后15日内，甲方向乙方支付合同总价10%的预付款，乙方向甲方提供占合同价款10%的预付款保函"的约定，被告支付预付款与原告提供保函应当同步进行，而被告付款与原告提供保函的时间均为2007年9月22日，故原告要求支付预付款逾期利息的诉讼请求不予支持。

二、关于胡某在工程量项确认书及结算书签字的效力

施工合同中明确约定胡某系甲方代表，在整个工程施工周期内，代表甲方负责施工现场管理与协调，同时胡某还在合同落款处被告委托代理人一栏中签字，故胡某在工程量项确认书及结算书上签字行为属职务行为，其行为直接代表被告。被告主张胡某在结算书上的签字只是代表收到结算书，并不代表对结算书的确认，法院认为，张某已在2008年1月3日在结算书上签字确认收到结算书，而胡某的签字是2008年3月12日，两人的签字时间相差2个多月，胡某的签字显然不能解释为只是确认收到结算书，况且胡某如对结算书不予认可，完全可以在签字同时予以注明，但其除签名外却无任何标注，故胡某的签字应视为对结算书的确认。由于双方均已在结算书上签字确认，结算价格已经确定，故工程不用再进行造价鉴定，本院对被告的工程造价鉴定申请不予受理。

三、关于结算书的款项

根据合同及双方签订的新的结算原则，在结算书中除合同价款外还有洽商变更、施工增加费、冬雨季施工增加费、施工措施增加费、总包服务费、水电费、冬施费、措施费、租房费、补电缆款、风险费等内容。其中洽商变更、施工增加费、冬雨季施工增加费、施工措施增加费、总包服务费、冬施费、措施费、租房费有相应洽商记录、工作联系单等作为依据，故对该部分费用予以认定。其中水电费、补电缆费、风险费应从结算总价中扣除。以上逐项扣除后实际结算总价为1690.372218万元，被告已支付760万元，至今尚欠930.372218万元未付。

四、关于工程款利息

按照该合同约定并以2008年3月12日为结算日，按同期银行贷款利率计算，分三笔分别计算相应的利息。

五、关于北京某建设工程公司的保修义务

因中国某国际工程公司未能就北京某建设工程公司在 2008 年 4 月后接到过中国某国际工程公司发出的要求其对工程进行维修的通知，故没有证据证明北京某建设工程公司未履行保修义务。由于北京某建设工程公司承认在 2008 年 4 月前的保修期间中国某国际工程公司购买涂料支出了 0.52 万元，法院认定北京某建设工程公司应向中国某国际工程公司支付涂料款 0.52 万元。

六、关于中国某国际工程公司主张替北京某建设工程公司代垫的水电费、电话费

由于中国某国际工程公司无法证明其已实际替北京某建设工程公司支付了水电费、电话费，故本院对该笔费用的诉讼请求不予支持。

综合以上六点，本院依照《中华人民共和国合同法》第 8 条、第 107 条、第 109 条之规定，判决如下：

一、中国某国际工程公司给付北京某建设工程公司工程款 930.372218 万元，于本判决书生效之日起 10 日内付清；

二、中国某国际工程公司偿付北京某建设工程公司逾期付款利息（共分三笔），于本判决书生效之日起 10 日内付清；

三、北京某建设工程公司给付中国某国际工程公司代垫涂料款 5200 元，于本判决书生效之日起 10 日内付清；

四、驳回北京某建设工程公司其他诉讼请求；

五、驳回中国某国际工程公司的其他诉讼请求。

一审判决后，在上诉期间内，中国某国际工程公司向北京市第一中级人民法院提起上诉；北京某建设工程公司未上诉。

【二审代理意见和裁定】

中国某国际工程公司的上诉意见

中国某国际工程公司不服一审判决，上诉请求撤销一审民事判决书中第 1 项、第 2 项判决，对本案所涉工程的最终造价进行鉴定，并根据造价鉴定结果，依法予以改判，本案一审、二审诉讼费用由被上诉人承担，其主要理

由是：

一、原审法院认定"上诉人尚欠被上诉人930.372218万元工程款"的事实依据是被上诉人提供的《工程量及项确认书》《结算书》，但由于《工程量及项确认书》《结算书》存在有被上诉人篡改伪造情形导致原审法院认定该事实错误。

1. 原审法院认定事实所依据的《工程量及项确认书》篡改伪造情形

经上诉人保留的原件与被上诉人提交给原审法院的《工程量及项确认书》的比较，被上诉人提交给原审法院的《工程量及项确认书》存在以下篡改伪造情形：

（1）被上诉人第二次提交证据与第一次诉讼提交的证据不一致，将有上诉人标注的页码进行了撤换。如：P48页（第一次P47页）、P51页（第一次P50页）、P52页（第一次P51页）、P53页（第一次P52页）、P56~58页（第一次P55~57页）、P61页（第一次P60页）、P65页（第一次P64页）、P72~77页（第一次P71~76页）、P80~81页（第一次P79~80页）、P83~84页（第一次P82~83页）；

（2）根据原合同计价规则，模板、脚手架等内容均应计入措施费中，上诉人保留的原件中有标注，如：P49、P61、P84、P86、P87、P91，但是被上诉人提交原审法院的《工程量及项确认书》中却没有标注。

（3）根据原合同计价规则，门按整樘综合单价计取，不应拆分为多个子目，上诉人保留的原件中有标注，如：P56，但是被上诉人提交原审法院的《工程量及项确认书》中却没有标注。

（4）机电拆除部分，被上诉人可以将拆除物进行变卖（事实也确实进行变卖），双方一致同意不计取机电部分拆除费，上诉人保留的原件中有标注，如：P82，但是被上诉人提交原审法院的《工程量及项确认书》中却没有标注。

（5）被上诉人提交原审法院的《工程量及项确认书》中P92页：手写加上1#电梯拆除（第一次P91页无此内容），但上诉人保留的原件中没有此项内容。

（6）被上诉人提交原审法院的《工程量及项确认书》中P107~128页

(第一次 P106~127 页)均为伪造的确认工程量(此部分内容格式与前面不一致,除了有量,还有价;在工程量确认阶段不可能确认价格)。上诉人保留的原件中无此部分内容。

2. 原审法院认定事实所依据的《结算书》篡改伪造情形

经与原合同、合同预算、洽商记录及双方确认的《工程量及项确认书》进行比较、核对,被上诉人提交给原审法院的《结算书》存在以下篡改伪造情形:

(1)被上诉人按照对自己有利的原则,将合同范围内的部分工作擅自改变为洽商内容,要求支付高于合同预算的价格。如:《结算书》第143~146页,第148页,第156~157,第175~187页,第210页,第215~235页,第245页,第251页等均属合同范围内的工作内容变为洽商内容(与《工程施工承包合同预算》对照)。

(2)被上诉人对合同范围内的工作内容的结算价与合同约定价不一致。如:《结算书》第191页(序号1~23)与《工程施工承包合同预算》对照,结算价与合同约定价不一致。

(3)被上诉人对同一项工作内容重复计算。如:《结算书》第165~167页与第169~171页重复计算,第157页与第174页重复计算等。

(4)被上诉人未提供变更洽商依据。如:《结算书》第146页(序号105~109)、第151页(03-C2-006)、第191页(序号24~54)等许多变更洽商未提供依据。

(5)被上诉人无中生有增加的内容。如:《结算书》第148~149页声称洽商单中的内容,实际上在洽商单中没有(洽商Q247G1-J0010-X7内容中不含序号184项内容)。

(6)被上诉人未按合同《通用条款》第31条约定:"变更合同价款计算方法"计算洽商变更费用。如:《结算书》第152页(序号35、36)(洽商03-C2-003)(与《工程施工承包合同预算》对照),将预算中一项内容分解为两项,价格比较,另加第150页取费。违反合同关于固定价格的约定。

(7)被上诉人施工时间为2006年7月—2007年4月,变更洽商部分的人工费依据2006年12月(取中原则)比较合理,但被上诉人洽商变更中人工费的计取，远远高出北京市 2006 年 12 月的信息价（上诉人证据 27：2006 年 12 月《北京工程造价信息》第 288 页）。如：《结算书》（被上诉人证据 9，第 130 页）编制说明建设工程人工按 60 元/工日，修缮拆除按 55 元/工日。而北京市 2006 年 12 月的信息价中给出人工市场价格为：建筑工程 37～42 元/工日，普通装饰 42～55 元/工日，安装工程 39～48 元/工日，拆除工程 29～32 元/工日。

3. 《工程量及项确认书》《结算书》存在篡改伪造情形的事实依据

本案一审审理时上诉人发现，被上诉人向法庭提交的《工程量及项确认书》和《结算书》的主要内容全部被更换、删改。被上诉人更换、删改《工程量及项确认书》和《结算书》的事实根据如下：

（1）上诉人给被上诉人的《工程量及项确认书》和《结算书》除了封面签字外，还在该文件侧面进行了封签。但被上诉人提交的证据原件只有封面签字，没有侧面封签。

（2）2009 年 4 月 29 日被上诉人曾以同样的事实和理由向原审法院提起诉讼（案号：（2009）海民初字第 1082 号）。在该案中，上诉人提交的《工程量及项确认书》和《结算书》（参见（2009）海民初字第 1082 号案被上诉人提交的证据 7 和证据 8）与上诉人给被上诉人的《工程量及项确认书》和《结算书》相比较，被上诉人单方面增加了许多新的内容。但即便这样，在该案质证过程中，由于被上诉人自己向法庭提交的《工程量及项确认书》和《结算书》中的量、价存在不一致且严重矛盾，被上诉人在法庭调查终结前撤回了对上诉人的起诉。

（3）2009 年 6 月 24 日，被上诉人再次以同样的事实和理由向原审法院提起诉讼（即本案）。但是，在本案中被上诉人提交的《工程量及项确认书》和《结算书》除了封面外，不仅和上诉人提供给其的《工程量及项确认书》与《结算书》完全不同，甚至和被上诉人在（2009）海民初字第 1082 号案被上诉人提交的证据 7 和证据 8 也完全不同。并且，上诉人当庭质证的原件也与其向法庭提交的复印件存在不一致。

（4）被上诉人将上诉人标注、修改的内容全部删除，替换了没有上诉人修改痕迹的文件。例如，原审法院判决认定，2008 年 5 月 6 日，上诉人、被

第五篇　建设工程施工分包法律风险防范

上诉人与北京鑫宏程洁净工程技术有限公司签订了《北京某医院关于施工承包范围内通风空调工程付款的三方协议》。由于在被上诉人提交的《结算书》复印件中无此内容，故原审法院以"因结算书中也根本未计入该部分费用"而不予认可。但是，在被上诉人提交的《工程量及项确认书》中却包含有此项工作内容（参见原审被上诉人提交的证据8第44页、67页和104页）。

（5）被上诉人提交的《工程量及项确认书》和《结算书》本身就存在量、项不一致多达70余处。如：《工程量及项确认书》（P48页序号34、35、36）防水卷材量为161.66m^2，而《结算书》（P144页序号33、36、37）计为200.66m^2；《工程量及项确认书》（P63页序号144、P64页序号171、194）中清理涂料层为0，而《结算书》（P181页序号131、P182页序号150、P183页序号169）分别均计为6850m^2；《工程量及项确认书》（P95页序号24、25）管、线量分别为28hm和3248m，而《结算书》（P200页序号20、21）分别计为84hm和9744m；《工程量及项确认书》（P95页序号24、25）管、线量分别为28hm和3248m，而《结算书》（P200页序号20、21）分别计为84hm和9744m；《工程量及项确认书》（P62页序号125）无天棚拆除工程、人工倒运残渣为0，而《结算书》（P181页序号123、124）分别计为795.5m^2和62m^3。

二、本案所涉工程结算书是上诉人与被上诉人进行工程结算的过程性文件，上诉人再次请求对该工程的实际造价进行鉴定，原审法院判决认定上诉人支付工程款利息的事实存在错误。

本案所涉建设工程施工合同为固定总价合同，原合同额1100万元。合同履行过程中，在被上诉人无法按合同约定完成整体工程的情况下，双方经友好协商，前后共四次对合同工作内容进行变更，实际被上诉人只施工了3#、4#和8#楼中的部分工作内容。根据调整后的承包范围，应扣减工程款3,450,631.59元。同时，在整个合同履行过程中发生17次变更洽商。根据这17次变更洽商双方确认一致的工程量和原合同综合单价，变更增加费用上诉人核定为951,718.55元。该工程的实际造价应该为：8,501,086.96元。

在上诉人对被上诉人2007年1月3日编制的结算书修改并退回给被上诉人后，由于被上诉人不同意上诉人在结算书中所确认的数额，导致双方一直未能就本工程的最终结算数额达成一致。

2008年5月6日，上诉人、被上诉人与北京某洁净工程技术有限公司签订了《北京某医院关于施工承包范围内通风空调工程付款的三方协议》（详见一审被告提供的证据21），就该工程通风空调工程款的支付方式进行了约定。该协议进一步说明在2008年3月12日上诉人与被上诉人未就该工程的工程结算达成一致。如果2008年3月12日就该工程的工程结算达成一致，上诉人与被上诉人就不可能在结算近2个多月后再就有关工程范围及支付方式签订协议。

2008年11月24日，被上诉人委托律师向上诉人发函，要求上诉人"尽快向二建支付所欠的工程款"（参见原审上诉人提交的证据5：律师函），但并未说明要求支付工程款的数额。上诉人于次日复函要求被上诉人在15日内提交（参见原审上诉人提交的证据6：《对于"北京市某律师事务所律师函"的回复》）。如果上诉人和被上诉人已经就项目工程结算数额达成一致（2008年3月），上诉人为何在2008年11月还要求被上诉人提出结算审核意见？

根据财政部、建设部2004年10月20日发布实施《建设工程价款结算暂行办法》第14条"单项工程竣工结算或建设项目竣工总结算经发、承包人签字盖章后有效"的规定，该结算书上没有上诉人的盖章，表示该结算书没有经过上诉人的确认。

上述事实和规范性文件规定均证明，本案所涉结算书是双方在工程竣工后进行结算的过程性文件，实际未被双方所共同确认。作为一家"重合同、守信誉"、具有综合甲级设计资质的大型国有企业，即便上诉人始终认定上诉人在修改退回被上诉人的结算书中所确认的数额是有事实和合同依据的，上诉人仍然在本案一审审理过程中向法庭提出对该工程进行造价鉴定的申请。但是，原审法院却置被上诉人伪造、更换结算书的内容以及上诉人提出充分反驳证据的事实于不顾，简单以"双方均已在结算书上签字确认，结算价格已经确定"为由，对上诉人的造价鉴定申请不予受理。

既然上诉人与被上诉人未能就本项目工程的最终结算数额达成一致，为对双方当事人客观公正，上诉人再次请求二审法院对本案所涉工程进行造价鉴定。

由于涉案工程尚未结算，原审判决认定上诉人支付工程款利息的事实存在错误。

北京某建设工程公司的答辩意见

北京某建设工程公司服从一审法院判决,其针对中国某国际工程公司的上诉理由答辩称:一是被上诉人同意原审判决;二是上诉人所谓的"《工程量及项确认书》和《结算书》存在篡改"的说法不成立;三是上诉人所谓的"《工程量及项确认书》中 P107~128 页工程量系伪造"的说法在原两次一审都从未提出,也没有任何证据。

二审法院裁定

二审法院受理该案后,于 2009 年 10 月 22 日进行了开庭审理,随后于 2009 年 10 月 29 日、11 月 20 日、11 月 25 日在法庭主持下对有关证据进行了核对,二审法院经审理认为:工程施工合同合法有效。本案中中国某国际工程公司虽已在《北京市建筑安装工程结算书》上对结算价款签字确认,该结算书应当作为双方结算依据,但在本院就上诉人的上诉理由,组织双方对于《北京市建筑安装工程结算书》涉及的工程问题进行核对过程中,发现该结算书中确实存在计算有误等情况,需要对于相关问题,请有资质的相关机构进行评估鉴定,作进一步的审查确认。本案一审判决认定事实不清。依据《中华人民共和国民事诉讼法》第 153 条第 1 款第(3)项之规定,裁定如下:撤销一审判决,本案发回北京市海淀区人民法院重审。

【重审一审代理意见和判决】

原告北京某建设工程公司的诉讼请求

原告要求判令被告立即向原告支付剩余工程款 966.6116 万元及其利息;被告立即支付逾期支付预付款 110 万元的利息 1.2089 万元并承担本案诉讼费用。

被告中国某国际工程公司的答辩意见

一、被答辩人要求支付工程款 966.6116 万元诉讼请求缺乏事实依据。

1. 被答辩人诉讼请求所依据的《工程量及项确认书》存在篡改伪造情形经答辩人保留的原件与被答辩人提交给法院的《工程量及项确认书》的

比较，被答辩人提交给法院的《工程量及项确认书》存在以下篡改伪造情形：

（1）被答辩人第二次提交证据与第一次诉讼提交的证据不一致，将有答辩人标注的页码进行了撤换。

（2）根据原合同计价规则，模板、脚手架等内容均应计入措施费中，答辩人保留的原件中有标注，如：P49、P61、P84、P86、P87、P91，但是被答辩人提交法院的《工程量及项确认书》中却没有标注。

（3）根据原合同计价规则，门按整樘综合单价计取，不应拆分为多个子目，答辩人保留的原件中有标注，如：P56，但是被答辩人提交原审法院的《工程量及项确认书》中却没有标注。

（4）机电拆除部分，被答辩人可以将拆除物进行变卖（事实也确实进行变卖），双方一致同意不计取机电部分拆除费，答辩人保留的原件中有标注，如：P82，但是被答辩人提交原审法院的《工程量及项确认书》中却没有标注。

（5）被答辩人提交原审法院的《工程量及项确认书》中 P92 页：手写加上 1#电梯拆除（第一次 P91 页无此内容），但答辩人保留的原件中没有此项内容。

（6）被答辩人提交原审法院的《工程量及项确认书》中 P107～128 页（第一次 P106～127 页）均为伪造的确认工程量（此部分内容格式与前面不一致，除了有量，还有价；在工程量确认阶段不可能确认价格）。答辩人保留的原件中无此部分内容。

2. 被答辩人所依据的《结算书》存在有篡改伪造情形

经与原合同、合同预算、洽商记录及双方确认的工程量及项确认书进行比较、核对，被答辩人提交给法院的《结算书》存在以下篡改伪造情形：

（1）被答辩人按照对自己有利的原则，将合同范围内的部分工作擅自改变为洽商内容，要求支付高于合同预算的价格。

（2）被答辩人对合同范围内的工作内容的结算价与合同约定价不一致。

（3）被答辩人对同一项工作内容重复计算。

（4）被答辩人未提供变更洽商依据。

（5）被答辩人无中生有增加的内容。

(6）被答辩人未按合同《通用条款》第 31 条约定："变更合同价款计算方法"计算洽商变更费用。

（7）被答辩人施工时间为 2006 年 7 月—2007 年 4 月，变更洽商部分的人工费依据 2006 年 12 月（取中原则）比较合理，但被答辩人洽商变更中人工费的计取，远远高出北京市 2006 年 12 月的信息价。

3.《工程量及项确认书》《结算书》存在篡改伪造情形的事实依据

被答辩人更换、删改工程量及项确认书和结算书的事实根据如下：

（1）答辩人给被答辩人的《工程量及项确认书》和《结算书》除了封面签字外，还在该文件侧面进行了封签。但被答辩人提交的证据原件只有封面签字，没有侧面封签。

（2）2009 年 4 月 29 日被答辩人曾以同样的事实和理由向原审法院提起诉讼（案号：(2009)海民初字第 1082 号）。在该案中，答辩人提交的《工程量及项确认书》和《结算书》（参见（2009）海民初字第 1082 号案被答辩人提交的证据 7 和证据 8）与答辩人给被答辩人的《工程量及项确认书》和《结算书》相比较，被答辩人单方面增加了许多新的内容。但即便这样，在该案质证过程中，由于被答辩人自己向法庭提交的《工程量及项确认书》和《结算书》中的量、价存在不一致且严重矛盾，被答辩人在法庭调查终结前撤回了对答辩人的起诉。

（3）2009 年 6 月 24 日，被答辩人再次以同样的事实和理由向原审法院提起诉讼（即本案）。但是，在本案中被答辩人提交的《工程量及项确认书》和《结算书》除了封面外，不仅和答辩人提供给其的《工程量及项确认书》与《结算书》完全不同，甚至和被答辩人在（2009）海民初字第 1082 号案被答辩人提交的证据 7 和证据 8 也完全不同。并且，答辩人当庭质证的原件也与其向法庭提交的复印件存在不一致。

（4）被答辩人将答辩人标注、修改的内容全部删除，替换了没有答辩人修改痕迹的文件。例如，原审法院判决认定，2008 年 5 月 6 日，答辩人、被答辩人与北京某洁净工程技术有限公司签订了《北京某医院关于施工承包范围内通风空调工程付款的三方协议》。由于在被答辩人提交的《结算书》复印件中无此内容，故原审法院以"因结算书中也根本未计入该部分费用"而不予认可。但是，在被答辩人提交的《工程量及项确认书》中却包含有此项工作内容（参见原审被答辩人提交的证据8第44页、67页和104页）。

（5）被答辩人提交的《工程量及项确认书》和《结算书》本身就存在量、项不一致多达70余处。

二、本案所涉工程结算书是答辩人与被答辩人进行工程结算的过程性文件，答辩人再次请求对该工程的实际造价进行鉴定，被答辩人要求支付工程款利息缺乏事实依据。

本案所涉建设工程施工合同为固定总价合同，原合同额1100万元。合同履行过程中，在被答辩人无法按合同约定完成整体工程的情况下，双方经友好协商，前后共四次对合同工作内容进行变更，实际被答辩人只施工了3#、4#和8#楼中的部分工作内容。根据调整后的承包范围，应扣减工程款3,450,631.59元。同时，在整个合同履行过程中发生17次变更洽商。根据这17次变更洽商双方确认一致的工程量和原合同综合单价，变更增加费用答辩人核定为951,718.55元。该工程的实际造价应该为8,501,086.96元。

在答辩人对被答辩人2007年1月3日编制的结算书修改并退回给被答辩人后，由于被答辩人不同意答辩人在结算书中所确认的数额，导致双方一直未能就本工程的最终结算数额达成一致。

2008年5月6日，答辩人、被答辩人与北京某洁净工程技术有限公司签订了《北京某医院关于施工承包范围内通风空调工程付款的三方协议》（详见一审被告提供的证据21），就该工程通风空调工程款的支付方式进行了约定。该协议进一步说明在2008年3月12日答辩人与被答辩人未就该工程的工程结算达成一致。如果2008年3月12日就该工程的工程结算达成一致，答辩人与被答辩人就不可能在结算近2个多月后再就有关工程范围及支付方式签订协议。

2008年11月24日，被答辩人委托律师向答辩人发函，要求答辩人"尽快向二建支付所欠的工程款"（参见原审答辩人提交的证据5：律师函），但并未说明要求支付工程款的数额。答辩人于次日复函要求被答辩人在15日内提交（参见原审答辩人提交的证据6：《对于"北京市某律师事务所律师函"的回复》）。如果答辩人和被答辩人已经就项目工程结算数额达成一致（2008年

3月),答辩人为何在2008年11月还要求被答辩人提出结算审核意见?

根据财政部、建设部2004年10月20日发布实施《建设工程价款结算暂行办法》第14条"单项工程竣工结算或建设项目竣工总结算经发、承包人签字盖章后有效"的规定,该结算书上没有答辩人的盖章,表示该结算书没有经过答辩人的确认。

上述事实和规范性文件规定均证明,本案所涉结算书是双方在工程竣工后进行结算的过程性文件,实际未被双方共同确认。作为一家"重合同、守信誉"、具有综合甲级设计资质的大型国有企业,即便答辩人始终认定答辩人在修改退回被答辩人的结算书中所确认的数额是有事实和合同依据的,答辩人仍然在本案一审审理过程中向法庭提出对该工程进行造价鉴定的申请。但是,原审法院却置被答辩人伪造、更换结算书的内容以及答辩人提出充分反驳证据的事实于不顾,简单以"双方均已在结算书上签字确认,结算价格已经确定"为由,对答辩人的造价鉴定申请不予受理。

既然答辩人与被答辩人未能就本项目工程的最终结算数额达成一致,为对双方当事人客观公正,答辩人再次请求法院对本案所涉工程进行造价鉴定。

三、被答辩人要求支付预付工程款的利息缺乏事实依据。

根据合同约定:"乙方进场后15日内,甲方向乙方支付占合同总价的10%的预付款,乙方向甲方提供占合同价款10%的预付款保函",此条约定非常明确,支付预付款与提供保函应同时,双方支付预付款与提供保函均是2007年9月22日。因此,答辩人没有迟延支付预付款,也不存在支付预付款利息问题。

中国某国际工程公司的反诉请求

中国某国际工程公司提出反诉,反诉请求:判令北京某建设工程公司赔偿代垫的水费、电费、电话费9.735254万元及代垫的保修费用21.6779万元。

北京某建设工程公司反诉答辩意见

北京某建设工程公司针对中国某国际工程公司的反诉辩称:不同意反诉请求,中国某国际工程公司没有证据证明其欠付相关水电费及没有履行保修义务。

一审法院判决

一审法院根据中国某国际工程公司工程造价司法鉴定申请,依法委托北京某工程造价咨询有限公司对涉案工程进行了鉴定，涉案工程的造价鉴定结论为1041.292376万元。

一审法院经开庭审理，在查明事实的基础上对双方争议问题进行了评判：

一、关于工程竣工验收时间

根据有关函件内容，认定涉案工程的竣工验收时间为2007年4月27日。

二、关于预付款的支付

合同中"乙方进场后15日内，甲方向乙方支付合同总价10%的预付款，乙方向甲方提供占合同价款10%的预付款保函"的约定，被告支付预付款与原告提供保函应当同步进行，而被告付款与原告提供保函的时间均为2007年9月22日，故原告要求支付预付款逾期利息的诉讼请求不予支持。

三、涉案工程的结算价款

双方当事人就结算价款金额未形成合意，法院根据双方约定并结合鉴定报告、当事人就鉴定报告的质证意见、庭审陈述及提交的证据材料，对涉案工程的结算原则、合同预算清单中50万元其他项目及临舍房租费、措施增加费、总包管理费、补电缆款、风险费、零星用工费、屋面隔气层及3号楼新增弱电项目等争议问题进行了认定，最终认定涉案工程造价为1041.292376万元，已付760万元，尚欠281.292376万元未付。

四、关于工程款利息

按照该合同约定付款时间以及2008年4月5日为初步审核时间，按同期银行贷款利率计算相应的利息。

五、关于北京某建设工程公司的保修义务

因中国某国际工程公司未能就北京某建设工程公司在2008年4月后接到过中国某国际工程公司发出的要求其对工程进行维修的通知，故没有证据证明北京某建设工程公司未履行保修义务。由于北京某建设工程公司承认在2008年4月前的保修期间中国某国际工程公司购买涂料支出了0.52万元，法院认定北京某建设工程公司应向中国某国际工程公司支付涂料款0.52万元。

六、关于中国某国际工程公司主张替北京某建设工程公司代垫的水电费、电话费

由于中国某国际工程公司无法证明其已实际替北京某建设工程公司支付了

水电费、电话费,故本院对该笔费用的诉讼请求不予支持。

综上所述,依照《中华人民共和国合同法》第8条、第107条、第109条之规定,判决如下:

一、中国某国际工程公司给付北京某建设工程公司剩余工程款281.292376万元,于本判决书生效之日起10日内付清;

二、中国某国际工程公司赔偿北京某建设工程公司工程款利息损失(共分二笔),于本判决书生效之日起10日内付清;

三、北京某建设工程公司给付中国某国际工程公司代垫涂料款5200元,于本判决书生效之日起10日内付清;

四、驳回北京某建设工程公司其他诉讼请求;

五、驳回中国某国际工程公司的其他诉讼请求。

一审判决后,在上诉期间内,北京某建设工程公司向北京市第一中级人民法院提起上诉;中国某国际工程公司未上诉。

【重审二审代理意见和判决】

北京某建设工程公司上诉请求

北京某建设工程公司上诉称:一审法院作出判决主要依据的是鉴定单位出具的鉴定报告,但该鉴定报告存在明显的错误,少计算金额600余万元。对此,上诉人曾明确提出并要求进行重新鉴定,但一审法院未予同意。鉴定单位就涉案工程造价先后出具了3次不同的数据,由此可知,鉴定单位就涉案工程没有客观、公正地进行鉴定。鉴定单位适用了错误的结算原则,措施费计取错误,未将3号楼50万元其他项目列入暂估项目,还遗漏了场外临舍租房费、措施增加费(赶工费、施工难度增加费、冬季施工增加费)、施工总承包配合管理费、补电缆款、零星用工费、模板一次摊销增加费、屋面隔气层、3号楼新增弱电项目等。其上诉请求为:在更换鉴定单位重新进行鉴定的基础上撤销一审判决第一项,判令中国某国际工程公司给付工程款966.6116万元。

中国某国际工程公司的代理意见

中国某国际工程公司认为,一审判决认定事实清楚,适用法律正确,程序合法，法院应当依法判决驳回北京某建设工程公司的上诉，维持一审判决。

一、工程造价鉴定单位对本案所涉工程造价依法进行了客观、公正的鉴定，一审判决依法认定鉴定结论是完全正确的。

一审法院对本案进行重审开始后，法庭对原告、被告双方进行了调查询问，双方一致同意对该工程造价进行鉴定。在法院主持下，随机选择了具有司法鉴定资质的北京某工程造价咨询有限公司（以下简称"鉴定机构"）为工程造价鉴定机构。2011 年 8 月 1 日，鉴定机构就本案出具了《鉴定报告书》。2011 年 10 月 8 日，在双方提出意见后，鉴定机构又出具了《鉴定书澄清函》。2011 年 10 月 28 日，本案正式开庭，进行了法庭调查、质证及辩论。

一审判决依法对鉴定机构就本案所作的《司法鉴定报告书》予以认定是完全正确的，理由是：一是鉴定主体合法且具有相应的鉴定能力。北京某工程造价咨询有限公司作为本案的工程造价鉴定机构是在法院主持下通过摇号方式随机选定的，其具有《工程造价咨询单位资质证书》且列入了法院司法鉴定人名录。二是鉴定程序合法、鉴定手段科学、鉴定的基础数据符合鉴定条件且真实可靠。鉴定机构接受委托后在长达 7 个月过程中，经过了对鉴定材料确认、结算原则沟通、基础工程量数据分析确认、现场查看与拍照记录，并对基础数据进行重新计算与核实，做了大量工作。三是鉴定依据合法、鉴定方法科学合理。鉴定机构根据核实的基础数据，依据双方签订的《工程施工合同》《结算原则》双方共同确认的工程量及现场实际情况、建设主管部门颁发的有关工程造价的法规、文件。四是司法鉴定报告书的内容和形式均符合法律规定的要求。五是通过质证方式对鉴定结论中的缺陷进行修正，符合最高人民法院《关于民事诉讼证据的若干规定》第 27 条的规定。

上诉人认为鉴定机构没有严格依法、客观、公正地进行鉴定是缺乏事实和法律依据的，一审法院不同意原告要求重新鉴定的意见是完全正确的。

二、我们认为鉴定机构所采用的结算原则是正确的，符合上诉人与被上诉人在《工程施工合同》《结算原则》中的约定。

（一）本案中被上诉人没有对该项目的建设标准做重大调整，《专用条款》的 23.1 条（4）的规定的适用条件不具备。

根据《工程施工合同》中《专用条款》的 23.1 条（1）的规定，本合同采用的是固定价格合同；《专用条款》的 23.1 条（4）的规定，只有在建设单位对建设标准做重大调整时，工料机及设备以甲方及有关部门签认的书面资料为依据，与乙方据实结算，工程量执行北京市 2001 年预算定额。本案中被上诉人没有对该项目的建设标准做重大调整，因此，《专用条款》的 23.1 条（4）的规定的适用条件不具备。

由于该项目是改造工程，在施工过程中，在原合同范围内确实发生增加或减少工程内容的情况发生，但这种增加或减少并不属于对建设标准做重大调整，因此鉴定机构采用《结算原则》第 1 条关于本工程竣工结算采取合同价（调整后的承包范围合同价）加洽商变更增减账的方式的约定进行结算是完全正确的。

（二）《结算原则》在本工程结算中应当优先适用，在本工程施工合同文件中效力最高。

根据《工程施工合同》中《通用条款》第 2.1 条、《专用条款》第 2 条的约定，《结算原则》是上诉人与被上诉人于 2007 年 4 月签署的，而包括通用条款和专用条款在内的《工程施工合同》是双方于 2006 年 8 月签订的，《工程施工合同补充协议》是双方于 2007 年 1 月签署的，双方在工程施工过程中即施工合同履行过程中通过签署《结算原则》对《工程施工合同》、《工程施工合同补充协议》的约定进行修改，对双方均有法律约束力，应当优先适用，因此，鉴定机构采取合同价（调整后的承包范围合同价）加洽商变更增减账的结算原则是符合上诉人与被上诉人的约定的。

（三）被上诉人的《竣工结算审核意见》是工程价款结算过程中所形成的意向性文件，不属于当事人自认。

被上诉人的《竣工结算审核意见》是以工程总造价为 978 余万元为前提条件的，现上诉人不认可工程总造价为 978 余万元，其中的有关意向性意见，被上诉人当然不予认可。

（四）鉴定机构对措施费的计取所采取的原则是正确的。

措施费包括组织措施费和技术措施费两部分，由于上诉人无法提供有被上诉人认可的技术措施量，因此，鉴定机构采取"按照合同价款结算价格与原合同价款同比例增加"的原则计取措施费是公平、合理的。

综上，鉴定机构在进行工程造价鉴定时采用"原合同价款对应预算中已有的适用价格,按合同已有单价执行;合同中只有类似的价格,参照类似项单价"的结算原则是完全正确的。而上诉人要求对增加部分全部执行北京市2001年预算定额是不符合《工程施工合同》及《结算原则》之约定的,是完全错误的。

三、鉴定机构将"3号楼其他项目执行原合同价500000元的约定"是完全正确的。

鉴定机构将"3号楼其他项目执行原合同价500000元的约定"是完全正确的。一是该部分在《工程施工合同》中有明确约定,既不属于暂定金额,也不属于风险范围以外的内容,因此,鉴定机构按原合同价格计价不做调整是完全正确的。二是上诉人计算所得"金额为1961526.94元,二者相差1461526.94元"是采用重复计算、弄虚作假等欺诈手段得出的。被上诉人通过上诉人提出在一审中提出的异议材料及鉴定机构的鉴定报告进行对比,发现上诉人此部分有24处包含约271项之多是重复计算或捏造得出的,完全不符合实际情况。由此可以看出,上诉人完全不讲诚信。三是《竣工结算审核意见》是过程性文件、上诉人提交的工程量确认书及竣工结算书均是伪造的,被上诉人均不予认可。

四、上诉人认为"鉴定单位遗漏了措施增加费、施工总承包管理费等",我们认为,上诉人的意见缺乏事实依据。

首先,关于总包管理费。《结算原则》第5条约定"甲方直接分包的专业施工单位,施工总承包配合管理费将视不同情况按规定据实结算",但上诉人无法提供其提供总包管理的内容,也没有提交经被上诉人签字确认的增加总包管理费的任何文件资料,鉴定机构不计算此部分的费用是完全正确的。

其次,关于措施增加费。在双方签订的《结算原则》第2条中约定对赶工费、冬季施工增加费等在结算中给予适当考虑,但是此部分费用应注意以下几点:一是鉴定报告中已经计取了此部分的费用,不应重复计取;二是根据《结算原则》第1条的约定,上诉人无法提供有被上诉人经过签字确认的增加此部分费用的文件资料,无结算依据;三是由于上诉人的原因造成工期延误,上诉人应自行承担"赶工费、冬季施工增加费"等增加的费用;四是由于上诉人的原因造成工期延误,被上诉人没有追索的工期延误违约金,实际是对上诉人的一种补偿；五是该项目冬季施工时为了满足施工要求，现场提供了供暖条件，按合同约定该部分费用应由上诉人承担，但实际供暖费是由被上诉人承担的，这实际也是对上诉人的一种补偿。综上，上诉人要求增加措施增加费也是没有事实依据的，鉴定机构的做法是正确的。

第三，关于上诉人提出的其他发生的费用包括临舍房租费、补电缆款、风险费、零星用工费用、屋面隔气层及3号楼新增弱电项目。上诉人要求增加此部分费用缺乏事实依据：一是根据《结算原则》第1条的约定，上诉人无法提供有被上诉人经过签字确认的增加此部分费用的文件资料，无结算依据；二是有一部分费用已经计取，清单计价措施费中已包括场外临舍租房费、模板一次摊销增加费等；三是风险费已包括在综合单价中，不应重复计取；四是有部分费用根本不存在，如补电缆款、屋面隔气层及3号楼新增弱电项目等。因此，鉴定机构不计取此部分费用是正确的。

二审法院的判决

二审法院经审理后认为：鉴于双方在结算涉案工程价款过程中发生争议且无法达成合意，因此，鉴定单位针对本案所出具的工程造价鉴定报告是认定涉案工程造价的主要依据。本案中，上诉人虽对鉴定单位出具的鉴定报告存在异议，然其所提交的证据尚不足以证明鉴定结论明显依据不足或存在经过质证可以认定不能作为证据使用的其他情形，故上诉人的上诉请求，本院不予支持。综上所述，原判正确。依据《中华人民共和国民事诉讼法》第153条第1款（一）项之规定，判决如下：驳回上诉，维持原判。本判决为终审判决。

【风险分析与防范】

本案是一起工程总承包中施工分包合同纠纷案件，本案争议的最大焦点是工程施工分包工程的价款如何确定，争议标的1700余万元，原一审判决的结果与终审判决结果相差达600余万元。本案经过了2次诉讼、4个不同的诉讼阶段，包括北京某建设工程公司第一次起诉后又撤诉；第二次起诉后历经一审、二审；发回重审后的一审、二审，历经4年才最终定案，本律师在本案中作为被告的代理律师，在代理本案过程中，深深体会到工程总承包中施工分包合同在签订和履行及诉讼过程中存在巨大风险。本案虽然已经审理终结并已执行完毕，但该案给我们带来的经验教训以及如何做好工程总承包中施工分包合同风险防范工作，非常值得认真总结和探讨。

一、工程总承包中施工分包概述

工程总承包是国际通行的工程建设项目组织实施方式。工程总承包的模式有多种，如设计采购施工（EPC）\ 交钥匙总承包模式、设计－施工总承包（D－B）模式、采购－施工总承包（P－C）模式等，在这些模式中，对于施工部分，工程总承包商往往采取施工分包的方式进行运作。

工程施工分包是指工程承包单位将所承包工程中的施工、部分施工或劳务分包给其他工程承包单位完成的活动。

工程总承包中工程施工分包模式，主要包括：业主指定施工分包模式、施工分包模式、专业工程分包模式、劳务作业分包模式。

业主指定分包模式，是指工程承包人根据业主的指令将承包工程中的某些专业施工部分交由业主选择或指定的分包人来完成，业主指定分包的施工工程包含在工程承包人的承包范围之内，业主指定分包合同由工程承包人和指定分包人签订，或与业主签订三方合同。此模式尽管在建设部颁布的部门规章中有明确禁止性规定，但在国际工程承包中它是普遍采用的一种工程分包模式。

施工分包模式，是指工程总承包人将总承包工程中工程施工全部交给施工分包人来完成。这种模式又称为施工总承包模式。

专业工程分包模式是指施工总承包企业将其所承包工程中的专业工程发包给具有相应资质的其他建筑业企业完成的活动。

劳务作业分包模式是指施工总承包企业或者专业承包企业将其承包工程中的劳务作业发包给劳务分包企业完成的活动。

上述各种工程施工分包模式之间，既有联系，又有区别，其区别主要有：一是施工分包单位主体资质要求不同，如施工总承包单位应当具有施工总承包资质，专业施工单位应当具有专业施工资质，劳务分包单位应当具有劳务资质；二是分包的标的不同，如施工分包的标的是工程总承包中全部施工内容，专业分包的标的是专业工程内容，劳务分包的标的是施工中劳务作业；三是分包的效力不同，业主指定分包需要经过业主指定，施工总包、专业分包均需要经过业主同意，劳务分包不需要经过业主同意；四是分包的责任不同，施工总包、专业分包均由承包人与分包人承担连带责任，劳务分包仅是劳务承包人对劳务发包人承担责任；五是分包的限制不同，工程总承包人可以将施工全部内容进行分包，工程承包人进行专业分包只能分包非主体、非关键性的工作，并且对再分包的要求也有不同。

随着工程项目的大型化，包括投资大、工程量多等的趋势越来越明显，业主对工程的标准与工期等要求越来越严格，工程行业专业化分工越来越细，工程施工过程中实行工程分包制度，是建设工程行业的必然要求，也是该行业的通行做法。总承包人在实施一个建设项目的全面管理中，往往要组织与协调少则几个、多则几十个劳务和专业分包工程队伍，共同完成与发包人约定的质量、工期、价款等项施工合同目标，风险大，因此，在工程总承包中，特别是以勘察、设计为主体的工程总承包，对施工分包的管理都是十分重要的。工程总承包的风险在很大程度上就体现在对施工分包的管理上，而分包合同的管理则成为分包管理的核心内容，防范施工分包合同签订与履行风险是工程总承包人非常关注的问题之一。

二、施工分包合同条款风险分析与防范

施工分包合同条款是指工程承包人与分包人在要约承诺中明确的合同内容。2003年8月，建设部、国家工商行政管理总局联合印发了《建设工程施工专业分包合同（示范文本）》和《建设工程施工劳务分包合同（示范文本）》（以下简称"国内示范文本"）。国际咨询工程师联合会于1994年出版了第1版《土木工程施工分包合同条件》（以下简称"FIDIC分包合同条件"），与FIDIC《土木工程施工合同条件》（1987年第4版，1992年再次修订后重印）（通称FIDIC"红皮书"）配套使用。

由于施工分包工程既是发包人与承包人签订的工程总承包合同即主合同的一部分，又是承包人与分包人签订施工分包合同即从合同的标的物，分包工程同时存在于主从两个合同内，承包人又居于两个合同当事人之间的特殊地位，施工分包合同与一般施工承包合同不同，有其本身的特点，对于承包人来说，施工分包合同条款具有复杂性，风险较大，因此，防范施工分包合同条款风险是承包人做好工程总承包工作、防范施工分包风险重点关注的内容之一。

(一) 关于施工分包工程范围与内容的风险分析与防范

施工分包工程范围与内容是施工分包合同的标的，因此，对此进行准确描述是非常重要的，不仅直接关系施工分包合同是否成立，也关系到承包人、分包人的切身利益。

施工分包工程范围与内容的风险，主要有：一是施工分包工程范围与内容超越了工程总承包合同的范围与内容；二是施工分包范围与内容约定不明确；三是分包人的工作界面不清晰，如门窗安装工程的后塞缝、装修工程中的垃圾清理和外运、防水工程与装修工程中的砂浆找平、土建工程中的水电预留孔洞等工作划分不清。

防范施工分包工程范围与内容的风险，主要应采取以下措施：

首先，施工分包工程范围与内容应当在承包人的承包范围与内容以内。就业主指定分包来说，应当在工程总承包和施工分包范围以内；就施工分包来说，应当在工程总承包的范围以内；就专业工程分包来说，应当在工程总承包和施工分包范围以内；就劳务作业分包来说，应当在工程总承包、施工分包、专业工程分包的范围以内。

其次，应当明确分包人的工作内容，明确划分清楚各个分包人之间交叉和边缘工作界限，详细约定各分包人具体施工界面。承包人应当根据所需分包的工程规模、工程类别、复杂程度、工期要求、专业要求及对施工能力的要求等，进行详细评估，明确划分施工分包范围。就业主指定分包来说，应当明确业主指定分包的范围，特别是对承包人的管理职责，对分包人提供配合、协调、服务的职责内容作出详细具体明确的约定，如为分包单位提供临时水、电、道路、垂直运输设备、脚手架、工作面、办公用房、仓储用地等，技术资料签认、上报，完工资料按相关规定的汇总、整理、上报等；就施工分包来说，应当明确施工的范围与内容，如包括土建工程、给排水工程、电气工程、消火栓工程、消防喷淋工程、暖通工程、弱电工程（包括智能化系统预埋管、盒、箱壳部分）、装饰装修工程等；就专业工程分包来说，应当明确专业工程分包的具体范围与内容，如桩基、幕墙、弱电、绿化、室外配套、暖通、混凝土、脚手架、钢筋、中央空调、特殊墙面地面等；就劳务作业分包来说，应当明确劳务分包工作对象及提供劳务的内容，如木工作业、砌筑作业、抹灰作业、石制作业、油漆作业、钢筋作业、混凝土作业、脚手架搭设、模板作业、焊接作业、水暖电安装作业、钣金工程作业、架线工程作业等。

第三，施工分包工程范围与内容应当与招标投标文件、施工图纸、工程量清单的内容一致。

（二）关于施工分包合同文件的风险分析与防范

施工分包合同文件包括合同文件使用的语言、合同文件适用的法律、合同文件的组成部分及解释顺序等内容，这些内容在施工分包合同履行中有重要作用，如果约定不恰当，将给承包人、分包人带来风险。

施工分包合同文件的风险，主要有：一是施工分包合同文件使用的语言与工程承包合同使用的语言不一致；二是施工分包合同文件适用的法律与工程承包合同适用的法律不一致；三是施工分包合同文件的组成不明确；四是施工分包合同文件解释的顺序不科学。

防范施工分包合同文件的风险，应当采取以下对策：

首先，施工分包合同文件使用的语言应当与工程承包合同使用的语言一致，以防止语言不同影响工程承包合同的正确履行。

其次，施工分包合同文件适用的法律应当与工程承包合同适用的法律一致，以防止法律规定不同影响工程承包合同的正确履行。

再次，施工分包合同文件的组成，应当包括合同协议书、中标通知书、投标函及报价书、合同专用条款、合同通用条款、合同履行过程中承包人和分包人协商一致的其他书面文件，对于除总包合同工程价款之外的总包合同文件、本合同工程建设标准和图纸是否属于施工分包合同文件，FIDIC 分包合同条件规定不明确，国内的示范文本明确为合同文件。

最后，施工合同文件的解释顺序，应当按照时间的顺序，时间在后形成的文件比时间在先形成的文件，其效力应当优先，因此，施工分包合同文件的解释顺序为：合同履行过程中承包人和分包人协商一致的其他书面文件；合同协议书；合同专用条款；合同通用条款；中标通知书；投标函及报价书等。

（三）关于承包人、分包人一般权利、义务与责任的风险分析与防范

承包人、分包人一般权利、义务与责任主要是指承包人、分包人在主合同、指令和决定、项目负责人委派、双方工作分工、分包合同转让、再次分

包、保障等方面的权利、义务与责任。

施工分包合同在上述方面的风险主要表现在约定不明确，防范此类风险，应当采取以下应对措施：

第一，关于主合同方面的权利与义务，一是承包人应当提供主合同供分包人查阅；二是分包人应当全面了解主合同的各项规定（有关承包工程的价格内容除外）；三是分包人应履行并承担主合同中与分包工程有关的承包人的所有义务与责任，同时避免因分包人自身行为造成承包人违反主合同中约定的承包人义务的情况发生；四是未经承包人允许，分包人不得以任何理由与发包人发生直接工作联系。

第二，关于指令和决定方面的权利和义务，一是就分包工程范围内的有关工作，承包人随时可以向分包人发出指令，分包人应执行承包人根据分包合同所发出的所有指令；二是就分包工程范围内的有关工作，分包人应执行经承包人确认和转发的发包人发出的所有指令和决定。

第三，关于项目经理的委派，一是明确承包人、分包人委派项目经理的姓名、具体职权；二是项目经理的指令、通知应当采用书面形式；三是明确项目经理更换的程序与要求。

第四，关于承包人的一般工作，主要包括：一是提供施工场地；二是提供施工所需水、电、道路等；三是提供工程地质和地下管网线路资料；四是提供发包人、承包人办理的与分包工程相关的各种证件、批件；五是提供相应的水准点和坐标控制点；六是提供图纸及进行设计图纸交底；七是提供合同约定的设备和设施；八是协调各分包人之间的交叉配合。

第五，关于分包人的一般工作，主要包括：一是对分包工程进行施工、竣工和保修，如发现分包工程设计或技术存在任何错误或遗漏等缺陷，应当立即通知承包人；二是提供工程进度计划；三是提供详细的施工组织设计；四是允许承包人、发包人授权的人员在工作时间内合理进入分包工程现场，并提供方便；五是负责移交前已完分包工程的成品保护工作。

第六，关于分包合同转让，国内示范文本均明确分包合同不得转让，FIDIC 分包合同条件规定分包合同转让必须经承包人同意。

第七，关于再次分包，对国内工程来说，施工分包应当允许再次分包，专业工程分包应当允许劳务作业分包，劳务作业分包不得再次分包；FIDIC 分包合同条件规定分包人再次分包须经承包人同意，但劳务分包及根据分包合同和主合同规定标准的材料采购分包除外。

第八，关于保障，分包人应当保障承包人免于承受施工分包引起的人员伤亡和财产损失；承包人应当保障分包人免于承担施工分包以外的原因导致的索赔、损害赔偿等。

（四）关于施工分包工程工期的风险分析与防范

施工分包工程工期包括合同工期总日历天数、开工日期、竣工日期、工期延长等内容。工程工期是承包人工程管理的一项核心指标，承包人必须保证在合同工期内完成工程承包，而施工分包工程工期是工程工期管理的关键环节。

施工分包工程工期的风险，主要包括：一是合同工期总日历天数确定不合理；二是开工日期、竣工日期约定不明确；三是工期延长的理由和程序约定不明确；四是工期延误的责任约定不明确。

防范施工分包工程工期风险，应当采取以下应对措施：

第一，应当在主合同约定的工期内合理确定施工分包合同工期总日历天数。

第二，应当明确约定施工分包工程的具体开工日期和竣工日期。由于分包工程情况复杂难以确定具体开工、竣工日期的，应当明确自承包人提供工作面后分包人完成分包工程的具体期限。

第三，应当明确规定分包人在规定时间内以承包人规定的格式和详细的程度，向承包人提交一份实施分包工程的进度计划，以取得承包商同意。此外，分包人还应以书面形式提交一份对其进行分包工程的施工安排和拟采用方法的总体说明。如果承包人认为分包工程的实际进度不符合已同意的进度计划时，分包人应根据承包人的要求提交一份修订的进度计划。

第四，应当明确工期延长的理由、程序及责任，主要包括：一是承包人根据主合同从发包人处获得的与分包合同相关的工期延长，在此情形下，承包人应当立即通知分包人；二是由于承包人未按约定提供图纸、开工条件、设备设施、施工场地、支付工程款、提供指令或批准等，导致施工分包工程工期延长的，分包人应当在规定期限内书面通知承包人并提供详情报告，承包人在收到报告后的规定期限内予以确认或提出修改意见，逾期不确认也不提出修改意见的，视为同意延长工期；分包人未在规定期限内提出延期要求，视为上述情形不影响工期；三是由于分包人自身的原因造成工期延误，应当明确约定分包人承担的违约责任，以及分包人承担承包人工程款支付比例减少、甚至拒付工程进度款的责任。

（五）关于施工分包工程质量的风险分析与防范

施工分包工程质量包括施工分包工程适用的工程建设标准、施工分包工程的质量要求、施工分包工程的检查与核验、材料采购、竣工验收、质量保修、质量责任等内容。施工分包工程质量是施工分包管理的重点和核心。

施工分包工程质量的风险，主要包括：一是施工分包工程适用的工程建设标准不明确；二是施工分包工程的质量标准不明确；三是施工分包工程过程检验、隐蔽工程验收及返工处理约定不明确；四是施工分包工程的材料采购责任约定不明确；五是施工分包工程的竣工验收约定不明确；六是质量保修未进行约定或约定不明确；七是施工分包工程质量责任约定不清；八是分包人对承包人已完成工程的保护责任约定不明确。

防范施工分包工程质量风险，应当采取以下措施：

第一，应当明确施工分包工程适用的工程建设标准，一是施工分包工程适用特殊的工程建设标准应当明确约定适用的工程建设标准的名称；二是如果不需适用特殊标准或没有具体约定的，应当适用主合同中规定的与施工分包工程有关的工程建设标准。

第二，应当明确施工分包工程的质量标准，施工分包工程质量标准应当与主合同约定的工程质量标准一致。

第三，应当明确约定施工分包工程质量过程监控内容，主要包括：一是明确分包人应当严格按照设计图纸、施工验收规范、有关技术要求及施工组织设计、精心组织施工，确保工程质量达到约定的标准；二是分包人应当随时接受承包人、发包人的检查，严格按照其要求施工、返工或修改；三是未经承包人、发包人核验，分包人不得进行下一道工序施工；四是应当明确分包人不按照承包人要求返工处理的，承包人有权组织有关人员进行返修，发生的费用由分包人承担。

第五篇　建设工程施工分包法律风险防范

第四，应当明确材料采购责任，就施工分包来说，对分包人采购的材料设备应当明确材料设备的质量标准、检验与试验、退换程序与责任等；就专业工程分包来说，应当明确分包人采购的材料设备的数量、程序及责任；就劳务作业分包来说，应当明确分包人采购低值易耗材料的名称、规格、数量、质量或其他要求。

第五，应当明确施工分包工程的竣工验收内容，一是明确竣工验收的主体，由于施工分包工程是工程总承包工程的一部分，承包人的验收只是阶段性验收，最终验收应当以发包人的验收为准；二是明确验收的程序，包括分包人提供完整的竣工资料及竣工验收报告、承包人在收到报告的规定期限内通知发包人验收；三是明确分包工程的竣工日期，一般以发包人、承包人、分包人等在竣工验收申请表上的签字日期为准。在本文的前述案例中，工程竣工验收的时间也成为原告与被告的争议焦点之一，说明竣工验收非常重要，不仅关系到工程工期、工程价款的支付及利息，而且涉及工程质量的保修、工程风险的转移。

第六，应当明确施工分包工程质量保修的内容，一是明确工程质量保修的期限；二是明确工程质量保修的开始日期，应当以包括施工分包工程在内的工程总承包工程竣工交付使用之日开始计算；三是明确工程质量保修的范围、内容与责任，如由第三人代为履行、违约金等；四是明确工程质量保修实施的程序、方法及责任；五是就劳务作业分包来说，劳务作业分包的质量保修责任由承包人承担。在本文的前述案例中，本案被告就涉案工程的质量保修向原告提起了反诉，但由于合同约定不明确或证据不足，反诉主张部分得到法院支持。

第七，应当明确施工分包工程质量责任，一是明确承包人、发包人的检查批准不能免除或减轻分包人的工程质量责任；二是就业主指定分包来说，造成工程质量缺陷，除分包人应当承担责任外，发包人应当承担过错责任，承包人有过错的也应当承担相应的过错责任，这在《最高人民法院关于审理建设工程施工合同纠纷案件适用法律问题的解释》中有明确规定；三是就施工分包、专业工程分包来说，承包人与分包人应当就分包工程质量缺陷向发包人承担连带责任；四是就劳务作业分包来说，劳务作业分包人就工程质量缺陷对承包人承担责任；五是对于工程质量缺陷，分包人除应当承担及时免费修理、修复的责任外，还应当承担支付较高的违约金的责任。

第八，应当明确分包人对承包人已完工程的保护责任，分包人对于承包人的已完工程包括成品、半成品造成损坏，应当明确赔偿的方法与程序。

（六）关于施工分包工程职业健康安全与环境的风险分析与防范

施工分包工程职业健康安全与环境包括保证与施工分包工程有关的人员健康、人员与财产的安全和保护环境的义务、责任、措施及处理。由于施工分包工程具有参与的分包主体多、作业工种多、立体作业多、交叉作业多等特点，施工分包工程的职业健康安全与环境的风险大，不仅关系到分包人的切身利益，而且关系到项目的整体利益，因此，做好施工分包工程职业健康安全与环境风险防范工作，对于承包人、分包人来说，均非常重要。

施工分包工程职业健康安全与环境风险，主要有：一是施工分包工程职业健康安全与环境的义务不明确；二是施工分包工程职业健康安全与环境的责任约定不明；三是施工分包工程职业健康安全与环境措施不明确；四是发生施工分包工程职业健康安全与环境事故的处理不明确。

防范施工分包工程职业健康安全与环境风险，应当采取以下措施：

第一，应当明确施工分包工程职业健康安全与环境的义务，一是分包人应当严格遵守国家有关工程职业健康安全与环境方面的法律、法规、强制性标准的规定；二是分包人应当全面、严格遵守主合同有关工程职业健康安全与环境方面的一切规章制度；三是分包人应当加强工程职业健康安全与环境教育，认真执行工程职业健康安全与环境技术规范，严格遵守工程职业健康安全与环境制度，落实工程职业健康安全与环境措施，确保施工安全和文明施工。

第二，应当明确施工分包工程职业健康安全与环境的责任，对于由于分包人的原因造成的施工分包工程职业健康安全与环境事故，分包人应当承担相应的责任和因此发生的费用。

第三，应当明确施工分包工程职业健康安全与环境的防范措施，一是在施工场地涉及危险地区作业时，分包人应当在施工开始前向承包人提出安全防护措施，经承包人认可后实施，防护措施费应当由承包人承担；二是在实施爆破、放射性等特殊作业时，分包人应当在施工开始前向承包人提出安全防护措施，经承包人认可后实施，防护措施费应当由承包人承担；三是就施工分包、专业工程分包来说，分包人应当做好安全防护用品的发放工作；就劳务作业分包来说，安全防护用品的使用计划由劳务分包人提供，经承包人批准后，由承包人负责供应。

第四，应当明确施工分包工程职业健康安全与环境事故的处理方式和程序，一是分包人应当及时向承包人报告；二是遵守国家有关事故处理的规定；三是应当遵守主合同的相关规定。

（七）关于施工分包工程价款的风险分析与防范

施工分包工程价款包括工程价款的确定、合同价款的组成与支付、合同价款调整与抵扣等内容。施工分包合同价款是施工分包合同的核心条款，直接关系到承包人与分包人的切身利益，本文前述案例就是典型的施工分包合同价款纠纷案件，风险很大，做好施工分包工程价款风险防范，应当引起承包人、分包人的高度关注。

施工分包工程价款的风险，主要表现为：一是施工分包工程价款的确定不科学，如采取按照承包人的承包价款下浮一定比例、按定额直接费下浮或直接费加管理费和工程措施费等方法确定；二是合同价款组成与支付约定不明确或不科学，如工程支付条件约定不科学、预付款的约定不符合国际惯例、进度款的支付约定不明、工程款结算的条件与程序不明确、保修金约定不科学等；三是合同价款的调整的条件与程序不明确；四是分包人应当承担的费用的抵扣约定不明确。

防范施工分包工程价款的风险，应当采取以下应对措施：

第一，应当科学确定施工分包工程价款。一是应当在承包人的工程施工承包价款范围内确定施工分包工程价款。二是施工分包工程价款可以采取固定价格、可调价格、成本加酬金三种方式，承包人应当根据施工分包工程的具体情况，分别予以确定，尽量采取固定总价合同或固定单价合同的方式，对风险范围的内容及风险费的计取作出明确约定，以避免本文前述案例中承包人、分包人对此发生争议；对于可调价格应当明确约定调整因素及调整程序。三是施工分包模式不同，施工分包工程价款确定方法也不同，对于业主指定分包来说，施工分包工程价款包括业主指定分包工程款与总包管理服务费两部分，业主指定分包工程款由业主与分包人协商确定，总包管理服务费由发包人与承包人协商确定固定金额或按分包工程款的一定比例来确定；对于施工分包、专业工程分包来说，应当采取工程量清单综合单价计价方式来确定施工分包工程价款；对于劳务作业分包来说，采取工程直接费中的人工费以及相应管理费来确定劳务报酬。

第二，应当明确施工分包工程价款的组成部分及相应的支付条件。一是施工分包合同价款一般包括预付款、进度款、结算款、保修金四个部分，对于预付款，国内示范文本对此均有规定，但FIDIC分包合同条件中对此没有规定；对于保修金，不应适用劳务作业分包工程。二是关于施工分包工程价款的支付是否应当以承包人取得发包人支付的款项为付款条件，即通常所说的"背靠背"条款，国内示范文本中关于"分包合同价款与总包合同相应部分价款无任何连带关系"的规定是不支持"背靠背"条款的，但FIDIC分包合同条件对"背靠背"条款作出了明确规定，根据我国《合同法》的有关附条件合同的规定，承包人、分包人双方可以就付款条款作出特殊约定，只要约定了"背靠背"条款，承包人尽管需要承担较大的举证责任，但对承包人来说还是极为有利的。三是预付款的支付应当以施工分包合同生效且分包人提供相应担保为条件。四是进度款的支付是以工程量的确认结果为条件，应当对工程量确认的内容、期限与程序作出明确约定，进度款支付应当与工程重大节点完成考核相结合，进度款应当与预付款的扣回同期结算。五是结算款的支付是以工程竣工结算为条件，竣工验收报告经承包人认可后规定期限内，分包人应当向承包人递交分包工程的竣工结算报告及完整的结算资料，在规定期限内承包人予以确认或提出修改意见，对此应当明确工程竣工结算是指整个工程的竣工结算，还是分包工程的竣工结算。六是保修金的支付是以工程质量保修期限届满为支付条件，对此，应当明确施工分包工程的质量保修的具体期限以及质量保修期限的开始日期。

第三，应当明确施工分包工程价款的调整条件与程序。一是明确施工分包工程变更引起的施工分包工程价款调整的条件与程序。二是明确施工分包工程索赔引起的施工分包工程价款调整的条件与程序。三是明确法律、行政法规的变化引起施工分包工程价款的调整的条件与程序，此类价款调整的幅度应与依据主合同对合同价格进行增加或扣除的幅度相类似，但不能超出。四是明确劳务费、材料费的价格波动引起施工分包工程价款调整的条件与程序,此类价款调整的幅度应与依据主合同对合同价格进行增加或扣除的幅度相类似,但不能超出。五是在国际工程承包中,应当明确货币限制与汇率变化是否会引起施工分包工程价款的调整,在 FIDIC 分包工程条件中明确:如果分包合同签署生效日当天或之后,分包工程正在施工或准备施工所在国的政府或其授权机构对支付分包合同价格的一种或几种货币实行货币限制和(或)货币汇出限制,则承包人应赔偿分包人因此而受到的损失或损害。此类损失或损害的补偿幅度应与发包人按主合同补偿给承包人的相同,但不能超出。如果分包合同规定的一种或几种外币对分包人支付,则此类支付不应受上述指定的一种或几种外币与分包工程所在国的(当地货币)货币之间的汇率变化的影响。

第四,应当明确施工分包工程价款的支付与分包人应当承担的扣款、水费、电费、电话费及违反规章制度的罚款相互抵消的内容,当分包人不及时支付其应当承担的总包管理费、水费、电费、电话费及违反规章制度的罚款时,承包人有权直接在分包工程款中扣除。

(八)关于施工分包工程变更的风险分析与防范

施工分包工程变更包括施工分包工程变更的条件、施工分包工程变更的方式、施工分包工程变更的价款确定调整的标准与程序等。施工分包工程变更是施工分包合同中最容易产生纠纷的部分之一,风险很大,本文前述案例中主要是因为施工分包工程变更引起双方的纠纷,为防范风险,在施工分包合同中对此作出明确、具体的约定,是非常必要的。

施工分包工程变更的风险,主要有:一是施工分包工程变更的条件不明确;二是施工分包工程变更的方式不明确;三是施工分包工程变更的价款调整的标准不明确;四是施工分包工程变更的价款调整的程序约定不明确。

防范施工分包工程变更的风险,应当采取以下措施:

第一,应当明确施工分包工程变更的条件,分包人只有根据承包人的书面变更指令,方可进行施工分包工程的变更,即使是发包人根据主合同对有关施工分包工程部分发出的变更指令,也应当由承包人进行书面确认并通知分包人方为有效。

第二,应当明确施工分包工程变更的方式,包括更改、增补或省略方式。

第三，应当明确施工分包工程变更的价款调整标准，包括：施工分包合同中已有适用于变更工程的价格，按施工分包合同已有的价格变更价款；施工分包合同中只有类似于变更工程的价格，可以参照类似价格变更价款；施工分包合同中没有适用或类似于变更工程的价格，由双方按照公平合理的原则协商确定价款。

第四，应当明确施工分包工程变更的价款调整程序。分包人应当在工程变更确认后的规定期限内向承包人提出工程变更的价款调整的报告，承包人应当在规定期限内进行确认或提出意见；如果分包人不在规定期限内提出价款调整报告视为该项工程变更不涉及合同价款的调整；如果承包人不在规定期限内确认或提出意见，视为该报告已经被确认。

（九）关于施工分包工程索赔的风险分析与防范

施工分包工程索赔是指在施工分包合同履行过程中，对于并非自己的过错，而是应由对方或第三方承担责任的情况造成的实际损失，向对方或第三方提出经济补偿和（或）工期顺延的要求。施工分包工程索赔有三种情形：一是承包人向发包人索赔，需要分包人协助；二是分包人通过承包人向发包人提出索赔；三是分包人向承包人提出索赔。施工分包工程索赔，由于情形复杂，其相应的条件、程序与责任各不相同，因此，风险大，须在施工分包合同中对此作出明确约定。

施工分包工程索赔的风险，主要有：一是各类索赔的条件与范围不明确；二是各类索赔的程序不明确；三是各类索赔的责任不明确。

施工分包工程索赔除均应当有正当的索赔理由且有索赔事件发生时的有效证据外，还应当采取以下措施防范风险：

首先，应当明确承包人向发包人索赔需要分包人协助的内容与责任。承包人根据主合同向发包人进行索赔需要分包人协助时，分包人应就有关分包工程方面情况以书面形式向承包人发出相关通知或其他资料以及保持并出示同期施工记录，如果由于分包人未能履行此义务，阻碍了承包人按主合同从发包人获得与主包工程有关的任何金额的补偿，则承包人可从按照施工分包合同本应支付给分包人的金额中扣除该笔款项。

其次，应当明确分包人通过承包人向发包人提出索赔的范围、义务、条件、责任与程序。一是分包人通过承包人向发包人提出索赔仅限于分包人遇到了不利的外界障碍或外部条件或任何其他情况而由此按主合同可能进行的索赔;二是分包人应向承包人提供所有为使承包人进行此索赔所要求的材料和帮助,承包人应采取一切合理步骤从发包人处获得可能的价款或工期索赔,并在索赔成功后应将相应部分转交分包人;三是此类索赔是以承包人从发包人处得到该笔款项作为承包人就该索赔向分包人承担责任的先决条件;四是除此以外,承包人对分包人在其分包工程的施工过程中可能遇到的任何障碍、条件或情况均不负任何责任;五是应当明确分包人此类索赔提出的期限、承包人应当采取措施期限及答复期限,以及违反此程序的应当承担的责任。

再次,应当明确分包人向承包人提出索赔的范围、程序、责任及承包人向分包人提出索赔的范围、程序、责任。一是分包人向承包人索赔仅限于承包人未能按施工分包合同的约定履行自己的义务或发生错误以及应由承包人承担责任的其他情况,造成分包人工期延误或经济损失;二是明确分包人提出索赔的期限及应当提供的材料、承包人答复期限以及分包人未在规定期限内提出索赔、承包人未在规定期限内答复的后果。同时,还应当明确分包人未按施工分包合同约定履行自己的义务或发生错误,给承包人造成经济损失的,承包人可按上述程序和时限以书面形式向分包人索赔。

(十)关于施工分包工程担保的风险分析与防范

施工分包工程担保,包括承包人向分包人提供的分包工程款的支付担保和分包人向承包人提供的履约担保,本文仅指分包人的履约担保。分包人的履约担保是指在施工分包活动中根据合同约定,由担保人向承包人提供的,保证分包人不履行义务时,由担保人代为履行或承担责任的法律行为。分包人的履约担保是承包人防范施工分包风险的重要手段,在施工分包合同中应当明确加以约定。

施工分包工程担保的风险主要有:一是担保金额约定不明;二是担保的格式不明确;三是担保机构不明确;四是担保的费用承担不明确;五是担保的期限不明确;六是担保的返还不明确;七是担保索赔的程序不明确。

施工分包工程担保的风险防范,应当采取的措施包括:一是明确担保金额,一般不应超过主合同中承包人向发包人提供的履约担保的额度;二是应当明确担保的格式，一般在招标文件中应当提供履约担保的格式；三是应当明确担保机构，可以是银行，也可以是担保公司，但均须经承包人同意；四是应当明确担保的费用由分包人承担；五是应当明确担保的期限，应当明确在主合同约定的工程竣工验收前，施工分包工程担保保证持续有效；六是应当明确担保的返还时间，承包人应当在主合同约定的工程竣工验收后的一定期限内（如28天）将担保退还分包人；七是应当明确承包人按履约担保索赔之前应当通知分包人，并说明导致索赔的原因。

（十一）关于施工分包工程保险的风险分析与防范

施工分包工程保险是指承包人、分包人根据施工分包合同约定对自己承担的风险范围内的工程、材料、设备和人员在施工分包工程施工期间由于保险责任范围内的风险造成的损失和费用负责赔偿的保险。施工分包工程保险是承包人、分包人转移施工分包过程中发生风险的重要手段之一，应当在施工分包合同中进行约定。

施工分包工程保险的风险主要有：一是施工分包工程保险的覆盖范围不明确；二是施工分包工程保险的投保人不明确；三是施工分包工程保险金额不明确；四是施工分包工程保险的受益人不明确；五是施工分包工程保险期限不明确；六是保险已办理的证据提供不明确；七是未办理保险的补救方法不明确。

施工分包工程保险的风险防范，应当采取的措施包括：一是应当明确施工分包工程保险的覆盖范围，包括工程一切险、材料与设备保险、施工机械设备保险、人身意外伤害保险等；二是应当明确施工分包工程保险的投保人，属于分包人承担的风险应由分包人办理保险，属于承包人承担的风险应当由承包人办理保险；三是应当明确施工分包工程保险的保险种类不同，保险金额也不一样；四是应当明确施工分包工程保险的受益人；五是应当明确施工分包工程保险的期限，分包人办理的保险期限应当从承包人提供施工场地开始至分包人最终履行了分包合同规定的义务止，承包人办理的保险应当在主合同约定的工程竣工前保持持续有效；六是应当明确负有办理保险义务的一方有责任根据另一方的要求向另一方提供保险凭证及保险费支付收据；七是应当明确如果一方未能按分包合同办理此类保险并保持其有效，则另一方可办理此类保险并保持其有效，以及支付该保险费，并可随时从任何应付或将付给违约方的款项中扣除上述支付的费用或要求违约方另行支付该费用。

（十二）关于施工分包合同解除的风险分析与防范

施工分包合同解除是指施工分包合同有效成立后，根据法律规定或合同约定或双方协议，使基于施工分包合同发生的权利义务关系归于消灭的行为。施工分包合同解除可以分为协议解除、约定解除、法定解除三种，其中协议解除、法定解除与其他合同的解除无区别，对于约定解除，根据施工分包合同的特点，主合同解除及分包人中途退场的风险最大，应当在施工分包合同中对主合同解除导致分包合同解除及承包人解除施工分包合同的条件与程序作出明确约定。

施工分包合同解除的风险，主要表现在：一是在施工分包合同全面履行之前主合同解除，施工分包合同解除的程序规定约定不明确；二是施工分包合同因主合同解除而解除后工程款结算约定不明确；三是承包人因分包人违约解除施工分包合同的条件约定不明确；四是承包人因分包人违约解除施工分包合同的处理方法约定不明确。

防范施工分包合同解除的风险，应当采取以下措施：

第一，应当明确规定如在分包人没有全面履行施工分包合同之前，主合同解除，承包人应及时通知分包人解除施工分包合同，分包人接到通知后应尽快撤离施工现场。

第二，应当明确施工分包合同因主合同解除而解除的工程款的结算，如果是非分包人原因造成主合同解除从而导致施工分包合同解除，分包人可以得到的工程款项包括：已完工程价款、已运至现场的材料费用、二次搬运费、分包人员工遣返费、未在施工现场但已准备或制作并由分包人负责运至现场的材料设备费用；如果由于分包人违反施工分包合同而导致发包人解除主合同，则上述工程款结算的规定将不适用，分包人仅仅得到已完工程价款的补偿。

第三，应当明确承包人因分包人违约解除施工分包合同的条件，主要包括：一是分包人擅自转让施工分包合同；二是分包人否认施工分包合同有效；三是分包人无正当理由不能按照施工分包合同约定开工或实施施工分包工程；四是分包人拒绝执行承包人依施工分包合同作出的要求分包人清除有缺陷的材料或修补有缺陷的工作的指令；五是分包人无视承包人的事先书面警告不履行施工分包合同所规定的分包人的任何义务;六是分包人违反施工分包合同约定对施工分包工程再次分包;七是发包人要求分包人从总承包工程上撤出。

第四,应当明确承包人因分包人违约解除施工分包合同的处理方法,一是承包人可占有分包人带至现场的所有材料、分包商的设备及其他任何物品,并可由承包人或其他承包人将上述物品用于施工以完成分包工程以及修补其中任何缺陷,或将上述全部或部分物品出售,并将所得收入用于补偿分包人应支付给承包人的款额;二是承包人也可以不解除施工分包合同,而仅从分包人手中接过该项分包工程的一部分,由承包人自己或其他承包人实施并完成此分包工程的部分以及修补其中任何缺陷,承包人有权从分包人处收回其实施此项工程的费用或从应支付给分包人的款额中扣除此项费用。

(十三)关于施工分包合同违约责任的风险分析与防范

施工分包合同违约责任是指承包人或分包人不履行施工分包合同义务或履行施工分包合同义务不符合约定而应当承担的民事责任。施工分包合同违约责任包括违约行为与责任承担方式两个方面。施工分包合同中对违约责任的约定是否明确、具体直接关系到施工分包合同的法律效力,关系到承包人、分包人的责任承担,关系到施工分包合同的履行,因此,应当在施工分包合同加以明确约定。

施工分包合同违约责任约定的风险,主要表现在:一是对违约行为没有进行具体明确约定;二是对具体违约行为应当承担责任的具体方式约定不明确。

防范施工分包合同中违约责任的风险,主要应当采取以下措施:

首先,应当对施工分包合同中承包人、分包人的违约行为作出具体明确约定。承包人主要违约行为有:无故逾期支付分包工程价款、不履行相关义务等。分包人主要违约行为有:放弃施工分包合同;不能按照施工分包合同要求组织人员、设备进场;在施工中,进度、质量、安全及现场管理不能达到施工分包合同要求;无视承包人事先书面警告,忽视履行其合同规定义务;转包或再次分包工程;逾期竣工;工程质量有缺陷;倒卖承包人所供材料;以承包人名义进行非法活动等。

其次,应当针对具体违约行为明确约定相应的违约责任承担方式。就承包人而言,其逾期支付工程价款的,除应支付工程款外,对逾期付款的违约金的具体比例或金额作出明确约定；拒绝履行相关义务导致分包人停工的，应当赔偿分包人相应损失。就分包人而言，其逾期竣工的，对逾期竣工的违约金的具体比例或金额作出明确约定；工程质量不合格的，除应当修复、更换、返工或改建外，对工程质量不合格的违约金的具体比例或金额作出明确约定等。

再次，对于因分包人违约导致主合同被发包人解除或施工分包合同被承包人解除的，除应当明确承包人除有权收回分包工程或调整分包范围外，还应当明确分包人应当支付的违约金的具体比例或金额，承担承包人重新调整施工队伍发生的调遣费和赶工期的措施费，赔偿因此给承包人造成的全部损失。

（十四）关于施工分包合同争议解决的风险分析与防范

施工分包合同争议解决包括争议解决方式、争议解决的影响及与主合同有关的争议解决的各方责任等内容。施工分包合同发生争议能否及时、公正的解决直接关系承包人、发包人的切身利益，因此，应当在施工分包合同中明确加以约定。

施工分包合同争议解决，在合同中约定的风险主要有：一是争议解决方式约定不明确；二是争议解决的影响范围不明确；三是与主合同有关的争议解决的各方责任约定不明确。

防范施工分包合同争议解决的风险，应当采取以下措施：一是明确约定争议解决方式，如采取仲裁方式解决争议，应当明确仲裁机构的名称；如果采取诉讼方式解决争议，应当依法明确约定管辖法院。二是应当明确在分包工程实施过程中，承包人、分包人各自义务不得以正在进行仲裁或诉讼为由而改变；三是应当明确发包人、承包人因主合同发生争议进行仲裁或诉讼时，如承包人认为此争议与分包工程有关，承包人应当通知分包人要求其协助，分包人应当提供与该争议有关的材料、参加有关会议。

三、施工分包合同签订的风险分析与防范

施工分包合同签订是指承包人、分包人通过一定程序或方式、协商一致在其相互之间建立施工分包合同关系的一种法律行为。

施工分包合同签订是保障承包人、分包人权益的重要基础环节。施工分包合同的签订具有既要保证施工分包合同合法有效，又要体现各类施工分包的不

同特点，施工分包合同的签订风险较大，是施工分包风险的源头，因此，加强施工分包管理、防范施工分包合同风险必须首先做好施工分包合同签订风险的防范工作。

（一）关于施工分包与发包人关系处理的风险分析与防范

施工分包中如何处理与发包人的关系包括施工分包合同签订是否需要经发包人同意、分包合同签订主体如何等内容。

施工分包与发包人关系的处理是与主合同的约定、施工分包模式、施工分包合同的效力及承包人的切身利益密切相关，存在一定风险，因此，在施工分包合同签订时应注意防范此风险。

施工分包与发包人关系的处理风险主要有：一是业主指定施工分包模式下，施工分包合同签订主体选择不当的风险；二是施工分包及专业工程分包模式下，施工分包合同的签订未经发包人同意的风险；三是劳务作业分包模式下，将未经发包人同意的施工分包合同视为无效合同的风险。

防范施工分包与发包人关系处理的风险，应当采取以下措施：

首先，在业主指定施工分包模式下，防范施工分包合同签订风险的方法有三种：一是承包人尽量避免与指定分包人签订施工分包合同，争取使发包人与指定分包人直接签订施工分包合同，以防范风险；二是承包人应当争取由发包人、承包人、指定分包人三方签订施工分包合同，明确约定承包人仅履行总包管理之责，付款义务在发包人一方，以转移风险；三是如果承包人必须与指定分包人签订施工分包合同的，在签署施工分包合同前，承包人应当要求发包人向其出具选定该分包单位的书面函件，在施工分包合同中明确约定合同付款的"背靠背"条款、承包人的免责条款等，以降低风险。

其次，在施工分包及专业工程分包模式下，防范施工分包合同签订风险，一是工程总承包人将施工阶段全部分包及总承包人、承包人将专业工程进行分包，根据我国《建筑法》等法律、法规、FIDIC合同条款、国内施工合同示范文本的规定，均应当经过发包人的同意；二是发包人的同意方式，包括在工程总承包合同或施工承包合同中明确约定分包单位或采取书面认可方式。

再次，在劳务作业分包模式下，劳务作业分包由承包人自主选择，无须经过发包人的同意。

(二) 关于施工分包人选定方式的风险分析与防范

施工分包人选定方式是指承包人进行施工分包时采取何种方式选择施工分包人，包括招标方式或直接委托方式。招标方式是指承包人发出招标公告或投标邀请书，说明招标的分包工程的范围、数量、投标人的资格要求等，邀请特定或不特定的投标人（施工分包人）在规定的时间、地点按照一定的程序进行投标的行为。招标方式包括公开招标和邀请招标两种方式。直接委托方式是指承包人与分包人直接协商，将施工分包工程委托给分包人的行为。

施工分包人选定方式的风险，主要表现在：一是施工分包人选定方式违反了法律、法规的有关强制招标的规定，导致施工分包合同无效的风险；二是在业主指定施工分包模式下，施工分包的选定方式不明确造成施工分包过程混乱的风险及招标主体与施工分包合同的签订主体不一致的风险。

防范施工分包人选定方式的风险，应当采取以下措施：一是对于依法需要强制招标的施工分包工程应当依法采取招标方式进行施工分包。我国《招标投标法实施条例》第29条规定："招标人可以依法对工程以及与工程建设有关的货物、服务全部或者部分实行总承包招标。以暂估价形式包括在总承包范围内的工程、货物、服务属于依法必须进行招标的项目范围且达到国家规定规模标准的，应当依法进行招标。"最高人民法院《关于审理建设工程施工合同纠纷案件适用法律问题的解释》第1条规定，建设工程必须进行招标而未招标的，施工合同应当认定为无效。二是在业主指定施工分包模式下，施工分包的选定方式必须明确，在采取招标方式选择施工分包人时，还应注意招标主体与施工分包合同签订主体应当一致。我国《招标投标法》第46条规定："招标人和中标人应当自中标通知书发出之日起三十日内，按照招标文件和中标人的投标文件订立书面合同。招标人和中标人不得再行订立背离合同实质性内容的其他协议。"此条规定明确了招标主体与合同签订主体不得不一致。

(三) 关于施工分包人主体资格的风险分析与防范

施工分包人主体资格是指施工分包人应当具有相应的资质证书。根据我国《建筑法》等法律、法规的规定，施工分包人均应当具有相应的资质证书，并在资质许可的范围内承揽业务。

施工分包人主体资格的风险，主要是施工分包人没有资质证书或超越资质证书许可范围承揽施工分包工程,由此给承包人带来以下严重后果:一是在民事责任方面,根据最高人民法院《关于审理建设工程施工合同纠纷案件适用法律问题的解释》第1条规定,承包人未取得建筑施工企业资质或者超越资质等级的签订的施工分包合同无效,导致承包人自行承担分包工程质量问题、安全问题、工期延误等责任,并且发包人有权依法单方面解除主合同,并追究承包人的民事责任,管理费等非法所得将可能被人民法院依法收缴。二是在行政责任方面,根据《建筑法》、《建设工程质量管理条例》的有关规定,承包人除被责令改正外,还将被处以没收非法所得、并处工程合同价款0.5%以上1%以下的罚款,可以责令停止整顿、降低资质等级,情节严重的吊销资质证书等行政处罚。三是在用工主体责任方面,分包人的用工法律风险将由承包人全部承担或连带承担。劳动和社会保障部[2005]12号《关于确立劳动关系有关事项的通知》规定,建筑施工等用人单位将工程发包给不具备用工主体资格的组织或自然人,对该组织或自然人招用的劳动者,由具备用工主体资格的发包方承担用工主体责任。最高人民法院《关于审理人身损害赔偿案件适用法律若干问题的解释》(法释[2003]20号)第11条第2款规定:"雇员在从事雇佣活动中因安全生产事故遭受人身损害,发包人、分包人知道或者应当知道接受发包或者分包业务的雇主没有相应资质或者安全生产条件的,应当与雇主承担连带赔偿责任。"

防范施工分包人主体资格的风险,承包人应当核查确认不同施工分包模式下施工分包人的相应资质证书:一是在业主指定施工分包模式下,根据业主指定施工的分包内容,分别确定其资质证书;二是在施工分包模式即施工总承包模式下,施工分包人应当具有相应施工总承包资质证书;三是在专业施工分包模式下,专业施工分包人应当具有相应专业施工资质证书;四是在劳务分包模式下,劳务分包人应当具有相应的劳务资质证书。

(四)关于施工分包人挂靠的风险分析与防范

挂靠是指单位或个人,在未取得相应资质的前提下,借用符合资质的施工企业的名义承揽施工分包工程并向该资质施工企业交纳相应"管理费"的行为。

施工分包人挂靠,从表面上看,施工分包合同的施工分包人(被挂靠人)

具有符合施工分包工程要求的相应资质条件,但实际上,施工分包人(被挂靠人)并不是实际的施工人,而是将其企业名称、公章、资质证书出借给挂靠人,由挂靠人实际施工,由于挂靠人本身不具有全面的施工能力,可能会导致分包工程质量问题、安全问题、工期延误等责任,给承包人带来风险。挂靠实际上属于不具备相应资质而违法承揽工程的行为,我国《建筑法》等法律、法规是明确禁止的。最高人民法院《关于审理建设工程施工合同纠纷案件适用法律问题的解释》第1条规定,没有资质的实际施工人借用有资质的建筑施工企业名义与他人签订建设工程施工合同为无效,被挂靠人与挂靠人应对承包人因此遭受的损失承担连带赔偿责任。若承包人在知情的情况下仍与该被挂靠人签订合同的,则承包人也有过错,应当承担相应的过错责任。

防范施工分包人挂靠的风险,承包人应当采取以下措施:一是在施工分包招标投标阶段,在招标文件应当明确规定禁止挂靠,如挂靠即取消其中标资格;投标人法定代表人必须到开标现场;投标保证金应当从投标人的基本账户转出等。二是在施工分包合同签订时,必须要有中标施工分包人的法定代表人到场与承包人直接签订。三是在施工分包合同中明确分包工程款等直接转入施工分包人提供的账户,严格控制直接拨付现金;四是在施工分包合同中应当明确规定,在施工现场的项目经理、技术负责人、项目核算负责人、质量管理人员、安全管理人员等必须与投标文件的内容一致,并且上述人员应与施工分包人有正式的劳动合同、工资福利以及社会保险关系,如不符合上述要求,即视为挂靠,承包人有权解除施工分包合同,并明确被挂靠人的违约责任及赔偿责任。

(五)关于施工分包人承包能力的风险分析与防范

施工分包人承包能力包括施工分包人信誉、履约能力、施工能力、抗风险能力等内容。施工分包人承包能力的强弱,直接影响到承包人的经济效益和施工分包工程的质量、工期等,因此,防范施工分包人承包能力的风险是非常重要的。

如果施工分包人信誉不佳、履约能力差、施工能力弱、抗风险能力不足等,将会导致施工分包人随意中断施工或中途退场、施工分包工程质量无法保证、工程造价与工程工期失控等风险。

承包人在选择施工分包人时，除了要求施工分包人具有相应资质证书外，关键是施工分包人具有良好的承包能力，主要是指施工分包人专业能力强、技术专利适用、业绩良好、运营正常等，选择具有良好承包能力的施工分包人，应当采取以下措施：

首先，应当建立健全工程分包市场竞争机制，通过工程分包信息的公开发布，面向社会筛选有信誉、有实力的分包队伍，通过对分包队伍以往的工作业绩和专业水平的评价，对分包队伍的人员素质、管理水平等进行评定，采取公开、公平的竞争机制，选择真正有实力的分包队伍作为自己的合作伙伴。

其次，建立和完善合格分包人名录，在积极与原有信誉良好分包人不断合作的同时，合格分包人名录应不断更新、扩大。同时，对于在施工分包合作中信誉不佳、履约能力差、施工能力弱、抗风险能力不足的分包人及时清理出合格分包商名录。承包人在选择施工分包人时，应当从合格分包人名录中优先选择。

最后，建立合理的分包人中途退场机制，必须在与分包人签订施工分包合同时明确约定中途退场的条件、程序和处理方法，如约定：分包人在施工中出现偷工减料，出现较大质量事故；分包人人员、设备满足不了施工需要或管理混乱造成工期滞后，严重影响总体工期；安全防范措施不严，造成安全事故等，承包人有权单方面终止施工分包合同，并不负任何责任，分包人应当按照承包人要求的时间无条件撤离施工现场，并赔偿因此给承包人造成的损失。

（六）关于施工分包内容合法性的风险分析与防范

施工分包内容合法性是指承包人在进行施工分包时分包的内容不得违反法律的强制性规定。我国《建筑法》第28条、第29条明确规定，禁止承包人将其承包的全部工程转包给他人；禁止承包人将其承包的全部工程肢解后以分包的名义分别转包给他人；施工总承包的，工程主体结构的施工必须由总承包单位自行完成。我国《招标投标法》第48条、《合同法》第272条也有类似的规定。

施工分包内容违法主要有两种：一是施工分包的内容全部分包给他人；二是将工程主体结构的施工分包给他人。施工分包内容违法的风险主要有：一是在民事责任方面，根据最高人民法院《关于审理建设工程施工合同纠纷案件

第五篇　建设工程施工分包法律风险防范

适用法律问题的解释》第4条规定，承包人非法转包、违法分包建设工程与他人签订施工分包合同的行为无效，导致承包人与分包人连带承担分包工程质量问题、安全问题、工期延误等责任，并且发包人有权依法单方面解除主合同，并追究承包人的民事责任，当事人已经取得的非法所得将可能被人民法院依法收缴。二是在行政责任方面，根据我国《建筑法》第67条的规定，承包人转包工程，除被责令改正外，还将被处以没收非法所得、并处罚款、可以责令停业整顿、降低资质等级，情节严重的吊销资质证书等行政处罚；根据我国《招标投标法》第58条的规定，中标人违法将中标项目的部分主体、关键性工作分包给他人的，处以分包项目金额0.5%至1%的罚款；有违法所得的，并处没收违法所得；可以责令停业整顿；情节严重的，由工商行政管理机关吊销营业执照。

防范施工分包内容违法风险，主要应当采取以下措施：

首先，承包人应当避免将施工分包的全部内容分包给他人或将全部施工分包工程肢解后分包给他人，这是我国法律规定的禁止性行为，之所以这样规定，是因为上述行为属于转包行为，具有很大的危害性，表现在：一是转包行为易形成"层层转包、层层扒皮"的现象，最后实际用于工程建设的费用大为减少，导致严重偷工减料，留下严重的工程质量隐患，甚至造成重大质量事故。二是转包行为破坏了我国招标投标法律制度及合同关系应有的稳定性和严肃性，在建设工程招标投标过程中，发包人往往经过慎重选择，将一项工程交予承包人施工，是基于对承包人的综合履行能力和水平审查后的信任，承包人将其所承包的工程转包给他人，擅自变更合同，违背了发包人的意志，损害发包人的利益。三是转包行为不符合国际惯例，如日本和韩国都规定，除经发包人书面同意外，建筑业从业者不得以任何形式将其承包的建筑工程一并转包给他人。

其次，施工总承包人应当自行完成施工主体结构。所谓主体结构是指基于地基基础之上，接受、承担和传递建设工程所有上部荷载，维持上部结构整体性、稳定性和安全性的有机联系的系统体系，它和地基基础一起共同构成的建设工程完整的结构系统，是建设工程安全使用的基础，是建设工程结构安全、稳定、可靠的载体和重要组成部分。由于工程的主体结构处于隐蔽部位，在该部位最容易偷工减料、降低工程质量标准，且最不容易被发现，而建筑物的主体结构部分出现质量问题，就会留下极大的安全隐患。因此，法律强制规定施工总承包的主体结构部位不得分包，但此规定不符合国际惯例，由于主体结构的定义不是很明确，特别是由于施工专业化的发展，此规定应当进行修改，但在法律未修改之前，应当避免对施工总承包工程的主体结构进行分包。

（七）关于施工分包合同形式的风险分析与防范

施工分包合同的形式是指承包人与分包人是采取何种方式确定双方施工分包合同关系，包括采取口头形式、书面形式或者其他形式。我国《合同法》第270条的规定"建设工程合同应当采用书面形式。"该法第269条规定："建设工程合同包括工程勘察、设计、施工合同。"该法第11条规定："书面形式是指合同书、信件和数据电文（包括电报、电传、传真、电子数据交换和电子邮件）等可以有形地表现所载内容的形式。"该法第33条规定："当事人采用信件、数据电文等形式订立合同的，可以在合同成立之前要求签订确认书。签订确认书时合同成立。"

如果施工分包合同不采用书面形式，仅有口头约定，使得双方行为得不到有效的约束，双方权利义务无书面依据，有诸多风险，表现在：一是分包工程质量、工期等方面出现问题，由于"空口无凭"无法追究其分包人责任；二是工程款的支付缺乏依据，导致双方发生纠纷；三是给争议处理带来风险。

要防范上述风险，切实保护自身的合法权益，签订书面协议非常重要，一是能够强化签约双方当事人履行合同的责任心，二是能使合同双方当事人有行使权利、履行义务的依据，三是合同双方当事人处理合同争议的基础。也就是说，采用书面形式订立合同，内容明确、责任清楚、便于履行、也便于处理争议。

（八）关于施工分包合同备案的风险分析与防范

施工分包合同备案是指承包人与分包人签订施工分包合同后，将施工分包合同报有关监管部门，由有关监管部门对施工分包合同是否符合法律法规、工程建设强制性标准等进行监督检查的行为。目前，我国黑龙江、四川、浙江等省均颁布实施建设工程合同备案管理办法，明确要求施工分包合同需要进行备案。

施工分包合同备案的风险,主要是:一是施工分包合同未进行备案将导致承担相应的行政责任风险及民事权益得不到保护的风险;二是备案的施工分包合同的内容与实际的施工分包合同的内容不一致,导致当事人的权益得不到保护的风险。

防范施工分包合同备案的风险,应当采取以下措施:一是应当及时按照有关规定办理施工分包合同备案手续;二是备案的施工分包合同的内容应当与实际的施工分包合同的内容一致,以避免利益损失。最高人民法院《关于审理建设工程施工合同纠纷案件适用法律问题的解释》第 21 条规定:"当事人就同一建设工程另行订立的建设工程施工合同与经过备案的中标合同实质性内容不一致的,应当以备案的中标合同作为结算工程价款的根据。"

(九)关于施工分包人再次分包的风险分析与防范

施工分包人再次分包是指施工分包人将其承包的工程再次分包给他人的行为。我国《建筑法》第 29 条明确规定,禁止分包单位将其承包的工程再分包。我国《招标投标法》第 48 条、《合同法》第 272 条也有同样的规定。

施工分包人再次分包的风险主要有:一是在民事责任方面,根据最高人民法院《关于审理建设工程施工合同纠纷案件适用法律问题的解释》第 4 条规定,承包人违法分包建设工程与他人签订施工分包合同的行为无效,当事人已经取得的非法所得将可能被人民法院依法收缴。二是在行政责任方面,根据我国《招标投标法》第 58 条的规定,分包人再次分包的,分包无效,处以分包项目金额 0.5% 至 1% 的罚款;有违法所得的,并处没收违法所得;可以责令停业整顿;情节严重的,由工商行政管理机关吊销营业执照。

我国法律作出禁止分包人再次分包的规定,其主要原因有:一是由于工程建设领域的法制建设不完善,层层分包易导致责任不清及中间环节过多造成实际用于工程费用减少,引发工程质量隐患或事故;二是我国建筑行业的专业化程度不高,企业缺乏拥有独创性的核心施工技术和工艺,专业分工及资源有效配置的市场运行机制尚未形成。近十年来,随着我国工程建设领域法制建设不断完善和建筑行业专业化水平的提高,出现了大量的专业化、差异化的承包企业,"禁止分包人再次分包"这一中国特色的法律规定,应当进行修改。FIDIC 分包合同条件第 2.5 条规定:一是分包人不得将整个分包工程分包出去;

二是没有承包人的事先同意，分包人不得将分包工程的任何部分分包出去，但分包人对劳务再分包及根据分包合同和主合同规定的标准采购材料的再分包除外；三是承包人的同意不解除分包合同规定的分包人的任何责任和义务；四是分包人应将再次分包人的行为完全视为自己的行为一样，承担全部责任。FIDIC分包合同条件上述规定值得我国法律有条件放开再分包限制进行借鉴。

在我国法律对禁止分包人再次分包的规定进行修改之前，承包人、分包人应当遵守此规定，防范施工分包人再次分包的风险，承包人主要采取以下措施：一是在施工分包合同中明确约定"禁止分包人再次分包"；二是在施工分包合同中明确约定违反"禁止分包人再次分包"规定违约责任、处理措施及具体处理程序，如较高的违约金、承包人有权解除施工分包合同、分包人中途退场的具体程序等。

四、施工分包合同履行的风险分析与防范

施工分包合同履行是指承包人、分包人全面、正确地履行施工分包合同义务，实现施工分包合同目的的一种法律行为。

施工分包合同履行是施工分包合同的核心，施工分包合同的签订是施工分包合同履行的前提，施工分包合同履行是实现施工分包合同目的的关键。由于施工分包合同具有履行存在标的额大、履行周期长、法律关系复杂、与周边环境关系密切等特点，施工分包合同履行风险大，因此，加强施工分包管理、防范施工分包合同风险必须认真做好施工分包合同履行风险的防范工作。

（一）关于施工分包合同履行主体的风险分析与防范。

施工分包合同的履行主体与施工分包合同的主体并非同一概念，施工分包合同的主体是承包人和分包人，但施工分包合同的履行主体则指履行施工分包合同义务的人和接受施工分包合同履行的人。但在通常情况下，施工分包合同的履行主体主要是施工分包合同的当事人，包括承包人和分包人。

施工分包合同履行主体的风险主要有：一是通过挂靠方式取得施工分包人履行主体，包括通过出租、出借资质证书或者收取管理费等方式允许他人以本单位名义承接分包工程；无资质证书的单位、低资质等级的单位或个人通过各种途径或方式，利用有资质证书或高资质等级单位的名义承接分包工程。二是通过转包方式取得施工分包人履行主体，包括施工分包人不履行合同约定的责

任和义务,将中标项目全部工程转给他人或将中标项目全部工程肢解后以分包的名义分别转给他人。三是施工分包人将其分包的建设工程再次分包,但劳务分包、依据主合同及施工分包合同的材料采购除外。四是施工分包人将发包人作为接受施工分包合同履行的人。

防范施工分包合同履行主体的风险,应当采取以下措施:一是承包人应当加强对于施工分包人履行主体的检查,承包人要随时依据招标文件和中标单位的投标文件承诺及施工分包合同,检查施工分包人的现场的人员、机械、资金到位情况;检查工作要做到全覆盖,要使每个分包人,每年至少接受一次全面检查;检查中要着重核实施工分包合同中的分包人的人员是否确实在岗、机械设备是否确实属分包人自有或由其租用、材料采购是否由分包人自行经办、人员工资是否由分包人发放、分包人实际使用的账户是否确属分包人、资金流动是否在分包人的账户外流动、农民工是否由分包人直接管理等。二是承包人通过检查发现分包人挂靠、转包或再次分包的,应当立即要求分包人改正,拒不改正的,应当依法或依据施工分包合同约定解除施工分包合同,追究其违约责任及要求其赔偿损失,并向有关监管部门举报追究其行政责任。三是禁止施工分包人将发包人作为接受施工分包合同履行的人,承包人一旦发现,应当立即要求分包人改正,并追究其违约责任。

(二)关于施工分包合同履行中工程进度的风险分析与防范。

工程进度管理是承包人工程管理的核心指标之一,承包人必须保证在主合同工期内完成工程的施工,分包人必须在施工分包合同约定的工期内完成施工分包任务,如果施工分包工程进度延误,分包人不仅要承担逾期违约责任,而且承包人要承担因各分包人配合不好而造成的工期延误责任,由于分包工程施工中存在交叉作业、相互影响等因素,风险很大,因此,做好施工分包工程进度风险防范工作在施工分包合同履行中非常重要。

施工分包合同履行中工程进度的风险主要表现在:一是缺乏科学、合理且认可的进度计划;二是实际施工进度与进度计划不一致时缺乏有效的进度调整方法;三是对工程进度的过程没有及时采取有效的监控措施;四是对工程进度的迟延缺乏有效的处理措施;五是对工期延误的签证未区分是发包人原因造成的、还是承包人原因造成的以及不注意默示条款的运用。

防范施工分包合同履行中工程进度的风险，应当采取以下措施：一是承包人应当与分包人协商制订科学、合理的总进度计划、月进度计划、周进度计划，并经过承包人、分包人书面确认。二是承包人应当加强对进度计划的监督检查，发现实际进度与计划进度有偏差时，应当采取改变工作顺序、缩短工作时间、增减施工内容、增减工程量等方法对工程进度进行调整。三是承包人应当加强对工程进度的过程监控，如发生分包人延迟进场、工期严重延误等，承包人应及时发函催促或通过会议纪要、往来函件等形式，告知分包人工期延误的事实及违约责任后果，收集并保存好相关证据。四是承包人应当根据施工分包合同约定及实际情况，分别采取工程进度款的支付与工程进度挂钩、暂停支付工程款、调整施工分包范围、解除施工分包合同等措施。五是对于发包人原因造成的工期延误，只有在承包人根据主合同从发包人处获得的与分包合同相关的工期延长后，承包人才签证认可分包人工期延长的要求；对于由于承包人未按约定提供图纸、开工条件、设备设施、施工场地、支付工程款、提供指令或批准等导致施工分包工程工期延长的，分包人应当在规定期限内书面通知承包人并提供详情报告，承包人在收到报告后的规定期限内予以确认或提出修改意见，逾期不确认也不提出修改意见的，视为同意延长工期；如分包人未在规定期限内提出延期要求，视为上述情形不影响工期。

（三）关于施工分包合同履行中工程质量风险分析与防范。

在工程总承包合同中，承包人的主要义务就是完成工程总承包合同约定的设计、采购和施工任务，向发包人交付合格的工程，工程合格既包括设计合格，又包括采购的材料设备合格，还包括施工工程质量的合格。施工分包工程质量合格是工程合格的重要组成部分，而施工分包工程质量具有涉及面广、影响因素多、各部分关联密切、隐蔽性强、终检局限性大等特点，因此，施工分包合同履行中工程质量的风险大，在施工分包合同履行中做好施工分包工程质量控制非常重要。

施工分包合同履行中工程质量的风险，主要包括：一是没有进行书面的技术交底，对分包工程的质量要求标准没有书面要求；二是分包人没有编制适合工程特点的施工组织设计或施工方案，特别是缺乏有针对性的施工质量保证计划；三是分包人没有建立全面、科学的施工分包工程质量保证措施，包括人员、材料与构配件、施工方法、施工机械设备、环境、成品保护等方面质量控制；四是没有建立健全施工分包工程质量过程监控体系，缺乏有效的惩罚手段；五是没有对施工分包工程的最终产品及工程资料进行有效的验收和质量控制；六是施工分包工程的保修制度不健全，包括工程质量出现问题通知分包人缺乏书面的通知记录、工程质量是否修复缺乏有效的书面记录等，如本文前述案例中，承包人对分包人提出的分包人未履行保修义务的反诉，由于缺乏承包人通知分包人进行维修的书面记录导致法院不支持。

防范施工分包合同履行中的工程质量风险，应当采取以下对策：一是承包人与分包人组织设计交底和图纸会审时，应当将施工分包合同中明确约定质量标准和质量管理要求落实到施工分包工程的具体部位，明确具体的技术要求，同时应做好技术交底记录，要求分包人相关技术人员在交底记录上签字，以作为质量监控和追究其违约责任的具体依据。二是承包人应当审查分包人提交的施工组织设计或施工方案，特别是审查分包人在保证施工分包工程质量方面有可靠的技术措施。三是审查和督促分包人建立健全全面、科学的施工分包工程质量保证措施，在人员方面，分包人的项目管理人员应当专业齐全、施工人员中技工达到合同要求、特殊工种应当持证上岗；在材料与构配件方面，进场时必须具备正式的出厂合格证和材质化验单或厂家批号，钢筋要按批次做试验，在尚未出具试验报告前严禁使用；在施工方法方面，承包人应当严格施工方法的编写和审核批准程序，综合考虑采取适用的施工方法；在施工机械设备方面，其性能、型号、功率上一定要符合施工工艺要求；在环境因素方面，应在进行调查研究的基础上做好相应预测，制定相应对策；在成品保护方面，应当明确相应的保护措施。四是承包人应当加强对施工分包工程质量的控制和监督，坚决制止未经承包人、发包人核验进行下一道工序施工的行为，对分包工程出现的质量问题，除应当责令返工或修复、对相应部分不予计价外，还应当按照施工分包合同约定直接扣除分包人的违约金。五是承包人应当及时组织联动试车运转、单位工程与单项工程竣工验收；及时进行质量评定，对在验收中发现的问题及时要求分包人整改；审核竣工图及其他技术文件资料；不使用未经竣工验收的施工分包工程。六是承包人应当审核施工分包人的工程保修书，对于施工分包工程质量缺陷，及时书面通知分包人修复，督促分包人及时修复缺陷，做好书面记录并由分包人签字确认；对分包人不履行或不适当履行质量保修义务的，承包人应当根据施工分包合同约定由其他人代为履行，其费用直接从分包工程保修金中直接扣除，并且还应当依据施工分包合同的约定追究分包人的违约责任。

（四）关于施工分包合同履行中HSE风险分析与防范。

承包人对整个工程的HSE负总责，尽管HSE问题往往是由分包人引起的，但是，一旦分包工程出现HSE事故将损害整个总承包工程的利益，由于施工分包工程具有施工周期长、立体交叉作业、影响因素多等特点，因此，施工分包工程中HSE的风险很大，做好施工分包合同履行中HSE的风险防范工作，非常重要。

施工分包合同履行中HSE的风险，主要有：一是没有进行书面的安全施工的技术交底；二是分包人施工组织设计中缺乏安全技术措施或施工安全方案；三是分包人没有建立全面、科学的施工分包HSE制度及保证措施；四是没有建立健全施工分包工程HSE过程监控体系，缺乏有效的惩罚手段。

防范施工分包合同履行中HSE风险，应当采取以下措施：一是在施工前，承包人、分包人负责项目管理的技术人员应当对有关安全施工的技术要求向施工作业班组、作业人员作出详细说明，并由双方签字确认。二是承包人应当督促和审查分包人提交的在施工组织设计中编制安全技术措施和施工现场临时用电方案，特别要审查分包人对达到一定规模的危险性较大的分部分项依法编制专项施工方案。三是审查和督促分包人依法建立健全全面、科学的施工分包工程HSE制度及保证措施，包括HSE责任制度、HSE教育培训制度、专职管理人员制度、特种作业人员持证上岗制度、安全技术措施费专款专用制度、强制意外伤害保险制度等。四是承包人应当加强对施工分包工程HSE的控制和监督检查，对分包人的施工HSE进行严格审批，督促分包人全面贯彻落实HSE制度，开展全方面、多层次的HSE检查，对分包工程出现的HSE问题，及时报告、督促整改，坚决制止违章指挥、违章作业，并依据施工分包合同追究分包人的违约责任。

（五）关于施工分包合同履行中工程价款的风险分析与防范。

工程价款的管理是承包人、分包人在施工分包合同履行中关注的核心内容之一，一方面关系到承包人对整个工程的投资控制，另一方直接关系到分包人的成本和利润，在施工分包合同履行中对于工程价款的计算、支付等常常成为承包人、分包人争议的焦点，风险很大，在施工分包合同履行中做好工程价款的风险防范工作非常重要。

施工分包合同履行中工程价款的风险，主要包括：一是施工分包合同约定为固定价（俗称"闭口价"）的，对工程量增加或减少的部分如何进行调整不明确的风险，如本文前述案例中，合同约定是固定总价合同，双方发生争议内容之一是工程量增加或减少部分如何调整。二是施工分包合同约定工程价款据实结算或通过审计确定（俗称"开口价"）的，承包人对施工过程中形成的文件包括补充协议、会议纪要、工程量变化资料、技术变更、核定资料和施工图纸等签署不当的风险。三是工程进度款的支付条件不明确的风险。四是工程结算中竣工结算文件的接受及答复存在很大风险，包括承包人接受竣工结算文件后退还未提出明确意见，如本文前述案例中，双方发生争议内容之一是承包人的项目经理在退还竣工结算文件未签署意见是否视为承包人认可竣工结算文件的内容；此外，承包人接受竣工结算文件后未在合同约定的期限内答复视为承包人认可竣工结算文件等。五是工程价款的支付与收取主体与合同约定不一致的风险。六是工程价款变更与索赔不规范的风险。七是工程扣款的计算标准不明确与扣除款项未确认风险，如本文前述案例中，承包人对分包人提出的施工过程中应当支付的水费、电费等的反诉，由于缺乏相应的垫付款项的证据而没有得到法院支持。

防范施工分包合同履行中工程价款的风险，应当采取以下措施：一是对于闭口价施工分包合同，对工程量增加或减少部分如何确定其价格，应当按照合同约定进行调整，如果合同没有约定或约定不明确的，应当通过签署补充协议或会议纪要加以明确，应当注意增加或减少部分的价格调整方法应当一致、合同中已有价格或有类似价格的适用或参照适用合同中的价格。此外，对合同内外工程量易产生争议，承包人应当注意收集保留有关委托他人施工的合同、付款凭证及施工资料等。二是对于开口价施工分包合同，承包人应当特别谨慎签署施工过程中形成的文件如补充协议、会议纪要、工程量变化资料、技术变更、核定资料和施工图纸等。三是工程进度款的支付应当依据施工分包合同的约定与工程进度、工程质量挂钩，同时还应与发包人对承包人工程计量及付款紧密联系；对于明确"背靠背"支付条件的，承包人应当注意收集和保留发包人未支付分包工程款、非承包人原因造成发包人不付款、积极向发包人主张付款等方面的证据。四是承包人接受竣工结算文件后应当在施工分包合同约定的期限内提出明确答复意见包括同意、不同意或修改意见，以避免发生承包人接受竣工结算文件后未在合同约定的期限内答复视为承包人认可竣工结算文件。五是根据合同相对性原则，施工分包工程价款的支付主体是承包人、收取主体是分包人，在施工分包合同履行中可能会发生变化，在转包和违法分包情形下，施工分包工程价款的支付主体可以是承包人，根据最高人民法院《关于审理建设工程施工合同纠纷案件适用法律问题的解释》的规定，也可以是发包人；施工分包工程款的收取主体应当是分包人或分包人明确授权的人；此外，承包人在为分包人代为付款时，必须由分包人出具书面的委托付款书，并由第三人签字确认。六是严格掌握工程变更，公正处理索赔事项。七是对工程施工过程中发生的水费、电费等，应当单独计量，书面确认量与金额，并根据施工分包合同的约定及时从施工分包工程款中扣除。

（六）关于施工分包合同履行中工程签证的风险分析与防范。

工程签证是指承包人、分包人在分包工程施工过程中，按合同约定对涉及工程的款项、工程量、工程期限、赔偿损失等所达成的双方意思表示一致并通过书面签字确认的行为。工程签证在工程变更和工程索赔中具有非常重要的作用。最高人民法院《关于审理建设工程施工合同纠纷案件适用法律问题解释》第 19 条的规定为工程签证提供了法律依据。由于施工分包工程规模和投资较大，建设周期较长，材料价格变化较快，施工分包合同难以对未来整个施工期可能出现的复杂情况作出准确地预见和约定，并且在实际施工中，主客观条件的变化又会给整个施工过程带来许多不确定的因素，在分包工程施工过程中现场签证的大量存在，工程签证又直接关系到承包人、分包人的利益，风险较大，做好施工分包合同履行中工程签证的风险防范工作非常重要。

施工分包合同履行中工程签证风险，主要包括：一是工程签证日期与实际不符，忽视了预算定额、材料指导价、人工费调整、机械费调整等时间限制；二是签证的内容缺乏施工分包合同依据及相应的证据材料依据；三是工程签证流程不科学，工程签证单的格式不统一。

防范施工分包合同履行中工程签证风险，应当采取以下措施：一是严格执行施工分包合同约定的工程签证的办理期限，对分包人逾期提交工程签证的视为放弃签证权利。二是对分包人提交签证的内容进行严格审查，凡预算定额或间接费定额、有关文件有规定的项目，不得另行签证；现场签证内容、数量、项目、原因、部位、日期等要素要明确，价款的结算方式、单价的确定应明确；对于一些重大的现场变化，还应及时进行拍照或录像，以保存第一手原始资料，对辅助证据资料不完整、缺乏原件的，不予签证。三是严格按照完善的签证流程和统一的签证单格式进行签证，由施工分包合同约定的有权签字人员按照其权限及规定的签证流程进行，并且应当有多人参与，以强化监督。

五、施工分包合同纠纷诉讼解决风险分析与防范

施工分包合同纠纷，是指因施工分包合同的生效、解释、履行、变更、终止等行为而引起的承包人、分包人的所有争议。根据我国《合同法》第128条的规定，承包人、分包人可以通过和解、调解、仲裁、诉讼来解决施工分包合同争议，其中诉讼方式是解决施工分包合同经常采用的方式。所谓诉讼是指发生合同争议后，当事人一方向有管辖权的人民法院起诉，请求法院按照法律规定作出判决，解决纠纷。

由于施工分包合同纠纷具有专业性强、法律关系复杂、与社会稳定关系密切、标的额大、受自然环境影响等特点，施工分包合同纠纷的诉讼解决风险大，承包人、分包人应当认真做好风险防范工作。

（一）关于施工分包合同纠纷诉讼管辖的风险分析与防范

民事诉讼管辖是指确定上下级人民法院之间和同级人民法院之间受理第一审民事案件的分工和权限。由于我国目前一些地方存在地方保护主义现象，在程序和实体法律适用上对异地当事人存在歧视，因此，施工分包合同纠纷案件的管辖权对承包人、分包人来说具有重要意义。

施工分包合同纠纷诉讼管辖的风险，主要包括：一是将施工分包合同纠纷管辖适用专属管辖的风险；二是规避级别管辖的手段不当的风险；三是选择地域管辖的协议不符合法律规定的风险。

防范施工分包合同纠纷诉讼管辖的风险，应当采取以下措施：一是施工分包合同纠纷属于特殊类型的承揽合同纠纷，不属于不动产纠纷，不适用建设工程所在地人民法院管辖，根据最高人民法院《关于审理建设工程施工合同纠纷案件适用法律问题的解释》第24条关于建设工程施工合同纠纷以施工行为地为合同履行地的规定，施工分包合同纠纷在管辖上排除了强制的专属管辖的适用。二是当事人通过增加、缩减请求金额的手段实现规避级别管辖时，应当注意最高人民法院《关于民事诉讼证据的若干规定》第34条关于变更诉讼请求应当在举证期限届满前提出的规定，此外还应当注意有合理的理由。三是协议选择地域管辖应当有书面约定，约定的管辖法院只能是一审法院，约定的范围限于被告住所地、合同履行地、合同签订地、原告住所地、合同标的物所在地法院，同时管辖协议内容不得违反级别管辖的规定。

（二）关于施工分包合同纠纷诉讼参加人确定的风险分析与防范

民事诉讼参加人是指参加民事诉讼的当事人和类似当事人地位的共同诉讼人、第三人和诉讼代理人。根据合同相对性原则的要求，施工分包合同纠纷诉讼参加人是订立施工分包合同的承包人和分包人，但由于施工分包合同法律关系复杂，存在特殊情况。施工分包合同纠纷诉讼参加人非常重要，如原告不符合法律规定条件的，法院将不予受理，已受理的也会驳回起诉；如被告不适格，会被驳回诉讼请求；如有遗漏的，又可能影响责任的承担，因此，施工分包合同纠纷诉讼参加人的确定风险大，应当注意防范。

施工分包合同纠纷诉讼参加人确定的风险，主要有：一是在因转包、违法分包而导致施工分包合同无效的案件中，追索工程款时存在选择诉讼参加人不当的风险；二是在建设工程质量发生争议时，追究工程质量责任时存在选择诉讼参加人不当的风险。

根据最高人民法院《关于审理建设工程施工合同纠纷案件适用法律问题的解释》第25条、第26条规定，防范施工分包合同纠纷诉讼参加人确定的风险，应当采取以下措施：一是在因转包、违法分包而导致施工分包合同无效的案件中，实际施工人可以选择向转包人或违法分包人起诉，也可以选择直接向发包人起诉；实际施工人以发包人为被告主张权利的，应当追加转包人或违法分包人为案件当事人。二是因建设工程质量发生争议的，发包人可以以承包人、分包人和实际施工人为共同被告提起诉讼，承包人、分包人、实际施工人就建设工程质量对发包人承担连带责任。

(三)关于施工分包合同纠纷鉴定的风险分析与防范

鉴定是指由鉴定部门或鉴定人接受委托或聘请,运用自己的专门知识和现代科学技术手段,对诉讼中所涉及的某些专门性问题进行检测、分析和鉴别的过程。由于施工分包合同纠纷案件涉及大量工程专业问题,工程质量、工程造价、停窝工损失的鉴定是施工分包合同纠纷案件中常见的鉴定情形,因此,鉴定在施工分包合同纠纷诉讼解决中具有非常重要的作用,本文前述案例中,工程造价的鉴定在该案件的处理中发挥了重要作用。由于鉴定具有专业性、法律性很强的特点,风险较大,承包人、分包人应当做好施工分包合同纠纷鉴定风险防范工作。

施工分包合同纠纷鉴定的风险,主要包括:一是鉴定申请不符合法律规定的风险;二是鉴定的条件不合法的风险;三是鉴定的范围不合法的风险;四是鉴定的依据不明确的风险。

防范施工分包合同纠纷鉴定的风险,应当采取以下措施:一是鉴定的申请应当符合法律规定,根据最高人民法院《关于民事诉讼证据的若干规定》第25条规定,申请鉴定,应当在举证期限内提出。如对需要鉴定的事项负有举证责任的当事人,在人民法院指定的期限内无正当理由不提出鉴定申请或者不预交鉴定费用或者拒不提供相关材料,致使对案件争议的事实无法通过鉴定结论予以认定的,应当对该事实承担举证不能的法律后果。本文前述案例中,被告中国某国际工程公司在举证期限届满前及时提出了工程造价鉴定申请,在二审期间也及时提出了鉴定申请,维护了当事人的合法权益。二是鉴定应当符合法律规定的条件。如工程质量、工程造价等已经确定,如在工程质量方面,已经验收合格或发包人已经使用等;在工程价款方面,工程价款已经审定并且审定单、双方对结算价款已经签章确认、逾期不结算视为认可结算等,则不需要进行鉴定,即使申请鉴定,法院也不会同意,但内容确有错误的,仍可以申请鉴定。本文前述案例中,一审法院以被告项目经理已在结算书上签字为由认为双方已经就结算款达成一致不同意工程造价鉴定,但二审法院以结算书确有错误为由发回重审,要求进行鉴定。三是鉴定的范围应当符合法律规定,根据最高人民法院《关于审理建设工程施工合同纠纷案件适用法律问题的解释》第

22条规定，固定总价合同，法院不支持鉴定请求；但如果施工分包合同不是固定总价合同也未进行阶段性结算的、是固定单价合同但工程量据实结算的、是固定总价合同但有洽商变更情形，根据最高人民法院《关于审理建设工程施工合同纠纷案件适用法律问题的解释》第23条规定，当事人对部分案件事实有争议的，仅对有争议的事实进行鉴定，但争议的范围不能确定的或者双方当事人请求对全部事实鉴定的除外。本文前述案例中，虽然施工分包合同是固定总价合同，但由于洽商变更较多，争议范围不能确定，本案发回重审后一审法院对全部事实均委托鉴定机构进行了鉴定。四是鉴定的依据应当符合法律规定，根据最高人民法院《关于审理建设工程施工合同纠纷案件适用法律问题的解释》第16条第1款、第2款及第19条的规定，施工分包合同有约定的，按照合同约定结算工程价款；合同没有约定或不能协商一致的，参照签订施工分包合同时当地建设行政主管部门发布的计价方法或计价标准结算工程价款；对工程量争议的，按签证等文件确认或其他有关证据确认。

（四）关于施工分包合同纠纷证据的风险分析与防范

民事诉讼证据是指能够证明民事案件真实情况的客观事实材料。在施工分包合同纠纷案件中，证据种类上主要以书证为主，以证人证言、视听资料为辅。在施工分包合同纠纷案件诉讼过程中，当事人和法官的一切活动都是围绕诉讼证据进行的，因此，可以说，诉讼证据是整个民事诉讼活动的核心。

施工分包合同纠纷证据的风险，主要有：一是证据不全面的风险；二是证据缺乏证明力的风险；三是举证超过法定期限的风险。

防范施工分包合同纠纷证据的风险，应当采取以下措施：一是收集和保存在施工过程中形成各种类型的大量工程资料，包括招投标文件、施工分包合同及附件、补充合同、工程签证文件、会议纪要、工作联系单、索赔报告、结算资料、工程检查验收单、图纸、技术规范、工程施工计划或方案、工程进度计划、技术鉴定报告、水电供应等影响施工的资料等。二是规范工程资料的签字、签收手续，施工分包合同及补充合同应当有双方的签字盖章，工程签证文件应当有双方授权签字人员的签字，会议纪要应当有与会人员的亲笔签名，工作联系单、索赔报告、结算书等应有接收单位授权签收人的签收记录，工程检查验收单应当有承包人、分包人、监理人等授权人员的签字及单位盖章；在对方拒绝签收情况下，可采用特快专递或者公证送达的方式送达；对通过电子邮件发送的工程资料，应当通过公证的方式进行证据保全。三是根据最高人民法院《关于民事诉讼证据的若干规定》第34条规定，应当在举证期限内向人民法院提交证据材料，逾期举证的，视为放弃举证权利，举证期限一般包括当事人商定期限、法庭指定期限及法定期限三类，在施工分包合同纠纷案件中，法庭指定举证期限最多，应当特别注意。本文前述案例中，被告在一审中未提交双方人员侧封签字的《结算工程量确认书》这一重要证据，后在二审中提交，该证据在二审及发回重审的一审的工程造价鉴定中发挥了重要作用。

（五）关于施工分包合同纠纷反诉的风险分析与防范

所谓反诉，是指在第一审程序中，人民法院对案件裁判之前，被告为了抵消或部分抵消本诉原告的诉讼请求，维护自己的合法权益，向本诉的原告提出的一种独立的反请求。反诉是被告针对原告提出的独立的诉讼，是在施工分包合同纠纷案件中被告经常采用的一种积极防御手段，可使被告的合法权益得到保护。

施工分包合同纠纷反诉的风险主要有：一是反诉不具备法定条件的风险；二是反诉缺乏有效的证据的风险；三是反诉的提起超过法定期限的风险。

防范施工分包合同纠纷反诉的风险，应当采取以下措施：一是反诉的成立必须符合我国《民事诉讼法》规定的关于诉的条件，即原告是与本案有直接利害关系的公民、法人或其他组织；有明确的被告，且该被告是，且只是本诉的原告；有具体的诉讼请求和事实理由；属于人民法院受理的民事诉讼的范围；不属于其他法院专属管辖的案件。二是反诉应当有确实、充分的证据，如本文前述案例中，原告北京某建设工程公司的诉讼主张工程欠款及利息，被告中国某国际工程公司就原告未履行保修义务及垫付水费、电费等提起了反诉，但由于缺乏通知被告履行保修义务及水费、电费等垫付的相应证据，法院对被告的反诉请求只支持了一部分，大部分未支持。三是根据最高人民法院《关于民事诉讼证据的若干规定》第34条规定，提起反诉应当在举证期限届满前提出。

（六）关于施工分包合同纠纷抗辩的风险分析与防范

民事诉讼抗辩是指民事诉讼中一方当事人针对对方当事人的请求、事实、理由提出的有利于己方的事实、证据和理由，以否定对方的主张，保护己方的合法权益的行为。抗辩是被告针对原告诉讼请求的一种消极防御手段，其目的是使原告的诉讼请求不能成立。

施工分包合同纠纷抗辩的风险，主要包括：一是抗辩缺乏法律依据的风险；二是抗辩缺乏事实依据的风险；三是抗辩缺乏重点的风险。

防范施工分包合同纠纷抗辩的风险，应当采取以下措施：一是抗辩应当有法律依据，我国《合同法》第66条、第67条、第68条、第69条规定同时履行抗辩权、后履行抗辩权、不安抗辩权，施工分包合同纠纷案件的当事人应当依法进行抗辩。二是抗辩应当有事实依据，并且有确实、充分的证据予以证明，否则，抗辩将得不到法院的支持。三是抗辩应当突出重点，明确抗辩思路。本文前述案例中，本律师接受被告委托后，对原告北京某建设工程公司支付工程欠款及利息的诉讼请求如何进行抗辩，进行认真分析和梳理，原告的诉讼请求是基于被告的项目经理在原告的结算书的签字，而原告提交的结算书中存在有100多处矛盾、错误、重复申报之处，这里被告进行抗辩就有两种思路，一是否认被告项目经理签字的有效性进行抗辩，二是针对其结算书本身存在大量矛盾、错误、重复申报之处进行抗辩，后结合本案事实和法律规定，经过周密分析判断，通过否认被告项目经理签字的有效性进行抗辩难度很大，确定重点针对其结算书本身存在大量矛盾、错误、重复申报之处进行抗辩，在不服一审判决的上诉状中重点、详细列举了结算书本身存在大量矛盾、错误、重复申报之处，分析了一审判决缺乏事实依据，经过二审法院的法官的公正审理，被告的抗辩理由得到法院的认可，二审法院终于作出裁定，撤销一审判决，发回重审。

建设工程分包合同履行与纠纷解决风险分析与防范

——从代理某工程咨询公司与中国某工程集团有限公司工程分包合同纠纷申请仲裁案谈起

【案情简介】

2006年7月6日,申请人某工程咨询公司与被申请人中国某工程集团有限公司签订了《某项目工程分包合同》,双方约定:被申请人将某大厦弱电系统工程分包给申请人,并确定了工程款的具体数额及支付时间。该合同签订后,申请人按照该合同约定履行了自己的义务。2008年11月,该工程进行了最终结算,该工程最终结算工程款为1260万元。被申请人分别于2006年7月、10月、12月及2007年8月分四次向申请人支付了工程款共计454万元人民币,申请人为其开具了相应数额的正式发票。被申请人的子公司于2008年2月向申请人支付了工程款计157万元人民币,申请人为其开具了相应数额的正式发票。被申请人的子公司的北京分公司分别于2007年3月、2008年10月及2009年5月、7月分四次向申请人支付了工程款共计569万元人民币,申请人为其开具了相应数额的正式发票。申请人同意被申请人从工程结算款中直接扣除总包管理费计38万元人民币。该工程最终结算款减除已付款项及应扣除的总包管理费,尚有42万元人民币工程款未支付,被申请人认为该款项是为申请人代扣的营业税税金。依据有关税法规定,被申请人作为营业税扣缴义务人应向申请人提供已交代扣的税金的完税证明。尽管申请人与被申请人多次协商,并于 2009 年 8 月 10 日向被申请人发出《律师函》,要求被申请人提供完税证明,但未果。

申请人认为被申请人的行为严重侵犯了申请人的合法权益,遂委托本所于 2009 年 9 月 22 日向北京仲裁委员会提出了仲裁申请,北京仲裁委员会受理此案后,依法进行了开庭审理,并于 2009 年 12 月 3 日作出了终局裁决,仲裁裁决全部支持了申请人的仲裁请求。

仲裁裁决生效后,被申请人及时、全面地履行了仲裁裁决书。

【代理意见和裁决】

申请人的代理意见

本所接受申请人委托后,通过对案件的调查和分析,就本案的工程款金额、申请人开具的发票的认定及债务履行方式,发表了如下代理意见:

一、双方签订的工程分包合同合法有效,被申请人欠付 42 万元人民币工程款事实清楚。

2006 年 7 月 6 日,申请人与被申请人签订的《某项目工程分包合同》,是双方当事人真实意愿的表示,符合法律规定,合法有效。合同签订后,申请人已经履行了合同义务,工程质量合格并已交付,并且双方也已进行了工程结算。该工程最终结算工程款为 1260 万元,扣除被申请人已经支付的 1180 万元工程款及总包管理费 38 万元,被申请人尚欠付申请人 42 万元工程款,事实清楚。

二、被申请人提出异议的 4 张发票的责任在于被申请人。

被申请人在书面答辩意见中提出,申请人提交的证据中有 7 张发票,其中 3 张是开具给被申请人,被申请人认可;其余 4 张发票是由于申请人自身过错造成付款人与被申请人不同,由申请人自行承担全部责任。

对于被申请人提出异议的 4 张发票,首先应当由被申请人提供完税证明或支付相应的工程款。申请人提供的发票是根据被申请人要求开具的,责任不在申请人。开具发票的程序是先开票后付款,根据财务制度的规定,付款单位是哪个单位,申请人也应当就该单位开具发票。被申请人提出要求申请人更改发票名称不是事实,被申请人从来没有向申请人提出过更改名称的要求。如果被申请人认为发票有误(包括单位和名称),被申请人可以提出异议,并且可以不付款。被申请人委托其子公司付款,这是被申请人的内部问题。4张发票项下的款项都是本案所涉工程款的组成部分,因此,提供完税证明或支付工程款的义务人是被申请人,被申请人应承担其有异议部分的4张发票的责任。

三、被申请人欠付工程款的债务履行方式。

申请人认为依据国家有关税法的规定,如果被申请人代扣了营业税,被申请人应当提供相应代扣数额的完税证明;如果不能提供完税证明,被申请人应当向申请人支付相应数额的工程款。

被申请人的答辩意见

针对申请人的仲裁请求及事实理由,被申请人提供了如下答辩意见:

被申请人对申请人提出的付款金额没有异议。申请人提交的证据中为被申请人开具的发票部分,被申请人同意开具完税证明。付款行为是建立在合同基础之上的,被申请人是实际付款人,其他的付款单位是委托代理付款关系,不是实际付款人。对此,申请人是明知的。申请人应当依据合同约定为被申请人开具发票。被申请人从来没有要求申请人为其他单位开具发票。发票错开的行为是申请人的错误认知导致的,因此,其后果应当由申请人自行承担。

仲裁庭意见及裁决

北京仲裁委员会受理此案后,于2009年10月28日开庭进行了审理。仲裁庭经审理提出了如下意见:

一、关于被申请人欠付申请人的工程款金额。

双方当事人对签署分包工程结算报告并确定本案工程结算金额为1260万元的事实没有异议,同时对已支付工程款金额1180万元和在结算金额中扣除总包管理费38万元的事实也没有异议。因此,仲裁庭确认被申请人欠付申请人的工程款金额为42万元。

二、关于申请人开具的七张发票的认定问题。

仲裁庭注意到,申请人以被申请人为付款单位开具的3张发票,被申请人对该3张发票的真实性没有异议,同时在庭审答辩中表示愿意提供该3张发票的完税证明。因此,仲裁庭对申请人要求被申请人提供上述3张发票项下工程款完税证明的仲裁请求予以支持。

本案双方当事人有争议的问题是被申请人委托其子公司及北京分公司支付工程款，申请人为子公司开具的4张发票。由于被申请人认可其通过子公司支付工程款的事实，同时对上述4张发票的真实性未予否认，因此仲裁庭认可上述4张发票的真实性。仲裁庭认为，被申请人委托第三方付款是导致申请人没有为其出具发票的直接原因，根据财政部令［1993］第6号《中华人民共和国发票管理办法》第二十条"销售商品、提供服务以及从事其他经营活动的单位和个人，对外发生经营业务收取款项，收款方应当向付款方开具发票"的规定，申请人为其子公司出具发票的行为，并无过错。在合同履行过程中，被申请人连续四次通过其子公司接受发票并支付工程款的事实表明其未对申请人出具的发票提出异议；虽然被申请人辩称因申请人错开发票不能提供完税证明，但对该主张被申请人未能举证证明，也未提交曾要求申请人更换发票方面的证据支持其主张。被申请人在庭审时同时辩称，税务部门2009年后改为差额纳税，这就表示上述4张发票没有办法办理完税证明。仲裁庭认为税收征收方式的改变并未改变被申请人尚有42万元工程款未支付的事实，而且不能提供完税证明不是申请人原因造成的，其责任不应由申请人承担。

综上所述，被申请人关于由申请人承担不能提供完税证明责任的答辩意见不能成立，仲裁庭不予支持。

三、被申请人欠付申请人工程款的债务履行及方式。

仲裁庭注意到，双方当事人对欠付工程款的事实并无争议，按照《中华人民共和国合同法》的相关规定，被申请人不论以提供完税证明或支付工程款的哪种方式都应该履行自己的债务支付义务。

由于申请人认可被申请人通过提供完税证明的方式支付欠付的工程款，被申请人在庭审时也认可了42万元欠付工程款是代扣税款并表示已经向税务部门缴纳了相应税款。根据双方当事人的上述意见，仲裁庭认为税款的代扣代缴是双方达成一致的意思表示，被申请人应首先以提供完税证明的方式履行债务，被申请人提供完税证明的金额为1260万元。

此外，被申请人虽然答辩称由于申请人为其子公司出具了4张发票以及2009年以后税收征收方式的改变导致部分工程款的完税证明不能提供，但是仲裁庭认为被申请人的上述理由均不是由申请人责任造成的，被申请人在无法以提供完税证明的方式履行债务的情况下应以支付工程款的方式履行对申请人的债务。

四、仲裁费用的承担。

本案主要是因为被申请人没有履行对申请人的债务造成的，仲裁庭认为仲裁费应由被申请人全部承担。

根据以上事实和理由，仲裁庭裁决如下：

（一）被申请人应于收到本裁决书之日起30日内向申请人提供结算金额为1260万元的完税证明；上述期限内不能提供完税证明的部分，被申请人应自前述期限届满之日起15日内按照3.3%的比例向申请人支付相应款项。

（二）本案仲裁费21180元，由被申请人承担。由于申请人已向本会预交了全部仲裁费，故被申请人应当自本裁决书送达之日起15日内直接向申请人支付其垫付的仲裁费21180元。

上述被申请人应向申请人支付的款项，逾期支付，按照《中华人民共和国民事诉讼法》第229条的规定办理。

本裁决为终局裁决，自作出之日起生效。

【风险分析与防范】

本案是一起工程分包合同纠纷案件，本案申请人由于在工程分包合同履行过程中，没有注意防范风险，以至于合同履行过程中发生纠纷。本律师在本案中作为申请人的代理律师，对本案取得了全部胜诉的良好效果感慨颇多，本案对在合同履行过程中如何防范第三方代为履行风险、如何选择履行方式以及如何选择争议解决方式等有诸多启示。

一、关于由第三方代为履行合同

本案的争议焦点是，被申请人委托其子公司向申请人代为支付工程款，申请人向代为付款的第三方开具了正式发票，由此造成被申请人无法提供完税证明的责任应该由谁承担的问题。本案的纠纷也是由于被申请人委托其子公司代为付款造成法律关系混乱引起的。因此，如何正确认识第三方代为履行合同的法律性质及如何防范由此引发的法律风险,对工程总承包单位来说是非常重要的。

首先,应该注意区别第三方代为履行与债务转移的区别。所谓第三人代为履行,是指第三人依照合同当事人约定由其向债权人履行债务;第三人不履行债务或者履行债务不符合约定的,债务人应当向债权人承担违约责任。我国《合同法》第65条规定:"当事人约定由第三人向债权人履行债务的,第三人不履行债务或履行债务不符合约定,债务人应当向债权人承担违约责任。"该条规定的第三人代为履行制度,具有如下法律特征:(1)第三人可以代替债务人履行债务。(2)第三人代替债务人履行债务应当有约定,约定的形式为《合同法》第10条规定的书面、口头和其他形式。(3)第三人不是合同当事人,无须在该合同上签字或盖章。(4)第三人不承担合同的履行责任和违约责任。当第三人拒绝履行或履行不符合约定时,由债务人承担履行或违约责任。所谓合同债务的转移是指基于债权人、债务人与第三人之间达成的协议将债务转移给第三人承担,由第三人取代债务人的地位成为合同当事人,而向债权人履行债务。《合同法》第84条规定:"债务人将合同的义务全部或者部分转移给第三人的,应当经债权人同意。"该条规定的债务转移制度,具有如下法律特征:(1)债务是可以转移的,但必须由当事人亲自履行的债务不能转移。(2)债务转移必须以债权人同意为必要条件。(3)债务转移前的合同关系消灭,转移后的合同关系产生。(4)合同主体已经变更,第三人成为合同当事人。由此可见,第三方代为履行与债务转移存在明显的区别,主要表现在:(1)生效条件不同。在第三人代为履行的情况下,第三人单方表示代替债务人清偿债务或者与债务人达成代替其清偿债务的协议即可。但在债务转移的情况下,债务转移时必须经债权人同意,否则不发生法律效力。(2)法律地位不同。在第三人代为履行的情况下,第三人只是履行主体而非合同主体,第三人不是合同当事人。但在债务转移的情况下,第三人将加入原合同或完全代替债务人成为合同关系当事人,如果是合同债务的全部转移,则第三人将完全代替债务人成为合同当事人,即使是债务部分转移第三人也将加入合同关系成为合同当事人。(3)承担的责任不同。在第三人代为履行的情况下,由于第三人不是合同当事人,当出现债务的履行不符合约定或未完全履行的情况时，债权人只能向债务人而不能向第三人请求承担责任。但在债务转移的情况下，由于第三人成为合同当事人，故而该债务的履行不符合约定或未完全履行的情况下，债权人可以要求第三人承担履行或违约责任。

其次，在建设工程合同履行过程中，由第三方代为履行的情况经常发生，而第三方代为履行又与合同债务的转移容易发生混淆，在司法实践中对是债务的代为履行还是债务转移比较难以把握，工程承包单位更应该注意防范风险，明确责任，应特别注意以下几点：（1）在签订建设工程合同时，如果有第三方代为履行的情况，应该在建设工程合同中明确约定；如果是在建设工程合同履行过程中发生由第三方代为履行的情况，债务人应向债权人提交第三方和债权人均表示同意的由第三方为债务人代为履行债务的承诺，或者与债务人订有代为履行合同债务的协议。（2）在第三方代为履行债务时，如果第三方不履行债务或履行债务不符合约定，此时应视为第三方拒绝履行，而应当要求债务人承担履行或违约责任。

二、关于建设工程合同的履行方式

合同履行方式是合同双方当事人约定以何种形式来履行义务。合同的履行方式主要包括运输方式、交货方式、结算方式等。履行方式由法律或者合同约定或者是合同性质来确定，不同性质、内容的合同有不同的履行方式。本案中，双方当事人对被申请人欠付工程款的数额没有争议，但对工程款支付履行方式是直接工程款还是提供相应数额的完税证明发生了争议，这也是本案争议的一个焦点问题。

根据我国《合同法》第60条、第61条、第62条的规定，建设工程合同履行方式，履行义务人必须首先按照合同约定的方式进行履行。如果约定不明确的，当事人可以协议补充；协议不成的，可以根据合同的有关条款和交易习惯来确定；如果仍然无法确定的，按照有利于实现合同目的的方式履行。

建设工程合同履行方式的约定或变更应符合法律规定。本案中工程分包合同工程款支付方式的变更有关税收的法律规定的修改。按照1994年1月1日施行的我国《营业税暂行条例》第11条的规定，建筑安装业务实行分包或转包的，以总承包人为营业税扣缴义务人。而2009年1月1日起施行的新修订的《营业税暂行条例》删去了原《营业税暂行条例》第11条的规定，也就是说，在建设工程总包与分包活动中，总承包人以其取得的全部工程价款扣除分包工程款后的余额为营业额缴纳营业税；分包人以其分包工程款为营业额缴纳营业税；总承包人不得对分包人的营业税代扣代缴。因此，工程承包单位不仅要熟知建设工程的法律、法规的规定，还必须了解和掌握与建设工程有关法律如税法等规定，以便建设工程合同的履行符合法律规定。

三、关于建设工程合同争议解决方式

建设工程合同发生争议，可以通过和解或调解的方式来解决，当事人不愿和解、调解或和解、调解不成的，可以通过仲裁或诉讼的方式解决。本案中当事人选择采取仲裁方式来解决工程分包合同的争议，本案从 2009 年 9 月 22 日立案，到 2009 年 12 月 3 日裁决生效，仅用了不到三个月的时间，并且裁判的质量高，执行快，本案申请人体会了到仲裁的效率较高、专家裁判的优点，但也体会到仲裁费要比诉讼费高的问题。

工程承包单位应清楚仲裁与诉讼的区别以及仲裁的特点，根据建设工程项目的具体情况，慎重进行选择具体的争议解决方式。仲裁与诉讼，既有相同点，也有不同之处。其相同点在于：（1）仲裁机构与法院都是以公正的权威者身份对合同争议进行公正的裁判；（2）仲裁与诉讼都必须遵循一定的程序、规则进行；（3）仲裁裁决与诉讼判决都具有的法律效力，双方当事人必须全面履行。其不同之处在于：（1）案件管辖权的依据不同。仲裁是根据仲裁协议对案件实行管辖；法院对无仲裁协议的案件依法进行管辖。（2）审理的程序不同。仲裁的程序由当事人选择；诉讼只能由法院按照民事诉讼法的规定进行，当事人不得约定。（3）开庭审理的原则不同。诉讼一般是公开开庭审理，判决公开作出；仲裁一般不公开进行。（4）审级不同。诉讼实行两审终审制；仲裁实行一裁终局制。仲裁与诉讼相比，仲裁的特点主要有：一是仲裁快捷、方便，在程序上的效率较高；二是仲裁能充分体现当事人的意愿，具有较强的灵活性；三是仲裁对仲裁员的标准和条件的要求较高，有利于保证裁决的质量。

建设工程分包合同签订与撤销风险分析与防范

——从代理北京市某规划设计研究院参加北京某科技有限公司工程施工分包合同纠纷应诉案谈起

【案情简介】

2002年4月10日,原告北京某科技有限公司与被告北京某规划设计研究院某水环境综合治理示范工程项目办公室签订了《建设工程承包合同》,双方约定:被告将某湖水循环处理工程发包给原告承建;工程承包范围包括:该工程配套设备、器材及构配件的供货以及该工程的施工(不含土建及装饰和设备间外的配电设施);本合同价款为280.5425万元,最终付款以上一级计划部门拨付资金额度为准。2003年3月28日,原告与被告签订了上述合同的《补充协议》约定:"现上级批复该项工程款为210万元。按合同规定,支付给乙方工程款总额为210万元,双方予以认可。甲方向乙方拨款210万元完成后,合同执行完毕。"原告、被告均已按照合同及补充协议履行了各自义务,该工程已投入使用,被告已经支付原告210万元工程款。

2006年6月21日,原告向北京市海淀区人民法院提起诉讼认为,被告故意隐瞒某湖水循环处理工程上级实际拨付资金额度,以"上级批复该项工程为210万元"为由欺骗原告签订补充协议,严重违背了诚实信用原则,属欺诈行为,要求法院判令撤销原告与被告签订的《补充协议》。

北京市海淀区人民法院在受理此案后,依法进行了开庭审理,并于2006

年 9 月 15 日作出了一审判决，驳回原告的诉讼请求。

一审判决后，被告不服向北京市第一中级人民法院提起上诉，北京市第一中级人民法院审理后作出驳回上诉、维持原判的终审判决。

【代理意见和判决】

原告诉讼请求

原告诉称：被告组织原告编制决算书上报给上级单位的工程决算总价为 353.497663 万元。2003 年 3 月 28 日，被告在未向原告出具上一级计划部门拨付资金额度凭据的情况下，谎称上级批复该项工程款为 210 万元，并据此骗原告与其签订了《补充协议》约定：现上级批复该项工程款为 210 万元。2006 年 3 月，原告获悉该工程概算为 1100 万元，并据此向被告提出严正交涉，要求被告出示上一级计划部门拨付资金额度凭据，但被告拒不出示上一级计划部门拨付资金的凭据，原告认为被告的行为已构成欺诈，遂向法院起诉，要求撤销原告与被告于 2003 年 3 月 28 日签订的《补充协议》，要求被告承担诉讼费用。

被告代理意见

本所律师接受被告的委托后，通过对案件的调查与分析，收集有关证据，针对原告的诉讼请求及事实理由，发表如下答辩意见：

一、被告行为不存在任何欺诈，不应当撤销。

被告于 2002 年与原告签订了建设工程承包合同，该合同第五条明确约定，最终付款以上一级计划部门拨付资金额度为准。2002 年 11 月 22 日，北京市某局下达了关于该项目 2002 年基建投资计划的通知，其中第一条第二项水处理设备款 240 万元，由原告负责施工或采购安装设备款为 210 万元，还有 30 万元用于地下 164m^2 机房由另外一个单位承建，根据该计划，双方签订了《补充协议》，工程价款为 210 万元，符合双方约定，被告不存在任何欺诈行为，《补充协议》是合法有效的，不应当撤销。

二、原告未提出证据证明被告存在欺诈行为，其撤销补充协议的主张应当予以驳回。

在诉讼过程中，原告未提供任何有效的被告欺诈的证据，仅凭原告的想象提起诉讼，原告应承担举证不能的后果。根据我国《民事诉讼法》关于"谁主张，谁举证"的基本的民事诉讼原则以及最高人民法院《关于民事诉讼证据的若干规定》的有关规定，没有证据或者证据不足以证明当事人的事实主张的，由负有举证责任的当事人承担不利后果。原告未能提供充足有效证据，应驳回原告的诉讼主张。

三、原告要求法院调查收集的证据不属于最高人民法院《关于民事诉讼证据的若干规定》第17条规定的情形，法院不进行调查收集是正确的。

最高人民法院《关于民事诉讼证据的若干规定》第17条（一）规定：申请调查收集的证据属于国家有关部门保存并须人民法院依职权调取的档案材料。原告要求收集的证据不属于上述情形。况且，原告要求收集的主要证据已有，已有证据已经充分说明被告不存在欺诈行为。

四、原告的撤销权已经消灭。

2002年11月，该项目已经通过竣工验收。2003年被告依据《补充协议》已经将210万元支付给原告。2006年6月21日，原告提起一审诉讼。时间已过近三年时间。上诉人再提起诉讼不符合我国《合同法》第55条的规定，即：具有撤销权的当事人自知道或应当知道撤销事由之日起一年内没有行使撤销权的，撤销权消灭。

法院判决

北京市海淀区人民法院受理此案后，于2006年8月2日公开开庭进行了审理。法院经审理认为，原告、被告签订的建设工程承包合同属承揽合同性质，系双方当事人真实意思表示，未违反国家法律、法规的禁止性规定，应属有效。项目办公室无法人资格，合同引起的法律后果由被告承担。双方讼争的《补充协议》，系对原合同内容的明确和补充，原告认为该协议系建立在欺诈行为的基础上，故请求法院撤销该合同。对此，原告负有提举其所主张欺诈事实成立等证据的义务，法院并不负有调查的责任，其不能提举充足有效的证据，本院对其所述欺诈事实，不予采信。况且，既便欺诈事实成立，《补充协议》亦不属于可撤销合同，故原告依据欺诈事实所提出的诉讼主张，本院不予支持。本院依据《民事诉讼法》第64条第1款、《合同法》第44条第1款规定，判决：驳回原告的诉讼请求；本案的诉讼费用由原告承担。

一审判决后，被告不服提起上诉，二审维持一审判决。

【风险分析与防范】

本案是一起工程采购与施工分包合同撤销纠纷案件，本案的原告即工程承包单位由于在签订工程承包合同及补充协议过程中，没有注意防范风险，以至于在合同履行完毕后，认为其所得工程款太少，要求撤销补充协议，从而达到多要工程款的目的。本律师在本案中作为被告的代理律师，对本案取得了全部胜诉颇有感触，本案对工程承包单位如何防范风险有很大启示。

一、关于建设工程承包合同的发包人的签约主体

建设工程承包合同的主体包括发包人和承包人两个主体，发包人是指具有工程发包主体资格和支付工程款能力的当事人，承包人是指被发包人接受的具有工程施工承包主体资格的当事人。本案中发包人是某工程项目办公室，该办公室不具有法人资格，不具有工程发包主体资格和支付工程款能力，因此，与这样的发包人签订合同，风险是很大的。当然，本案法院最后认定由设立该工程项目办公室的被告承担该合同引起的法律后果。

现在，建设部等有关部门正在对政府投资的项目的管理方式进行改革，如推行项目代建制等，但仍然有一些政府投资的项目采取筹建办公室、工程指挥部等形式进行运作，以发包人的名义对外签订工程承包合同。因此，在签订建设工程承包合同时，首先，应注意审查对方的资格，即要了解对方当事人是否具有合法的民事主体资格。在签订合同时，对方当事人应有法人身份或有营业执照，具备经营范围。不要与没有主体资格的筹建办公室、工程指挥部签订工程承包合同；如果对方一定要如此操作，在签约时一定要求对方提供设立该办公室或指挥部的设立主体的资格、设立的批准文件、法定授权文件等。其次，在订立建设工程承包合同时，一定要认真考察对方是否有支付工程款的能力，是否有履约能力，是否资信状况好。资信状况好是建设工程承包合同能够顺利履行的可靠保证。所谓资信状况好，一是指资金实力雄厚，有履约能力；二是信誉高，诚信履约。工程承包单位应采取多种方式如诚信查询、专业机构调查等调查了解发包人的资信状况，以防范风险。

二、关于建设工程承包合同中对政府投资项目的工程款的约定

本案中原告在签订建设工程承包合同时，对合同价款一方面约定了具体的合同价款，另一方面又约定最终付款以上一级计划部门拨付资金额度为准。在补充协议中，仅以"现上级批复该项工程款为210万元"就确定本合同的总价款。这样的工程款的约定不科学，由于上一级计划部门不是本合同的当事人，工程承包单位对其拨付资金额度无法进行申辩，因此，这样的约定，对工程承包单位来讲，风险是很大的，也是不公平的，在建设工程承包合同签订时，应尽量避免。

对政府投资项目的工程款的约定，除了有以上约定外，大量的约定是工程结算结果以审计机构的审计结果为准。这样的约定，也是不科学的，工程承包单位在签订工程承包合同时也应尽量避免。对政府投资的项目来说，工程结算也应该由建设工程承包合同双方依据合同、国家定额及工程有关资料进行审查、核对，可以由当事人双方自行协商定价，也可以委托有工程造价资质的机构审定最终造价。

工程款的结算与审计是有区别的。审计是指国家行政主管机关对基本建设项目的投资效益、投资质量、投资过程包括工程造价进行监督、评价。审计结果只对被审计单位产生约束力。最高人民法院《关于建设工程承包合同案件中双方当事人已确认的工程决算价款与审计部门的审计的工程决算价款不一致时如何适用法律问题的电话答复意见》规定："审计是国家对建设单位的一种行政监督，不影响建设单位与承建单位的合同效力。建设工程承包合同案件应以当事人的约定作为法院判决的依据。只有在合同明确约定以审计结论作为结算依据或合同约定不明确、合同约定无效情况下，才能将审计结论作为判决的依据。"

三、关于合同撤销

本案中原告通过行使合同撤销权，使已经生效的对自己不利的补充协议归于无效，从而与发包人重新协商确定最终的工程价款，原告在起诉时应提供国务院有关部门关于下达2002年部属基建投资计划的通知、北京市有关局的2002年有关该项目基建投资计划、资金拨付凭证等证据来证明被告存在欺诈

行为，但是由于原告作为请求人没有提供上述有效的证据，从而导致其诉讼主张没有获得法院的支持。因此，工程承包单位在行使合同撤销权时一定要按照我国《合同法》的有关规定进行。

所谓可撤销合同，就是因意思表示不真实，通过有撤销权的当事人行使撤销权，使已经生效的意思表示归于无效的合同。

可撤销合同具有以下特点：可撤销的合同在未被撤销前，是有效的合同；可撤销合同的撤销要由撤销权人通过行使撤销权来实现；可撤销的合同一般是意思表示不真实的合同。

可撤销的合同的种类：因重大误解而订立的合同；在订立合同时显失公平的合同；一方以欺诈、胁迫的手段或者乘人之危，使对方在违背对方真实意思的情况下订立的合同。

工程承包单位在行使合同撤销权时，应该特别注意：

1. 可撤销合同必须由工程承包单位提出请求，并就变更合同或撤销合同进行选择。如果工程承包单位不提出申请，可撤销合同继续有效；如果工程承包单位选择变更，裁决机构不得进行撤销。

2. 提出的工程承包单位负有举证责任。是否是重大误解，是否公平，对方是否采取欺诈、胁迫手段或乘人之危，提出请求的工程承包单位要举证。

3. 由人民法院或仲裁机构作出裁决。在作出裁决前，该合同仍然有效。如请求人请求变更，裁决对合同内容予以变更的，按裁决履行；如请求人请求撤销，裁决予以支持的，该合同自始没有法律约束力。

4. 撤销权的行使有一定期限。具有撤销权的当事人自知道或应当知道撤销事由之日起1年内没有行使撤销权，或知道撤销事由后明确表示或者以自己的行为放弃撤销权的，撤销权消灭。

第六篇
建设工程货物采购法律风险防范

工程货物采购合同的风险分析与防范

——从代理被告北京某建设有限公司参加北京某商贸
有限公司买卖合同纠纷应诉案谈起

【案情简介】

2010年3月初,北京某商贸有限公司与北京某建设有限公司签订了钢材《买卖合同》(以下简称"该合同")。该合同约定:北京某商贸有限公司送货到北京某建设有限公司指定地点;北京某建设有限公司在收到钢材后10日内,对钢材是否符合约定进行复试检验,如果期限届满未向北京某商贸有限公司提出书面质量异议,视为验收合格。结算方式为,北京某建设有限公司在接收每批次钢材后,以北京某建设有限公司提供给北京某商贸有限公司的进货单或双方对账单为依据,以兰格钢铁市场采购价为基础,货到10日内付款每吨减价50元,在一个月内付款每吨加价100元。合同同时约定,如果一个月内不能支付货款,每超期一天每吨钢材加收5元,直至付清全部货款。

该合同签订生效后,北京某建设有限公司陆续于2010年3月11日,从北京某商贸有限公司处购买钢材331.315吨;2010年4月13日,购买钢材328.675吨;2010年5月4日、5月21日,北京某建设有限公司购买钢材159.286吨;2010年6月8日、6月28日,北京某建设有限公司再次向北京某商贸有限公司处购买钢材88.779吨。上述期限内,北京某建设有限公司累计购买北京某商贸有限公司钢材908.055吨,折合货款合计4113968.38元,经双方协商核减货款49697.25元,至此北京某建设有限公司应付北京某商贸有限公司货款4064271.13元。北京某建设有限公司从北京某商贸有限公司处购买上述钢材后，分别于2010年4月4日给付北京某商贸有限公司货款100万元；2010年4月23日给付北京某商贸有限公司货款30万元；2010年6月3日给付北京某商贸有限公司货款50万元；2010年8月24日给付北京某商贸有限公司货款40万元；2011年1月18日给付北京某商贸有限公司货款15万元；2011年5月24日给付北京某商贸有限公司货款214271.13元；2011年5月25日给付北京某商贸有限公司货款100万元；2011年5月26日给付北京某商贸有限公司货款50万元。至2011年5月26日，北京某建设有限公司已付清全部货款。

2011年12月，北京某商贸有限公司以北京某建设有限公司为被告以支付违约金为由向北京市密云县人民法院提起民事诉讼，法院受理此案后，被告北京某建设有限公司对本案提出管辖异议的申请，2012年2月29日，密云县法院裁定驳回被告北京某建设有限公司对本案管辖权提出的异议，被告北京某建设有限公司不服裁定，向北京市第二中级人民法院提出上诉，2012年4月13日，北京市第二中级人民法院作出驳回上诉、维持原裁定的终审裁定。

2012年6月，被告北京某建设有限公司以原告所供钢材质量不合格要求赔偿损失为由提出反诉。一审法院依法进行了多次开庭审理。2012年9月，由于诉讼主体不一致，被告北京某建设有限公司撤回反诉。2012年9月17日，一审法院作出了一审判决，判决北京某建设有限公司于本判决生效后10日内给付北京某商贸有限公司违约金47.2万元，驳回北京某商贸有限公司其他诉讼请求。

2012年9月27日，北京某建设有限公司不服一审判决向北京市第二中级人民法院提出上诉，2012年11月20日，二审法院经审理作出驳回上诉、维持原判的终审判决。

【管辖异议】

被告的管辖异议申请

被告北京某建设有限公司在答辩期间向北京市密云县人民法院提出了管辖异议的申请，请求将本案移送北京市朝阳区人民法院管辖，事实和理由如下：

第六篇　建设工程货物采购法律风险防范

虽然申请人北京某建设有限公司与北京某商贸有限公司签订的《买卖合同》第5条有"如协商不成时由先起诉一方所在地人民法院解决纠纷"的约定，但是该约定由于违反了协议管辖唯一性原则而无效。

《最高人民法院关于适用〈中华人民共和国民事诉讼法〉若干问题的意见》第24条明确规定："合同的双方当事人选择管辖的协议不明确或者选择《民事诉讼法》第25条规定的人民法院中的两个以上人民法院管辖的，选择管辖的协议无效，依照民事诉讼法第24条的规定确定管辖。"上述规定明确了协议管辖唯一性原则即双方当事人在选择纠纷管辖法院时，需在可供选择的法院中作出择一确定的选择，不能选择两个以上的人民法院进行管辖。

本案中双方当事人在《买卖合同》第五条中约定"由先起诉一方所在地人民法院解决纠纷"。该协议管辖在当事人作出管辖约定时并不能确定由哪一方先起诉，在发生纠纷后双方当事人可能会同时起诉对方，则双方所在地法院均有管辖权，而双方住所地又不在同一法院管辖区，则该协议管辖并没有指向明确唯一的法院，协议管辖唯一性原则被破坏，法院之间关于案件的管辖变得不确定。因此，"由先起诉一方所在地人民法院解决纠纷"的协议管辖违反了唯一性原则，属于无效协议管辖。

根据《最高人民法院关于适用〈中华人民共和国民事诉讼法〉若干问题的意见》第24条的规定，协议管辖无效，依照《民事诉讼法》第24条的规定确定管辖。我国《民事诉讼法》第24条规定："因合同纠纷提起的诉讼，由被告住所地或者合同履行地人民法院管辖。"而本案中被告住所地与合同履行地均在北京市朝阳区，因此，应当由北京市朝阳区人民法院管辖。

一审法院裁定

一审法院经审查认为，依照《中华人民共和国民事诉讼法》第25条之规定，合同的双方当事人可以在书面合同中协议选择被告住所地、合同履行地、合同签订地、原告住所地、标的物所在地人民法院管辖，但不得违反本法对级别管辖和专属管辖的规定。本案原、被告双方当事人签订的买卖合同明确约定了由先起诉一方所在地，即原告所在地法院管辖，该约定并不违反法律的规定。对于先起诉立案的原告，管辖法院是确定的，即原告所在地的北京市密云县人民法院，故本院对该案有管辖权，被告北京某建设有限公司对本案的管辖权异议不成立，依法裁定驳回。

被告的上诉请求

被告北京某建设有限公司对一审裁定不服，在上诉期间向北京市第二中级人民法院提出了上诉，请求撤销一审法院的民事裁定书，依法直接裁定将本案移送北京市朝阳区人民法院管辖，事实与理由如下：

一、一审民事裁定书认定上诉人与被上诉人关于管辖的约定是确定的存在事实错误。

上诉人与被上诉人在《买卖合同》第五条中约定："如协商不成时由先起诉一方所在地人民法院解决纠纷。"

上述协议管辖在当事人作出管辖约定时并不能确定由哪一方先起诉，在发生纠纷后双方当事人可能会同时起诉对方，则上诉人所在地的北京市朝阳区人民法院与被上诉人所在地北京市密云县人民法院均有管辖权，该协议管辖并没有指向明确唯一的法院，双方关于管辖的约定是不确定的，因此，一审法院的认定与事实严重不符。

二、一审民事裁定书违反了"对当事人协议管辖约定是否明确应当以双方签署的协议内容进行认定"的法律规定。

根据我国《民事诉讼法》第 25 条及《最高人民法院关于适用〈中华人民共和国民事诉讼法〉若干问题的意见》第 24 条的规定，对当事人协议管辖是否明确应当以合同本身的约定是否存在管辖唯一性进行判断，而不是以事后只有一方起诉而另一方未起诉进行判断，本案中一审法院恰恰是以事后只有被上诉人起诉而上诉人未起诉来判断协议管辖具有确定性，一审民事裁定书的这种认定是不符合上述法律规定的，是错误的。

三、一审民事裁定书认定协议管辖有效违反了《最高人民法院关于适用〈中华人民共和国民事诉讼法〉若干问题的意见》的相关规定。

《最高人民法院关于适用〈中华人民共和国民事诉讼法〉若干问题的意见》第 24 条明确规定："合同的双方当事人选择管辖的协议不明确或者选择《民事诉讼法》第 25 条规定的人民法院中的两个以上人民法院管辖的，选择管辖的协议无效，依照《民事诉讼法》第 24 条的规定确定管辖。"

本案中双方当事人在《买卖合同》第五条中约定"由先起诉一方所在地人

民法院解决纠纷"。如上所述，该约定存在双方同时起诉的可能，既存在由北京某建设有限公司所在地法院即北京朝阳区法院管辖的可能，又存在被上诉人所在地法院即北京市密云县人民法院管辖的可能，因此，该协议管辖无效。

四、本案应由北京市朝阳区人民法院管辖。

根据《最高人民法院关于适用〈中华人民共和国民事诉讼法〉若干问题的意见》第24条的规定，协议管辖无效，依照《民事诉讼法》第24条的规定确定管辖。我国《民事诉讼法》第二十四条规定："因合同纠纷提起的诉讼，由被告住所地或者合同履行地人民法院管辖。"而本案中被告住所地与合同履行地均在北京市朝阳区，因此，应当由北京市朝阳区人民法院管辖。

二审法院裁定

北京市第二中级人民法院经审查认为，本案属于因合同纠纷提起的诉讼。上诉人与被上诉人签订的《买卖合同》中有关"由先起诉一方所在地人民法院解决纠纷"的约定系选择由原告住所地人民法院管辖，故依据《最高人民法院关于合同双方当事人协议约定发生纠纷各自可向所在地人民法院起诉如何确定管辖的复函》中关于"合同双方当事人约定：发生纠纷各自可向所在地人民法院起诉。该约定可认为是选择由原告住所地人民法院管辖，如不违反有关级别管辖和专属管辖的规定，则该约定应为有效。若当事人已分别向所在地人民法院提起诉讼，则由先立案的人民法院管辖；若立案时间难以分清先后，则应由两地人民法院协商解决；协商解决不了的，由它们的共同上级人民法院指定管辖"的规定，上述管辖约定应认定合法有效。现本案原审原告的住所地位于北京市密云县，故北京市密云县人民法院依法对本案有管辖权。上诉人的上诉理由不成立，依法驳回上诉，维持原裁定。

【一审代理意见和判决】

原告的诉讼请求

原告北京某商贸有限公司诉称，2010年3月上旬，原告与被告某建设有限公司签订了钢材《买卖合同》。合同约定：被告购买原告建筑用钢材908.055吨，单价按"兰格钢材市场网"的采购价为基础，总货款4113968.38

元，经双方协商核减货款49697.25元，最终被告向原告支付货款4064271.13元。合同同时约定：10天内付款的每吨下浮50元，30天内付款的每吨上浮100元；如超过30天付款，超过部分每吨每天价格上浮5元。合同签订后，原告依约履行了供货义务，被告于2010年6月28日已将货款全部付清。在此过程中，被告应付给原告逾期付款的违约金751305.98元。原告现诉至法院要求被告给付原告违约金751305.98元，并承担本案的诉讼费。

被告的代理意见

针对原告的诉讼请求及事实理由，被告认为原告的诉讼请求缺乏事实依据，应当予以驳回，具体代理意见如下：

一、本案所涉货物价款已经结清，原告将双方的价格约定认定为违约责任缺乏事实依据。

根据被告与原告签订的《买卖合同》（以下简称"该合同"）第三条、第四条第3项约定，本合同的钢材价格是浮动的，在双方未结清价款前，合同价格是可以根据付款时间浮动的。而本案本诉被告在2011年5月27日已经全部付清钢材款，说明双方已经就钢材价格已经谈妥且已经履行，且本诉原告在诉状中也已经承认每天上浮5元是合同价格，而不是违约金，因此，原告将合同价格作为违约金起诉，缺乏事实依据，应当依法予以驳回。

二、本诉被告有权依法行使后履行抗辩权，不应承担任何责任。

我国《合同法》第67条规定了当事人有后履行抗辩权。本案中，本诉原告所提供的钢材质量不合格，本诉原告有权依据该条的规定行使后履行抗辩权，本诉被告延迟付款不应承担任何责任。

三、退一步讲，即使该合同第四条第三项的约定是违约责任，显然，该违约金的约定过高，请求人民法院依法予以减少。

我国《合同法》第114条第2款规定：约定的违约金过分高于造成的损失的，当事人可以请求人民法院予以减少。

根据最高人民法院印发的《关于当前形势下审理民商事合同纠纷案件若干问题的指导意见》的通知（法发〔2009〕40号）第2条规定及最高人民法院《关于适用〈中华人民共和国合同法〉若干问题的解释（二）》第29条规定，当事人约定的违约金超过造成损失的30%，即视为"过分高于造成的损失"。

本案约定违约金每日为 1.1‰，而同期银行贷款基准利率为 0.166‰，远远超出原告的实际损失，明显违反了上述法律及司法解释的规定，违反了诚信和公平原则，法院应当依法予以减少。

一审法院判决

北京市密云县人民法院受理此案后，于 2012 年 6 月多次公开开庭进行了审理。法院经审理认为原告与被告之间签订的《买卖合同》是双方当事人的真实意思表示，其内容不违反法律规定，合法有效。原告与被告关于"如果（买受人）一个月内不能付款，每超期一天每吨加 5 元支付给出卖方"的约定，虽然文字上未表述为逾期付款的违约金，但纵览双方签订的合同内容及违约责任条款中的约定，应认定为此约定系迟延付款的违约金。被告未在双方约定的 30 天期限内付清货款，属违约行为，理应依照双方约定，向原告支付每日每吨 5 元的迟延付款违约金。但鉴于被告已将货款付清，原告的损失仅是被告占用原告未付款额的利息损失，故本院应被告要求裁减违约金数额的请求，对被告应支付原告违约金的数额，参照《最高人民法院关于人民法院审理借贷案件的若干意见》中关于民间借贷的利率最高不得超过银行同类贷款利率四倍的计算方法，对原告要求被告支付违约金数额予以酌定。对于被告称，原告所供钢材存在质量问题，有权迟延给付货款的辩解，因证据不足，本院不予采信。综上所述，依据《中华人民共和国合同法》第 60 条、第 107 条、《中华人民共和国民事诉讼法》第 64 条第 1 款之规定，判决如下：

一、被告北京某建设有限公司于本判决生效之日起 10 日内给付原告北京某商贸有限公司违约金 47.2 万元；

二、驳回北京某商贸有限公司其他诉讼请求。

一审判决后，在上诉期间内，北京某建设有限公司向北京市第二中级人民法院提起上诉；北京某商贸有限公司未上诉。

【二审代理意见和判决】

北京某建设有限公司上诉意见

北京某建设有限公司上诉请求：依法撤销北京市密云县人民法院一审民事

判决书中第 1 项判决，依法驳回被上诉人的诉讼请求或依法直接改判减少违约金数额；本案的一审、二审诉讼费用由被上诉人承担，事实与理由如下：

一、一审民事判决书将上诉人与被上诉人在《买卖合同》（以下简称"该合同"）第四条第 3 项中关于"如果一个月内不能支付，每超期一天每吨加 5 元"的约定认定为"迟延付款的违约金"属于认定事实错误。

首先，从该合同第三条、第四条约定的内容来看，该合同的钢材价格是浮动的，也就是说，钢材验收合格 10 日内付款，钢材价格每吨减 50 元；在 1 个月内付款每吨加 100 元；超过 1 个月付款的，每超期 1 天每吨加 5 元。即在双方未结清价款前，合同价格是可以根据付款时间浮动的。

其次，被上诉人在其《民事起诉状》中明确："单价按'兰格钢材市场网'的采购价为基础，10 天之内付款的每吨下浮 50 元；30 天内付款的每吨上浮 100 元；如超过 30 天付款，超过部分每吨每天价格上浮 5 元。"据此，被上诉人已经明确承认每天上浮 5 元是合同价格。

综观该合同内容及被上诉人在民事起诉状中的自认来看，该合同第四条第 3 项中关于"如果一个月内不能支付，每超期一天每吨加 5 元"的约定，属于合同价格的约定，而非违约责任的约定，因此，一审民事判决书认定此约定为"迟延付款的违约金"属于认定事实错误。

而上诉人在 2011 年 5 月 26 日前已经全部付清全部钢材款，说明双方就钢材价格已经谈妥且已经履行，因此，被上诉人的诉讼请求缺乏事实依据，应当依法予以驳回。

二、被上诉人所供钢材存在质量问题，事实清楚，证据确实充分，一审民事判决书认为"证据不足，本院不予采信"毫无事实依据。

一审中，上诉人向一审法院提交了具有法定检测资质北京建工恒均工程检测有限公司出具的《钢材试验报告》共计 13 份，共有三个批次 13 种钢材质量严重不合格。从《钢材试验报告》的内容来看，此钢材确属被上诉人所供，且质量不合格。

首先，从《钢材试验报告》中工程名称和部位来看，检测的钢材均来源于某地块工地，这与该合同约定的工地及被上诉人所写收款收据中所供钢材用途的内容一致。

其次,从《钢材试验报告》中检测时间来看,均与被上诉人的供货时间相吻合。

再次,从《钢材试验报告》中检测的钢材的种类、生产厂家、规格、型号等来看,与被上诉人所供钢材的信息完全一致。

由于该项目是由北京某建筑工程有限公司与被上诉人共同承包且约定由北京某建筑工程公司办理有关检测事宜,因此,《钢材试验报告》中"委托单位"是"北京某建筑工程有限公司",但尽管如此,也不应影响对被上诉人所供钢材质量存在问题的认定,因此,一审民事判决书认为"证据不足,本院不予采信"是毫无事实依据的。

我国《合同法》第67条明确规定了当事人有后履行抗辩权。本案中,被上诉人所提供的钢材质量不合格,上诉人有权依据该条的规定行使后履行抗辩权,上诉人延迟付款不应承担任何责任。

三、退一步讲,即使该合同第四条第3项的约定是违约金,一审民事判决书所确定的违约金,既不符合有关法律规定和最高人民法院有关司法解释及指导意见的规定,也未考虑本案的实际情况,请求二审法院依法改判,进一步降低违约金数额。

我国《合同法》第114条第2款、最高人民法院《关于适用〈中华人民共和国合同法〉若干问题的解释(二)》(以下简称"合同法解释二")第29条、最高人民法院印发的《关于当前形势下审理民商事合同纠纷案件若干问题的指导意见》的通知(法发〔2009〕40号)(以下简称"指导意见")第二部分第7条,均对违约金过高如何进行调整作出了明确规定。结合本案的实际情况,一审民事判决书没有以上述法律规定、司法解释及指导意见为依据调整违约金。

第一,一审民事判决书调整违约金不是以违约造成的实际损失为基准,且调整后仍然过高。合同法解释二、指导意见均规定:调整过高违约金时,应当根据案件的具体情形,以违约造成的损失为基准;且约定的违约金不应超过造成损失的30%。本案中,被上诉人的损失仅是上诉人占用被上诉人未付款额的利息损失,根据实际延迟付款时间及同期银行贷款利率计算,被上诉人的利息损失为99900元,很显然,一审民事判决书判决支付违约金为472000元不是以违约造成的损失为基准确定的，且调整后的违约金仍然过高。

第二，一审民事判决书调整违约金没有考虑合同履行的特点与程度。合同法解释二、指导意见均规定：调整过高违约金时，应当综合衡量合同履行程度。本案中，上诉人购买钢材是分期分批进行的，其付款也是多次分期支付，符合钢材买卖合同特点，并且上诉人已于2011年5月26日自动付清了全部货款。

第三，一审民事判决书调整违约金没有考虑被上诉人的过错程度。合同法解释二、指导意见均规定：调整过高违约金时，应当综合衡量当事人过错因素。如上所述，本案中被上诉人所供钢材存在质量问题，其在主观上存在有过错。

第四，一审民事判决书调整违约金没有考虑是否适用了合同格式条款的情形。指导意见规定：调整过高违约金时，应当综合衡量是否适用格式合同或条款因素。本案中买卖合同是被上诉人提供的格式合同，其条款为格式条款。首先，从该合同形式来看，甲方即被上诉人是直接打印在合同上，而乙方名称是手写的。其次，从该合同的内容来看，对上诉人约定了苛刻的责任，而对被上诉人延期供货、钢材质量不合格的违约责任未进行任何约定，显失公平，且该合同第四条第3项的约定不是上诉人真实意思表示。

当前，由于受国际金融危机及国内宏观经济环境的影响，上诉人的经营状况非常困难，一审民事判决书以参照银行贷款利率四倍的计算方法确定违约金，既未全面考虑上述法律规定、司法解释及指导意见的规定和要求，又未考虑本案的实际情况，实际上是简单地采用固定比例的"一刀切"的做法，造成了实质上的不公平，因此，请求二审法院综合考虑本案的上述情形，依法改判，进一步降低违约金数额。

北京某商贸有限公司的意见

北京某商贸有限公司同意一审法院判决。

二审法院的判决

二审法院经审理后认为：双方对于货款的结算方式与违约责任已在合同中分别进行了约定，上诉人关于逾期付款每吨每天加5元属于合同价款而非违约责任的上诉理由不能成立，本院不予采信。上诉人未在双方约定的30天期限内付清货款,属于违约,应当依据合同约定承担迟延付款的违约责任。一审法院依据本案的实际情况酌定的违约金数额并无不当。上诉人还上诉提出,被上诉人所供货物存在质量问题,但其并未在合同约定的检验期内提出质量异议,且其提交的试验报告也不能证明是被上诉人所供钢材出现质量问题。此外,上诉人提交的试验报告日期最早为2010年3月13日,而上诉人仍于2011年5月26日付清了最后一笔货款,故其关于被上诉人所供货物存在质量问题的上诉意见不能成立。综上,一审法院判决认定事实清楚,处理并无不当,应予维持。依据《中华人民共和国民事诉讼法》第153条第1款(一)项之规定,判决如下:驳回上诉,维持原判。本判决为终审判决。

【风险分析与防范】

本案是一起工程货物采购合同纠纷案件,本案争议的焦点主要有:一是"如果(买受人)一个月内不能付款,每超期一天每吨加5元支付给出卖方"的约定是价格条款,还是违约责任条款;二是诉讼管辖地的约定是否有效;三是货物质量存在问题如何认定;四是合同约定的违约金是否应当调整及如何调整等。这些焦点涉及工程货物采购合同的条款、签订、履行及诉讼解决的全过程,本律师在本案中作为被告的代理律师,在代理本案过程中,深深体会到工程货物采购合同在签订和履行及诉讼过程中存在巨大风险。本案虽然已经审理终结,但该案给我们带来的经验教训以及如何做好工程货物采购合同风险防范工作,非常值得认真总结和探讨。

一、工程货物采购概述

工程货物采购是指以各种方式从系统外部购买工程建设所需的一切材料、设备、机械、仪表、备件、工具等及与货物有关的运输、保险等辅助服务和安装、调试、提供技术支持、培训等伴随服务的行为。

工程货物采购按照不同的分类标准,进行不同的划分。按照采购对象划分,工程货物采购可以分为机械设备采购,物资材料采购,生产设备采购,原材料、成品、半成品、构配件采购;按照采购方式划分,工程货物采购可以分为招标采购和非招标采购,其中招标采购又可分为公开招标采购、邀请招标采购，非招标采购又可分为直接采购、询价采购、竞争性谈判采购；按采购主体划分，工程货物采购可以划分为业主采购、承包人采购、分包人采购；按采购的管理方式划分，工程货物采购可以分为集中采购、分散采购、联合采购；按采购货物的来源地划分，工程货物采购可以分为国内工程货物采购、国际工程货物采购。

本文所指工程货物采购是指承包人通过询价、招标等方式选择合格的供应商，购买建设工程所需要的材料、设备等及与之相关的服务的行为。

承包人工程货物采购模式，有业主指定采购模式、承包人自行采购模式两种。业主指定采购模式，是指工程承包人根据业主的指令将承包工程中的材料、设备等部分交由业主选择或指定的供货人来完成，业主指定采购的货物包含在工程承包人的承包范围之内，业主指定采购合同由工程承包人和指定供货人签订，或与业主签订三方合同。此模式尽管在《建筑法》第25条中有明确禁止性规定，但在国内工程总承包中是经常采用的一种工程货物采购模式。承包人自行采购模式是指承包人按照工程承包合同的约定自行决定采购工程所需的材料、设备等及与之相关的服务。

工程货物采购是工程总承包中的关键环节，是工程总承包合同履行中主要内容之一。在工程总承包中，材料、设备的采购费用占整个项目投资的50%～60%，工程货物采购直接关系到项目的工程造价的控制、工程质量的控制和工程工期的控制，采购的设备、材料的规格、数量是否齐全，是否按期交货，直接影响施工能否顺利进行和整个工程项目的建设进度；采购的设备、材料及相关服务等的质量将直接影响工程项目建成后能否连续、稳定和安全运转，风险很大，因此，在工程总承包中，对工程货物采购的管理是十分重要的。工程总承包的风险在很大程度上体现在对工程货物采购的管理上，而工程货物采购合同的管理则成为工程货物采购管理的核心内容，防范工程货物采购合同签订与履行风险应当引起工程总承包人高度关注。

二、工程货物采购合同主要条款风险分析与防范

工程货物采购合同条款是指工程承包人与工程货物供货人在要约承诺中明确的合同内容。

工程货物采购合同是买卖合同的一种形式。我国《合同法》第9章对

第六篇 建设工程货物采购法律风险防范

"买卖合同"作了专章规定。2012年3月31日,最高人民法院发布了《关于审理买卖合同纠纷案件适用法律问题的解释》,对买卖合同作出了进一步明确的规定。我国是《联合国国际货物销售合同公约》的原始缔约国,《联合国国际货物销售合同公约》自1988年生效以来,已成为调整国际货物销售合同关系的最重要的统一实体法规范。在国际工程货物采购中,当事人还可以选择适用国际惯例规则如2000年《国际贸易术语解释通则》等。自我国《合同法》1999年颁布实施以来,国家工商行政管理局和国务院有关部门联合印发了多种买卖合同示范文本,但内容均比较简单。1996年世界银行经审查同意中国财政部编写的《世界银行贷款项目招标文件范本》之一即《货物采购国内竞争性招标文件》。中国财政部决定自1996年7月1日起,中国所有世界银行贷款项目中每次货物的国际和国内竞争性招标,必须使用中国财政部统一负责编制的相应"范本"作为招标文件的商务部分。在《货物采购国内竞争性招标文件》中有专门的合同条款(以下简称"世界银行货物采购合同条款"),该合同条款比较全面完善。

工程货物采购合同具有以下特点:一是合同当事人复杂,采购人可以是承包人、也可以是发包人或分包人,供货人可以是生产厂家、也可以是从事工程货物流转的供应商;二是合同标的种类多,既可以是建筑材料,也可以是供货条件完全不同的机械、设备等;三是合同内容差异大,以建筑材料为标的的工程货物采购合同内容一般限于工程货物交货阶段,以大型设备为标的的工程货物采购合同内容除交货阶段外,还包括生产阶段、安装调试阶段、试运行阶段和保修阶段等;四是工程货物采购的内容与时间与工程设计、施工关系密切。此外,国际工程货物采购合同由于具有涉外因素,在合同主体、合同形式、价格条款和结算方式及法律适用等方面与国内工程货物采购合同不同。由于工程货物采购合同具有以上特点,风险较大,完善工程货物采购合同条款是防范工程货物采购合同风险的基础和前提,因此,防范工程货物采购合同条款风险是承包人做好工程总承包工作、防范工程货物采购风险重点关注的内容之一。

(一)关于工程货物名称的风险分析与防范

工程货物名称即工程货物采购合同的标的,是工程货物采购合同法律关系的客体,是工程货物采购合同当事人权利与义务共同指向的对象。

工程货物的名称是工程货物采购合同成立的必要条件，是采购人与供货人交接工程货物的一项基本依据。如果供货人交付的工程货物与合同约定的名称不符，采购人有权拒收工程货物，可以要求解除合同并要求损害赔偿。因此，工程货物采购合同中工程货物名称的风险就在于对工程货物名称约定不明确、不具体、不全面。

防范工程货物名称的风险，应当采取以下应对措施：一是要使用工程货物的正式名称，名称表述应当明确具体且符合国际标准或国际行业习惯，注意区分同名异物和同物异名情形；二是应当写明工程货物的商标；三是应当写明工程货物的品种、规格、型号及配套件。

（二）关于工程货物数量的风险分析与防范

工程货物数量是指用一定的度量衡表示出工程货物的重量、个数、长度、面积、容积等的量。

数量条款是工程货物采购合同中重要条款。如果数量条款约定不明确，特别是数量不是简单用数字表示时，则可能因该条款约定不当产生风险。

工程货物采购合同中数量条款的风险，主要表现在：一是工程货物交货数量不明确；二是计量单位和度量衡制度不明确；三是数量的机动幅度及计价方法不明确。

防范数量条款的风险，应当采取以下措施：一是明确工程货物交货数量，并明确约定数量计算方法；二是根据工程货物的种类和特点，明确计量单位和度量衡制度，计量单位包括按重量、数量、长度、面积、体积、容积等计算，其中重量计算方法又可分为毛重、净重、公量、理论重量、法定重量和实物净重等，在国际工程货物采购中，度量衡通常采用公制、英制、美制和国际单位制；三是对建筑材料等大宗工程货物的采购，应当明确约定溢短装条款，包括机动幅度、机动幅度的选择权以及计价方法。

（三）关于工程货物质量的风险分析与防范

工程货物质量是指工程货物所具有的内在质量与外观形态。内在质量包括工程货物的物理性能、机械性能、化学成分和生物特征等自然属性。外观形态包括工程货物的外形、色泽、款式和透明度等。

质量条款是工程货物采购合同中的关键条款之一，是采购人验收工程货物的基本依据，是工程货物采购合同中容易出现风险的条款。

工程货物采购合同中质量条款的风险，主要表现在：一是工程货物质量标准约定不明确；二是表示工程货物质量的方法不正确；三是工程货物质量的权利保证不明确；四是工程货物的质量保证不明确。

防范质量条款的风险，应当采取以下措施：一是应当明确对工程货物质量标准提出明确具体要求，对有国家标准或行业标准的，应当注明有关标准的发布单位、文号、标题以及具体的条文等内容；对于没有国家标准和行业标准的或质量要求更严格的，更应当对质量标准进行明确、详细、具体地列明。二是根据工程货物的特性，正确采用表示质量的方法，且尽量采用一种方法表示质量；质量表示方法有两种：一种是用实物表示方法如看货、凭样品等；另一种是用文字表示方法，内容包括质量等级、质量标准、商标和品牌、说明书和图样、产地等；以实物如样品表示质量标准的，当事人应当及时封存样品，予以妥善保管，并在合同中注明样品的保管人、保管地点、保管责任等情况；以文字表示质量标准的，应当明确、具体、详细。三是供货人应保证采购人在使用工程货物或其任何一部分时不受第三方提出侵犯其专利权、版权、商标权或其他权利的起诉。四是供货人应保证工程货物是全新的、未使用过的，是最新或最流行的型号和用一流的工艺生产的，并完全符合合同规定的质量、规格和性能的要求；供货人应保证其提供的工程货物在正确安装、正常使用和保养条件下，在其使用寿命内具有良好的性能。

（四）关于工程货物包装的风险分析与防范

工程货物包装是指为了有效地保护工程货物的数量完整与品质完好，把工程货物装进适当的容器。

包装条款是工程货物采购合同的重要条款，工程货物包装是确定其与合同是否相符的内容之一。我国《合同法》第156条规定："出卖人应当按照约定的包装方式交付标的物。对包装方式没有约定或约定不明确，依照本法第61条的规定仍不能确定的，应当按照通用的方式包装，没有通用方式的，应当采取足以保护标的物的包装方式。"《联合国国际货物销售合同公约》第35条也明确规定，卖方交付的货物须按照合同所规定的方式装箱或包装。除双方当事人业已另有协议外，除非货物按照同类货物通用的方式装箱或包装，如果没有此种通用方式，则按照足以保全和保护货物的方式装箱或包装，否则即为与合同不符。

工程货物采购合同中包装条款的风险，主要表现在：一是包装要求不明确；二是包装形式不明确；三是包装材料不明确；四是包装标志不明确或符合惯常要求；五是包装的费用不明确。

防范包装条款的风险，应当采取以下措施：一是应当明确约定包装要求，除特殊包装要求外，供货人应当对工程货物按标准保护措施进行包装，该包装应适应于远距离运输、防潮、防震、防锈和防野蛮装卸，以确保货物安全无损运抵指定地点，并且每一包装单元内应附详细的装箱单和质量合格凭证。二是应当根据工程货物的特点及运输方式，明确包装形式，包装形式主要有箱、捆包、袋、桶等。三是应当明确规定包装的材料，包装材料主要有木质、纸制、塑料、金属等。四是应当明确规定包装标志，包装标志主要包括运输标志、指示性标志、警告性标志等；包装标记内容应当包括收货人、合同号、唛头、收货人代号、目的地、货物名称与品目号和箱号、毛重/净重、尺寸等；如果每件包装重量在 2 吨以上，供货人应在包装箱上标明"重心"和"吊装点"；根据工程货物的特点的运输的不同要求，供货人应当在包装箱上清楚标注"小心轻放"、"请勿倒置"、"防潮"等字样和其他适当标志。五是应当明确规定包装的费用承担责任主体。

（五）关于工程货物价格的风险分析与防范

工程货物价格一般包括单价和总价。工程货物单价是指工程货物每一计量单位的货值。工程货物总价是指工程货物单价同工程货物数量的乘积。

价格条款是工程货物采购合同的关键条款之一，直接关系到采购人、供货人的切身利益，采购人承担的主要合同义务是支付价款，而对工程货物的价格影响的因素很多包括所使用的贸易术语、工程货物质量与数量、运输距离、交货地点和交货条件、支付条件和汇率变动等，因此，工程货物采购合同中的价格条款风险很大。

工程货物采购合同中的价格条款的风险，主要包括：一是工程货物的价格内容约定不明确，如只有总价款，没有单项价格；二是工程货物的价格范围不明确；三是工程货物的作价方法约定不明确或不科学；四是国际工程货物采购的价格调整与汇率波动影响的约定不科学。

防范价格条款的风险，应当采取以下措施：

第一，应当明确约定工程货物价格的内容，一是不仅要约定工程货物的总价款，而且要约定工程货物的单价；二是在国内货物采购合同中，工程货物的单价应当明确是工厂交货价、仓库交货价还是货架交货价，采用人民币计价；三是在国际货物采购合同中，工程货物的单价应当包括每一计量单位的价格金额、计价货币、指定交货地点、贸易术语等内容，对其中的每一项内容均应当作出明确具体约定，在使用国际贸易术语时应当准确恰当，且在工程货物采购合同中明确约定该术语使用何种规则进行解释，如"本合同中的 FOB 按国际商会 2000 年制定《国际贸易术语解释通则》进行解释"。

第二，应当明确约定工程货物的价格范围，工程货物的价格应当包括工程货物的设计、制造、包装、仓储、装卸、运输、安装及验收合格之前及保修期内备品备件发生的所有费用，提供的伴随服务/售后服务费用，制造和装备工程货物所使用的材料、部件及货物本身已支付或将支付的进口税、产品税、销售税和其他税费，保险费等。

第三，对于采购人来说，应当尽量约定工程货物的作价方法为固定价格，也就是说在工程货物采购合同履行过程中工程货物的价格是固定不变的。在国内工程货物采购合同中，一般采用固定价格。在国际工程货物采购合同中，工程货物的作价方法有多种，如对于交货时间短的工程货物采购，可采用固定价格；对于交货时间长的工程货物采购如大型成套设备采购，可采用可调价格；对于有些工程货物采购，可以在合同中不规定价格，只约定确定价格的时间和方法；对分批交货的工程货物采购，对近期交货部分采用固定价格，对远期交货部分可另行协商价格；具体采取何种作价方法，需要根据国际工程货物采购的特点及当事人的地位来确定，一般来说，采购人更愿意采用固定价格，以控制费用支出。

第四，国际工程货物采购的价格受汇率波动影响较大，承包人作为采购人在国际工程货物采购合同中采用的支付币种应当尽量与工程总承包合同中业主支付的币种一致。此外，应当谨慎签订外汇保值条款即工程货物的价格随计价货币币值变动而变更的条款。

（六）关于工程货物交货的风险分析与防范

工程货物交货是指供货人将工程货物交付给采购人的行为。在国际工程货物采购 FOB、CIF 和 CFR 合同中，工程货物的装运与工程货物的交货内容一致，工程货物的装运经常代替工程货物的交货。

交货条款是工程货物采购合同中关键条款之一，不仅涉及工程货物采购合同的履行地与诉讼管辖法院的确定、违约责任的承担等，而且涉及工程货物所有权的转移、工程货物毁损灭失风险的转移等，工程货物能否按时交货还关系到总承包工程能否按时竣工等。

工程货物采购合同中交货条款的风险，主要有：一是工程货物交货日期约定不明确；二是工程货物交货地点约定不明确；三是工程货物交货方式约定不明确；四是工程货物交货要求约定不明确；五是工程货物所有权转移约定不明确；六是工程货物毁损灭失风险转移约定不明确。

防范交货条款的风险，应当采取以下措施：

第一，应当明确约定工程货物的交货时间与标志。在工程货物采购合同中，应当尽量明确约定工程货物交货的具体日期或具体时点，也可以约定交货的期限但应当明确计算期限的起算时间。在国内工程货物采购中，在送货或自提的交货方式下，以采购人的书面签收时间作为交货时间的标志；在代运的交货方式下，以第一承运人出具的收据的日期视为交货日期。在国际货物采购中，提单的签发日期为交货日期。

第二，应当明确约定工程货物的交货地点。在工程货物采购合同中应当明确、具体约定工程货物的交货地点。在国内工程货物采购中，工程货物的交货地点一般为项目现场，对项目现场的约定应当具体、详细。在国际工程货物采购 FOB、CIF 和 CFR 合同中，装货地点即为交货地点。

第三，应当明确约定工程货物的交货方式。交货方式主要是指提货和运输的方式。在国内工程货物采购中，交货方式有代运、送货、自提三种，运输方式主要为内陆运输。在国际工程货物采购中，交货方式主要是代运，从运费和安全角度考虑，一般首选的运输方式是海运，在国际工程货物采购合同中应当明确约定装运港和目的港，在选择装运港和目的港时，应当尽量各选择一个港口且应当明确具体，注意装卸港的具体条件，避免港口重名。此外，还应当明确约定是否准许分批装运和转运,对采购人来说,一般不同意分批装运和转运。

第四,应当明确约定工程货物交货的具体要求。一是应当明确供货人负责安排运输如订舱位和支付运费。二是应当对承运船只的国家有明确要求。三是供货人装运的货物不应超过合同约定的数量或重量。四是明确约定装运通知的提前通知时间、具体内容和责任,如在装运日期前的 14 天内(国内)或 28 天内(国际)供货人以传真形式将合同号、货物名称、数量、箱数、总毛重、总净量、总体积和在装运口岸备妥待运日期通知采购人,同时,供货人应用航空挂号信把详细的货物清单一式五份,包括合同号、货物名称、规格、数量、总毛重、总净量、总体积、每箱尺寸、单价、总金额、启运口岸、备妥待运日期和货物在运输、储存中的特殊要求和注意事项等寄给采购人;供货人应在货物装船完成后的 24 小时内以电报或传真形式将合同号、货物名称、数量、总毛重、总体积、发票金额、运输工具名称及启运日期通知采购人;在出厂价、FOB、CFR 合同项下,如果由于供货人原因不能将上述内容及时通知采购人,致使采购人不能及时办理保险,由此造成的损失应由供货人负责。五是应当明确工程货物交货内容除工程货物外,还应当包括所提供货物的装箱清单、用户手册、原厂保修卡、随机资料及配件、随机工具等,如不能完整交付单证和工具的,视为未按合同约定交货。

第五,应当明确约定对采购人有利的工程货物所有权转移的时间和条件。我国《合同法》第 133 条规定:"标的物的所有权自标的物交付时起转移,但法律另有规定或当事人另有约定的除外。"在工程货物采购合同中,采购人与供货人可以约定工程货物所有权转移的条件,主要情形有:约定在交付时所有权转移;约定在采购人付清全部款项时所有权转移;在采购人分期付款的情况下,约定当付款额达到一定比例或者数额时所有权转移给采购人;约定在供货人仓库所有权转移给采购人;约定在采购人项目现场所有权转移;约定在发货站(港)所有权转移;约定在到达站(港)所有权转移等。

第六,应当明确约定对采购人有利的工程货物毁损灭失风险转移的时间和条件。我国《合同法》第 142 条规定:"标的物的毁损、灭失的风险,在标的物交付之前由出卖人承担,交付之后由买受人承担,但法律另有规定或当事人另有约定的除外。"我国《合同法》第143条至第148条对标的物毁损、灭失风险转移的特殊情况作出了规定。如针对供货人要求在采购人付清货款前保留所有权的约定,采购人应当在工程货物采购合同中约定,工程货物的毁损、灭失风险在工程货物所有权转移至采购人时才由采购人承担。

(七)关于工程货物保险的风险分析与防范

工程货物采购中的保险是指供货人、采购人按一定险别向保险人投保并交纳保险费,当工程货物在运输过程中受到损失时,从保险人处得到经济补偿。工程货物保险按照不同标准,可以进行不同的分类,按照运输方式划分,可以分为直运险、联运险、集装箱运输险;按照运输工具划分,可以分为水上货物运输保险、陆上货物运输保险、航空货物运输保险;按照适用范围划分,可以分为国内货物运输保险、国际货物运输保险;按保险人承担责任的方式划分,可以分为基本险、综合险和附加险。

保险条款是工程货物采购合同中重要条款之一。工程货物保险具有及时补偿在工程货物运输中货物因自然灾害事故而遭受的经济损失、转移风险的作用。

工程货物采购合同中保险条款的风险,主要有:一是工程货物保险范围不明确;二是工程货物保险的投保人不明确;三是工程货物保险的险种不明确;四是工程货物保险的保险金额的确定不科学;五是工程货物保险的保险期限不明确。

防范保险条款的风险,应当采取以下措施:一是明确约定工程货物保险的保险范围为供货人装运的全部工程货物。二是应当明确工程货物保险的投保人,在国内工程货物保险中,既可以由供货人作为投保人,也可以由采购人作为投保人;在国际工程货物保险中,由于大部分是FOB、CIF和CFR合同,其投保人由合同当事人选定的贸易术语来确定,如在FOB、CFR合同项下工程货物保险的投保人为采购人,在CIF合同项下工程货物保险的投保人为供货人。三是应当根据工程货物的特点、交付方式的不同,慎重选择工程货物保险的险种,如国际海上运输货物保险中有平安险、水渍险、一切险等基本险种可供被保险人选择,保险险种不同,其保险责任范围也就不同,一般应当选择一切险;在CIF合同项下,虽然供货人有替采购人投保并支付保险费的义务,但如果双方未就保险条款和投保险别加以约定时,供货人只负责按伦敦保险业协会货物保险条款投保海上运输的最低险别,如果采购人要求投保其他险别或特种险,应当在工程货物采购合同中约定并自付该项加保费用。四是应当明确约定工程货物保险金额,工程货物保险金额一般根据保险价值确定,保险价值包括货价、运费、保险费及预期利润等;在国际工程货物保险中,保险金额应当按照 CIF 价的发票金额的 110% 确定。五是应当明确具体约定工程货物保险的保险期限的开始时间和终止时间即保险人责任期间,一般应当从被保险货物运离保险单载明的启运地仓库或储存处开始运输时起,至该货物到达保险单所载目的地收货人的最后仓库或储存处,或被保险人用作分配、分派或非正常运输的其他储存处所为止,即通常所称"仓至仓"条款。

(八)关于工程货物支付的风险分析与防范

工程货物采购中的支付是指采购人以何种货币、何种手段、何种方式、在何时间与条件向供货人支付工程货物的货款。

支付条款是工程货物采购合同中的关键条款之一。工程货物的支付不仅关系到工程货物采购的安全,而且关系到当事人的各自利益,还与资金占用时间长短、手续繁简、银行费用的高低、客户资信、贸易术语及运输单据等有关,因此,工程货物采购合同中支付条款风险很大。

工程货物采购合同中支付条款的风险,主要包括:一是支付货币不明确;二是支付手段不明确或不利于自身利益的保护;三是支付方式不利于自身利益的保护;四是支付的时间、比例和条件不明确或不利于自身利益的保护。

防范支付条款的风险,应当采取以下措施:一是应当明确约定支付货币一般与计价货币相一致,在国内工程货物的采购支付货币应当采取人民币;在国际工程货物采购合同中,支付货币采取何种货币应当考虑货币的自由兑换、币值稳定、政治风险及行业习惯等因素。二是应当明确支付手段使用票据方式,在国内工程货物采购合同中尽量使用汇票和支票作为支付手段;在国际工程货物采购合同中,使用汇票作为支付手段。三是应当根据工程货物采购的特点,采取直接付款、托收、信用证等多种支付方式,在国内工程货物采购合同中,采用直接付款或托收的支付方式;在国际工程货物采购合同中,应当根据工程货物的特点、交易方式及交易法律和习惯,选择采用汇付、托收和银行信用证等支付方式，但向银行申请信用证及向政府主管部门申请进口许可证及所需外汇等付款应履行的手续应当由采购人来完成。四是应当明确约定支付的时间、比例、条件和地点，如有伴随服务/售后服务，支付时间、比例、条件应当与伴随服务/售后服务相对应；一般支付时间可分为预付款、交货付款、最终验收付款三个阶段；支付比例应当根据工程货物的特点、交易习惯、保证资金安全等方面考虑，对于采购人来说，前期支付比例应当尽量降低；预付款的支付条件是合同生效、收到收据、相等金额的银行保函，交货付款的支付条件是收到工程货物及合同约定的单据如有关运输部门出具的收据、发票、装箱单、制造厂家出具的质量检验证书和数量证明证书、验收证书，最终验收付款的支付条件是取得最终验收合格证书；支付地点应当在工程货物采购合同中明确约定，如未约定，采购人应当在供货人营业地或提交货物或单据的地点。对于业主指定采购等合同，支付条件应当以发包人支付相应款项作为承包人即采购人支付供货人的相应款项的条件即"背靠背"支付条款。

（九）关于工程货物检验的风险分析与防范

工程货物检验是指对工程货物的品质、数量、重量、包装、标记、产地、残损等进行检查、核验与鉴定并出具检验证明的行为。

检验条款是工程货物采购合同中关键条款之一。工程货物的检验不仅为采购人、供货人进行交接货物、支付货款及进行索赔提供依据，而且为工程货物进出海关、征收关税提供凭证，因此，检验条款是工程货物采购合同中最容易出现风险的条款。本文前述案例中，供货人与采购人在《买卖合同》中约定，采购人应当在收到钢材后 10 日内进行复试检验，如果期限届满而未向供货人提出书面异议，视为验收全部合格。显然，这样的约定，一是不符合工程建设行业钢材在使用前必须要进行检验的强制性规定；二是不利于保护采购人的合法权益。

工程货物采购合同中检验条款的风险，主要有：一是检验方式约定不明确；二是检验机构约定不明确；三是检验的时间、地点及索赔约定不明确；四是检验的标准与方法约定不明确；五是检验证书约定不明确；六是检验的费用承担约定不明确。

防范检验条款的风险，应当采取以下应对措施：

第六篇　建设工程货物采购法律风险防范

第一，应当根据工程货物的特点、有关法律法规的规定及交易习惯，明确、具体约定工程货物的检验方式。检验方式通常有三种：一是供货人自行检验，即在交货前制造商应当对工程货物的质量、规格、数量和重量等进行详细而全面的检验；二是采购人检验，即采购人在接受工程货物时对工程货物的质量、规格、数量和重量等进行验收；三是法定机构或第三方机构的检验，即根据有关法律、法规的规定，工程货物的质量、规格、数量和重量等须经法定机构或第三方机构的查验分析与公正鉴定。无论是在国内货物采购合同，还是在国际货物采购合同中，均应当约定供货人须对工程货物进行自行检验。在国内工程货物采购合同中，除了采购人检验外，部分工程货物如钢筋、特种设备等还需要由第三方有检验资质的检测单位进行检验，如我国《建设工程质量管理条例》第31条规定："施工人员对涉及结构安全的试块、试件以及有关材料，应当在建设单位或工程监理单位监督下现场取样，并送具有相应资质等级的质量检测单位进行检测。"在国际工程货物采购中，工程货物的检验方式有四种：一是在工程货物离岸时检验；二是在工程货物到岸时检验；三是在工程货物在装运港时检验、在工程货物到目的港时复验；四是在工程货物装运港检验重量，在目的港检验品质。上述第三、第四种做法符合平等互利的原则，应当在国际工程货物采购合同中选择约定。

第二，应当明确约定检验机构。在国内工程货物采购合同中，应当明确约定具有相应资质证书的检验机构的名称；在国际工程货物采购合同中，应当明确约定离岸时的检验机构具体名称、到岸时的检验机构的具体名称，检验机构应当是国家设立的官方检验机构。

第三，应当明确约定检验的期限、地点及索赔的期限、依据、程序和理赔方法。一是应当明确约定工程货物的检验期限，对于需要对工程货物或设备进行安装调试的，检验时间应在货物安装调试完毕后的合理时间；对于须由第三方检验机构进行检验的，应当留出相应的检验时间。二是应当明确约定工程货物的检验地点，工程货物的检验地点一般是项目的现场。三是应当明确工程货物索赔的期限与工程货物的复检期限是一致的。四是工程货物的索赔依据是双方的验收记录或商检证书。五是应当明确工程货物索赔的程序，采购人应当在索赔期限向供货人发出索赔通知，供货人应当在合同约定的答复期限内进行回复，供货人超过约定期限未答复，视为供货人已经接受该索赔，采购人有权从议付货款或供货人开具的履约保证金中扣回索赔金额。六是应当明确工程货物索赔的理赔方法，理赔方法主要有：供货人同意退货并将相应货款退还给采购人，并承担由此发生的一切损失和费用，包括利息、银行手续费、运费、保险费、检验费、仓储费、装卸费等；根据工程货物低劣程度、损坏程度以及采购人所遭受损失的金额，经双方商定降低货物的价格；用合格的新零件、部件或设备更换缺陷部分，供货人承担一切费用和风险、承担全部损失费用并相应延长质量保证期。

第四，应当明确、具体约定工程货物检验的标准与方法且应当与工程总承包合同约定的标准、规范一致。在国内工程货物采购合同中，工程货物的检验标准与方法应当符合按行业通行标准、厂方出厂标准和合同载明的具体标准。在国际工程货物采购合同中，采购人和供货人可选择采用生产国标准和方法、进口国标准和方法、国际通行标准和方法或双方约定的标准与方法。

第五，应当明确约定检验证书的内容与作用。供货人自行检验后应当出具一份证明工程货物符合合同规定的检验证书，检验证书是付款时所需要的文件的组成部分，但不是最终检验。在不需要法定检验机构检验或第三方检验的情形下，采购人出具的验收合格证书是货物交付和支付货款的依据。有资质的第三方机构的检验合格证书是工程货物质量合格的依据。在国际工程货物采购检验中，商检证书是商检机构出具的、证明工程货物品质、数量等是否符合合同要求的书面文件，主要有品质检验证、重量检验证、产地证、验残检验证等，是工程货物交接、货款支付的凭证，是进行工程货物索赔的重要证据。

第六，应当明确约定工程货物检验费用的承担主体。在国内工程货物采购合同中，供货人的自行检验费用由供货人自行承担；采购人进行检验的费用，由采购人、供货人各自承担。在国际货物采购合同中，在装运港的检验费用可由供货人承担；在目的港的检验费用可由采购人承担。

（十）关于工程货物伴随服务/售后服务的风险分析与防范

工程货物采购中有一大部分是工程的机器、设备的采购，工程的机器、设备采购一般均需要安装、调试和保修服务。

伴随服务/售后服务条款是工程的机器、设备采购合同的重要条款之一。

由于伴随服务/售后服务具有较高的专业技术服务内容，如果不对工程货物的伴随服务/售后服务作出约定，不仅会影响工程的质量，而且会影响工程的进度，因此，风险很大。

工程货物采购合同中伴随服务/售后服务条款的风险，主要有：一是技术文件的交付约定不明确；二是组装和维修所需的工具及备件交付约定不明确；三是工程货物的安装服务约定不明确；四是工程货物调试服务约定不明确；五是工程货物的培训服务约定不明确；六是工程货物的售后服务约定不明确。

防范伴随服务/售后服务条款的风险，应当采取以下应对措施：

第一，对供货人交付采购人的工程货物技术文件的交付内容、交付时间和交付方式、交付份数应当作出明确约定。一是交付的技术文件内容应当包括工程货物的目录、图纸、操作手册、使用说明、维护手册和服务指南等。二是技术文件应有两套，一套技术文件于工程货物采购合同生效后的一定期限内交付采购人；另一套技术文件应当包装好随同每批工程货物一起发运。

第二，应当明确约定供货人交付给采购人的工程货物组装和维修所需的工具及备件的交付时间和交付方式，一般应当包装好随同每批工程货物一起发运。

第三，应当明确约定供货人的工程货物的安装服务的内容、时间、地点，工程货物的安装一般应当在项目现场。

第四，应当明确约定供货人的工程货物调试服务的内容、期限等，调试服务内容一般包括启动监督、运行监督及运行调整等。

第五，应当明确约定供货人的工程货物培训服务的对象、内容、期限、地点、要求及费用承担等。一是培训服务的对象应当是该工程货物的安装、启动、运行及维护的操作人员；二是培训服务的内容应当包括工程货物的基本结构、性能、主要部件的构造及处理，日常使用操作、保养与管理、常见故障的排除、紧急情况的处理，工程货物的性能等；三是培训服务的期限应当根据工程货物的特点具体约定；四是培训服务的地点一般在工程项目的现场；五是培训服务的要求是使培训人员掌握工程货物的安装、启动、运行及维护的操作技能；六是供货人的培训费用已包含在工程货物的价款中。

第六，应当明确约定供货人售后服务的期限、范围、费用承担、方式、程序及后果等。一是应当明确约定供货人保修的具体期限及开始日期；二是应当明确约定工程货物的保修范围，一般对工程货物的设计、工艺或材料的缺陷而产生的故障进行保修；三是供货人在保修期内负责对其提供的工程货物进行维修和系统维护，不再收取任何费用；四是应当明确保修的方式，一般应当是上门保修，即由供货人派员到工程货物使用现场维修，由此产生的一切费用均由供货人承担；五是应当明确工程货物保修的程序与后果，采购人或业主应当就工程货物的缺陷尽快以书面形式通知供货人，供货人应当在收到通知后的约定期限内免费维修或更换，如果供货人在收到通知后的约定期限内没有弥补缺陷，采购人或业主可采取必要的补救措施，但风险和费用由供货人承担。

（十一）关于工程货物采购合同违约责任的风险分析与防范

工程货物采购合同违约责任是指供货人或采购人不履行工程货物采购合同义务或履行工程货物采购合同义务不符合约定而应当承担的民事责任。工程货物采购合同违约责任包括违约行为与责任承担方式两个方面。

违约责任条款是工程货物采购合同中重要条款之一。工程货物采购合同中对违约责任的约定是否明确、具体直接关系到工程货物采购合同的法律效力，关系到供货人、采购人的责任承担，关系到工程货物采购合同的履行，关系到供货人、采购人的切身利益，因此，风险很大。本文前述案例中，采购人、供货人在《买卖合同》中约定，采购人如果一个月内不能支付，每超期一天每吨加5元，直至付清全部货款，这样的约定易产生该条款到底是价格条款，还是违约责任条款的分歧，尽管法院最终认定该条款为违约责任条款，但仍然有可能给供货人带来风险。

违约责任条款的风险，主要表现在：一是对违约行为没有进行具体明确约定；二是对具体违约行为处理方式与程序、承担责任的具体方式及数额等约定不明确；三是违约的免责、限责约定不明确。

防范工程货物采购合同中违约责任条款的风险，主要应当采取以下措施：

首先，应当对工程货物采购合同中供货人、采购人的违约行为作出具体明确约定。供货人主要违约行为有：不交付工程货物或单据或交付延迟、交付的货物不符合合同约定以及第三者对交付的货物存在权利主张等。采购人主要违约行为有：不按合同约定支付货款、不按合同约定收取货物等。

其次，应当对具体违约行为处理方式与程序、承担责任的具体方式及数额等作出明确约定。就供货人而言，其逾期交付工程货物的，除应交付工程货物外，对逾期交货的违约金的具体比例或金额作出明确约定；工程货物不符合合同约定的，除应当修理、更换、提交替代物或减少价款外，对工程货物不符合合同约定的违约金的具体比例或金额作出明确约定等；对逾期交货或工程货物质量不合格或第三人主张权利造成采购人损失的，供货人还应当赔偿采购人的实际损失。就采购人而言，其逾期支付货款的，除应要求其支付货款外，对逾期支付货款的违约金的具体比例或金额作出明确约定；拒绝接受工程货物导致供货人损失的，应当赔偿供货人的相应实际损失。当然，这里应当注意：一是违约金的约定应当适当，违约金过高或低于损失的，当事人可以请求法院或仲裁机构予以适当减少或增加；二是对于非违约方的自救措施，应当明确约定限制条件如给予违约方合理的补救期限或取得违约方同意方可采取等；三是当一方的违约行为构成对工程货物采购合同的根本违约时，另一方可以解除合同。

再次，应当对工程货物采购合同违约责任中免责、限制责任作出明确约定。我国《合同法》第113条规定，违约造成对方损失的，损失赔偿额应当相当于因违约所造成的损失，包括合同履行后可以获得的利益，但不得超过合同一方订立合同时预见或者应当预见的因违反合同可能造成的损失。由于有上述法律规定，国内工程货物采购合同一般不对责任限度作出约定。但在国际工程货物采购合同中，应当对免责、限制责任作出明确约定，如世界银行货物采购合同条款中规定：误期赔偿费的最高限额不超过误期货物或服务合同价的5%。

（十二）关于工程货物采购合同不可抗力的风险分析与防范

工程货物采购合同不可抗力是指工程货物采购合同签订后供货人、采购人不能预见、不能避免、人力不可控制的意外事件。根据我国《民法通则》和《合同法》等法律的定义解释，不可抗力是指不能预见、不能避免并不能克服的客观情况。不可抗力通常包括自然现象和社会现象两种，自然现象如地震、飓风、洪水、海啸、旱灾等，社会现象如战争、暴动、罢工、叛乱等。

不可抗力条款是工程货物采购合同中的通常条款之一。由于工程货物采购合同的供货人、采购人的政治、经济、自然条件不同，往往会出现意料不到的情况如爆发战争、发生特大火灾或水灾、突发地震等影响工程货物采购合同的履行，因此，风险较大，有必要在工程货物采购合同中作出明确规定。

工程货物采购合同不可抗力的风险，主要表现在：一是不可抗力的范围不明确；二是不可抗力引起的法律后果不明确；三是不可抗力发生后双方的权利与义务不明确。

防范不可抗力条款的风险，应当采取以下主要应对措施：

首先，应当明确不可抗力的范围，即应当明确构成不可抗力事件的条件。构成不可抗力事件应当同时具备以下条件：一是该事件是在工程货物采购合同订立后发生的；二是该事件是在订立工程货物采购合同时双方不能预见的；三是该事件不是由任何一方的疏忽或过失引起；四是该事件是不能避免且人力不能克服的。因此，货币贬值、价格涨落等不属于不可抗力事件。

其次，应当明确不可抗力引起的法律后果，遭受不可抗力一方因不可抗力而导致工程货物采购合同延迟履行或不能履行，不承担任何责任。

再次，应当明确不可抗力发生后供货人、采购人的权利与义务。遭受不可抗力一方在事件发生后，要将事件的发生和自己的决定及时通知对方或在得到对方通知后，无论同意其意见与否，均应及时作出答复。根据我国《合同法》第118条的规定，遭受不可抗力一方还应当在合理期限内提供因不可抗力不能履行合同的证明。在国际工程货物采购合同中，应当明确提供证明的机构名称如中国国际贸易促进委员会等。

(十三) 关于工程货物采购合同争议解决方式的风险分析与防范

工程货物采购合同争议解决方式是指因工程货物采购合同引起或与工程货物采购合同有关的任何争议通过何种方式解决。根据我国《合同法》第128条的规定，合同争议的解决方式有四种：和解、调解、仲裁和诉讼。和解和调解并非解决合同争议必经的程序，因此，工程货物采购合同争议解决方式主要是仲裁和诉讼两种方式。另外，还有一种解决争议的方式是选择性解决争议的方法（简称"ADR"），通常是指双方当事人共同选择的第三者进行的调解，这种方式是当事人自愿达成的解决争议的方法，但这种解决争议的方案没有法律上强制执行的效力。

争议解决条款是工程货物采购合同的通用条款之一。工程货物采购合同发生争议能否及时、公正的解决直接关系供货人、采购人的切身利益，因此，争议解决条款是否明确、具体，风险很大。本文前述案例中，采购人、供货人在《买卖合同》中约定，如协商不成时由先起诉一方所在地人民法院解决纠纷，由于对管辖法院约定不明确，在供货人起诉后，采购人提出了管辖异议，导致该案件在诉讼程序上花费了大量时间，使得供货人的权益不能及时得到保障。

工程货物采购合同中争议解决方式条款的风险，主要有：一是仲裁约定不明确、具体；二是诉讼约定违反法律规定或约定不明确；三是争议解决的影响范围不明确。

防范工程货物采购合同争议解决方式条款的风险，应当采取以下对策：

首先，对仲裁的争议解决方式，关键是对仲裁条款的约定是否有效，是否明确、具体。仲裁条款应当对仲裁意思表示、仲裁范围、仲裁机构、仲裁地、仲裁规则、仲裁语言、仲裁效力等作出明确具体的约定。国际工程货物采购合同的争议应尽量选择仲裁方式解决。

其次，对诉讼的争议解决方式的约定不得违反法律规定且应当明确。一是协议管辖不得违反级别管辖与专属管辖的规定，合同当事人只能依法就第一审案件约定管辖法院，而不能以协议约定第二审法院；二是被选择的法院必须与合同有关联，即只能在被告住所地、合同履行地、合同签订地、原告住所地、标的物所在地的法院中进行选择，而当事人在协议管辖约定时应做到表述明确，选择的管辖法院是确定、单一的，尽量避免"向原告所在地法院管辖"的约定；三是双方必须以书面方式约定管辖法院，口头约定无效。

再次，应当明确约定在仲裁、诉讼期间，除正在进行仲裁、诉讼的部分以外，工程货物采购合同的其他部分应继续执行。

（十四）关于工程货物采购合同解除的风险分析与防范

工程货物采购合同解除是指工程货物采购合同有效成立后，根据法律规定或合同约定或双方协议，使基于工程货物采购合同发生的权利义务关系归于消灭的行为。根据我国《合同法》的有关规定，工程货物采购合同解除可以分为协议解除、约定解除、法定解除三种。

合同解除条款是工程货物采购合同中重要条款之一。供货人能否及时按照工程货物采购合同约定及时交付工程货物对采购人即承包人来说，风险最大。

工程货物采购合同解除条款的风险，主要有：一是合同解除条件约定不明确；二是合同解除的程序约定不明确；三是合同解除的后果约定不明确。

防范工程货物采购合同解除条款的风险，应当采取以下措施：

首先，应当明确约定工程货物采购合同解除的条件。就采购人解除合同的条件来说，主要有三种情形：一是供货人有违约行为，如不交付货物、延迟交货或交货不符或所有权有瑕疵构成根本违反合同，或供货人声明不在规定期限内履行交货义务，或在合同规定或同意延长的宽限期届满仍不履行合同，或有贿赂或欺诈行为；二是供货人破产或无清偿能力；三是出于自身的便利。就供货人解除合同的条件来说，主要有采购人不履行其合同义务构成根本违反合同，或不在供货人给予的宽限期内履行合同，或声明不履行合同。

其次，应当明确工程货物采购合同解除的程序。一方解除合同应当书面通知另一方，告知合同解除的原因、合同解除的程度（部分或全部）及合同解除的生效日期。

再次，应当明确工程货物采购合同解除的后果与处理方法。对于由于供货人违约而解除合同，采购人可以依其认为适当的条件和方法采购与未交工程货物类似的货物，供货人应当对购买类似工程货物所超出部分的费用负责，对于未解除的部分，供货人仍应继续履行合同。对于由于供货人破产或无清偿能力而解除合同，采购人无须给供货人任何补偿。对于由于采购人的便利而解除合同，对供货人在约定期限内已完成并准备装运的工程货物，采购人应当按照原合同的价款和条件予以接受；对于剩下的货物，采购人可以让一部分按原来的合同价格和条件来完成和交货，或取消该剩下的货物并按双方商定的金额向供货人支付部分完成的货物以及供货人以前已采购的材料和部件的费用。

（十五）关于工程货物采购合同法律适用的风险分析与防范

法律适用条款是指供货人、采购人在工程货物采购合同中明确约定合同适用何种法律的条款。

法律适用条款是国际工程货物采购合同必备条款之一。国内工程货物采购合同适用中国的法律是明确的，但由于国际工程货物采购合同是在营业地分处不同国家的当事人之间订立的，由于各国政治、经济、法律制度不同造成法律冲突，因此，在国际工程货物采购合同中明确法律适用是非常必要的。

国际工程货物采购合同中法律适用条款的风险，主要表现在：一是选择适用的法律性质不合法；二是选择适用的法律不明确；三是选择适用的法律不自主、不公平；四是选择适用的法律与法律的强制适用相冲突。

防范法律适用条款的风险，应当采取以下应对措施：一是根据中国法律和最高人民法院《关于审理涉外民事或商事合同纠纷案件法律适用若干问题》的规定，国际工程货物采购合同当事人即供货人、采购人在选择法律适用时，虽然可以选择中国的法律，也可以选择外国的法律，但必须选择实体法，不得选择冲突法规范和程序法。二是国际工程货物采购合同中选择适用的法律应当明确，当事人可以选择的法律包括：当事人的国内法（包括供货人国家的法律或采购人国家的法律）、第三国法律、与合同有联系的法律、与合同没有联系的法律、国际公约、国际惯例等。如果供货人、采购人在国际工程货物采购合同中未选择合同争议应适用的法律或选择不明确，根据中国最高人民法院的上述司法解释，适用与国际工程货物采购合同有最密切联系的国家或者地区的法律。三是国际工程货物采购合同选择适用法律应当坚持自主、公平原则，国际工程货物采购合同的当事人应当选择当事人最为熟悉而又能保护自身利益的法律，如当事人的本国法，在对方当事人不同意的情况下，应当选择当事人自己比较熟悉而又可能最大限度保护自身利益的其他国家的法律或国际公约、国际惯例，如《国际货物销售合同公约》、2000年《国际贸易术语解释通则》等。四是国际工程货物采购合同选择适用的法律应避免与法律适用的强制规定相冲突。由于各国均有对合同适用法律的强制性的规定如中国法律规定当事人规避中国法律、行政法规的强制性规定的行为或外国法律违反中国社会公共利益的应当适用中国法律，因此，应当认真研究各国的相关法律规定，避免法律适用的选择无效。

三、工程货物采购合同签订的风险分析与防范

工程货物采购合同签订是指采购人、供货人通过一定程序或方式、协商一致在其相互之间建立工程货物采购合同关系的一种法律行为。

工程货物采购合同的签订是设立工程货物买卖合同关系的第一步，是保障采购人、供货人权益的重要基础环节。由于工程货物采购合同种类多、条件各异，再加上交易中的诚信原则未得到很好遵守，工程货物采购合同的签订风险较大,是工程货物采购风险的源头,因此,加强工程货物采购管理、防范工程货物采购合同风险必须首先做好工程货物采购合同签订风险的防范工作。

(一)关于工程货物采购与发包人的关系处理的风险分析与防范

工程货物采购中如何处理与发包人的关系包括工程货物采购合同签订是否需要经发包人同意、发包人指定工程货物采购如何签订合同等内容。

工程货物采购与发包人关系的处理与主合同的约定、承包人工程货物采购模式、承包人的切身利益密切相关,存在一定风险,因此,在工程货物采购合同签订时应注意防范此风险。

工程货物采购与发包人关系的处理风险主要有:一是在采购人即承包人工程货物自行采购模式下,工程货物采购合同签订不当的风险;二是在业主指定工程货物采购模式下,由于业主指定采购模式存在指定采购人的范围与方式不明确、采购主体与招标主体不一致、指定采购合同签约主体不明确等因素,工程货物采购合同签订存在非常大的风险。

防范工程货物采购与发包人关系处理的风险,应当采取以下措施:

首先,在承包人工程货物自行采购模式下,承包人签订工程货物采购合同,不需要经过发包人同意。

其次,在承包人工程货物自行采购模式下,承包人签订工程货物采购合同应当符合主合同即工程总承包合同中约定的工程货物的标准和要求,不得降低工程货物的标准和要求。

再次,在业主指定工程货物采购模式下,防范工程货物采购合同签订风险的方法有三种:一是承包人尽量避免与指定供货人直接签订工程货物采购合同,争取使发包人与指定供货人直接签订工程货物采购合同,以防范风险;二是承包人应当争取由发包人、承包人、指定供货人三方签订工程货物采购合同,明确约定承包人仅履行总包管理之责,付款义务在发包人一方,以转移风险;三是如果承包人必须与指定供货人签订工程货物采购合同的,在签署工程货物采购合同前,承包人应当要求发包人向其出具选定该供货单位的书面函件,在工程货物采购合同中明确约定合同付款的"背靠背"条款、承包人的免责条款等,以降低风险。

第六篇 建设工程货物采购法律风险防范

（二）关于供货人选定方式的风险分析与防范

供货人选定方式是指承包人进行工程货物采购时采取何种方式选择供货人，包括招标方式或直接确定方式。招标方式是指承包人发出招标公告或投标邀请书，说明招标的工程货物采购的范围、数量、投标人的资格要求等，邀请特定或不特定的投标人（供货人）在规定的时间、地点按照一定的程序进行投标的行为。招标方式包括公开招标和邀请招标。直接确定方式是指承包人直接确定供货人，由供货人供应工程货物的行为。

供货人选定方式的风险，主要表现在：一是供货人选定方式违反了法律、法规的有关强制招标的规定，导致工程货物采购合同无效的风险；二是在业主指定工程货物采购模式下，供货人的选定方式不明确造成工程货物采购过程混乱的风险及招标主体与工程货物采购合同的签订主体不一致的风险。

防范供货人选定方式的风险，应当采取以下措施：一是对于依法需要强制招标的工程货物应当依法采取招标方式进行采购。我国《招标投标法实施条例》第29条规定："招标人可以依法对工程以及与工程建设有关的货物、服务全部或者部分实行总承包招标。以暂估价形式包括在总承包范围内的工程、货物、服务属于依法必须进行招标的项目范围且达到国家规定规模标准的，应当依法进行招标。"二是在业主指定工程货物采购模式下，供货人的选定方式必须明确，在采取招标方式选择供货人时，还应注意招标主体与工程货物采购合同签订主体应当一致。我国《招标投标法》第46条规定："招标人和中标人应当自中标通知书发出之日起三十日内，按照招标文件和中标人的投标文件订立书面合同。招标人和中标人不得再行订立背离合同实质性内容的其他协议。"此条规定明确了招标主体与合同签订主体不得不一致。

（三）关于采购人、供货人主体资格的风险分析与防范

采购人、供货人主体资格是指工程货物采购合同的采购人、供货人应当具有相应的民事行为能力、具有相应的资质资格证书，经过合法的授权。

采购人、供货人的主体资格特别是供货人的主体资格是否合法、有效是工程货物采购合同是否有效的前提，直接关系到采购人的切身利益的保护，因此，在签订工程货物采购合同时应当做好主体资格的风险防范工作。

采购人、供货人的主体资格的风险，主要有：一是供货人是否具有民事行

为能力的风险;二是供货人是否具有相应工程货物的制造或供应资质证书及生产许可证的风险,如果是国际货物采购合同,中方当事人是否具有进出口经营权的风险;三是如果是工程货物的代理公司是否具有工程货物制造厂的合法代理授权的风险;四是签约人是否有相应权限或授权委托的风险。

防范采购人、供货人主体资格的风险,应当采取以下措施:一是应当审查确认供货人具有相应的民事行为能力,主要是通过核查供货人的《企业法人营业执照》和《组织机构代码证》是否合法有效、是否在经营范围内等。二是应当审查供货人具有该工程货物的制造资质证书或生产许可证,如锅炉等特种设备需要有特种行业生产许可证;在国际货物采购合同中,中方当事人应当具有进出口经营权。三是如果是代理公司作为工程货物采购合同的供货人,应当有该工程货物制造厂家签发的授权书,同意代理公司以该制造厂家的工程货物进行投标、签署合同并承担全部的质量保证责任。四是应当审查签约人具有合法的权限或授权,如果法定代表人是签约人,应当要求其出示身份证并与营业执照上的姓名进行核对,且确认该法定代表人的签约权限是在公司章程规定的职权范围以内;如果确定法定代表人以外的人为签约人,应当审查是否有授权委托书和单位介绍信,审查时注意授权是否明确、权限是否已失效。

(四)关于供货人资信能力的风险分析与防范

供货人资信能力包括供货人信誉、履约能力、生产能力、抗风险能力等内容。

供货人资信能力的强弱,直接影响到采购人即承包人的经济效益和工程货物采购的质量、工期等,因此,防范供货人资信能力的风险是非常重要的。如果供货人信誉不佳、履约能力差、制造能力弱、抗风险能力不足等,将会导致供货人随意中断供货、工程货物的质量无法保证、工程货物的价款与采购工期失控等风险。

采购人即承包人在选择供货人时,除了要求供货人具有相应主体资格外,关键是供货人具有良好的资信能力,主要是指供货人信誉好、专业能力强、技术专利适用、业绩良好、运营正常等,选择具有良好资信能力的供货人,应当采取以下措施:

首先,应当全面审查供货人的资信能力。一是应当认真审查由采购人认可的银行出具的关于供货人的资信证明；二是应当认真审查供货人的供货能力与财务状况，对于供货人为工程货物的制造厂家的，应当审查制造厂家的名称、地址、成立或注册日期、职工情况、近期资产负债表，制造工程货物的设施情况，需要从其他制造厂购买的主要零部件，制造厂家生产该工程货物的历史，近3年该工程货物主要销售给国内、国外主要客户的名称、地址、项目名称及销售额，近3年的年营业额包括出口，易损件供应商的名称和地址等；对于工程货物的代理商即贸易公司，应当审查贸易公司的名称、地址、成立和注册日期、职工情况、近期资产负债表，最近3年的年度总营业额，近3年该工程货物主要销售给国内、国外主要客户的名称、地址、项目名称及销售额，同意为贸易公司制造该工程货物制造厂并附有制造厂的资格声明，须由其他制造厂家供应和制造的部件的制造厂家名称和地址及具体项目，最近3年中成交该工程货物的合同号、签字日期、工程货物名称、数量和合同金额等；三是应当审查供货人不存在诉讼风险，审查内容是最近3年供货人牵涉的主要诉讼案件。

其次，应当建立健全工程货物采购市场竞争机制，通过工程货物采购信息的公开发布，面向社会筛选有信誉、有实力的供货人，通过对供货人以往的工作业绩和专业水平的评价，对供货人的人员素质、管理水平等进行评定，采取公开、公平的竞争机制，选择真正有实力的供货人作为自己的合作伙伴。

再次，建立和完善合格供货商名录，在积极与原有信誉良好供货人不断合作的同时，合格供货人名录应不断更新、扩大。同时，对于在工程货物采购合作中信誉不佳、履约能力差、制造能力弱、抗风险能力不足的供货人及时清理出合格供货商名录。采购人即承包人在选择工程货物供货人时，应当优先从合格供货商名录中选择。

（五）关于工程货物合法性的风险分析与防范

工程货物的合法性是指采购人采购的工程货物不属于法律、行政法规禁止或限制转让的货物以及国际工程货物采购不属于禁止或限制进出口的工程货物。我国《合同法》第132条第2款规定，法律、行政法规禁止或限制转让的标的物，依照其规定。出于对国防、环保、安全等因素的考虑，一些国家禁止进出口某些货物，同时有部分货物需要通过配额或许可证制度限制进出口。

工程货物采购合同的本质是采购人通过支付价款获取工程货物的所有权，

为了保证采购人能通过支付价款获得工程货物的所有权，买卖标的物的合法性是前提条件，同时，国际工程货物采购属于自由进出口的货物，因此，工程货物的合法性直接关系到工程货物采购合同的有效性与实际实施，风险很大。

工程货物合法性的风险，主要有：一是采购的工程货物属于国家法律、行政法规禁止转让的标的物；二是采购的工程货物属于国家法律、行政法规规定的限制转让的标的物；三是采购的工程货物属于国家禁止或限制进出口的货物。

防范工程货物合法性的风险，主要应当采取以下措施：一是通过查询法规或咨询有关部门或专家，确保采购的工程货物不属于国家法律、行政法规禁止转让的标的物。根据我国有关法律、行政法规的规定，禁止转让的标的物包括：国家禁止自由流通买卖的物品如土地、森林、矿藏、黄金、白银、受国家保护的珍贵文物等；违反我国《产品质量法》规定的产品如假冒伪劣产品、没有经过国家强制检验或认证并取得相关证书的产品、国家明令淘汰的产品、过保质期的产品等；违反其他法律、法规规定的产品如违反海关、商标、安全、卫生、环境保护、计量等法律法规要求的产品。二是通过查询法规或咨询有关部门或专家，确保采购的工程货物不属于国家法律、行政法规限制转让的标的物。根据我国有关法律、行政法规的规定，限制转让的标的物包括：实行专卖制度的产品如烟草、食盐等；未经批准不得买卖的物品如爆炸物、放射性物资等。三是在签订国际工程货物采购合同时，应当通过查阅商务部有关禁止或限制进出口货物目录，咨询外经贸或海关部门了解有关中国进出口管制的内容，此外，通过向中国驻外使领馆或外贸代理公司咨询，了解国外的进出口管制的规定。

（六）关于工程货物所有权或处分权的风险分析与防范

工程货物所有权或处分权是指供货人供应的工程货物应当属于供货人享有所有权或享有处分权的工程货物。我国《合同法》第132条第1款规定，出卖的标的物，应当属于出卖人所有或者出卖人有权处分。

工程货物采购合同的本质是采购人通过支付价款获取工程货物的所有权，为了保证采购人能通过支付价款获得工程货物的所有权，供货人拥有对工程货物合法的所有权或处分权是前提条件，如果供货人对工程货物不具有所有权或处分权,其签署的工程货物采购合同属于效力待定合同,只有经所有权人追认或供货人在订立合同后取得处分权,该工程货物采购合同才有效,否则,工程货物采购合同不能生效,采购人将不能获得工程货物的所有权,因此,工程货物的所有权或处分权直接关系到工程货物采购合同的效力,风险很大。

工程货物所有权或处分权的风险,主要表现在:一是供货人的工程货物既不是其生产,也不是通过合法方式取得的风险;二是工程货物存在被查封、扣押等情形。

防范工程货物所有权或处分权的风险,主要采取以下措施:一是应当认真审查供货人提供的该工程货物是其生产制造的证明文件;二是应当认真审查供货人提供的该工程货物是其通过买卖、赠与等合法方式取得的证明文件;三是应当要求供货人提供该工程货物不存在被查封、扣押等情形的担保。

(七)关于工程货物采购文件编制的风险分析与防范

工程货物采购文件即工程货物询价文件是指采购人对需要采购的工程货物的各种要求进行清楚说明的书面文件。

工程货物采购文件的质量在一定程度上影响供货人报价的质量以及工程货物采购合同签署的准确性和完整性,因此,完善工程货物采购文件的编制非常重要,由于工程货物采购文件的编制需要根据主合同即工程总承包合同的约定,涉及工程货物的质量、数量、进度及费用等内容,与采购人即承包人内部的采购部门、设计部门、费用控制部门等有关,因此,工程货物采购文件编制的风险较大。

工程货物采购文件编制的风险,主要有:一是工程货物的制造标准或技术要求不明确的风险;二是工程货物采购的数量不明确或不合理的风险;三是工程货物的制造时间、交货时间安排不合理的风险;四是工程货物的价款要求不明确的风险。

防范工程货物采购文件编制的风险,应当采取以下措施:一是工程货物的制造标准应当与工程总承包合同的要求一致,技术要求应当全面、细致,内容包括工艺负荷的说明、对制造材料的要求、特殊设计要求、超载能力和裕度要求、附属设备要求、控制仪表的要求、电气和公用工程技术数据、采用的设计规范和标准、设备材料的表面处理要求、操作和维修手册的内容和份数、备件备品清单等。二是工程货物的采购数量应当合理，采购人应当根据工程图纸、技术规范和工程量表、备用量、定额标准及供应方案等因素确定工程货物的采购数量。三是应当明确工程货物的合理供应时间及里程碑日期，工程货物的采购周期通常分为订单周期、制造周期、运输周期，其中运输周期受各种因素的影响应留有一定的余地；工程货物采购里程碑日期包括发出询价文件时间、签订合同时间、制造厂返回图纸资料时间、工程货物交付施工现场时间；工程货物的供应时间应当与施工进度计划相衔接。四是工程货物的价款要求应当明确，明确合同价款形式是单价固定、还是总价固定，或材料实报实销、工时实报实销等；明确支付货币的种类与汇率；明确支付条件；明确工程货物价款变更的条件和程序等。

（八）关于工程货物采购合同形式的风险分析与防范

工程货物采购合同的形式是指采购人与供货人是采取何种方式确定双方工程货物采购合同关系，包括采取口头形式、书面形式还是其他形式。我国《合同法》第11条规定："书面形式是指合同书、信件和数据电文（包括电报、电传、传真、电子数据交换和电子邮件）等可以有形地表现所载内容的形式。"该法第33条规定："当事人采用信件、数据电文等形式订立合同的，可以在合同成立之前要求签订确认书。签订确认书时合同成立。"

工程货物采购合同形式，不仅具有确定工程货物采购合同内容并予以公开的作用，而且是确定工程货物采购合同是否有效的条件，还在发生争议时具有证据作用，因此，工程货物采购合同形式非常重要且风险较大。

如果工程货物采购合同采取的形式不适当，风险主要有：一是工程货物采购的质量、工期等方面出现问题时，难以追究供货人责任；二是工程货款的支付缺乏依据，导致双方发生纠纷；三是给争议处理带来风险；四是给合同的效力带来风险。

防范工程货物采购合同形式风险，应当采取以下措施：一是国内工程货物采购合同应当采用书面形式。虽然我国《合同法》对工程货物采购合同采取何种方式没有作出明确规定，但由于工程货物采购合同标的额大、采购周期长、受各种因素影响较多，采用书面形式，能够强化签约双方当事人履行合同的责任心，使合同双方当事人有行使权利、履行义务的依据，也是合同双方当事人处理合同争议的基础。也就是说,采用书面形式订立合同,内容明确、责任清楚、便于履行、也便于处理争议。二是在国际工程货物采购合同中,必须采用书面形式,否则,国际货物采购合同无效。虽然《联合国国际货物销售合同公约》规定,国际货物采购合同不一定要以书面形式订立,但由于我国加入《联合国国际货物销售合同公约》时对第11条规定作了保留,因此,我国要求以中方当事人签订的国际工程货物买卖合同必须采用书面形式。

(九)关于工程货物采购预约合同的风险分析与防范

工程货物采购预约合同,与工程货物采购合同相对而言,是指采购人、供货人为将来订立确定性工程货物采购合同而达成的书面合意。

工程货物采购预约合同,可以分为约定将来进行谈判的预约合同与带有未决条款的预约合同两种,带有未决条款的预约合同一般按照本合同对待,因此,本文仅指约定将来进行谈判的预约合同。预约合同在工程货物采购过程中是经常采用的一种方法,有利于稳定乃至固定对自己有利的交易机会。在《最高人民法院关于审理买卖合同纠纷案件适用法律问题的解释》(法释〔2012〕8号)发布实施前,我国法律对预约合同没有作出规定,该司法解释第二条首次明确了"预约合同"法律制度,填补了我国《合同法》对"预约合同"没有规定的法律空白。预约合同在工程货物采购中一方面有利于稳定双方的采购与供货关系,另一方面签订预约合同有可能给自己带来法律风险,应当注意防范。

工程货物采购预约合同的风险,主要有:一是没有将工程货物采购预约合同与工程货物采购合同进行区分带来的风险;二是认为预约合同只是合同意向,不需要承担任何责任,从而轻率对待工程货物采购预约合同签订的风险;三是对预约合同的违约责任约定不明确的风险。

防范工程货物采购预约合同的风险,应当采取以下措施:一是应当严格区分工程货物采购预约合同与工程货物采购合同的不同。工程货物采购预约合同与工程货物采购合同的区别,从合同内容来看,工程货物采购预约合同是约定采购人、供货人为将来订立工程货物采购合同而应履行的谈判义务,工程货物采购合同的内容是约定采购人、供货人在工程货物买卖中应当履行的具体义务;从合同的形式来看,工程货物采购预约合同的形式有认购书、订购书、预订书、意向书、备忘录等，工程货物采购合同的形式主要是合同书、协议书等；从合同的签约过程来看，工程货物采购预约合同是发生于工程货物采购合同磋商过程中，工程货物采购合同是发生在采购人与供货人就工程货物的买卖的具体内容达成一致后。二是应当充分认识工程货物采购预约合同的法律责任，高度重视工程货物采购预约合同的签订。《最高人民法院关于审理买卖合同纠纷案件适用法律问题的解释》第2条明确规定，预约合同一方不履行订立合同的义务，对方请求其承担预约合同违约责任或者要求解除预约合同并主张损害赔偿的，人民法院应予支持。三是应当明确约定工程货物采购预约合同的违约责任，在工程货物采购预约合同中，明确约定违约金的具体数额、明确约定作为预约合同担保的定金的具体数额、明确约定丧失交易机会所造成的具体损失的具体数额或计算方法等。

（十）关于工程货物采购合同格式条款的风险分析与防范

工程货物采购合同格式条款是指采购人或供货人为了重复使用而预先拟定，并在订立工程货物采购合同时未与对方协商的条款。

格式条款在工程货物采购合同签订过程中是经常采用的一种方式，具有提高效率、简化缔约程序、降低交易成本的优点，但也有权利与义务不对等、提供格式条款一方将风险转移至另一方等有违契约公平与自由原则的缺点。为了弥补格式条款的不足，各国法律和国际公约均对格式条款进行了规范。我国《合同法》第39条、第40条、第41条也对格式条款作出了明确规定。本文前述案例中，供货人采用了格式条款与采购人签订《买卖合同》，合同中多处条款如钢材检验条款不符合规定、延迟付款规定了很重的违约责任、延迟交货违约责任没有约定等，严重违反合同"公平"原则，给采购人带来了极大风险。

工程货物采购合同格式条款的风险，主要有：一是提供格式条款的一方违反公平原则，利用自身有利地位，确定有利自己、损害相对人利益的权利与义务的风险；二是对免除或限制自身责任条款，如不以适当方式提请相对人注意或作出说明将导致对相对人不产生约束力的风险；三是具有《合同法》第52条和第53条规定情形的或者提供格式条款的一方免除其责任、加重对方责任、排除对方主要权利的格式条款无效的风险；四是格式条款与非格式条款不一致将采用非格式条款的风险；五是对格式条款有两种以上解释的应当作出不利于提供格式条款一方的解释的风险。

防范工程货物采购合同格式条款的风险，应当采取以下措施：一是对于供货人提供的工程货物采购合同格式条款，采购人应当仔细阅读工程货物采购合同，认真研究工程货物采购合同内容，正确识别并分析工程货物采购合同格式条款及利弊，对于有违公平原则的约定或不利于自己的条款应当及时提出并加以修改或通过签订补充协议进行修改，以防范风险。二是对于采购人提供的工程货物采购合同格式条款，首先，应当基于公平的原则确定双方的权利与义务；其次，采用合理方式，提示相对人注意"免除责任"、"限制责任"的条款，合理方式包括采取要求合同相对人签字、个别告知或对这些条款以更醒目字体、字号标明或作出特别说明等。第三，按照合同相对人的要求对格式条款予以说明。

四、工程货物采购合同履行的风险分析与防范

工程货物采购合同履行是指采购人、供货人全面、正确地履行工程货物采购合同义务，实现工程货物采购合同目的的一种法律行为。

工程货物采购合同履行是工程货物采购合同的核心，工程货物采购合同的签订是工程货物采购合同履行的前提，工程货物采购合同履行是实现工程货物采购合同目的的关键。由于工程货物采购合同履行具有标的额大、履行周期较长、物流环节多等特点，工程货物采购合同履行风险大，因此，加强工程货物采购管理、防范工程货物采购合同风险必须认真做好工程货物采购合同履行风险的防范工作。

（一）关于工程货物采购合同履行中催交的风险分析与防范

工程货物采购合同履行中催交是指采购人督促供货人按照工程货物采购合同约定的期限，提供技术文件、生产或制造工程货物的活动，贯穿于工程货物采购合同签订后至工程货物具备装运条件的全过程。

工程货物采购合同履行中催交工作的核心是预测并采取有效措施避免和减少拖期的发生，直接关系到工程货物按时交货及工程按期完成，工程进度管理是承包人工程管理的核心指标之一，承包人必须保证在主合同工期内完成工程的工程施工及设备安装，如果工程货物采购进度延误，承包人要承担因工程货物不能到位而造成的工期延误责任，由于工程货物采购与工程设计、工程施工等相互影响，风险很大，因此，做好催交的风险防范工作在工程货物采购合同履行中非常重要。

工程货物采购合同履行中催交的风险主要表现在：一是缺乏科学、合理且认可的催交、制造、检验计划；二是催交的内容不科学、不全面；三是催交的方式不科学；四是实际制造进度与进度计划不一致时缺乏有效的进度调整方法和处理措施。

防范工程货物采购合同履行中催交的风险，应当采取以下措施：一是承包人即采购人应当根据工程工期、采购计划及材料或设备的重要程度等编制催交计划，对供货人的设计、原材料采购、设备制造和组装、设备试验和检验、设备包装和运输等环节设置关键控制点，确定催交等级和方式，落实责任人；供货人应当制订制造、检验的具体计划，经采购人同意后，由采购人、供货人书面确认。二是采购人催交的内容应当明确、科学、合理，催交内容一般包括：督促供货人按时提交图纸和技术文件；检查供货人主要原材料、配套辅机和主要外协件的采购进展情况；检查设备的制造、组装、检验和试验情况；检查包装、标记和运输准备情况；检查出厂文件、备品、备件状态等。三是应当采取科学的催交方式，包括电话、传真、召开供货人会议、定期访问、派员长驻制造厂等方式，对关键设备和材料的催交应当采取派员长驻制造厂或定期访问制造厂的方式。四是当工程货物的实际制造进度与制造计划进度不符时，采购人应当及时通知供货人采取补救措施；如供货人不及时改正，采购人应当及时发函催促或通过会议纪要、往来函件等形式，告知供货人供货可能延误及违约后果，收集并保存好相关证据；如情节严重，采购人可以分别采取工程货款的支付与制造进度挂钩、暂停支付工程货款、调整工程采购范围、解除工程货物采购合同等措施。

（二）关于工程货物采购合同履行中制造质量控制风险分析与防范

工程货物采购合同履行中制造质量控制是指采购人按照工程货物采购合同约定的技术标准和质量要求，对供货人生产或制造的工程货物的质量进行检查、测试和试验等活动。

采购的工程材料设备合格是承包人工程合格的重要组成部分。工程货物的质量特别是大型、复杂的工程设备质量涉及制造的全过程的质量控制，不仅关系到原材料、辅件的质量，而且关系到生产、组装的工艺、技术等，因此，工程货物采购合同履行中制造质量控制的风险大，工程货物采购合同履行中做好工程货物的制造质量控制工作非常重要。

工程货物采购合同履行中制造质量控制的风险，主要有：一是没有明确、具体的制造质量控制计划；二是制造质量控制的内容与方式不科学；三是制造质量控制的程序与方法不科学；四是制造质量控制发现不合格品的处理不明确。

工程货物采购合同履行中制造质量控制的风险，应当采取以下措施：一是采购人应当根据供货进度、设备与材料关键性等级的划分及项目检验要求，编制项目总体制造质量控制计划；供货人应当根据检验等级和详细技术要求编制详细制造质量控制计划报采购人审批后实施，详细制造质量控制计划应当包括制造检验流程、检验项目、检验标准、制造厂检验报告名称、承包人控制点类型、业主控制点类型等。二是应当根据工程货物的特点，明确制造质量控制的方式与内容，主要有：审核方式即审核有关材料、供货人自行检验或试验记录，确认其符合相关标准、规范的要求；随机检验方式即日常检查、随机抽查，验证供货人对原材料的处理和加工、制造方法的有效性；目击检验方式即采购人出席全过程的检验、试验或者采购人书面通知表示弃权才能进行的检验、试验。三是应当明确科学的制造质量控制的程序和内容，在工程货物制造开始前，通过召开预检验会议等方式，与制造厂明确工程货物的要求，检验的内容、方式、时间和各自任务，应当采用书面形式并由各方签字确认；在工程货物制造过程中，采购人应当到制造厂进行检验和监制，采购人、供货人应当在中间检验或试验报告上签字；在工程货物制造完成后，采购人应当参加全面的质量验收并编制检验报告，检验报告应当有可以验收、有条件验收、保留待定事项或拒收等结论，并由各方书面签字。四是应当明确不合格品的处理程序与方式，首先，应当对不合格品进行标识，作好不合格内容的记录；其次，应当对不合格品组织评审，评审不合格的性质、程度及处置建议；再次，对不合格品实施隔离措施；最后，通过返工达到规定要求、降级改作他用、拒收或报废等方式进行处置。

(三) 关于工程货物采购合同履行中物流的风险分析与防范

工程货物采购合同履行中物流是指工程货物从制造厂到施工现场所涉及的包括包装、运输、装卸、保险、清关等工作。

在国内工程货物采购中，一般约定交货方式为项目现场交货，物流工作是由供货人承担；在国际工程货物采购中，由于采取的国际贸易术语及交货方式不同，物流工作可能一部分是由供货人承担、一部分是由采购人承担，具体工作范围的划分需要根据工程货物采购合同的约定来确定。工程货物采购合同履行中的物流工作，不仅关系到工程货物能否及时运抵施工现场，保证总承包工程的工期，而且关系到工程货物的完好无损及有关费用承担与工程货物的索赔等等，物流工作在工程货物采购合同履行中非常重要。由于物流工作具有时间较长、环节多、影响因素多、参与主体多等特点，因此，工程货物采购合同履行中物流工作风险比较大。

工程货物采购合同履行中的物流风险，主要有：一是工程货物的包装不符合合同约定或不合理；二是工程货物的运输不符合合同约定或不合理；三是工程货物的装卸衔接不合理或要求不明确；四是工程货物运输保险未及时按合同要求办理；五是清关工作不及时。

防范工程货物采购合同履行中的物流风险，应当采取以下措施：一是供货人应当根据工程货物的特点及重量、运输方式、运输环境条件、合同约定及承运人的要求，采用保证工程货物安全的内外包装材料和包装形式，货物的重心、吊装点应当明确标注，唛头应当清晰完整；采购人应当检查确认唛头是否符合要求及其正确性，确认包装箱内实物与装箱单一致，确认包装和运输工作的完备性，包括支撑与分隔和保护以防止运输造成的损坏、机械加工面的保护、防水包装是否符合运输要求等。二是应当根据工程货物采购合同的约定，及时做好工程货物的运输工作，首先，应当选择好运输方式，应当按照工程货物采购合同的约定，明确采取包船运输还是分批运输，是集装箱运输还是散装运输；其次，应当选择有资格、资信好的运输单位承担运输工作，要具体了解船东的名称、船舶的名称、船籍、吨位、船龄、航行的范围等；再次，做好订舱工作，订舱时应当如实告知工程货物的名称、种类、包装形态、货物的数量和货物运输的特殊要求等；最后，对超限或有危险的工程货物的运输，供货人

第六篇　建设工程货物采购法律风险防范

或承运人应当制订工程货物运输方案并经采购人审查同意方可实施运输，必要时，采购人应当派人对运输过程进行监督。三是应当认真做好工程货物的装卸工作，首先，要做好船货的衔接工作，避免出现货等船或者船等货；其次，应当高度重视装卸的速度和装卸日的约定；最后，做好设施、机械、工具、劳动力的配备与安排，按照确定的装货顺序和部位装舱，货物应当轻搬轻放，尽可能减少货损。四是按照工程货物采购合同约定及时办理投保手续，支付保险费。五是提前做好报关准备，加快清关提货，首先，对于没有清关资格的采购人应当提前选定有资质、有经验的清关代理人；其次，提前准备好清关所需的一切手续和材料如进出口许可证、进出口合同、发票、装箱单、提单、报关委托书等，如果涉及减免税，还要预先办理好减免税的申报和审批手续；最后，尽早启动清关程序，采取提前以电子商务申报、采用保函提货等措施和方式，加快工程货物的提取速度。

（四）关于工程货物采购合同履行中验收交接的风险分析与防范

工程货物采购合同履行中验收交接是指工程货物运抵工程货物采购合同约定的地点后，供货人、采购人共同对工程货物进行查验、移交、第三方检验及索赔活动。

验收交接是工程货物采购合同履行中的关键环节，直接关系到采购人、供货人的切身利益，同时由于工程货物特点不同，工程货物采购合同约定不同，验收交接程序比较复杂，因此，工程货物采购合同履行中验收交接风险较大。本文前述案例中，采购人发现供货人提供的钢材在使用前的检验中发现不合格，没有及时向供货人提出书面索赔意见，也没有保留钢材更换的书面材料，以致在抗辩或反诉中难以发挥应有的作用。

工程货物采购合同履行中验收交接的风险，主要有：一是项目现场验收交接的主体、程序及方式不符合合同约定或不规范；二是对按照合同约定或需要安装调试的设备的验收交接不规范；三是对需要委托第三方检测机构检测的验收交接不规范；四是对国际货物采购的验收交接不规范；五是对不合格的工程货物的索赔没有按照合同约定的期限及时提出。

防范工程货物采购合同履行中验收交接的风险，应当采取以下措施：一是项目现场验收交接应当由采购人、供货人、主合同约定需要参加的发包人共同进行开箱验收，验收依据是工程货物采购合同和装箱单，开箱检查内容包括工程货物的外观质量、型号、数量、随机资料和质量证明等，填写书面的验收交接记录并由合同约定的采购人、供货人、发包人的现场接受人的签字确认并加盖单位公章，对于现场开箱验收符合条件的采购工程货物，采购人应当办理工程货物入库手续，交付仓库保管；现场验收如发现漏、缺、损、残等不合格的工程货物应当作出标识。二是对于需要进行安装调试的工程货物，除项目现场进行工程货物验收交接外，应当及时组织联动试车运转来检验工程设备的质量，对在联动试车中发现的问题及时要求供货人整改。三是对于工程货物采购合同中约定需要委托第三方检测机构对工程货物的质量进行检验的，除项目现场进行工程货物验收交接外，采购人应当及时委托有资质的检测机构对工程货物的内在质量进行检测。四是对于国际工程货物采购，采购人应当在工程货物到达目的港后，及时要求商检机构对工程货物进行检验，取得商检证书；此外，在国际工程货物采购交接中，应当高度重视供货人的交货完成标志的单据交付义务的完成情况，检查单据是否完整及是否符合采购合同及公约的要求，交付的时间、地点是否符合合同约定。五是对不合格的工程货物，采购人应当在现场验收交接之日、联动试车运转之日、第三方检测结果取得之日、商检证书取得之日起，在工程货物采购合同约定的索赔期限内向供货人及时提出书面索赔要求，提供有关书面索赔材料，以维护自身的合法权益。

（五）关于工程货物采购合同履行中售后服务的风险分析与防范

工程货物采购合同履行中售后服务是指供货人对其供应的工程货物在约定期限内提供免费维修保养的服务。

工程货物采购合同履行中售后服务是工程货物质量的重要组成部分，良好的售后服务对工程货物满足工程货物采购合同约定的使用要求具有非常重要的意义。

对于采购人来说，工程货物采购合同履行中售后服务的风险，主要有：一是通知供货人进行售后服务采取的形式与内容不明确；二是售后服务没有书面记录；三是由第三人代为履行售后服务缺乏相应的证据。

采购人防范工程货物采购合同履行中售后服务的风险，应当采取以下措施：一是对于工程货物出现需要维修保养的情形时，应当及时通过书面形式通知供货人工程货物的现状及要求；二是对供货人及时维修保养的，应当做好书面记录，并由采购人、供货人共同签字确认；三是对供货人不履行或不适当履行售后服务的义务，采购人应当根据工程货物采购合同约定由其他人代为履行，其费用从工程货物保修金中直接扣除，并且还应当依据工程货物采购合同的约定追究分包人的违约责任，此时采购人应当保留供货人不履行售后服务的义务证据及委托第三人进行代为履行的相应证据。

（六）关于工程货物采购合同履行中货款的风险分析与防范

工程货物采购合同履行中货款是指采购人按照工程货物采购合同约定向供货人支付工程货物款项的数额、条件、方式等。

工程货物的款项是采购人、供货人在工程货物采购合同履行中关注的核心内容之一，直接关系到采购人、供货人的利益，在工程货物采购合同履行中对于货款的计算、支付等常常成为采购人、供货人争议的焦点之一，风险很大，在工程货物采购合同履行中做好货款的风险防范工作非常重要。本文前述案例中，采购人、供货人就是因为钢材款的支付发生争议引起诉讼，采购人与供货人结算支付时由于没有明确的书面约定，以至于采购人误认为其支付了最后一笔款项后供货人不再追究其违约责任。

工程货物采购合同履行中货款的风险主要有：一是对于工程货物的作价方法采取可调价格的工程货物款项的具体数额的确定存在风险；二是未按照工程货物采购合同约定的付款条件支付货款的风险；三是工程货物款项的支付工具与支付方式存在风险；四是货款的收取主体与合同约定不一致的风险；五是发票的开具与收取的风险；六是未采取合理方式防范汇率变动的风险。

防范工程货物采购合同履行中货款的风险，应当采取以下措施：一是对于工程货物的作价方法采取可调价格的工程货物款项的具体数额的确定，对于供货的数量，供货人、采购人应当以书面形式签字确认；对于工程货物价格采取某市场的某时点的价格，应当以某市场正式公布的价格为准；对于大型复杂的工程货物，由于制造时间长，应当通过签署补充协议、会议纪要等形式予以确认。二是采购人应当严格按照工程货物采购合同约定的进度、条件支付货款；对于明确"背靠背"支付条件的，承包人即采购人应当注意收集和保留发包人未支付工程货物采购款、非采购人原因造成发包人不付款、积极向发包人主张付款等方面的证据。三是以票据作为货款支付工具时,应当保证票据的真实性,票据背书转让时应当写明收款人或在票据上对背书转让加以限制,尽量不签发预留印鉴的空白支票;采购人如采取直接付款的支付方式应尽量采用见单付款方式,即供货人在发运货物后将有关装运单据寄给采购人,采购人在收到单据后按合同约定汇付货款;采购人如采取银行托收的支付方式,应尽量采用跟单托收方式,即凭汇票和发票、提单、保险单等商业票据进行的托收;采购人如采取银行信用证的支付方式,由于"单单相符,单证相符"是信用证的基本要求,正确交单议付是结算基础,应当加强对单据的审查,确保单据的真实性,防止出现倒签提单、预借提单。此外,信用证虽以买卖合同为基础,但它一经开立就成为独立于合同以外的一项契约,因此,应当在信用证中加列自我保护条款,可要求供货人提供由权威机构(如 SGS 等)出具的检验证书,也可派人亲自验货并监督装船,以保证获得符合合同要求的工程货物。四是供货人如要求将货款支付给第三人时,必须由供货人出具书面的委托付款书,并由第三人签字确认。五是采购人应当采取先提供发票再付款或提供发票与付款同时进行的方式,供货人应当如实开具发票、不得变更项目与价格,作为增值税一般纳税人的采购人应要求供货人提供增值税专用发票。六是为了防范汇率变动风险,采购人应当采用远期外汇交易、外币期权交易、即期外汇交易等外汇管理手段,选择有利的支付币种,合理利用含有汇率调整的调价公式等。

五、工程货物采购合同纠纷解决风险分析与防范

工程货物采购合同纠纷,是指因工程货物采购合同的生效、解释、履行、变更、终止等行为而引起的采购人与供货人之间的所有争议。根据我国《合同法》第 128 条的规定,采购人与供货人可以通过和解、调解、仲裁、诉讼四种方式来解决工程货物采购合同纠纷。和解是指采购人、供货人相互协商、相互让步,达成双方均能接受的解决纠纷方法的一种方式。调解是指通过第三者从中调停,促使采购人、供货人解决纠纷的一种方式。仲裁是指采购人、供货人根据工程货物采购合同中规定的仲裁条款或双方在纠纷发生后达成的仲裁协议向仲裁机构申请仲裁解决纠纷的一种方式。仲裁分为国内商事仲裁和国际商事仲裁,所谓国际商事仲裁是指采购人、供货人因具有涉外因素的工程货物采购合同发生的纠纷提交国际仲裁机构进行裁决的一种方式。所谓涉外因素,是

第六篇 建设工程货物采购法律风险防范

指合同主体一方是外国的公民、法人或其他组织,合同法律关系发生在国外,合同标的位于国外等。诉讼是指采购人、供货人在工程货物采购合同中没有订立仲裁条款,事后也没有达成仲裁协议,可以将工程货物采购合同纠纷起诉到法院,请求法院按照法律规定作出判决解决纠纷的一种方式。诉讼也可分为国内民商事诉讼和国际民商事诉讼。所谓国际民商事诉讼是指通过一国的法院来解决国际工程货物采购合同发生的纠纷。

仲裁和诉讼是解决工程货物采购合同纠纷的经常采用的主要方式,本文仅就仲裁和诉讼两种方式的风险分析与防范进行阐述。由于工程货物采购合同具有采购资金高、采购周期长、技术要求特殊等特点,在国际工程货物采购合同中,还具有涉及的法律规定多、程序复杂等特点,工程货物采购合同纠纷的仲裁、诉讼解决风险大,采购人、供货人应当认真做好风险防范工作。

(一)关于工程货物采购合同纠纷解决方式选择的风险分析与防范

工程货物采购合同纠纷解决方式主要有仲裁和诉讼,工程货物采购合同当事人如果选择不当,将会导致工程货物采购合同纠纷的解决旷日持久,耗费大量人力、财力,自身的合法权益难以得到保护。

工程货物采购合同纠纷解决方式选择的风险,主要有:一是对仲裁或诉讼的管辖权产生的依据不明确的风险;二是对仲裁或诉讼的程序不同不明确的风险;三是对仲裁裁决或法院判决的承认与执行区别不明确的风险。

防范工程货物采购合同纠纷解决方式选择的风险,应当注意以下方面:

首先,应当明确仲裁或诉讼管辖权产生的依据不同及后果,以恰当选择工程货物采购合同纠纷解决方式。仲裁机构的管辖权来源于当事人之间的协议,并且当事人之间的仲裁协议排除了法院的管辖权。法院的管辖权来源于法院所在国家的民事诉讼法的规定。如果当事人没有达成仲裁协议,工程货物采购合同纠纷解决只能通过诉讼的方式解决,在国际民商事诉讼中,由于法院可以根据本国法律的规定实施管辖,法院管辖权的冲突或平行诉讼难以避免,不仅产生增加大量诉讼费用的风险,而且带来诉讼拖延及判决结果不确定性的风险,尽管可以通过当事人之间达成管辖权协议或双边、多边国际公约加以解决,但仍不可能完全避免或消除法院管辖权的冲突或平行诉讼。

其次,应当明确仲裁与诉讼的程序的不同,以恰当选择工程货物采购合同纠纷解决方式。仲裁与诉讼在程序上的区别，主要有：一是组织机构不同，仲裁机构一般都是民间性的组织，仲裁员由双方当事人选定；法院是国家的审判机关，双方当事人都没有选择法官的自由。二是审级制度不同，仲裁裁决一般都采用一裁终审制，仲裁庭的裁决是终局裁决；法院诉讼一般都要二审以上才能终审。三是审理方式不同，仲裁一般不公开审理；而法院诉讼无特殊情况必须公开审理。因此，仲裁具有较大的灵活性、程序便捷、为当事人保密等优点。

再次，应当明确仲裁裁决与诉讼判决的承认与执行区别，以恰当选择工程货物采购合同纠纷解决方式。一国的仲裁裁决或法院判决在本国国内执行时两者无多大区别，它们都具有强制力，如果一方当事人不执行已生效的仲裁裁决或法院判决，另一方当事人都可向法院申请强制执行。但是，如果一国的仲裁裁决或法院判决需要得到另一国法院的承认并执行，仲裁裁决具有更大优势，原因在于有承认与执行外国仲裁裁决的最重要的国际公约即《联合国承认与执行外国仲裁裁决公约》；而对承认与执行外国法院判决由于缺乏普遍性的国际公约，再加上各国在政治、经济、文化等方面的差异，国内法院在对外国法院判决的审查上，往往附有非常苛刻的条件，除非两国之间有关于承认与执行外国法院判决的双边公约。由此可见，外国法院判决的承认与执行要比外国仲裁裁决的承认与执行困难、复杂，因此，如果标的物不在我国境内或外方在我国境内没有可供扣押、执行的财产，应当尽量选择仲裁方式解决纠纷。

（二）关于工程货物采购合同纠纷仲裁或诉讼时效的风险分析与防范

仲裁或诉讼时效是指权利人不行使权利的事实状态持续经过法定期间届满，丧失其请求仲裁机构或法院依法强制义务人履行义务的权利的时效制度。仲裁或诉讼时效制度设立的目的是督促权利人及时行使诉讼或仲裁权利，以维护社会经济秩序的稳定。

工程货物采购合同纠纷仲裁或诉讼时效的风险，主要有：一是仲裁或诉讼时效的期限不明确的风险；二是仲裁或诉讼时效的起算不明确的风险；三是仲裁或诉讼时效的中断事由不明确的风险。

防范工程货物采购合同纠纷仲裁或诉讼时效的风险，应当注意以下方面：一是应当注意工程货物采购合同纠纷仲裁或诉讼时效期限，根据我国《仲裁法》第 74 条规定，法律对仲裁时效有规定的，适用该规定；法律对仲裁时效没有规定的，适用诉讼时效的规定；根据我国《民法通则》第 136 条规定，工程货物采购合同纠纷诉讼时效的期限为 2 年；根据我国《合同法》第 129 条的规定，国际货物采购合同争议提起诉讼或申请仲裁的期限为 4 年。二是应当注意工程货物采购合同纠纷仲裁或诉讼时效起算，根据我国《民法通则》第 137 条规定，诉讼时效期间从权利人知道或应当知道权利被侵害时起计算；对于支付价款有确定日期的，应当在确定日期届满之日起计算；对于支付价款没有约定或约定不明确的，根据我国《合同法》第 161 条的规定，应当自采购人收到工程货物或提起工程货物单证之日起计算；对于分期履行的，根据《最高人民法院关于审理民事案件适用诉讼时效制度若干问题的规定》第 5 条的规定，应当从最后一期履行期限届满之日起计算。三是应当注意工程货物采购合同纠纷仲裁或诉讼时效中断事由，采购人或供货人应当保留权利人主张权利、义务人同意履行义务的书面证据，包括送交主张权利文书、发送信件或数据电文、刊登公告等。

（三）关于工程货物采购合同纠纷仲裁或诉讼地点选择的风险分析与防范

根据我国《仲裁法》、《民事诉讼法》等法律规定，工程货物采购合同当事人可以选择仲裁或诉讼地点，仲裁或诉讼地点的选择是否恰当直接关系到案件法律的适用、案件的公正及时处理、当事人的便捷与诉讼成本等。

工程货物采购合同纠纷仲裁或诉讼地点选择风险，主要有：一是工程货物采购合同纠纷仲裁协议效力的风险；二是工程货物采购合同纠纷仲裁地点选择不当的风险；三是国内工程货物采购合同纠纷诉讼地点选择不当的风险；四是国际工程货物采购合同纠纷诉讼地点选择不当的风险。

防范工程货物采购合同纠纷仲裁或诉讼地点选择风险，应当注意以下方面：一是工程货物采购合同纠纷仲裁地点的选择依赖于仲裁协议的有效性，仲裁协议有效条件包括：双方意思表示真实、当事人具有合法资格和能力、内容与形式合法。二是工程货物采购合同纠纷仲裁地点的选择，应当考虑到方便、省时、省费及对我有利等因素，对国内工程货物采购合同纠纷优先选择当事人所在城市的仲裁机构，对于选择对方所在城市或其他城市仲裁机构应当慎重；对于国际工程货物采购合同纠纷的选择，首选中国国际经济贸易仲裁委员会，如对方不同意应当选择香港国际仲裁中心，选择对方所在国或第三国的仲裁机构应当慎重。三是国内工程货物采购合同纠纷诉讼地点的选择，只能选择被告住所地、合同履行地、合同签订地、原告住所地、合同标的物所在地，在选择时应当明确并且尽量选择当事人所在地的法院。四是国际工程货物采购合同纠纷诉讼地点选择，通常选择当事人所在国以外的第三国法院，但由于案件与该国没有联系可能会遭到第三国法院的拒绝导致平行诉讼的风险。

（四）关于工程货物采购合同纠纷法律适用的风险分析与防范

国内工程货物采购合同纠纷适用中国法律，但国际工程货物采购合同纠纷适用的法律，采购人和供货人可以进行选择，如果没有选择或选择不当就会给当事人带来法律风险。

国际工程货物采购合同纠纷法律适用的风险，主要有：一是没有进行选择带来的法律适用不确定的风险；二是法律适用的选择不恰当的风险。

防范国际工程货物采购合同纠纷法律适用的风险，应当注意以下方面：一是国际工程货物采购合同当事人没有选择适用的法律，法院一般适用法院地法有关的法律冲突规则决定应当适用的法律，如在我国，根据我国《涉外民事关系法律适用法》第41条的规定，当事人没有选择合同适用的法律，适用履行义务最能体现该合同特征的一方当事人经常居所地法律或者其他与该合同有最密切联系的法律；根据《最高人民法院关于审理涉外民事或商事合同纠纷案件法律适用若干问题的规定》第5条规定，买卖合同，适用合同订立时卖方住所地法；如果合同是在买方住所地谈判并订立的，或者合同明确规定卖方须在买方住所地履行交货义务的，适用买方住所地法；根据我国《民法通则》第142条的规定，中国缔结或者参加的国际条约同中国民事法律有不同规定的，适用国际条约的规定，但中国声明保留的条款除外；中国法律和中国缔结或者参加的国际条约没有规定的，可以适用国际惯例。二是国际工程货物采购合同当事人选择处理合同争议所适用的法律时，应当尽量选择自己所在国家的法律，如选择其他国家的法律，应当选择自己熟悉且对自己有利的其他国家的法律。

（五）关于工程货物采购合同纠纷证据的风险分析与防范

工程货物采购合同纠纷证据是指能够证明工程货物采购合同纠纷案件真实情况的客观事实材料。在工程货物采购合同纠纷案件中，证据种类上主要以书

第六篇　建设工程货物采购法律风险防范

证为主。在工程货物采购合同纠纷案件的仲裁或诉讼过程中，当事人和仲裁员或法官的一切活动都是围绕诉讼证据进行的，因此，可以说，证据是整个工程货物采购合同纠纷案件解决活动的核心。本文前述案例中，采购人在供货人提供的钢材质量不合格证据上，由于采购人主体与送检主体不一致，导致该证据没有被法院采纳。

工程货物采购合同纠纷证据的风险，主要有：一是证据不全面的风险；二是证据缺乏证明力的风险；三是举证超过法定期限的风险。

防范工程货物采购合同纠纷证据的风险，应当注意以下方面：一是收集和保存在工程货物采购过程中形成各种类型的大量书面资料，包括合同书、欠条、对账单、结算书、送货单、订货单、入库单、收货单、发票、支票以及双方在履行工程货物采购合同过程中形成的会谈纪要、往来函件、索赔报告等。二是规范书面资料的签字、签收手续，工程货物采购合同及补充合同、欠条应当有双方的签字盖章，送货单、订货单、入库单、收货单等应当有双方授权签字人员的签字，会议纪要应当有与会人员的亲笔签名，往来函件、索赔报告、结算书等应有接收单位授权签收人的签收记录；在对方拒绝签收情况下，可采用特快专递或者公证送达的方式送达；对通过电子邮件发送的有关资料，应当通过公证的方式进行证据保全。三是根据最高人民法院《关于民事诉讼证据的若干规定》第34条规定，应当在举证期限向人民法院提交证据材料，逾期举证的，视为放弃举证权利，举证期限一般包括当事人商定期限、法庭指定期限及法定期限三类，在工程货物采购合同纠纷案件中，法庭指定举证期限最多，应当特别注意。

（六）关于工程货物采购合同纠纷反请求或反诉的风险分析与防范

所谓反请求或反诉，是指在仲裁程序或诉讼第一审程序中，仲裁机构或人民法院对案件裁判之前，被申请人或被告为了抵消或部分抵消本诉申请人或原告的诉讼请求，维护自己的合法权益，向本诉的申请人或原告提出的一种独立的反请求。反请求或反诉是被申请人或被告针对申请人或原告提出的独立的诉，在工程货物采购合同纠纷案件中被申请人或被告经常采用的一种积极防御手段，可使被申请人或被告的合法权益得到保护。本文前述案例中，采购人曾经以钢材质量不合格为由在本案中提起了反诉，但由于反诉人主体与本诉中被告主体不一致，不符合反诉的法定条件，最后采购人不得不撤回反诉。

工程货物采购合同纠纷反请求或反诉的风险主要有：一是反请求或反诉不具备法定条件的风险；二是反请求或反诉缺乏有效的证据的风险；三是反请求或反诉的提起超过法定期限的风险。

防范工程货物采购合同纠纷反请求或反诉的风险，应当采取注意以下方面：一是反请求或反诉的成立必须符合我国《仲裁法》、《民事诉讼法》规定的关于请求或诉的条件，即申请人或原告是与本案有直接利害关系的公民、法人或其他组织；有明确的被申请人或被告，且该被申请人或被告是且只是本申请或本诉的申请人或原告；有具体的仲裁或诉讼请求和事实理由；属于仲裁机构或人民法院受理的民事诉讼的范围；且不属于其他法院专属管辖的案件。二是反请求或反诉应当有确实、充分的证据。三是根据最高人民法院《关于民事诉讼证据的若干规定》第34条规定，提起反诉应当在举证期限届满前提出；提起反请求也应当在举证期限届满前提出。

（七）关于工程货物采购合同纠纷抗辩的风险分析与防范

抗辩是指仲裁或民事诉讼中一方当事人针对对方当事人的请求、事实、理由提出的有利于己方的事实、证据和理由，以否定对方的主张，保护己方的合法权益的行为。抗辩是被申请人或被告针对申请人或原告的仲裁请求或诉讼请求的一种消极防御手段，其目的是使申请人仲裁请求或原告的诉讼请求不能成立。

工程货物采购合同纠纷抗辩的风险，主要有：一是抗辩缺乏法律依据的风险；二是抗辩缺乏事实依据的风险；三是抗辩缺乏重点的风险。

防范工程货物采购合同纠纷抗辩的风险，应当注意以下方面：一是抗辩应当有法律依据，我国《合同法》第66条、第67条、第68条、第69条规定同时履行抗辩权、后履行抗辩权、不安抗辩权，工程货物采购合同纠纷案件的当事人应当依法进行抗辩。二是抗辩应当有事实依据，并且有确实、充分的证据予以证明，否则，抗辩将得不到仲裁机构或法院的支持。本文前述案例中，被告进行抗辩时由于缺乏充分的证据，因此，一些抗辩主张没有得到法院的支持。三是抗辩应当突出重点，明确抗辩思路。本文前述案例中，采购人作为被告进行积极认真的抗辩，有非常明确的抗辩思路，首先，就逾期1个月不支付

第六篇 建设工程货物采购法律风险防范

每超期1天每吨加5元是价格条款进行抗辩,由于双方已经进行了结算,因此,原告的诉讼请求应当驳回。其次,以供货人即原告供应的钢材存在质量问题采购人有后履行抗辩权,采购人延期付款不构成违约;最后,即使每超期1天每吨加5元约定是违约责任,被告认为该违约金约定过高请求法院予以减少,并积极提供了按银行同期贷款利率计算应支付违约金的具体数额。法院对前两条的抗辩理由没有支持,对最后一条抗辩理由予以支持,参照银行同期贷款利率的4倍支付违约金。

(八)关于工程货物采购合同纠纷裁决执行的风险分析与防范

工程货物采购合同纠纷仲裁裁决或法院判决得到执行是申请仲裁或提起诉讼当事人最终追求的结果,而执行关系着当事人是否能通过该措施的实施真正实现仲裁裁决书或判决书所支持的权利,执行的程度和效果也影响着该权利实现的程度和效果。

工程货物采购合同纠纷裁决执行的风险,主要有:一是申请执行人不在法定期限内申请执行的风险;二是执行机关不明确的风险;三是国内仲裁机构或中国涉外仲裁机构的裁决不予执行或外国法院判决或外国仲裁裁决不被承认的风险;四是执行不能的风险,如被执行人下落不明、无足够财产可供执行等。

防范工程货物采购合同纠纷裁决执行风险,应当注意以下方面:

首先,申请执行人必须在法定期限内提出强制执行申请。无法定理由逾期申请的,将承担视为放弃申请执行、法院不予受理、当事人须承担丧失申请执行权的风险。申请执行的期限为两年。申请执行时效的中止、中断,适用法律有关诉讼时效中止、中断的规定。期限自生效法律文书(包括国内仲裁裁决、国内法院判决、国外法院判决、外国仲裁裁决)确定的履行义务期限届满之日起算;法律文书规定分期履行的,从规定的每次履行期间的最后一日起算;法律文书未规定履行期间的,从法律文书生效之日起计算。

其次,申请执行人应当向有执行管辖权的法院申请强制执行。一是国内法院生效判决,由第一审人民法院或者与第一审人民法院同级的被执行的财产所在地人民法院执行。二是根据最高人民法院《关于适用中华人民共和国仲裁法若干问题的解释》第29条规定,国内仲裁裁决由被执行人住所地或者被执行的财产所在地的中级人民法院管辖。三是国内法院生效判决,如果被执行人或者其财产不在中国领域内，当事人请求执行的，可以由当事人直接向有管辖权的外国法院申请承认和执行，也可以由国内法院依照中国缔结或者参加的国际条约的规定，或者按照互惠原则，请求外国法院承认和执行。四是中国涉外仲裁机构作出的发生法律效力的仲裁裁决，当事人请求执行的，如果被执行人或者其财产不在中国领域内，应当由当事人直接向有管辖权的外国法院申请承认和执行。五是外国法院作出的发生法律效力的判决，需要中华人民共和国人民法院承认和执行的，可以由当事人直接向中华人民共和国有管辖权的中级人民法院申请承认和执行，也可以由外国法院依照该国与中华人民共和国缔结或者参加的国际条约的规定，或者按照互惠原则，请求人民法院承认和执行。六是国外仲裁机构的裁决，需要中国法院承认和执行的，应当由当事人直接向被执行人住所地或者其财产所在地的中级人民法院申请，人民法院应当依照中华人民共和国缔结或者参加的国际条约，或者按照互惠原则办理。

  再次，申请执行人或被执行人应当注意国内仲裁裁决不予执行或外国法院判决或外国仲裁裁决不被承认的条件和程序。一是对于国内仲裁机构的生效裁决，如果被申请人提出证据证明仲裁裁决有下列情形之一的，经人民法院组成合议庭审查核实，裁定不予执行：当事人在合同中没有制订仲裁条款或者事后没有达成书面仲裁协议的；裁决的事项不属于仲裁协议的范围或者仲裁机构无权仲裁的；仲裁庭的组成或者仲裁的程序违反法定程序的；裁决所根据的证据是伪造的；对方当事人向仲裁机构隐瞒了足以影响公正裁决的证据的；仲裁员在仲裁该案时有贪污受贿，徇私舞弊，枉法裁决行为的。人民法院认定执行该裁决违背社会公共利益的，裁定不予执行。二是对中国涉外仲裁机构作出的生效裁决，被申请人提出证据证明仲裁裁决有下列情形之一的，经人民法院组成合议庭审查核实，裁定不予执行：当事人在合同中没有制订仲裁条款或者事后没有达成书面仲裁协议的；被申请人没有得到指定仲裁员或者进行仲裁程序的通知，或者由于其他不属于被申请人负责的原因未能陈述意见的；仲裁庭的组成或者仲裁的程序与仲裁规则不符的；裁决的事项不属于仲裁协议的范围或者仲裁机构无权仲裁的。人民法院认定执行该裁决违背社会公共利益的，裁定不予执行。三是对于外国法院的生效判决，中国法院依照中华人民共和国缔结或者参加的国际条约，或者按照互惠原则进行审查后，认为不违反中华人民共和国法律的基本原则或者国家主权、安全、社会公共利益的,裁定承认其效力,需要执行的,发出执行令,依照中国《民事诉讼法》的有关规定执行;违反中华人民共和国法律的基本原则或者国家主权、安全、社会公共利益的,不予承认和执行。四是对于外国仲裁机构的生效裁决,中国法院依照中华人民共和国缔结或者参加的国际条约,或者按照互惠原则办理。

最后,申请执行人应当继续举证,积极配合法院做好执行工作。申请执行人应当积极查找并主动向人民法院提供被执行人的确切下落和可执行财产线索,如提供被执行人住所地、工作单位、收入情况、银行账号及财产状况包括动产、不动产、知识产权或其他可供执行的权益;如果被执行人为法人,还应提供该法人的出资人是否投资到位,是否有抽逃、转移注册资金等情形,切实配合好人民法院的执行工作,为最终实现自己的债权尽到最大的努力。

第七篇
国际工程承包法律风险防范

对外工程承包的风险分析与防范

——从代理北京某设计院参加越南某水电站
咨询监理合同争议处理非诉讼案谈起

【案情简介】

本项目为越南某水电站项目。项目的业主为越南电力发展投资股份公司。业主要求通过招标方式选择该项目的咨询监理单位及EPC工程总承包商,咨询监理单位必须是外方咨询监理单位与越方咨询监理单位组成联合体参加投标。

2006年1月17日,中国某设计院(以下简称"中方设计单位")与越南某咨询公司(以下简称"越方咨询公司")于越南老街巴沙签订了联合体协议,双方共同为越南某水电站提供施工监理、审定总预算、审查技术设计、施工招标咨询、项目贷款咨询等。该联合体协议明确了双方的职责分工、利益分配、成本承担、结算方式等。双方合作时间自联合体协议签订之日起至中标项目竣工验收之日止。

经过招标、投标、评标,联合体中标。2006年5月5日,联合体与项目业主签订了《越南某水电站咨询监理合同》。该合同约定:由联合体完成三个阶段的工作:1.对电站前期的招标咨询工作;2.对电站进行设计审查;3.对电站进行施工监理。合同总价款为9938351566越南盾,按当时外汇汇率(1:2000)折合人民币496万元。合同工期为第一阶段工作时间为55天;第二阶段工作时间为30天;第三阶段工作时间为40个月。

第一阶段工作双方按照合同约定履行完毕。第二阶段工作一是由于该工程的 EPC 招标过程中中资企业未中标，二是由于业主采用的工程建设标准不同，经双方协商，此部分工作取消。在第三阶段工作履行过程中，联合体与业主之间、联合体内部之间矛盾重重，致使第三阶段工作无法进行。

联合体与业主之间在履行《越南某水电站咨询监理合同》中存在以下问题：一是业主不按合同要求及时支付监理费。按照合同约定或业主承诺每 6 个月或每 3 个月结算一次监理费，但业主却以各种理由推迟，长达 25 个月之久。二是业主不同意按照合同约定对随项目投资的变更及汇率的波动而增加的监理费进行调整。该项目原装机为 4.8 万千瓦，现扩为 7.2 万千瓦；越南盾兑换人民币的汇率自 2006 年 5 月至 2009 年 6 月上涨达 34%。三是该项目的施工单位野蛮施工造成工程重大质量隐患，业主不按照咨询监理方的要求进行处理等。如在大坝导流底孔开挖施工过程中存在严重质量问题，咨询监理方要求施工单位、业主限期整改，但他们我行我素，置之不理。

在联合体内部，越方咨询公司以费用低为借口，一直未能按协议约定派出相应人员进行施工监理工作。2007 年 10 月 15 日，业主要求咨询监理方派人进场，中方设计单位人员于 2007 年 11 月初进场，越方咨询公司一直未派人进场，直到 2009 年 8 月才派两个人。而且，在实际工作中，越方咨询公司人员不进行配合，致使监理工作无法进行，中方设计单位根据合同约定要求调整联合体越方咨询公司，但业主不同意。

中方设计单位对于上述存在的问题，多次与业主和越方咨询公司进行协商、交涉，但收效甚微。由于上述原因，造成中方设计单位在此项目上亏损严重，不得已，中方设计单位决定与越方咨询公司协商解除联合体协议、与业主解除咨询监理合同，但是，越方咨询公司及业主以种种理由不同意解除联合体协议及咨询监理合同，发生纠纷，争执不下，中方设计单位进退两难。

【处理建议与结果】

中方设计单位就上述情况如何处理要求本律师提供咨询意见，本律师听取了有关情况的介绍，根据联合体协议、《越南某水电站咨询监理合同》的约定及有关材料，提出了以下处理意见：

一、关于联合体协议的履行和解除问题。

根据联合体协议的约定及现有材料介绍，中方设计单位解除该协议缺乏合同依据及越方咨询公司不履约的客观证据。

二、关于咨询监理合同的履行和解除问题。

根据《越南某水电站咨询监理合同》的合同条件第12.2的约定及介绍的情况，业主不履行付款义务，监理方有权解除合同，但由于监理方是由中方设计单位与越方咨询公司组成的联合体，因此，咨询监理合同的解除需要中方设计单位与越方咨询公司同意，但是，据介绍，越方咨询公司不同意解除咨询监理合同，因此，中方设计单位解除该合同存在法律障碍。

三、对联合体协议与咨询监理合同履行与解除的处理方案。

根据介绍该项目的现有情况，建议中方设计单位通过协商方式解除联合体协议与咨询监理合同为最佳方案。

如果不能协商解除，要么继续履行合同，要求业主及越方咨询公司继续履行义务；要么强行撤出现场，自行终止联合体协议和咨询监理合同。但强行撤出现场、自行终止联合体协议和咨询监理合同就需要中方设计单位收集有充分的证据证明越方咨询公司违约的事实依据、业主不履行合同的事实依据，做好应诉或应对仲裁的准备。

经中方设计单位与越方咨询公司、业主多次协商，三方达成了协商解除联合体协议与咨询监理合同的意见。

【风险分析与防范】

我国实施"走出去"战略以来成效显著，对外承包工程的发展突飞猛进。根据商务部的统计，截至2010年年底，我国对外承包工程累计完成营业额4356亿美元，签订合同额6994亿美元。2010年，我国对外承包工程完成营业额922亿美元，同比增长18.7%；新签合同额1344亿美元，同比增长6.5%。2011年上半年，我国对外承包工程业务完成营业额425.1亿美元，同比增长13.8%，新签合同额6619亿美元，同比增长20.5%。2010年我国勘察设计行业境外营业收入达到了495亿元，其中境外工程设计收入为61.61亿元，境外工程技术管理服务收入为5.23亿元，境外工程承包收入为406.35亿元，境外其他收入为10.41亿元。

随着对外承包工程项目的规模越来越大，工程模式也越来越多样化，再加上我国建设工程企业又缺乏对外承包工程的经验，对可能隐含的潜在风险认识不清，使得承包商在对外承包中承担的风险大大增加。

本案就是一个中方设计单位咨询监理国外项目，由于风险意识不强，风险防范措施缺乏，不仅造成了较大的经济损失，承担了重大的工程质量监理责任，而且带来了承担违约责任及经济赔偿责任的风险。

为了在未来竞争更为激烈的对外承包市场中站稳脚跟，建设工程企业必须提高对外工程承包的风险意识，认真分析和研究对外工程承包的风险，进行科学决策，并有针对性地制定相应的具体防范措施，采用科学的管理手段，降低风险或转移风险，以便在对外承包市场中立足，为企业创造出更好的经济效益。

一、对外工程承包的风险分析

对外工程承包作为一项跨国进行的综合性商业活动，涉及两个或两个以上的国家，既受到国际关系、项目所在国政治与经济形势的影响；又受到当地自然条件、社会条件等方面的制约；特别是对外工程承包的项目一般建设周期长、投资额大、技术含量高，承包商自身竞争能力、经营水平、管理水平及业绩又各不相同，因此，对外工程承包风险很大。

（一）政治风险

政治风险是指未能预期的政治事件的变化，导致项目所在地政治环境变动，从而影响承包商利益，主要体现在五个方面：一是指项目所在国家的政局变化、战争、武装冲突、恐怖袭击或绑架、社会动乱、民族宗教冲突等导致项目终止，给承包商可能带来的损失；二是罢工、绑架、抢劫等犯罪行为给承包商可能带来的损失；三是政府财力枯竭拒付债务给承包商带来的可能损失；四是西方国家的干预、制裁、禁运对项目造成很大影响，给承包商带来可能损失；五是项目所在国家与我国关系的好坏直接影响到项目建设能否顺利进行，从而给承包商带来可能的损失。

就上述案例来说，由于中越关系出现紧张，越南停止发放了三个月以上的签证，而越南某水电站的项目监理期限长达 40 个月，这给中方技术人员赴越南开展工作带来很大麻烦，造成中方设计单位成本的增加。

（二）经济风险

经济风险是指未能预期的经济事件的变化，导致项目所在地经济环境变动，从而影响承包商利益，主要表现在五个方面：一是项目所在国家发生主权债务危机，对外工程承包收入难以保证；二是金融市场动荡，资本外逃，对外承包的利润难以保证；三是由于工程承包的周期长，汇率变动给对外工程承包带来很大风险；四是利率变动给对外工程承包带来很大风险；五是通货膨胀、物价上涨等给对外工程承包带来很高的风险。

就上述案例来说，汇率变动、通货膨胀给中方设计单位造成了很大损失。

（三）政策风险

政策风险是指项目所在国政府在财政、货币、外汇、税收、环保、劳工、资源、国有化征收等方面政策的变化，导致项目所在地政策环境变动，从而影响承包商利益，主要表现在六个方面：一是政府强行征收项目或进行国有化，不进行补偿可能给承包商带来的损失；二是对进入项目所在国的承包商、员工数量、进口设备、进口材料等进行限制，给对外工程承包带来风险；三是采取保护主义，保护本国经济和员工就业，给承包商带来风险；四是采取税收歧视政策和开征新税种，大大增加承包商负担，给对外工程承包带来风险；五是汇兑限制包括不允许兑换汇出或允许兑换但汇出要求有年限限制等给对外工程承包带来很大风险；六是环保政策、劳工政策使承包商在项目所在地的生产经营活动受限，给对外工程承包带来风险。

（四）自然风险

自然风险是指项目所在国潜在的自然事件的发生，导致项目所在地自然环境变动，从而影响承包商利益，主要表现在三个方面：一是地震、海啸、火山、飓风、洪水、泥石流等自然灾害给对外工程承包带来的风险；二是重大流行性疾病对对外工程承包带来的风险；三是不良的气候、地形、地质、水文等条件给对外工程承包带来的风险。

（五）社会风险

社会风险是指项目所在国潜在的社会事件的发生，导致项目所在地社会环境变动,从而影响承包商利益,主要表现在四个方面:一是不熟悉、不适应项目所在地的宗教禁忌会给承包商带来风险;二是不熟悉、不适应项目所在地的民俗习惯会给承包商带来风险;三是政府腐败、办事效率低下、劳动者素质低、不讲诚信等都会给对外工程承包带来风险;四是项目所在地社会服务条件差、基础设施薄弱等会给对外工程承包带来风险。

(六)项目风险

除了以上宏观的外在风险外,对外工程承包应更加关注项目内部的微观风险,主要包括:项目选择风险、项目合同风险、项目实施风险、项目资金风险、项目技术风险、项目 HSE 风险、项目关系风险等。

1. 项目选择风险。

项目选择风险是指承包商在筛选、跟踪、投标对外承包工程项目过程中,由于选择不当导致可能发生的损失,主要表现在以下方面:一是项目信息处理不当给承包商造成的风险;二是中介代理选择不当给承包商带来的风险;三是招标投标行为不规范给承包商造成的风险;四是投保报价策略失误给承包商造成的风险。

2. 项目合同风险。

项目合同风险是指承包商在对外签订建设工程合同过程中,由于缺乏国际工程合同条件研究,对国际惯例不了解,签订的对外工程承包合同不当导致可能发生的损失,主要表现在以下方面:一是不熟悉国际工程承包的 FIDIC 合同的种类、适用对象、具体条款、风险范围与责任等,无法规避由业主起草的工程承包合同中所预设的各类"陷阱",给对外工程承包带来风险;二是在合同内容方面存在承包范围与内容不明确、责任划分不清晰、合同计价方式不科学、合同关键条款缺少操作性的程序规定、权利义务不对等、违约责任约定不具体、争议解决方式不公平、合同解除条款缺乏等问题;三是应注意联合体协议、分包合同、材料设备采购合同等存在的风险;四是银行保函在保函形式、保函期限、担保额度、生效条件等方面存在风险,对于见索即付保函应注意索赔抗辩风险、在分包工程中应注意保函开具对象风险与信用证开具风险、转开保函风险等。

3. 项目实施风险。

项目实施风险是指承包商在对外工程承包实施过程中,由于实施不当导致可能发生的损失，主要表现在以下方面：一是项目经理班子不团结、项目经理不称职，造成项目现场问题无法解决，与业主、监理工程师不能进行有效沟通；二是现场施工场地不足，交通、供水、供电等配套设施无法满足现场要求；三是现场人员配置不合理，国内人员与国外人员配备比例不适当，对当地员工的技术水平、工作效率等认识不到位；四是现场施工管理混乱，严重影响项目的进度、成本及安全等；五是对分包的管理存在分包商水平不足、管理不到位、协调不力等问题；六是采购与设备材料管理存在与设计变更不协调、与施工不匹配等问题，造成工期延误、成本增加等；七是由于项目管理水平低导致费用超支、工期延误、质量低劣，给承包商带来巨额违约金与赔偿金的支付、履约保函被没收等风险；八是财务管理不到位可能导致的重大风险。

4. 项目资金风险。

项目资金风险是指承包商在对外工程承包过程中，由于项目资金筹措不到位导致可能发生的损失，主要表现在以下方面：一是自有资金不足与银行贷款的风险；二是项目应收款与项目进度的衔接不到位的风险；三是项目收入与项目支出不协调的风险。

5. 项目技术风险。

项目技术风险是指承包商在对外工程承包过程中，由于项目技术适用不当导致可能发生的损失，主要表现在以下方面：一是对国外业主要求的国际技术规范和专业技术规范不熟悉导致的风险；二是项目所在国对技术规范要求不合理或过于苛刻造成的风险；三是特殊项目施工技术难度大导致的风险；四是专利权、商标权、专有技术等知识产权保护风险。

6. 项目 HSE 风险。

项目 HSE 风险是指承包商在对外工程承包的项目实施过程中，在健康、安全、环保方面发生不当导致可能发生的损失，主要表现在以下方面：一是施工作业引起的扬尘、噪声等造成项目现场人员身体健康的损害风险；二是施工可能引起的火灾、爆炸、塌方、高空坠落等引起的安全事故风险；三是施工涉及的有毒有害物质的辐射、放射等造成的环境破坏的风险。

7. 项目关系风险。

项目关系风险是指承包商在对外工程承包的项目实施过程中，与项目所在国的政府有关部门、项目业主、咨询监理工程师、联合体内部的关系处理不当导致可能发生的损失，主要表现在以下方面：一是与项目所在国的政府有关部门的关系处理不当，导致审批手续的办理无法进行的风险；二是与项目业主关系处理不当，项目业主拖延办理各种进关手续、延误支付费用、延期办理确认验收手续等给承包商带来的风险；三是与咨询监理工程师的关系处理不当，导致其故意刁难承包商工作带来的风险；四是联合体内部关系处理不当，造成工作不配合带来的风险。

二、对外工程承包的风险防范

对外工程承包尽管有上述风险，但风险与利益是并存的，只要正确识别风险并采取相应的管理措施，就一定能有效防范和化解对外工程承包的风险，从而获得项目的成功和最大利益。

（一）提高对外承包工程的风险管理意识

对外工程承包风险无处不在，承包商应当充分认识到风险管理的必要性和重要性，高度重视对外工程承包的风险管理工作，设置专门的机构，配备专门人员来负责，通过培训教育，提高从事对外工程承包人员的风险管理意识，提高其分析能力和控制能力，以规避、化解、降低对外工程承包的风险。

由于对外工程承包风险大，承包商应当高度重视专业律师的工作，从前期的尽职调查、工程承包方案的设计、工程承包合同的起草与审查、内外部讨论、商业谈判、工程承包合同的签订与履行等全过程委托专业律师参与，以防范对外工程承包风险，在法律规定的范围内，最大限度保护承包商的利益。

（二）加强对外工程承包的尽职调查工作

做好对外工程承包的尽职调查工作是做好对外工程风险防范工作的前提与基础。

对外工程承包尽职调查的内容，主要包括：一是在政治方面，项目所在国家政局是否稳定；发生局部战争的可能性；恐怖袭击或绑架、民族宗教冲突等是否可能发生；社会治安状况如何；政府财政状况；是否有西方国家的干预、制裁、禁运的可能；项目所在国家与我国的关系如何等。二是在经济方面，项目所在国家是否会发生主权债务危机；金融市场是否稳定；汇率、利率是否会有大的波动；是否会发生通货膨胀、物价上涨等。三是在政策方面，项目所在国政府在财政、货币、外汇、进出口、税收、环保、劳工、资源、国有化征收等方面现有政策规定及变动趋势。四是在自然方面,项目所在国的水文、地质、气候等情况;发生自然灾害的情况及规律等。五是在社会方面,项目所在国的宗教禁忌、风俗习惯、政府廉洁、办事效率、基础设施等情况。六是在项目方面,项目所在国的工程承包市场发展状况;外国公司、当地公司等竞争对手的情况;业主的信誉、资金实力等情况;项目目前的进展情况等。

对外工程承包尽职调查的方法,主要有:一是通过国内或国际权威机构发布的有关项目信息;二是通过中国驻外使领馆及国外驻中国外使领馆提供的有关经济技术信息;三是商务部、对外承包商会等发布的有关项目信息、境外安全风险信息、境外安全风险信息的通报、各国商务信息指引等;四是通过委托国内或国外律师事务所、咨询公司等中介机构进行专项调查。

(三)增强对外工程承包风险的识别和分析能力,进行科学决策

在以上尽职调查收集的信息的基础上,对未来可能发生的风险进行设想和预测,全面、细致、准确地识别和分析对外工程承包的风险因素与风险源,对不同的风险采取不同的对策。

对于严重的政治风险等,由于其风险很大又无法控制,应当采取风险回避的方法。

对于可能发生的经济风险、政策风险、自然风险、社会风险等,应尽早规划和部署,采取风险预防和减轻的方法。

对于项目风险,一是承包商加强内部管理,健全风险防控体系与机制,强化风险管理责任制,以预防风险的发生或将损失控制到最低;二是采取保险或非保险手段,将风险转移。

(四)对外工程承包风险的具体防范措施

1. 慎重选择对外工程承包项目和合作伙伴。

通过尽职调查核实通过多种渠道包括中介代理机构提供的项目的基本情况、业主的基本情况的真实性,对确属真实又符合本承包商能力、实力的项目应及时跟踪,积极准备,参与竞争。

对一些大型或技术复杂的项目,应与合作伙伴共同作为联合体参与投标,进行联合承包,但应当特别慎重选择合作伙伴,特别是一些业主指定的合作方

更应当注意，应审查合作方是否有信誉、承包能力如何等，应当通过书面合作协议明确各方职责分工、成本分担、利益分配、联合体牵头人职责、联合体解散的条件与程序、违约责任的承担等内容，并在实际操作中严格履行。

2. 做好对外工程承包项目的投标工作。

在投标过程中应当深入研究招标文件，仔细踏勘项目现场，全面了解项目的全面、真实情况，掌握项目的风险关键点，在投标文件中进行回避和防范。

高度重视招标文件中的合同条件，组织专业人员或委托专业律师，结合项目的具体实际情况，根据项目所在国家的法律、国际商法、国际惯例、FIDIC条款的规定，全面系统分析研究合同条件。

高度重视招标文件中技术要求，组织有经验的技术人员或委托咨询公司，结合项目的性质、规模等具体情况，跟踪国外工程技术现状和发展趋势，认真分析招标文件中的技术要求。

在投标报价的过程中，应谨慎合理报价：一是根据项目的特点和实际情况，采取固定总价、工程量单价、成本加酬金等不同的报价形式；二是组织各专业人员认真分析项目的实际情况、合同条件、技术要求和工程量，并在充分调查了解项目所在地国家工程承包市场动态行情的基础上，科学合理编制投标报价；三是在投标报价中应考虑一定比例的风险费。

在投标阶段，应合理编制项目工期，应以关键路径法等方法对项目进度进行分析，找出影响项目工期的关键活动、次关键活动及非关键活动，以确定能否按照招标文件的要求按期完工及相应的处理方法。

3. 签署完备、公平的工程承包合同。

参照 FIDIC 条款，仔细斟酌合同内容，划清各方责任，界定承包范围与内容，明确合同程序，通过修改、补充工程承包合同的内容将投标阶段发现的风险及时加以回避或防范。

国际咨询工程师联合会（FIDIC 即菲迪克）1999 年 9 月出版的一套新版合同条件：《施工合同条件》、《生产设备和设计－施工合同条件》、《设计采购施工（EPC）/交钥匙工程合同条件》和《简明合同格式》，这四种合同条件的内容、适用的项目、风险责任的划分等均有不同，应当根据不同项目的特点，参照适用不同的 FIDIC 合同条件。

对外工程总承包合同，一般包括合同协议书、通用条款和专用条款三部分组成。合同协议书，是双方当事人对合同基本权利、义务的集中表述，主要包括：建设项目的功能、规模、标准和工期的要求、合同价格及支付方式等内容；通用条款，主要是合同双方当事人就工程建设的实施阶段及其相关事项，双方的权利、义务作出的原则性约定；专用条款是合同双方当事人根据不同建设项目合同执行过程中可能出现的具体情况，通过谈判、协商对相应通用条款的原则性约定细化、完善、补充、修改或另行约定的条款。

在签订合同时，应特别注意：一是在工程承包合同中约定汇率保值、选择有利的外币计价、使用多种货币计价等内容，以防范汇率风险；二是采用可调价格的计价方式，以防范通货膨胀的风险；三是对在安全风险高的地区进行工程承包，应当在工程承包合同中增设专门的安全条款，明确安全责任，设立专项安全资金及提供足够的安保设施，以转移安全风险；四是在合同工期约定时，应充分考虑到自然条件、宗教习惯、海关程序等特殊因素。

4. 谨慎选择分包商。

为了防范和转移风险，应当谨慎选择分包商，一是全面考核分包商在资质、财力、物力、人力和经验等方面是否具备承揽分包工程的能力；二是通过分包合同，明确总包商与分包商的职责范围与内容、权利与义务、责任划分、合同解除、违约责任等，明确分包商接受主合同条件中的各项合同条款；三是加强对分包商的管理，及时跟踪其工作进展情况，对分包商不履行分包合同的行为应当及时提出纠正，对经警告不改的应及时解除合同，追究分包商的责任。

5. 加强设备材料采购管理。

设备材料采购是对外工程承包的中间环节，是项目成本、工期控制的关键因素，一是做好投标前设备材料的询价工作；二是拓展设备材料采购渠道，建立设备材料供应厂商数据库、评价体系、合格厂商分级管理系统，确定合作厂商名单；三是签订完备的设备材料采购合同和严格履行合同；四是强化设备材料生产进度和质量控制，加强设备材料采购的流程管理。

6. 强化项目实施的全面管理。

防范对外工程承包的风险，关键是强化项目的实施管理，一是选派既懂外语、又懂工程，还了解国际标准规范、国际惯例的项目经理及团结、协作的项目经理班子负责项目管理；二是强化现场人力资源的配备与管理，将承包商的专业技术人员配备与当地人力资源雇佣相结合，加强对外派人员的教育，督促他们遵守当地法律法规，尊重当地宗教和风俗习惯；三是加强施工装备的配备和操作管理；四是项目财务管理包括资金运作、催款收款和保函的跟踪与保护等应加强，规避银行贷款风险，减少承包商资金的垫付，及时催要工程款，全面强化项目成本控制；五是强化项目进度管理，项目进度编制应当灵活，项目进度计划实施应当严格；六是加强项目质量管理，强化知识产权的保护；七是加强项目的 HSE 管理，健全和完善涉外管理规章制度，与中国驻项目所在国的大使馆保持密切联系，与所在国相关机构做好沟通工作，加强施工现场与驻地安全管理。

7. 发挥担保的作用，转移风险。

合同当事人的一方就合同责任要求另一方为其履约行为提供第三方担保。在对外工程承包中，第三方担保主要表现在：一是业主要求承包商提供投标担保、履约担保和预付款担保；二是承包商要求分包商提供履约担保。

承包商一方面应当充分利用国家对外承包工程保函风险专项资金，向中国银行提出申请以便对外提供银行保函，取得对外工程承包权；另一方面应注意防范银行保函本身存在的风险。此外，承包商在进行分包时，应当要求分包商提供履约银行保函，以转移风险。

8. 充分利用保险的手段，转移风险。

在对外工程承包中，工程保险是经常使用的转移风险的一种手段，通过承包商或业主购买工程保险将本应由自己承担的工程风险转移给保险公司，从而使自己免遭损失。投保工程保险，一方面在保险事故发生后可以及时从保险公司获得赔偿，保证项目建设不中断；另一方面通过保险公司的风险管理服务，提高了业主和承包商的工程风险管理水平。

在对外工程承包中，工程保险及相关保险主要包括：建筑工程一切险、安装工程一切险、建设工程设计责任保险、工伤赔偿保险、雇主责任保险、商业综合责任保险、机动车保险、契约责任保险、重要文件保险、产品责任保险、货物运输保险等。

承包商应当为其员工办理境外意外伤害保险。

通过投保出口信用保险来化解汇兑风险、业主信用风险等。

9. 加强工程索赔管理。

通过工程索赔将风险转化为利润。工程索赔应贯穿对外工程承包的全过程，引起工程索赔的因素包括：工程量变化、设计有错误、项目进度加快、施工图变化、不利自然条件或非承包方原因引起的施工条件变化和工期延误等。

加强对外工程承包的索赔管理，一是在工程承包合同中应对索赔作出明确、具体约定；二是及时取得和保存索赔的证据；三是应及时按照合同约定的程序和时间向业主提出索赔要求。

10. 制定应急预案。

为了将风险的损失降低到最低，应制定好应急预案，建立、健全安全预警和应急处置机制，严重风险事件发生时，应采取的工作程序和具体措施，为现场人员提供明确的行动指南，以减少人员伤亡和财产损失。应急预案的内容包括：人员安全撤离现场；援救及处理项目现场的伤亡人员；控制资产损失的扩大等。

第八篇
建设工程专利与著作权法律风险防范

建设工程专利风险分析与防范

——从代理北京市某设计院参加胡某专利
侵权赔偿纠纷应诉案谈起

【案情简介】

原告胡某于2002年6月向国家知识产权局申请了名称为"清除水面漂浮物装置"（专利号为ZL02237910.X）的实用新型专利申请，并于2003年6月获得授权。

2006年12月1日，原告发现在北京市朝阳公园郡王府前的河段施工采用的是涉案专利技术，后经过调查发现该河段为朝阳公园和红领巾公园湖系通航工程，该工程为北京某项目办公室于2005年3月发包给北京某设计院进行设计。原告经分析认为，该河段的设计与施工覆盖了原告专利独立权利要求的全部技术特征，完全落入了原告专利权保护范围。因此，2009年3月，原告以北京某项目办公室为第一被告、北京某设计院为第二被告，以两被告侵犯其涉案专利权为由向北京市第二中级人民法院提起诉讼，在诉讼请求中，原告提出要求被告停止侵权、在侵权范围内发表道歉声明及赔偿损失的要求。北京市金洋律师事务所受第二被告的委托，指派郭家汉律师参与了本案的全部诉讼活动。

2009年6月17日，北京市第二中级人民法院作出了一审判决，判决驳回原告胡某的全部诉讼请求。

一审判决后，原告不服向北京市高级人民法院提起上诉，二审法院维持了一审判决。

【代理意见和判决】

原告诉讼请求

原告诉称：原告是专利号为 ZL02237910.X、名称为"清除水面漂浮物装置"的实用新型专利的专利权人，该专利至今有效。原告长期广泛推广涉案技术，均未得到相应回复。原告于 2006 年 12 月 1 日发现位于北京市朝阳公园郡王府前的河段施工采用的是涉案专利技术，之后原告经调查发现，该施工河段为"朝阳公园、红领巾公园水系连通工程"。故原告诉至法院请求：1. 认定两被告侵犯原告涉案专利的事实行为；2. 判令两被告在《北京青年报》上向原告赔礼道歉；3. 判令两被告支付调查、制止侵权行为等产生的费用及本案诉讼费。

第一被告答辩意见

北京某项目办公室辩称：

1. 涉案工程采用的是水生物种植槽方案，与涉案专利名称不相同，构造也不相同，与涉案专利有显著区别，根本不是同一技术方案，不构成侵权。

2. 涉案工程是出于社会公益，无任何生产经营目的，不符合专利侵权要件。

第二被告代理意见

针对原告的诉讼请求及事实理由，被告方发表了如下意见：

一、原告的专利只能以其权利要求的内容为法律的保护范围。

我国《专利法》第 56 条第 1 款规定："发明或实用新型专利权的保护范围以其权利要求的内容为准，说明书及附图可以用于解释权利要求。"

从原告提供的证据 1 即《实用新型专利说明书》（包括专利摘要、权利要求书、说明书及其附图）来看，原告的该专利有三个基本特征：一是外墙高与内墙低形成斜坡，并且内墙要与水面平或稍高；二是外墙与内墙之间的填充料的上层为砂粒，是细料，下层为碎石，是粗料；三是在内墙面底部间隔留有出水孔。该专利的功能是清除水面漂浮物。只有侵权人的行为符合以上特征，

第八篇　建设工程专利与著作权法律风险防范

才能构成对原告专利的侵权。

二、被告种植槽的设计与原告专利完全不同。

（一）外墙与内墙的高低及墙面的设置高度不同。

从原告的《权利要求书》的"在河岸或湖边周围设置斜坡过滤装置，其靠岸边的外墙高出水面，离开岸边一定距离的内墙面与水面平，或稍高"中，可以看出原告的实用新型专利的基本特征之一：外墙高与内墙低形成斜坡，并且内墙要与水面平或稍高。

从被告的《两湖连通工程河道横断面竣工图》中左上图可以看出，外墙与内墙是平行的，并且外墙与内墙均应在水面以下0.2cm。

特别指出：原告在庭审中指认将河岸作为被告的外墙是与基本常识不符，是原告故意歪曲事实以达到其证明被告侵权的目的，是完全错误的。

（二）外墙与内墙之间的填充料不同。

从原告的《权利要求书》的"在两墙之间下层填碎石，上层填砂粒"中，可以看出原告的实用新型专利的基本特征之二：外墙与内墙之间的填充料的上层为砂粒，是细料；下层为碎石，是粗料。

从被告的《两湖连通工程河道横断面竣工图》中左上图可以看出，外墙与内墙之间的填充料的上层为卵石，是粗料；下层为砂砾料，是细料。

（三）排水孔的设置不同。

从原告的《权利要求书》的"在内墙面底部间隔留有出水孔"中，可以看出原告的实用新型专利的基本特征之三：在内墙面底部间隔留有出水孔。

从被告的《两湖连通工程河道横断面竣工图》中左上图可以看出，在内墙面底部没有出水孔。

特别说明：尽管被告的《两湖连通工程河道横断面竣工图》右下图中可以看出河岸设置有排水孔，但是与原告的出水孔完全不同：一是该排水孔的位置与内墙面底部有至少550mm距离；二是该排水孔是依据《城市防洪工程设计规范》第6.3.6强制性条文进行设计的，其作用是在洪水退潮时，降低河岸的水压力，保证河岸的安全。

（四）功能不同。

从原告的实用新型专利的名称及内容来看，原告该专利的功能是清除水面漂浮物。

从被告的《两湖连通工程河道横断面竣工图》可以看出,原告的设计方案的功能是种植植物。

三、被告种植槽的设计没有侵犯原告的专利权,依法应当驳回原告的全部诉讼请求。

我国《专利法》明确规定,实用新型专利权的保护范围以其权利要求的内容为准。通过上述被告种植槽的设计与原告专利特征的比较,被告没有侵犯原告的专利权。种植槽的设计是被告将自己的聪明智慧贡献给广大的北京市民,使全体社会公众受益。原告擅自扩大其专利权的保护范围,将与原告专利完全不同的被告的种植槽的设计列入侵权范围是对广大社会公众利益的严重侵犯。总之,原告的诉讼请求,既没有事实依据,也没有法律依据,恳请贵院依法作出公正判决,驳回原告的全部诉讼请求,以维护被告方及社会公众的合法权益。

法院判决

法院经审理查明:涉案专利权利要求1内容为:一种清除水面漂浮物装置,其特征在于:在河边或湖边周围设置斜坡过滤装置,其靠岸边的外墙高出水面,离开岸边一定距离的内墙面与水面平,或稍高,在两墙之间下层填碎石,上层填砂粒,使内外墙形成斜坡面堤坝,在内墙面底部间隔留有出水孔。

2008年10月31日,在北京市海诚公证处监督下,原告对位于北京市朝阳区朝阳公园南路十九号的郡王府南侧河道东段河堤进行现场拍照。

2009年5月7日,法院与原告、第一被告、第二被告的代理人赴被控侵权工程处勘验。勘验时,由原告确定勘验的第二地点,由两被告确定勘验第一地点。双方对对方确定的勘验地点表示认可。

法院通过公证书照片和现场勘验确定被控侵权工程的技术特征如下:1. 有靠岸边的外墙;2. 有与外墙相对、靠水面的内墙;3. 内、外墙之间有填充物;4. 就各方当事人共同选定的第一勘验地点,距内墙上表面垂直向下1.05米有一白色塑料管位于内、外墙之间,内、外墙之间的填充物略低于内墙上表面,填充物上层为沙粒及卵石混合物,向下20厘米即为土壤,继续向下35厘米仍为土壤,无其他物质;5. 就各方当事人共同选定的第二勘验地点，内、外墙之间的填充物自其上表面向下挖至 50 厘米处均以卵石、细沙为主体，下挖至 80 厘米处为细沙粒，未发现出水口结构；6. 填充料表面基本为水平面。

法院认为，《中华人民共和国专利法》第 59 条第 1 款规定，发明或实用新型专利权的保护范围以其权利要求的内容为准，说明书及附图可以用于解释权利要求的内容。最高人民法院《关于审理专利纠纷案件适用法律问题的若干规定》第 17 条规定，专利法第 56 条第 1 款所称的"发明或者实用新型专利权的保护范围以其权利要求的内容为准，说明书及附图可以用于解释权利要求"，是指专利权的保护范围应当以权利要求书中明确记载的必要技术特征所确定的范围为准，也包括与该必要技术特征相等同的特征所确定的范围。等同特征是指与所记载的技术特征以基本相同的手段，实现基本相同的功能，达到基本相同的效果，并且本领域的普通技术人员无须经过创造性劳动就能够联想到的特征。

原告专利权利要求 1 有如下技术特征：1. 位于在河岸或湖边的斜坡过滤装置；2. 靠岸边高于水面的外墙；3. 与外墙之间有一定距离，靠水面的内墙，其高度与水面大致齐平或比水面稍高；4. 内、外墙之间由碎石构成的下层；5. 内、外墙之间由沙粒构成的上层；6. 由内、外墙及两者之间的填充物形成的斜坡面堤坝；7. 位于内墙面底部间隔设置的出水孔。

被控侵权工程的技术特征如下：1. 有靠岸边的外墙；2. 有与外墙相对、靠水面的内墙；3. 内、外墙之间有填充物；4. 就各方当事人共同选定的第一勘验地点，距内墙上表面垂直向下 1.05 米有一白色塑料管位于内、外墙之间，内、外墙之间的填充物略低于内墙上表面，填充物上层为沙粒及卵石混合物，向下 20 厘米即为土壤，继续向下 35 厘米仍为土壤，无其他物质；5. 就各方当事人共同选定的第二勘验地点，内、外墙之间的填充物自其上表面向下挖至 50 厘米处均以卵石、细沙为主体，下挖至 80 厘米处为细沙粒，未发现出水口结构；6. 填充料表面基本为水平面。

将原告专利权利要求 1 的技术特征与被控侵权工程的技术特征相对比，可以看出：被控侵权工程具有原告专利技术特征 2、3，但被控侵权工程中的填充物是卵石、沙粒、土壤或其混合物，并没有原告专利技术特征 4、5 中沙子和碎石分别组成上下层的特征。被控侵权工程填充物的上表面基本为水平面，不具有原告专利技术特征6内、外墙及两者之间的填充物形成斜坡面堤坝的特征。原告专利中由沙子和碎石分别组成内、外墙之间填充物的上、下层，并在内、外墙之间形成斜坡面的技术特征，是为了将冲击到岸边的漂浮物存留在斜坡面上，而水则通过沙石过滤流回河中。被控侵权工程没有形成斜坡面，只是略低于内墙的水平面，内、外墙之间的填充物也没有分层，无法产生原告专利所要达到的过滤、存留漂浮物的功能和技术效果，因此被控侵权工程的上述技术特征并非原告专利技术特征4、5、6的等同特征，被控侵权工程没有落入原告专利权的保护范围内，不构成对原告专利权的侵权。一审法院依据《中华人民共和国专利法》第11条第1款、第56条第1款，判决驳回原告的诉讼请求。二审法院判决驳回胡某的上诉，维持原判。

【风险分析与防范】

本案是一起与建设工程有关的专利侵权责任纠纷案件，虽然该案件是侵权保护阶段法律纠纷案件，但是该案件的发生是与专利申请、专利管理等阶段风险控制密切相关。从分析、点评该案例入手，如何提高企业专利的法律意识、如何正确分析企业专利风险及如何做好风险防范工作，对建设工程企业特别是勘察设计企业来说，具有非常重要的意义。

一、专利是企业赢得市场竞争中十分有价值的一种知识产权

知识产权是法律赋予权利人对其创造性劳动进行合法垄断的权利。知识产权保护是对创造性劳动成果通过申请专利、商标或通过著作权、商业秘密等具体形态予以保护。根据我国《专利法》的规定，专利包括发明专利、实用新型专利和外观设计专利。专利制度是市场经济条件下激励创新、推动发展的基本制度。通过利用专利信息，可以掌握全球技术及相关产业发展趋势及竞争对手情况，在人类现有技术的基础上进行创新；通过专利保护创新成果从而保障创新者的权益，激励创新热情。

企业对专利进行有效管理，不仅对发明、实用新型、外观设计等新的创造性劳动及时通过专利制度加以法律上的保护,而且对专利进行维护、运营,可以为企业赚取高额利润。但是,在实际中,建设工程企业对专利的保护与管理没有引起足够的重视,缺乏保护知识产权的意识、能力和有效方法,以至于其大量的创新技术被任意套用、抄袭、复制或盗用、盗卖,建设工程企业的权益受到严重侵犯,创新技术的价值大打折扣。

本案中原告胡某对自己的创新及时申请实用新型专利予以保护,并对有侵犯专利权嫌疑的行为及时向人民法院起诉,以保护自身的合法权益,是非常值得工程勘察设计企业学习和借鉴的。

企业专利保护过程中法律风险,主要包括专利申请阶段的法律风险、侵权保护阶段的法律风险、专利运营阶段的法律风险和专利管理阶段的法律风险等。

二、专利申请阶段的法律风险与防范

专利申请阶段的法律风险主要包括专利申请前法律风险、专利申请文件法律风险、专利申请后授权前法律风险。

专利申请前法律风险主要是企业保护发明创造应根据发明创造本身的特点选择恰当的方式,是选择申请专利保护,还是选择作为商业秘密的保护;如果选择申请专利保护,还要看该发明创造是否符合专利法的要求;要看该发明创造是否适合采取专利保护的方式;专利申请的布局是否合理等,一旦决策失误,就有可能造成发明创造公开、受法律保护的期限太短、法律保护不充分等风险。专利申请文件法律风险,主要是指专利说明书及权利要求书描述不当,将直接导致法律确认的保护范围不同,给企业带来合法的权益无法得到保护。专利申请后授权前法律风险主要是指发明创造公布,他人有可能获知该发明创造后进行实施,给企业带来风险。

防范上述风险,一是对专利申请策略进行决策时,对该发明创造是否符合专利法要求进行严格审查,该发明创造能否不断升级、更新,该发明创造是否需要采取不同种类的专利保护或与其他知识产权保护方法相结合,对符合专利法要求且不断能升级、更新的发明创造,尽快申请专利保护,并且要尽量使该发明创造得到充分的法律保护。二是从做好申请前专利检索、围绕创新点、慎重撰写权利要求书等方面来防范专利申请文件法律风险。三是专利申请后授权前法律风险防范主要是要求实施者支付适当的费用、保全证据等。

本案中原告胡某的诉讼请求被驳回，主要是其专利申请文件存在较大风险，其主张无法得到法律的支持。

三、专利侵权保护阶段的法律风险与防范

企业获得专利权后，最大的法律风险是专利侵权。专利侵权的构成要件是：被侵犯的有效专利权存在；未经专利权人许可；侵权行为以生产经营为目的；行为不属于法律另有规定的情形。专利侵权行为包括直接专利侵权行为和间接专利侵权行为。直接专利侵权行为包括制造专利产品行为；使用专利侵权产品行为；销售专利侵权产品行为；进口专利产品的行为；使用专利方法的行为；使用、销售或进口依专利方法直接获得的产品行为；假冒他人专利的行为。间接专利侵权行为包括提供、出售制造专利产品的零部件或专利方法的专用设备的行为；擅自转让他人专利技术的行为等。

企业专利侵权保护阶段的风险，主要有两种风险：一是避免本企业的产品或行为不会侵犯他人的专利权；二是制止他人侵犯本企业的专利权。

对于第一种风险的防范措施：一是就自己的产品或行为进行有针对性的专利检索与分析，尽量避开他人的专利；二是收集有关他人专利无效的证据，以便在收到侵权指控时申请宣告他人专利无效，将风险降至最低。对于第二种风险防范措施：一是慎重选择打击侵权的策略；二是依法收集他人侵权的证据；三是注意诉讼技巧。

本案就是原告胡某制止他人侵犯其拥有的专利权的诉讼案件，由于其对侵权行为的认定出现偏差，其主张没有得到法院的支持。

四、专利运营阶段的法律风险与防范

在专利运营中，主要面临来自专利实施许可、专利权转让等专利市场运作与合同管理中的法律风险。

专利实施许可法律风险主要包括缺少专利法律状态检索、专利许可方式不当、保密条款约定不严密、后续改进条款约定不明、专利许可期限不当等风险。专利权转让的法律风险主要包括专利权实施情况法律风险、专利权被宣告无效的法律风险、专利申请文件以外的资料交接的法律风险等。

防范上述风险，一是强化专利法律状态检索；二是积极寻求专利贸易机

第八篇　建设工程专利与著作权法律风险防范

会；三是加强与竞争对手的联合与合作；四是加强专利实施许可合同、专利权转让合同等管理。

五、专利管理阶段的法律风险与防范

专利管理阶段的风险主要包括：研发阶段专利管理风险、专利申请管理风险、专利运营管理风险、专利信息管理风险等。专利管理阶段突出问题是激励创新的机制不完善、专利权归属不明确、专利信息的检索与利用不重视、缺乏专利管理的基本制度、国际惯例不熟悉等。

防范上述风险，一是建立有效的专利权激励机制，根据专利的不同阶段进行物质奖励和精神奖励；二是掌握专利信息，实行制度化专利检索，在立项、研发、申请、方法使用、竞争对手及风险专利法律状态等方面充分发挥专利检索的作用；三是完善企业专利流程，健全机构，整合充实人员；四是健全和完善企业专利管理制度，主要包括专利信息管理制度、技术交底制度、奖励制度、实验室管理制度、商业秘密管理制度、专利权运营管理制度、专利权法律危机处理办法、专利权维护办法等。

建设工程作品著作权风险分析与防范

——从代理安徽某工程技术股份有限公司诉大连某设计院等著作权侵权诉讼案谈起

【案情简介】

原告安徽某工程技术股份有限公司拥有住房和城乡建设部颁发的化工石化医药行业工程设计甲级资质证书。2012年5月11日，本所律师根据原告的委托，到北京市长安公证处对大连某设计院有限公司的网站上公布的企业资质及包含有侵犯原告著作权的项目业绩进行了公证。2012年5月21日，本所律师根据原告的委托向山东省东营市中级人民法院申请了诉前证据保全申请，法院受理并作出了证据保全裁定，于2012年5月23日、24日到大连某设计院有限公司的住所地进行了证据保全。2012年6月4日，原告以设计单位大连市某设计院有限公司、业主山东某工贸集团有限公司为共同被告向山东省东营市中级人民法院提起诉讼，原告认为被告大连市某设计院有限公司设计的、山东某工贸集团有限公司正在使用的120万吨/年加制氢及配套工程的80万吨/年重油重整装置的工程设计图纸，复制、剽窃了原告的工程设计图纸，侵犯了原告的合法权益。故原告请求法院判令两被告立即停止侵害，连带赔偿经济损失480万元人民币，连带赔偿因制止侵权行为支出的费用10.4204万元人民币、承担本案的诉讼费用。后原告将"停止侵害"的诉讼请求明确为"不得将涉案图纸使用在下一个工程或交与他人使用、变更侵权图纸的署名为安徽某工程技术股份有限公司"。在案件审理过程中，原告经过调查发现安庆某化工科技有限公司、李某（系原潍坊滨海开发区某石化技术咨询服务部业主）有共同侵权行为，故向法院申请追加了安庆某化工科技有限公司、李某为本案的共同被告，本案被告变更为大连市某设计院有限公司、山东某工贸集团有限公司、安庆某化工科技有限公司、李某。

2012年9月4日，山东省东营市中级人民法院公开开庭审理了该案件，在法院的主持下，原告与被告达成了调解协议，于2012年9月18日作出了民事调解书。

【代理意见和调解】

原告代理意见

作为原告安徽某工程技术股份有限公司的代理人，本律师收集了大量的证据，并根据案件的事实情况，结合法律的相关规定，提出如下代理意见：

根据原告的举证和被告的质证及法庭的审理，已经查明了以下事实：

2010年年底，山东某工贸集团有限公司违法将其120万吨/年加制氢及配套工程的80万吨/年重油重整装置的工程设计发包给没有任何工程设计资质的个体工商户即潍坊滨海开发区某石化技术咨询服务部，随后，潍坊滨海开发区某石化技术咨询服务部与安庆某化工科技有限公司、大连市某设计院有限公司共同组织、实施复制、剽窃原告享有著作权的工程设计图纸，大连市某设计院有限公司超越工程设计资质范围为侵权的工程设计图纸进行签字、盖章，并提供给山东某工贸集团有限公司，山东某工贸集团有限公司按照涉案侵权图纸实施该工程。

根据上述事实，代理人认为，原告作品的著作权依法应受到法律的保护，被告未经原告的许可，复制、剽窃使用他人的作品，亦未署明作者之名并向作者支付报酬，侵犯了作品的署名权、修改权、保护作品完整权、复制权、获得报酬权等著作权人精神和财产之双重权利。被告应承担停止侵权、不得将涉案图纸使用在下一个工程或交与他人使用、变更侵权图纸的署名为安徽某工程技术股份有限公司、赔偿损失的民事责任。

一、原告拥有山东某石化有限公司100万吨/年延迟焦化装置等项目工程设计图纸的著作权,应受到法律的保护;被告的行为,侵犯了原告的著作权。

(一)原告拥有山东某石化有限公司100万吨/年延迟焦化装置等项目工程设计图纸的著作权且创作在先。

2007年至2009年,原告分别与山东某石化有限公司、江苏某集团有限公司、山东某化工集团有限公司、山东某石油化工有限公司签订了《建设工程设计合同》,为山东某石化有限公司100万吨/年延迟焦化装置项目、淮安某化工有限公司120万吨/年渣油综合利用项目、山东某化工集团有限公司80万吨/年重质油综合利用项目、山东某石油化工有限公司120万吨/年延迟焦化装置项目进行工程设计并提供工程设计图纸,根据《建设工程设计合同》的约定,原告享有这些图纸的著作权。

(二)被告有接触原告享有著作权的工程设计图纸的机会。

2010年年底,被告山东某工贸集团有限公司将其120万吨/年加制氢及配套工程的80万吨/年重油重整装置的工程设计发包给被告潍坊滨海开发区某石化技术咨询服务部。

被告李某(当时是潍坊滨海开发区某石化技术咨询服务部个体工商户户主)接受上述工程设计任务后,找到原告工艺室工艺设计师同时又是被告安庆某化工科技有限公司的股东丁某,按照双方的商定,2011年7月25日,被告安庆某化工科技有限公司与被告大连市某设计院有限公司签订了《设计合同书》,约定由被告安庆某化工科技有限公司提供山东某工贸集团有限公司120万吨/年加制氢及配套工程的80万吨/年重油重整装置的工程设计图纸,由被告大连市某设计院有限公司提供审核、签字、盖章出版工作。签订上述合同后,丁某、原告工艺室主任黄某等人私下组织原告的部分职工参与涉案项目的工程设计工作,工程设计图纸完成后交由被告安庆某化工科技有限公司,被告安庆某化工科技有限公司将一部分工程设计图纸转交给被告大连市某设计院有限公司进行签字、盖章后,由被告大连市某设计院有限公司交给被告山东某工贸集团有限公司;一部分工程设计图纸,是由被告安庆某化工科技有限公司交给潍坊滨海开发区某石化技术咨询服务部,再由其交给被告山东某工贸集团有限公司。

(三)被告山东某工贸集团有限公司120万吨/年加制氢及配套工程的

80万吨/年重油重整装置工程设计图纸与原告拥有著作权的山东某石化有限公司100万吨/年延迟焦化装置等项目工程设计图纸雷同。

法院保全的被告山东某工贸集团有限公司120万吨/年加制氢及配套工程的80万吨/年重油重整装置设备部分的图纸与原告拥有著作权的山东某石化有限公司100万吨/年延迟焦化装置等项目的设备部分的工程设计图纸完全相同。

被告山东某工贸集团有限公司120万吨/年加制氢及配套工程的80万吨/年重油重整装置工艺部分、安装部分、自控部分、加热炉部分、焦炭塔框架部分的工程设计图纸与原告拥有著作权的山东某石化有限公司100万吨/年延迟焦化装置等项目的工艺部分、安装部分、自控部分、加热炉部分、焦炭塔框架部分，除部分文字资料部分高度雷同外，其他工程设计图纸完全相同。

（四）被告不能证明对其使用作品拥有合法来源。

二、被告李某、安庆某化工科技有限公司、大连市某设计院有限公司、山东某工贸集团有限公司共同实施了对申请人著作权的侵权行为，依法应当承担连带侵权责任。

根据《中华人民共和国著作权法》及其实施条例的规定，作者拥有作品的发表权、署名权、修改权、保护作品完整权、使用权和获得报酬权；其中发表权即决定作品是否公之于众的权利；署名权即表明作者身份，在作品上署名的权利；保护作品完整权即保护作品不受歪曲、篡改的权利；使用权和获得报酬权即以复制、表演、播放、展览、发行、摄制电影、电视、录像或者改编、翻译、注释、编辑等方式使用作品的权利；以及许可他人以上述方式使用作品，并由此获得报酬的权利。在本案中，被告使用原告的作品，未经过原告的许可，未注明作者的姓名，侵害了原告的署名权；被告以分割等方式使用原告的作品，破坏了作品的完整性，侵害了原告保护作品完整权；被告对原告的作品以复制方式，牟取非法利益，侵害了原告的作品使用权和获得报酬权。

我国《侵权责任法》第8条规定，二人以上共同实施侵权行为，造成他人损害的，应当承担连带责任。本案中，各被告既有共同的侵权主观过错，又有共同的侵权行为。

各被告共同侵权的主观过错表现在：山东某工贸集团有限公司将其120万

吨/年加制氢及配套工程的 80 万吨/年重油重整装置的工程设计发包给没有任何工程设计资质的个体工商户即潍坊滨海开发区某石化技术咨询服务部；大连市化工设计院有限公司与没有任何资质的安庆某化工科技有限公司签订工程设计合作协议；大连市某设计院有限公司超越工程设计资质范围为无资质的单位提供的工程设计图纸进行签字、盖章，均明显违反了我国《建筑法》的有关规定，主观上均存在过错。

各被告的共同侵权行为表现在：潍坊滨海开发区某石化技术咨询服务部负责策划、组织实施共同侵权；安庆某化工科技有限公司负责组织复制、剽窃原告享有著作权的工程设计图纸；大连市某设计院有限公司负责为侵权的工程设计图纸进行签字、盖章；山东某工贸集团有限公司负责使用侵权的工程设计图纸。

被告李某在上述著作权侵权行为发生时系以其工商登记字号实施侵权行为的，虽然个体工商户已于 2011 年 10 月 10 日注销，但被告李某作为营业执照登记上的户主应依法承担侵权责任。

因此，各被告有共同的侵权故意，且已经形成分工负责、相互配合的侵权行为体系，严重侵害了原告的工程设计图纸的著作权，依法应当承担连带侵权责任。

三、原告提出被告不得将侵权图纸使用在下一个工程或交与他人使用、变更侵权图纸的署名为安徽某工程技术股份有限公司的请求有事实依据和法律依据，应当得到支持。

根据我国《著作权法》第 47 条规定，对剽窃他人作品的，应当承担停止侵害、消除影响等民事责任，停止侵害工程设计图纸著作权侵权行为，应当包括不得将侵权图纸使用在下一个工程或交与他人使用、变更侵权图纸的署名为著作权人。

根据我国《建筑法》《建设工程勘察设计管理条例》的规定，工程设计图纸的作品不同于其他作品，由于其工程设计图纸具有工程实施性，其创作主体应当具有相应工程设计资质，工程设计单位应当对工程设计质量需要终身负责，侵权的工程设计图纸应当变更为著作权利人即原告。

四、原告向被告请求赔偿损失 491.59993 万元有事实依据和法律依据，应得到支持。

根据《著作权法》和有关民事法律的规定，因侵权行为而导致的赔偿数额的计算，方法有三种：侵权人按照权利人的实际损失给予赔偿；实际损失难以计算的，可以按照侵权人的违法所得给予赔偿；权利人的实际损失或侵权人的违法所得不能确定的，由人民法院根据作品的类型、合理使用费、侵权行为性质、后果等情节予以确定。

在著作权侵权案件中，权利人的实际损失，可以根据权利人因侵权造成工程设计收费的减少计算；赔偿额中还包括权利人为制止侵权行为所支付的合理开支，如进行调查、取证的合理费用、律师代理费。在本案中，被告的侵权行为造成原告应当取得的工程设计费相应减少，考虑到该项目工程设计收费的市场价格、减去必要的费用、加上原告的审核费用、责任承担风险费用、后续工程设计费、现场服务费及制止侵权行为的合理开支，提出了491万余元的赔偿额。

综上所述，代理人认为，被告为获取非法利益，不惜侵犯他人的著作权，严重违反了我国有关法律规定，故为维护原告的合法权益，请求法庭判决支持。

法院调解

本案在审理过程中，经法院主持调解，各方当事人自愿达成如下协议：

一、原告安徽某工程技术股份有限公司同意对被告山东某工贸集团有限公司涉案工程装置的工程详细设计图纸签字盖章并配合竣工验收，提供涉案装置的试车技术服务及工程保修阶段的设计服务，提供安全、消防等专篇。原告与被告山东某工贸集团有限公司在本调解书生效之日起10日内，依据本调解书就涉案装置工程设计，另行签订协议。

二、被告山东某工贸集团有限公司向原告支付工程设计费235万元人民币。本调解书生效之日起5日内，支付165万元；涉案工程装置建成正式开车一个月内支付60万元；涉案工程装置保修期届满之日起15日内支付10万元。

三、李某向山东某工贸集团有限公司支付145万元人民币。

四、原告安徽某工程技术股份有限公司放弃本案其他诉讼请求，不再追究本案四个被告就涉案工程装置设计图纸著作权引发的其他相关法律责任。

五、案件受理费46034元，减半收取23017元，由安徽某工程技术股份有限公司负担。

上述协议，符合有关法律规定，法院予以确认。

本调解书经双方当事人签收后，即具有法律效力。

【风险分析与防范】

本案是一起工程设计图纸著作权侵权责任纠纷案件，但该案的发生经过说明我国工程建设市场的不规范达到了触目惊心的程度，业主不依法发包建设工程；设计单位超越资质等级许可范围承揽工程设计业务、出卖资质与图签，允许其他单位和个人以本单位名义承揽工程设计业务；私拉其他单位的职工违法从事地下设计工作，造成其他公司无法正常经营，复制、剽窃工程设计图纸，严重侵犯工程设计著作权等，上述行为属于工程建设领域突出问题，严重违反了我国《建筑法》《建设工程勘察设计管理条例》《建设工程勘察设计资质管理规定》等法律、法规、规章的规定，严重扰乱了工程建设市场秩序，给建设工程质量与安全造成重大隐患，亟待规范整顿、专项治理，本律师期待我国正在开展"工程建设领域突出问题专项治理工作"取得明显成效。本文从该案例入手，就工程企业著作权保护存在的法律风险进行分析，并就做好工程企业著作权的风险防范工作提出应对措施。

一、建设工程作品著作权是建设工程企业特别是工程设计企业一种特殊而且重要的知识产权

根据我国《著作权法》的规定，著作权的内容包括发表权、署名权、修改权、保护作品完整权等著作权的人身权；复制权、发行权、出租权、展览权、表演权、放映权、广播权、信息网络传播权、摄制权、改编权、翻译权、汇编权、许可转让与获得报酬权等著作权的财产权。

建设工程作品著作权主要包括工程勘察、设计、咨询、施工等活动中形成的、以各种载体所表现的文字作品、图形作品、模型作品、计算机软件、建筑作品等著作权，具体包括：工程勘察投标方案，专业工程设计投标方案，建筑工程设计投标方案（包括创意或概念性投标方案）、工程咨询方案等；工程勘

第八篇 建设工程专利与著作权法律风险防范

察和工程设计阶段的原始资料、计算书、工程设计（包括方案设计、初步设计、施工图设计）图及说明书、技术文件和工程总结报告等；工程咨询的项目建议书、可行性研究报告、专业性评价报告、工程评估书、监理大纲等；自行编制用于建设工程的计算机软件；以建筑物或者构筑物形式表现的有审美意义的建筑作品等。

工程勘察、设计、咨询是富有创造性的智力劳动。工程技术人员利用工程勘察设计理论、技术与实践经验所完成的每项建设工程成果凝结着他们的心血、智慧和创新精神。通过著作权法律制度，对这种原创或创新性智力劳动成果的保护，是对工程技术人员创新与发展的鼓励，有助于工程建设行业的技术进步，同时也符合建设单位（业主）和公众的利益。

在工程建设实践中，建设工程企业对著作权的保护与管理没有引起足够的重视，缺乏保护知识产权的意识、能力和有效方法，以至于其大量的工程设计图纸被任意套用、抄袭、复制或盗用、盗卖，建设企业的权益受到严重侵犯。本案中安徽某工程技术股份有限公司高度重视企业知识产权的保护，对有侵犯著作权嫌疑的行为及时向人民法院起诉，以保护自身的合法权益，是非常值得广大建设工程企业学习和借鉴的。

建设工程作品著作权法律风险防范主要包括著作权取得、著作权运用、著作权侵权纠纷、著作权管理等方面的风险分析与防范。

二、建设工程作品著作权取得的风险分析与防范

建设工程著作权的取得即建设工程著作权的归属，是指依照法律、法规确定对建设工程作品享有著作权并承担相应义务的单位或个人。

建设工程著作权的取得是建设工程著作权运用、投资、维权的基础和前提条件。由于建设工程作品内容复杂包括工程设计图纸、建筑作品、计算机软件等，属于法人作品、职务作品、委托作品，经常采用合作方式进行又属于合作作品，同时建设工程设计委托方式大多采用招标投标的方式进行，因此，建设工程著作权的取得具有复杂性、特殊性，风险比较大，应当引起著作权人的高度重视。

建设工程著作权取得风险，主要有：一是对建设工程著作权取得方式不明确的风险；二是对建设工程作品的作者不明确的风险；三是对建设工程职务作品著作权归属不明确的风险；四是对建设工程合作作品著作权的归属与使用不明确的风险；五是对建设工程委托作品著作权的归属不明确的风险。

防范建设工程著作权取得的风险，应当注意以下方面：

第一，应当明确建设工程著作权的取得具有自动产生性，同时应当高度重视著作权登记的作用。根据我国《著作权法》确定的著作权自动产生的原则，只要建设工程作品具有独创性并能以某种有形形式复制就自动获得著作权，无须履行任何注册、登记等手续。同时，我国对作品著作权实行自愿登记制度即公民、法人或其他组织可以到著作权行政管理部门自愿将作品进行著作权登记，对于建设工程企业自行编制的建设工程计算机软件作品等应当主动进行作品登记，一方面可以为著作权的归属取得证据，便于尽快追究侵权者的责任；另一方面有利于企业宣传和享受国家的有关优惠政策。

第二，应当明确建设工程作品的作者属于建设工程企业，建设工程企业享有著作权。根据我国《著作权法》第11条的规定，作者有两类：一是创作作品的公民；二是由法人或者其他组织主持，代表法人或者其他组织意志创作，并由法人或者其他组织承担责任的作品，法人或者其他组织视为作者。由于建设工程作品的创作是由具有相应建设工程设计资质的建设工程企业主持，代表建设工程企业进行创作，并且是由建设工程企业承担法律责任，因此，建设工程作品的作者是建设工程企业。

第三，应当明确建设工程作品属于特殊职务作品，直接参加建设工程作品创作的自然人享有署名权，著作权的其他权利由建设工程企业享有。根据我国《著作权法》第16条规定，建设工程作品是主要利用建设工程企业提供的资金、设备或者资料完成的，并由建设工程企业承担责任，因此，属于特殊职务作品，直接参加建设工程设计图纸等编制的员工享有署名权，著作权的其他权利由建设工程企业享有，建设工程企业可以给予参与创作的员工进行奖励。

第四，应当明确建设工程合作作品著作权的归属与使用。根据我国《著作权法》第13条、《著作权法实施条例》第9条规定，两个以上建设工程企业合作创作的建设工程作品，著作权由合作作者共同享有；合作作品可以分割使用的，作者对各自创作的部分可以单独享有著作权，但行使著作权时不得侵犯合作作品整体的著作权；合作作品不可以分割使用的，其著作权由各合作作

第八篇　建设工程专利与著作权法律风险防范

者共同享有，通过协商一致行使；不能协商一致，又无正当理由的，任何一方不得阻止他方行使除转让以外的其他权利，但是所得收益应当合理分配给所有合作作者。

第五，应当明确建设工程作品作为委托作品在招标投标过程中及工程设计合同中著作权的归属及使用。目前，我国建设工程作品著作权在招标投标过程中，招标人经常在招标文件中作出不公平的规定，如只要参加建设工程项目设计投标，投标人的投标文件的著作权属于招标人，招标人有权无偿使用或仅支付很低的补偿费用就可以使用等，这种现象在工程建设实践中是非常突出的，这一方面是由于我国《著作权法》、《招标投标法》、《著作权法实施条例》、《招标投标法实施条例》等法律、行政法规对此均没有作出明确规定；另一方面招标人处于强势地位，监管部门缺乏监管，这一突出问题也引起了有关部门和地方的高度重视，如2003年6月国家发改委、建设部等八个部门颁布并于同年8月1日实施的《工程建设项目勘察设计招标投标办法》第45条规定："招标人应当在将中标结果通知所有未中标人后七个工作日内，逐一返还未中标人的投标文件。招标人或者中标人采用其他未中标人投标文件中技术方案的，应当征得未中标人的书面同意，并支付合理的使用费。"2006年1月，北京市发展和改革委员会、北京市知识产权局专门印发《关于加强招投标知识产权保护工作的通知》（京发改〔2006〕37号），要求加强招投标知识产权保护工作。根据《招标投标法实施条例》的有关规定，招标投标监管部门应当在招标文件的标准文本中增加有关知识产权保护的内容、禁止招标人在招标文件中规定不公平、不合理的内容，招标人应当严格按照标准文本编制招标文件，并加强相应的监督。建设工程企业一方面应当拒绝参加有类似不公正规定的招标活动，另一方面在参加投标时在投保文件中应当增加保护自己建设工程作品知识产权的内容，应当明确招标文件作为要约邀请，主要是吸引意向投保人提出要约，对投标人并无约束力，招标人将未中标的投标人的投标文件进行复制、公之于众、提供给中标人修改等行为侵犯了未中标投标人对其投标文件享用的著作权（包括复制权、发表权、修改权等）。同时，应当明确投标后，建设工程企业的建设工程作品的著作权的归属及使用情形：第一种情形，如果投标人中标，招标人、中标人应当依法签订建设工程设计合同，根据我国

《著作权法》第17条的规定，在合同中明确约定建设工程作品著作权的归属；如果合同未作明确约定或者没有订立合同的，其著作权属于建设工程企业；根据《最高人民法院关于审理著作权民事纠纷案件适用法律若干问题的解释》第12条规定，按照著作权法第17条规定委托作品著作权属于受托人的情形，委托人在约定的使用范围内享有使用作品的权利；双方没有约定使用作品范围的，委托人可以在委托创作的特定目的范围内免费使用该作品。第二种情形建设工程企业投标后没有中标，假如招标文件中有所有投标文件的著作权均属于招标人的不合理规定，由于明显违反《合同法》中要约与承诺的规定应当属于无效；如果招标人要使用未中标人的投标文件中技术方案，应当征得未中标人的书面同意，并且应当支付合理的使用费。

三、建设工程作品著作权运用的风险分析与防范

建设工程作品著作权的运用是指建设工程企业通过建设工程作品著作权中的财产权利的许可使用、转让、质押、投资等方式，发挥著作权的经济效益。

当代是知识经济时代，建设工程企业应当高度重视建设工程作品著作权运用在企业经营与发展中的重要作用，同时应当注意防范著作权运用中可能产生的法律风险。

建设工程作品著作权运用的风险主要有：一是建设工程作品著作权中的财产权利的许可使用的风险；二是建设工程作品著作权中的财产权利的转让的风险；三是建设工程作品著作权中的财产权利的质押的风险；四是建设工程作品著作权中的财产权利的出资的风险。

防范建设工程作品著作权中的财产权利运用的风险，应当注意以下方面：

第一，应当明确建设工程作品著作权中的财产权利的许可使用含义及风险防范应对措施。著作权许可使用是指著作权人许可他人以一定的方式、在一定期限和一定地域范围内使用其作品的法律行为。建设工程作品著作权中的财产权利的许可使用风险防范应对措施包括：一是确定本企业或对方是合法的建设工程作品著作权人，这是著作权许可使用的前提条件，否则，就可能导致侵犯他人著作权的风险。二是应当根据建设工程作品的实际情况选择许可使用的著作权的权利种类，建设工程作品著作权的权利种类主要涉及复制权、发行权、展览权等，其中，复制是从设计图纸到立体建筑物的实现过程，是最能实现建

设工程作品价值的使用方式。三是应当根据建设工程作品著作权的性质是专有使用权即许可使用后在合同有效期内除自己不能使用外也不能再向第三人许可使用,还是非专有使用权即许可使用后在合同有效期内还可以许可第三人使用。根据建设工程作品的价值、许可使用的价格、该著作权对本企业的影响等因素选择四是应当签订好、履行好著作权许可使用合同。著作权许可使用合同内容应当包括:许可使用的权利种类、许可使用的权利是专有使用权或者非专有使用权、许可使用的地域范围与期间、付酬标准和办法、违约责任等;著作权许可使用合同特别是许可使用的权利是专有使用权的,应当采取书面形式;许可使用合同中著作权人未明确许可的权利,未经著作权人同意,另一方当事人不得行使。五是对于重大、有影响的建设工程作品著作权许可使用合同应当向著作权行政管理部门备案。

第二,应当明确建设工程作品著作权中的财产权利转让的含义及风险防范应对措施。著作权转让是指著作权人将其著作权中财产权利的一部分或全部转让给他人的法律行为,其与著作权许可使用不同,著作权许可使用不改变著作权主体,著作权转让则发生著作权主体的变更。建设工程作品著作权中的财产权利的转让风险防范应对措施包括:一是确定本企业或对方是合法的建设工程作品著作权人,这是著作权转让的前提条件,否则,就可能导致侵犯他人著作权的风险。二是应当根据建设工程作品的实际情况选择转让著作权中财产权利的一部分还是全部。三是应当签订好、履行好著作权转让合同,著作权转让合同应当包括:作品的名称;转让的权利种类、地域范围;转让价金;交付转让价金的日期和方式;违约责任等。著作权转让合同应当采取书面形式;转让合同中著作权人未明确转让的权利,未经著作权人同意,另一方当事人不得行使。四是对于重大、有影响的建设工程作品著作权转让合同应当向著作权行政管理部门备案。

第三,应当明确建设工程作品著作权中的财产权利质押的含义及风险防范应对措施。著作权质押是指债务人或者第三人依法将其著作权中的财产权出质,将该财产权作为债权的担保;债务人不履行债务时,债权人有权依法以该财产权折价或者以拍卖、变卖该财产权的价款优先受偿;债务人或者第三人为出质人,债权人为质权人。建设工程作品著作权中的财产权利的质押风险防范应对措施包括：一是著作权出质人必须是合法著作权所有人，如果著作权为两人以上共有的，出质人应当为全体著作权人。二是著作权质押应当订立书面合同，著作权质押合同内容应当包括：当事人的姓名（或者名称）及住址；被担保的主债权种类、数额；债务人履行债务的期限；出质著作权的种类、范围、保护期；质押担保的范围；质押担保的期限；质押的金额及支付方式等。三是著作权质押合同应当在国家版权局指定专门机构进行著作权质押合同登记，著作权质押合同自《著作权质押合同登记证》颁发之日起生效。四是著作权质押合同登记发生撤销、变更、注销情形时，应当到登记机关及时办理撤销、变更、注销登记，登记机关应当同时在著作权质押合同登记文献中注明。

第四，应当明确建设工程作品著作权中的财产权利出资的含义及风险防范应对措施。我国《公司法》第27条关于股东可以用知识产权作价出资的规定为著作权出资提供了法律依据。著作权出资是指股东（包括发起人、认股人）在公司设立或增加注册资本时，为取得股份或股权，根据协议约定以及法律、章程的规定向公司交付著作权中财产权利的法律行为。著作权出资通常是著作权中财产权利的转让。建设工程作品著作权中的财产权利的出资风险防范应对措施包括：一是确定建设工程企业是合法的建设工程作品著作权人，这是著作权出资的前提条件，否则，就可能导致侵犯他人著作权的风险。二是应当通过股东之间的协议明确著作权中财产权利出资的权利种类及范围，是全部财产权利作为出资，还是以部分财产权利作为出资，以及出资的财产权利的地域范围等。三是应当注意著作权出资的比例限制，根据我国《公司法》第27条第3款的规定，著作权的出资比例不得超过公司注册资本的70%。四是著作权出资应当注意著作权的保护期，根据我国《著作权法》第21条的规定，建设工程作品著作权中财产权利的保护期为自建设工程作品首次发表之日起50年。五是应当根据客观、真实、全面的资料，选择科学合理的方法及专业评估机构对出资的著作权进行评估。六是应当注意著作权出资程序的合法，包括对著作权进行评估、签订书面出资协议、到国家版权局、工商行政管理局等部门办理备案、注册登记手续等。

四、建设工程作品著作权侵权纠纷诉讼的风险分析与防范

建设工程作品著作权侵权是指违反著作权法规定，侵害建设工程作品著作权人享有的著作人身权和著作财产权的行为。一般包括两种情形，一种情形是建设工程企业自己的著作权被侵犯；另一种情形是建设工程企业侵害他人著作权。

建设工程企业应当高度重视知识产权的保护，一方面努力避免侵害他人的著作权，另一方面发生自己的著作权被侵害时应当及时采取措施，依法保护自身的合法权益。由于建设工程作品著作权具有权利多样性与可分性、著作权主体需要有相应的资质证书、著作权又属于商业秘密等，建设工程作品著作权侵权具有财产权与人身权同时侵害、侵权行为主体由二人以上共同实施、著作权侵权与违反资质管理违法行为并存、侵权行为隐蔽性强、证据难以收集等特点，因此，建设工程作品著作权侵权纠纷诉讼的风险较大，建设工程企业在进行著作权侵权诉讼时应当高度重视风险防范。

建设工程作品著作权侵权纠纷诉讼的风险，主要有：一是著作权侵权诉讼超过诉讼时效的风险；二是著作权侵权诉讼管辖不明确的风险；三是著作权侵权诉讼诉前措施不力的风险；四是著作权侵权诉讼参加人确定不明确的风险；五是著作权侵权诉讼请求不合理的风险；六是著作权侵权诉讼证据不充分的风险。

防范建设工程作品著作权侵权纠纷诉讼的风险，应当注意以下方面：

第一，对建设工程作品著作权侵权行为应当在诉讼时效内提起诉讼，并注意侵权行为持续情形的责任承担。《最高人民法院关于审理著作权民事纠纷案件适用法律若干问题的解释》第28条规定："侵犯著作权的诉讼时效为两年，自著作权人知道或者应当知道侵权行为之日起计算。权利人超过两年起诉的，如果侵权行为在起诉时仍在持续，在该著作权保护期内，人民法院应当判决被告停止侵权行为；侵权损害赔偿数额应当自权利人向人民法院起诉之日起向前推算两年计算。"

第二，应当依法选择好建设工程作品著作权侵权纠纷诉讼管辖法院。根据《最高人民法院关于审理著作权民事纠纷案件适用法律若干问题的解释》第2条、第4条规定，著作权侵权纠纷案件原则上是由中级人民法院管辖，也有部分地方根据高级人民法院确定的基层人民法院管辖第一审著作权侵权纠纷案件；建设工程作品著作权侵权纠纷诉讼侵权行为的实施地、被告住所地人民法院等管辖；对涉及不同侵权行为实施地的多个被告提起的共同诉讼，原告可以选择其中一个被告的侵权行为实施地人民法院管辖；仅对其中某一被告提起的诉讼，该被告侵权行为实施地的人民法院有管辖权。本文前述案例中，多名被告的住所地分布在安徽安庆市、山东东营市、辽宁大连市等，侵权行为地也分布在上述各地，根据上述司法解释的规定，著作权人可以选择其中一个被告的侵权行为实施地法院管辖，本律师作为代理人，通过仔细分析与比较，最终选择了主要侵权行为地法院即山东省东营市中级人民法院作为本案著作权侵权纠纷诉讼管辖法院。

第三，应当及时、果断地采取诉前证据保全措施，以保全侵权证据。根据我国《著作权法》第51条规定，诉前证据保全申请条件是为制止侵权行为，证据可能灭失或者以后难以取得；人民法院接受诉前证据保全申请后，必须在48小时内作出裁定；裁定采取保全措施的，应当立即开始执行；人民法院可以责令申请人提供担保，申请人不提供担保的，驳回申请；申请人在人民法院采取保全措施后15日内不起诉的，人民法院应当解除保全措施。本案前述案例中，在提起侵权诉讼前的2012年5月21日，本律师作为安徽某工程技术股份有限公司的代理人向山东东营市中级人民法院提出了诉前证据保全申请书，山东东营市中级人民法院当日就作出了对涉案施工图纸予以证据保全的民事裁定；2012年5月24日，山东东营市中级人民法院派主办法官到大连对大连某设计院有限公司留存的涉案项目的大部分施工图纸进行了证据保全，该证据为本案查明事实、确定侵权责任发挥了关键性的重要作用。2012年6月4日，安徽某工程技术股份有限公司向山东东营市中级人民法院正式提起了诉讼。

第四，应当将共同侵权行为人列为共同被告并承担连带赔偿责任。根据我国《侵权责任法》第8条的规定，二人以上共同实施侵权行为，造成他人损害的，应当承担连带责任。本文前述案例中，安徽某工程技术股份有限公司在2012年6月4日起诉时只将大连市某设计院有限公司、山东某工贸集团有限公司列为共同被告，随着对本案案件事实的调查深入，2012年6月29日，向法院申请追加安庆某化工科技有限公司、李某为共同被告，由四名被告共同承担连带赔偿责任，这一方面明晰了侵权行为人的整个侵权过程，查明了侵权事实，另一方面防止了侵权行为人推诿责任，为本案在法院主持下进行调解打下

第八篇　建设工程专利与著作权法律风险防范

了良好基础。

第五，应当合理、明确提出建设工程作品著作权侵权纠纷的诉讼请求。诉讼请求是原告通过人民法院向对方当事人提出的实体权利请求。根据我国《著作权法》第47条、第49条规定，著作权侵权行为的民事责任包括停止侵害、消除影响、赔礼道歉、赔偿损失等。对于法律规定的上述笼统概括的责任承担方式，著作权人应当根据案件的具体情况，对其进行具体表述，提出明确具体的诉讼请求，以便于执行，一是关于停止侵害，著作权人应当根据工程建设行业的特点及工程设计创作主体需要有相应资质的法律规定，提出"变更侵权图纸的署名为著作权人、不得将侵权图纸使用在下一个工程或交与他人使用"等明确具体的要求，同时也考虑到诉讼请求社会效益和执行可行性，因为工程建设项目投资巨大，如要求停止侵权，拆除斥巨资建成的工程项目会造成社会财富的极大浪费；二是关于消除影响、赔礼道歉，著作权人可以提出侵权人在侵权造成影响的范围内的公开发行的报纸杂志上刊登致歉信的要求；三是关于赔偿损失，应当按照著作权人的实际损失给予赔偿；实际损失难以计算的，可以按照侵权人的违法所得给予赔偿；赔偿数额还应当包括权利人为制止侵权行为所支付的合理开支；权利人的实际损失或者侵权人的违法所得不能确定的，由人民法院根据侵权行为的情节，判决给予50万元以下的赔偿。本文前述案例中，著作权人安徽某工程技术股份有限公司在诉讼过程中将"停止侵害"进一步明确为"不得将涉案图纸使用在下一个工程或交与他人使用、变更侵权图纸的署名为安徽某工程技术股份有限公司"；提出赔偿经济损失480万元的诉讼请求，主要考虑到涉案项目工程设计收费的市场价格、减除必要的费用、加上著作权人的审核费用、责任承担风险费用、后续工程设计费、现场服务费等；同时提出了10余万元的制止侵权行为所支付的合理开支，包括调查费、取证费、律师费等。

第六，应当全面收集建设工程作品著作权侵权纠纷案件的证据。充分、有效的证据是著作权侵权纠纷案件胜诉的关键，著作权侵权纠纷案件证据的收集，还应当注意以下方面：一是应当注意著作权侵权案件证据的收集范围，包括著作权权利人证据，根据《最高人民法院关于审理著作权民事纠纷案件适用法律若干问题的解释》第7条的规定，在建设工程作品上署名的法人视为著作权的权利人，涉及著作权的底稿、原件、合法出版物、著作权登记证书、认证机构出具的证明、取得权利的合同等可以作为著作权权利人的证据；侵权证据，根据我国司法实践中法院认定著作权侵权规则即"接触加实质性相似"的规则，需要提供侵权人曾经接触过涉案著作权方面的证据以及侵权作品与著作权作品之间存在表达上的相同或者实质性相似的证据；有关损害赔偿证据，包括原告实际损失证据、侵权人违法所得证据、合理费用证据等；侵权人情况的证据，包括侵权企业的名称、地址、性质、持续状态、联系方式等或侵权自然人的姓名、年龄、住址、联系方式、身份证号等。二是应当根据案件的具体情形采取有效的取证方法，除了要高度重视诉前证据保全措施外，还应当重视自行取证或委托律师取证、申请公证机关进行证据保全、申请法院调取证据、申请行政机关调查取证等多种取证方法相结合。

五、建设工程作品著作权管理的风险分析与防范

建设工程作品著作权管理是指建设工程企业为了保护其拥有的建设工程作品著作权，维护其权益，依法所采取的各种措施。

做好建设工程作品著作权管理，一方面可以防止他人侵犯建设工程企业的著作权，维护企业的合法权益；另一方面可以在建设工程企业生产经营活动中，避免侵犯他人的著作权；建设工程作品著作权作为企业的无形资产还可以为企业带来巨大收益，增强企业的竞争力。但由于我国著作权保护起步较晚，著作权保护意识依然落后，侵权现象还比较严重，建设工程企业应当高度重视建设工程作品著作权保护的风险防范工作。

建设工程作品著作权管理的风险，主要有：一是著作权法律知识较少，版权保护意识淡薄；二是没有著作权管理的机构和人员；三是著作权保护的规章制度不健全；四是对企业内部人员的著作权保护约定不明确；五是企业对外经营中著作权保护措施不力；六是企业内部的档案管理与保密管理不到位；七是企业对外交往中著作权流失。

防范建设工程作品著作权管理的风险，建设工程企业应当采取以下应对措施：一是应当加强著作权基本知识、相关法律法规及著作权保护制度的培训，提高企业工作人员的版权意识；二是应当建立著作权管理机构、配备专兼职人员，明确其作品创作、著作权行使及保护等方面的职责；三是应当建立、健全著作权保护的规章制度，包括制定企业著作权保护办法，在企业的生产经营、科技开发、档案管理、保密管理等规章制度中应有著作权保护和管理方面的内容；四是应当与本企业职工签署著作权保护协议或在劳动合同中增加著作权保护的内容，与关键岗位的专业技术人员和经营管理人员以及对本企业的技术、经济权益有重要影响的人员签订竞业限制协议，与退休、调离、辞退的人员中仍对本企业的技术、经济权益有重要影响的人员签订保密协议；五是在企业投保过程中应当在投标文件中提出保护著作权的要求、及时索回未中标的投标方案并整理归档，在签订工程设计咨询或工程总承包合同时应当明确著作权的归属及相应的权利与义务的内容，在建设工程合同履行过程中应当落实企业著作权管理制度，在建设工程竣工后应当将该项目的勘察设计文件、设计图纸及其说明书、计算书、原始记录、修改通知单、工程总结报告等收集、整理并归档；六是企业档案管理部门应当对涉及著作权的档案作为特殊档案进行妥善管理，任何人未经许可不得私自保留或向外扩散，对涉及专有技术和其他商业秘密的设计咨询文件、工程技术方案等应当标有"秘密"、"绝密"等字样，采取严格的保密措施，认真保护，严格管理；七是在对外发布信息、发表论文、参加展览会、研讨会之前，企业应当加强信息审查工作，防止企业著作权的流失。

第九篇
建设工程侵权责任法律风险防范

 物件损害赔偿风险分析与防范

——从代理北京市某设计院参加谢某物件
损害赔偿纠纷应诉案谈起

【案情简介】

原告谢某系被告北京某设计院退休职工。原告2007年7月25日向北京市海淀区人民法院起诉称:原告接到被告通知,要求原告前往被告处领取检查完毕的体检表和退休人员调查表。2006年9月20日下午4时许,原告走进被告院大门门洞时,因门洞墙上的外挂式空调箱悬挂不当,加之没有任何警示标志,导致原告撞到跌倒。后被送至空军总医院入院治疗,经诊断为右股骨颈基底骨折等严重损害,要求被告进行赔偿,原告提供的证据有:医院住院费用清单、病例证明、护理费证明、事发现场照片。北京市海淀区人民法院在受理此案后,依法进行了开庭审理,原告因没有证据证明原告的损害与被告的物件有关联,原告主动撤诉。

2008年3月24日,原告再次向北京市海淀区人民法院起诉,补充了新证据:120接诊记录和院前救治记录摘要,要求被告赔偿原告包括医疗费、护理费、住院伙食补助费、必要的营养费、精神损害抚慰金等共计47858元。北京市海淀区人民法院在受理此案后,依法进行了开庭审理。

2008年6月26日,北京市海淀区人民法院作出了一审判决,判令被告于本判决生效之日起7日内向原告赔偿医疗费、住院伙食补助费、护理费、营养费、精神抚慰金共计22979元。

一审判决后,被告不服向北京市第一中级人民法院提起上诉,二审法院维持了一审判决。

【代理意见和判决】

原告诉讼请求

原告诉称:原告系被告退休职工。2006年9月20日下午4时许,原告走进被告院大门门洞时,因门洞墙上的外挂式空调箱悬挂不当,加之没有任何警示标志,导致原告撞到跌倒。后被送至空军总医院入院治疗,经诊断为右股骨颈基底骨折等严重损害,要求被告赔偿包括医疗费、护理费、住院伙食补助费、必要的营养费、精神损害抚慰金等共计47858元。

被告代理意见

针对原告的诉讼请求及事实理由,被告方发表了如下意见:

(一)原告的人身损害与被告的空调器没有关联。

原告提出的证据不能证明原告的摔倒与被告的空调器有任何关联。

1. 原告提供的证据一即《北京急救中心院前救治记录摘要》不具有客观性,与本案没有关联。

首先,从该证据作出的时间来看,是北京急救中心于2007年12月10日作出的,不是当时的原始记录,而该时间是在原告第一次起诉又撤诉之后,显然,该证据不具有客观性。

其次,从该证据的内容来看,原告是在走路时摔倒的,叫车地点是在某大街西路,但不能说明原告摔倒与被告的空调器有任何关联。

2. 原告提供的证据三中的《入院记录》、《出院小结》均明确记载原告是在自家摔倒的,与被告没有关系。

3. 原告提供的录音证据也不能说明原告摔倒与被告的空调器有任何关联。

因此,原告没有证据能证明原告摔倒与被告空调器有任何关联。

(二)被告大院的门洞宽度符合当时国家标准规范。

被告的科研试验楼是1998年年底竣工的,该建筑物所适用的标准规范是1987年3月25日发布的《民用建筑设计通则》。《民用建筑设计通则》第三章

第二节第 3.2.2 条规定:考虑机动车与自行车共用的通路宽度不应小于 4m。

原告所称的门洞正是上述规范所称的机动车与自行车共用的通路,门洞的实际宽度从空调外挂机的外部开始计算为 5.2m,大于设计规范的要求。

(三)原告所称被告的空调器的悬挂不符合国家标准与实际情况不符。

1.《房间空气调节器安装规范》对被告该空调器的安装不具有法律效力。

被告的该科研试验楼建成于 1998 年年底,该空调器购买于 1998 年 12 月 14 日,开始使用于 1999 年 5 月 1 日,当时厂家在安装该空调器时,国家尚未实施空调器安装规范,因此,被告的空调器的安装不存在违反国家标准规范问题。

原告所称的标准规范是 1999 年 7 月 22 日发布、2000 年 3 月 1 日实施的《房间空气调节器安装规范》,不具有溯及既往效力,对 2000 年 3 月 1 日之前安装的空调器不具有效力。因此,被告的空调器安装没有过错。

2. 被告该空调器的安装符合《房间空气调节器安装规范》的要求。

《房间空气调节器安装规范》第 5.5.4 条规定,安装架不影响公共通道时可按水平安装面。从空调器外侧测量,公共通道有 5.2m,远远大于国家标准要求的 4m,被告的安装架不影响公共通道,可以进行水平安装。

(四)原告所提赔偿数额缺乏事实和法律依据。

原告所计算的医疗费与实际情况不符,护理费计算依据不足,精神损害抚慰金也缺乏法律依据。

法院判决

该案经过一审、二审,人民法院最终判决认为:依据优势证据规则可以认定原告所述撞到被告两楼之间公用通道处悬挂的空调器上摔倒致伤的事实。被告应当并且可以对其安装空调外挂机距地面过低所导致的安全隐患有所预见,但其未预见此可能性,并采取相应的防范措失,故其负有过错,对原告因撞到空调外挂机上摔伤所造成的合理经济损失应当承担赔偿责任。同时,原告作为成年人,对其自身安全负有谨慎注意义务,而其疏于自我保护,在通道宽度足以正常通行的情形下撞到空调器上致伤,其对损害结果的发生亦存在一定的过错,故应当减轻被告的责任。考虑到被告过错大于原告过错及具体损害后果等因素,原告承担 20% 的责任,被告承担 80% 的责任。据此,依据《中华人民共和国民法通则》第119条、第131条,判决:被告赔偿原告医疗费11419.08元、住院伙食补助费336元、护理费7200元、营养费1600元、精神抚慰金2400元。

【风险分析与防范】

本案是一起与建设工程有关的特殊侵权责任纠纷案件,是一起在《侵权责任法》颁布实施前物件损害责任纠纷案件。在《侵权责任法》颁布实施后的今天,分析、点评该案例对正确理解和适用《侵权责任法》的有关条款,保护民事主体的合法权益,预防侵权行为的发生,促进社会的和谐稳定,具有重大意义。

一、物件损害责任是一种与建设工程有关的特殊的侵权责任

侵权责任分为一般侵权责任与特殊侵权责任。一般侵权责任是指行为人由于过错侵害他人的财产或人身安全,依法应当承担的民事责任。特殊侵权责任是指行为人基于自己有关的行为、事件或其他特别的原因致人损害,依照法律特别规定应当承担的民事责任。如高度危险责任、环境污染责任等。

物件损害责任是指自己管领下的物件造成他人损害,应当由物件的所有人、管理人或者使用人承担侵权责任的特殊侵权责任。其特点在于:一是由法律直接规定,如我国《民法通则》第125条、第126条的规定;我国《侵权责任法》第十一章的规定;二是以过错推定原则为归责原则;三是在举证责任的分配上适用倒置原则;四是免责事由由法律严格规定。

物件损害责任是与建设工程密切相关的特殊侵权责任。根据我国《侵权责任法》第十一章的规定,物件损害责任包括建筑物等设施及其搁置物、悬挂物脱落、坠落损害责任;建筑物等设施倒塌损害责任;不明抛掷物、坠落物损害责任;堆放物倒塌损害责任;妨碍通行物损害责任;林木折断损害责任;公共场所、道路施工和窨井等地下设施损害责任等七种情形,其中绝大部分与建设工程密切相关。

二、受害人应证明自己的损害是因物件致害行为造成的

物件损害责任构成要件:一是须有物件致害行为;二是须有受害人的损害

事实；三是损害事实须与物件致害行为之间有因果关系；四是物件所有人、管理人或使用人须有过错。

对于前三个要件，受害人应举证证明；对于第四个要件，法律规定是采取过错推定原则，物件所有人、管理人或使用人应举证证明自己没有过错，如果物件所有人、管理人或使用人不能证明自己没有过错的，推定其有过错。

对于前三个要件，本案中争议较大的有两个问题：一是如何理解物件致害行为。二是损害事实与物件致害行为之间是否有因果关系。

对于物件致害行为，我国《民法通则》第126条规定："建筑物或者其他设施以及建筑物上的搁置物、悬挂物发生倒塌、脱落、坠落造成他人损害的，它的所有人或者管理人应当承担民事责任，但能够证明自己没有过错的除外。"本案被告认为：本条的规定非常明确，所有人或管理人承担民事责任的前提条件是建筑物或者其他设施以及建筑物上的搁置物、悬挂物发生倒塌、脱落、坠落造成他人损害。也就是说，只有建筑物或其他设施发生倒塌或建筑物上的搁置物、悬挂物发生脱落、坠落造成他人损害的，所有人或管理人才承担民事责任。很显然，在本案中，假设原告撞到被告两楼之间公用通道处悬挂的空调器上摔倒致伤是事实，也不属于我国《民法通则》第126条规定的建筑物上的搁置物、悬挂物发生脱落、坠落造成他人损害的这种情形。本案中一审、二审法院认为：原告撞到被告两楼之间公用通道处悬挂的空调器上摔倒致伤属于我国《民法通则》第126条规定的物件致害行为。本律师认为：根据我国《民法通则》第126条规定，物件致害行为应指倒塌、脱落、坠落行为。最高人民法院《关于处理涉及汶川地震相关案件适用法律问题的意见（二）》第8条规定："因地震灾害引起房屋垮塌、建筑物或者其他设施以及建筑物上的搁置物、悬挂物发生倒塌、脱落、坠落造成他人损害的，所有人或管理人不承担民事责任。"最高人民法院的该意见更进一步明确我国《民法通则》第126条规定的物件致害行为是指倒塌、脱落、坠落行为。本案中原告受伤害并不是由于建筑物上悬挂的空调器脱落、坠落所致，而是由于其自己不慎撞至空调器受伤。因此，法院在本案的适用法律上确实存在错误。对于建筑物等上的悬挂物的悬挂不当造成他人损害的，确实属于物件损害责任，所有人、管理人等应当承担赔偿责任，但我国的法律对此没有明确规定包括新颁布实施的

《侵权责任法》第十一章中对此仍没有明确规定，因此，全国人大常委会应该通过修改《侵权责任法》第85条或通过立法解释将建筑物等上的悬挂物的悬挂不当造成他人损害的，纳入物件损害责任。

　　对于损害事实与物件致害行为之间是否有因果关系，也是本案争议的焦点问题之一。因果关系是指物件致害行为作为原因，损害事实作为结果，在二者之间存在的前者导致后者发生的客观联系。因果关系是侵权责任的重要构成要件，在物件致害行为与损害事实之间确定存在因果关系的，就有可能构成侵权责任，没有因果关系就必然不构成侵权责任。在侵权责任中，一般由原告承担证明损害与行为之间存在因果关系的责任，只有法律明确规定由被告承担举证责任的除外如《侵权责任法》第66条等。本案中原告承担证明物件致害行为与损害事实之间存在因果关系的责任，原告在第一次起诉时，由于缺乏证据证明被告管理的空调器悬挂行为与其受伤之间存在因果关系，原告不得不撤诉。在原告第二次起诉时，原告虽然补充了有关证据，但对空调器悬挂行为与其受伤之间是否存在因果关系争议非常大。法院认为：依据急救中心的救治记录，叫车地点为某西路被告院内，且被告认可其工作人员发现原告倒在通道处，并协助其拨打了急救电话，再结合急救中心以及救治医院的记载，即被告当时肢体活动受限，不能主动活动，诊断为右股骨颈基底骨折，可以排除原告在自己家中撞到受伤后，再行至被告公共通道处摔倒的情形，依据优势证据规则可以认定原告所述撞到被告两楼之间公用通道处悬挂的空调器上摔倒致伤的事实。被告认为：从原告提供的证据来看，没有任何证据能证明原告摔伤是由于其撞到被告两楼之间公用通道处悬挂的空调器上摔倒所致。首先，法院判决认定该事实的依据之一是原告提供的《院前救治记录摘要》，从该证据的内容来看，原告是在走路时摔倒的，叫车地点是在某西路，这不能说明原告摔倒与被告的空调器有任何关联；从该证据作出的时间来看，是北京急救中心于2007年12月10日作出的，不是当时的原始记录，而该时间是在原告第一次起诉又撤诉之后，显然，该证据不具有客观性。其次，法院判决认定该事实的依据之二："被告认可其工作人员发现原告倒在通道处，并协助其拨打了急救电话"是没有根据的，原告没有提供任何证据证明被告的工作人员发现原告倒在通道处，对此毫无根据的说法，被告也不可能予以认可；从原告提供的《院前救治记录摘要》中记录的叫车电话也不是被告职工的手机号码,因此,被告工作人员协助拨打急救电话也是没有事实根据的。本律师认为,从原告提供的现有证据来看,原告证明空调器悬挂行为与其受伤之间存在因果关系证据不足。

本案有关此部分的内容,给我们的启示是:受害人在进行物件损害维权时,一定要高度重视收集物件致害行为、损害事实与物件致害行为之间有因果关系两个方面的证据,包括证人证言、录音录像资料、现场物证、110报警记录、120急救救治记录等。

三、物件所有人、管理人应举证证明自己的行为不存在过错

根据我国《民法通则》第126条、《侵权责任法》第十一章的规定,物件损害责任的归责原则适用过错推定原则。所谓过错推定是指根据法律规定推定行为人有过错,行为人不能证明自己没有过错的,应当承担侵权责任。过错推定实质是从侵害事实中推定行为人有过错,免除了受害人由于专业知识等所限难以对行为人的过错进行举证责任,这样,加重了行为人的证明责任,一方面更有利于保护受害人的利益,另一方面可以更有效地制裁侵权行为。

本案中被告是否存在过错,也是本案争议的焦点问题之一。本案的被告认为:其对空调外挂机的安装没有任何过错。理由是:首先,被告的空调外挂机的安装架不影响公共通道,可以按照现有的方式进行安装。《房间空气调节器安装规范》第5.5.4条规定,安装架不影响公共通道时可按水平安装面。从被告该空调器安装架的外侧进行测量,公共通道有5.2m,远远大于国家标准要求的4m,被告的安装架不影响公共通道,可以按照现有方式进行安装。其次,《房间空气调节器安装规范》对被告该空调器的安装不具有法律效力。被告的该科研试验楼建成于1998年年底,该空调器购买于1998年12月14日,开始使用于1999年5月1日,当时厂家在安装该空调器时,国家尚未实施空调器安装规范,因此,被告的空调器的安装不存在违反国家标准规范问题。《房间空气调节器安装规范》是1999年7月22日发布、2000年3月1日实施的,不具有溯及既往效力,对2000年3月1日之前安装的空调器不具有法律效力。法院认为:被告所属的建筑物上悬挂的空调外挂机安装地点位于两楼之间的公共通道,鉴于通道较宽,外挂机的设置一般情形下对行人的正常通行不构成影响,但其距离地面垂直距离不足半米,也应该考虑到一些行人特别是老人、孩

子会沿通道一旁行走以避让过往的通行车辆，而老人、孩子的注意力和谨慎程度往往因为年龄、精力和认知能力所限低于一般成年人，在此情形下易发生身体碰撞到外挂机的事件。也正因为如此，国家质量技术监督局发布的《房间空气调节器安装规范》规定"沿道路两侧建筑物安装的空调器其安装架底部（安装架不影响公共通道时可按水平安装面）距地面的距离应大于2.5m；确因条件所限达不到上述要求时，应与相关方进行协商解决或采取相应的保护措施"。被告的空调安装时间（1999年）虽早于上述规定开始实施的时间（2000年），但被告应当并且可以对其安装空调外挂机距地面过低所导致的安全隐患有所预见，但其未预见此可能性，并采取相应的防范措失，故其负有过错。

本案此部分的内容的关键是如何判断过错。过错分为故意和过失。故意是指行为人预见到自己的行为会导致某一损害结果而希望或者放任该后果发生的一种心理状态。过失是指行为人因疏忽或轻信而使自己未履行应有注意义务的一种心理状态。对故意的判断比较容易，对过失的判断比较难。对过失判断的客观标准主要有两个：一是行为人是否违反了法律、行政法规明确规定的义务；二是行为人是否尽到了多数人在特定情况下应当达到的注意程度。违反其中任何一项标准，行为人就具有过失。当然，对于注册建筑师、注册结构工程师等专业人员，判断其是否有过失要看其是否履行了本领域内一个合格专业人员的注意义务。因此，对于工程设计单位、工程施工企业、工程监理单位等及其注册人员来说，防范风险及预防侵权行为的发生就必须严格遵守法律、法规的规定，工程建设活动必须按照国家强制性条文及相应标准规范的规定进行，必须履行本领域注册人员应尽的注意义务。

四、物件损害责任的免责事由

法律责任的免除，即免责，是指法律责任由于出现法定条件被部分或全部免除。该法定条件称之为法定免责事由。法律对物件损害的免责事由作出了严格规定。根据我国《民法通则》及《侵权责任法》的规定，物件损害责任的免责事由包括：物件所有人、管理人或使用人无过错；不可抗力；第三人过错；受害人故意（免责）或受害人过失（完全过失免责；双方过失实行过失相抵）。

本案中，法院认为：原告作为成年人，对其自身安全负有谨慎注意义务，在行走时应当观看前方道路,注意避让物体,作为70余岁的老人更应根据自身的身体状况加强自我保护,以避免摔倒、撞伤,而其疏于自我保护,在通道宽度足以正常通行的情形下撞到空调器上致伤,对其损害结果的发生亦存在一定的过错,故应当减轻被告的责任。关于减轻责任的比例,考虑到被告的过错大于原告自身的过错以及具体损害后果等因素,法院酌情判决原告承担20%,被告承担80%。

在物件损害侵权责任诉讼中,对于侵权人来说,既要注意收集侵权人无过错、不可抗力、第三人过错、受害人故意等方面的证据,并以此为由进行抗辩,要求免除自己的侵权责任;又要注意收集被侵权人对于损害的发生也有过错的证据,并以此为由进行抗辩,要求减轻自己的侵权责任。

建设工程侵权责任风险分析与防范

——从代理广东某建设监理公司参加广州某广场基坑工程坍塌事故侵权责任纠纷申诉案谈起

【案情简介】

2005年7月21日12时10分,广州某广场B区施工工地发生基坑坍塌事故,造成3人死亡、8人受伤,直接经济损失487.67万元,间接经济损失1亿元左右。

事故发生后,广州市政府批准成立由广州市安监局牵头,广州市建委、监察局、公安局、总工会、海珠区政府、海珠区安监局等单位组成的事故调查组,形成《调查报告书》报送市政府。2005年9月20日,广州市安全生产委员会办公室发布了《通报》。广州市有关行政执法部门在《调查报告书》认定的基础上对参与本工程建设的有关单位和个人进行了行政处罚,其中对广东某建设监理有限公司给予罚款9万元的行政处罚,受到行政处罚的有关单位和个人未提出行政复议或提起行政诉讼。

参与基坑工程建设的主体包括:基坑工程的建设单位是广州市某房地产开发有限公司(以下简称"业主"),基坑工程的地质勘察单位是广州某勘察设计研究院,基坑工程的设计单位是广州市某设计院,基坑开挖及支护施工单位是广东省某机械施工有限公司(以下简称"机施公司"),基坑开挖爆破施工单位是广东某爆破工程有限公司,基坑土石方外运单位是广州市某散体物料运输有限公司(以下简称"运输公司"),基坑监测单位是广州市某院。汕头某建安有限公司(以下简称"建安公司")、广东某建设监理有限公司(以下简称"监理公司")分别是B区主体工程的施工单位、监理单位。

一审:该项目的业主对死伤者进行了先行赔付,赔付金额为137.78万元。2005年12月23日,业主向广州市中级人民法院提起诉讼,要求与该事故有关的8个单位共同偿付原告代付的赔偿款118万元。一审法院经审理于2006年12月15日作出一审判决:各责任人的承担责任的比例分别为:业主承担35%;运输公司承担30%;基坑设计单位、建安公司各承担10%;机施公司、监理公司各承担7.5%。基坑监测单位、物业公司、居委会不承担责任。

二审:业主、运输公司、机施公司、监理公司、基坑设计单位、建安公司不服一审判决上诉于广东省高级人民法院。二审法院经审理作出二审判决如下:业主承担35%;运输公司承担32.5%;基坑设计单位承担10%;基坑监测单位、监理公司各承担7.5%;机施公司、建安公司各承担3.75%。

再审:基坑监测单位、监理公司不服二审判决向广东高院申请再审,广东高院经再审后于2009年11月25日作出再审判决:维持广东高院的二审判决。

监理公司对广东省高级人民法院的再审判决仍不服,于2010年9月向最高人民法院再次提出再审申请。

【再审请求、事实和理由】

再审请求

请求最高人民法院对2005年7月21日某广场工程B区施工工地发生的基坑坍塌事故造成的损害赔偿代垫款纠纷一案调卷再审,改正一审、二审、再审判决错误,依法判决监理公司不承担或减轻承担该事故的损害赔偿责任。

再审事实和理由

申请人广东某建设监理有限公司不是某广场工程B区基坑工程的监理单位,2005年7月21日,发生的某广场工程B区基坑工程坍塌事故(以下简称"该事故")与申请人无关,广东省高级人民法院2009年11月25日作出的(2009)粤高法审监民再字第8号民事判决(以下简称"再审判决")维持的一审判决认定、二审判决维持的申请人对该事故承担7.5%的损害赔偿责任的基本事实缺乏证据证明，依法应予以撤销，改判申请人不承担或减轻承担该事故的损害赔偿责任。

一、再审判决关于"基坑工程和基坑土石方工程并未明确列入监理合同范围"认定与事实不符，基坑工程和基坑土石方工程不属于监理合同范围是非常明确的。

（一）2004年3月，业主与监理公司签订的《建设工程委托监理合同》明确约定，基坑工程不是监理合同的监理范围。

《建设工程委托监理合同》第1部分第1条"工程规模"约定"建筑总面积约14万 m^2。其中，主楼（B区、C区）的基础、地下室4层、地面以上共39层。北副楼（A区）、地上六层、地下二层/一栋。"显然，该合同没有包括基坑工程。此处的"基础"与"基坑"是两个完全不同的概念，"基础"是指将结构所承受的各种作用传递到地基上的结构组成部分（详见国家标准《建筑地基基础设计规范》（GB 50007—2002）第2.1.2款）；"基坑"是指为建筑基础或地下室的施工而开挖的地面以下空间（详见《建筑基坑支护工程技术规程》（DBJ/T 15—20—97第2.1.1款）；"支护工程"是指为保证建设基坑的安全，并为相邻建筑物和地下设施提供可靠保护而对基坑土（岩）体采取支挡、加固和保护的措施，控制基坑变形，保持基坑稳定性（详见《建筑基坑支护工程技术规程》（DBJ/T 15—20—97第2.1.2款）。显然，基坑工程不是《建设工程委托监理合同》监理范围。

（二）2005年6月2日，业主起草并发出的该工程的《工程监理招标文件》及2005年6月17日广州建设工程交易中心发出的《监理中标通知书》（明确申请人为中标单位），均明确基坑工程不属于申请人监理合同范围。

《工程监理招标文件》明确，投标人对招标文件中《监理大纲》只许承诺，不许修改。《监理大纲》第1条明确监理的范围是：主体结构、砌体、室内装修、外墙、门窗、电气、防雷、给排水、消防系统及相关的管线预埋、设备安装等工程。《监理大纲》第8条主要施工工艺控制有：结构工程施工监控要点、建筑砌体施工监控要点、电气系统施工监控要点、给排水与消防系统工程施工监控要点，没有基坑工程施工监控要点。这些要求非常明确基坑工程不属于申请人监理合同范围。

2005年6月17日广州建设工程交易中心发出的《监理中标通知书》明确申请人为中标单位，申请人完全接受了招标文件中《监理大纲》的内容，明确基坑工程不属于申请人监理合同范围。

二、再审判决关于"监理公司于2004年5月进场履行监理职责时，机施公司正进行某广场B区基坑工程的施工，而此时负责某广场B区主体工程施工的建安公司尚未进场施工，监理公司此时的监理对象只有基坑施工单位"的认定与事实严重不符，存在明显错误。

（一）申请人2004年5月进场履行监理职责的时间正是按照当时的设计要求，基坑工程已完工，主体施工单位准备进行地下室与主体工程施工之时，申请人进场是按监理合同约定对主体工程进行监理，而不是要对基坑工程进行监理。

2004年4月，部分基坑已按照要求挖至地下 - 16米深度，东边和南、北两边的东段支护桩也已按照要求施工至地下 - 20m深度（详见《某广场"7.21"重大安全事故调查报告书》（送审稿）P7~8页）。2004年5月，按照原设计要求，基坑工程已完工，地下室与主体工程施工的条件已经具备，正是在这样的条件下，申请人才进场履行对主体工程的监理职责。2004年6月，由于业主要求将该工程的地下四层变更为地下五层，基坑设计也相应进行了变更（基坑设计深度由原来的 - 17米变更为 - 19.6米）（详见《某广场"7.21"重大安全事故调查报告书》（送审稿）P8页），基坑工程的施工单位机施公司一直施工至2005年7月基坑工程完工。因此，申请人2004年5月进场履行监理职责，是要履行对地下室与主体工程施工的监理职责，而不是要对基坑工程进行监理。

（二）申请人2004年5月进场履行监理职责时，负责某广场B区主体工程施工单位广东某集团建设有限公司已经进场，申请人的监理对象是主体工程施工单位广东某集团建设有限公司。

2004年5月，申请人进场时，该工程A区、B区主体施工单位是广东某集团建设有限公司（以下简称"建设公司"），2004年5月10日至12月，申请人与业主、建设公司召开例会及专题会议达15次之多，并有申请人与建设公司收发文签收单。2004年11月26日，申请人、业主、建设公司、设计单位进行了设计图纸会审。

2004年12月初，该工程的主体施工单位变更为某第六工程公司。2005年4月20日，该工程的主体施工单位又变更为建安公司。此时，申请人的监理对象分别为某第六工程公司、建安公司。

三、再审判决关于"原审结合监理公司的工程师毛某于2004年6月15日向基坑施工单位机施公司发出并抄送业主的《监理工程师通知单》，认定监理公司已以自己的事实行为履行对B区基坑工程的监理职责，业主也认为监理公司是对包括基坑工程在内的整个工程进行监理，双方已构成事实的委托监理关系正确"的认定与事实严重不符，缺乏法律依据。

（一）2004年6月15日的《监理工程师通知单》是申请人监理工程师出于社会责任感发出的，不是申请人的监理合同范围内的义务，更不能仅以此证明申请人与业主之间就基坑工程存在事实的委托监理关系。

2004年3月，申请人与业主签订《委托监理合同》，2004年5月进场。按照原设计要求，基坑工程已完工，开始逐渐移交"工作面"给主体施工单位建设公司。2004年6月，A区已经进行主体基础工程施工，同时准备对B区进行施工，要对B区底部基础底板进行施工，必须先把基坑的水抽干，然后进行放线工作。由于B区基坑在当时还没有完全竣工，尚存在一些安全隐患，主体工程施工人员在底部工作可能出现安全问题，此时，监理工程师发出一份"001号《监理工程师通知单》"给基坑施工单位，是监理工程师出于社会责任感发出的，不是申请人的监理合同范围内的义务，而且这一份也是唯一的一份，仅凭一份监理合同义务以外的《监理工程师通知单》，来证明申请人与业主之间就基坑工程存在事实的委托监理关系是完全荒谬和错误的。

（二）从申请人参与该项目的时间来看，申请人与业主之间就基坑工程不可能存在事实的委托监理关系，也不符合监理工作的基本形式。

该项目的基坑工程于2002年开工，到2004年5月申请人进场前，已于2004年4月基本完工，申请人与业主之间就基坑工程存在事实的委托监理关系不具备基本的客观时间条件。

机施公司施工的基坑工程从2002年开工，至2004年4月大部分已按照要求开挖至-16米，东边和南北边的支护桩也已按要求开挖至地下-20米，所以，此时业主不可能将已经完成的工程委托申请人进行监理。

《建设工程质量管理条例》第 38 条规定："监理工程师应当按照工程监理规范的要求，采取旁站、巡视和平行检验等形式，对建设工程实施监理。"申请人进场时，基坑工程已经基本完工，监理工程师无法采取旁站、巡视和平行检验等形式，对基坑工程进行监理。

（三）委托监理合同是要式合同、双务合同、有偿合同，申请人与业主就基坑工程既没有书面的委托监理合同，也不具备事实委托监理关系的基本特征，申请人与业主之间就基坑工程根本不存在事实的委托监理关系。

根据我国《合同法》第 276 条的规定，委托监理合同应当采用书面形式订立。我国《合同法》第 36 条规定："法律、行政法规规定或者当事人约定采用书面形式订立合同，当事人未采用书面形式但一方已经履行主要义务，对方接受的，该合同成立。"如上所述，申请人与业主就基坑工程没有签订书面的委托监理合同，申请人与业主也不具备事实的委托监理关系的基本特征。

1. 申请人的行为不具备事实的委托监理关系的基本特征。

根据建设部 2000 年 12 月 7 日发布，自 2001 年 5 月 1 日实施的国家标准《建设工程监理规范》（GB 50319—2000）的规定，工程监理单位的施工监理的基本特征包括：制定监理工作程序；施工准备阶段的监理工作，包括参加建设单位组织的设计技术交底会、审查施工组织设计（方案）、审查分包单位资格、参加第一次工地会议等；工地例会，在施工过程中，总监理工程师要定期主持召开工地例会，应有与会各方签字的会议纪要；工程质量控制，包括对承包单位报送的重点部位、关键工序的施工工艺和确保工程质量措施的审核确认、对施工测量放线成果进行复验和确认、对施工过程进行巡视和检查、对隐蔽工程的检查与确认等；工程造价控制；工程进度控制；竣工验收，监理项目管理机构应参加由建设单位组织的竣工验收、工程质量符合要求由总监理工程师会同参加验收的各方签署竣工验收报告等。

本案中下述事实和证据，充分证明申请人的行为不具备事实的委托监理关系的基本特征：

（1）申请人就基坑工程从来未主持召开工地例会，没有参加过有关基坑工程的图纸会审，也没有与业主、基坑工程的设计单位、施工单位、检测单位有任何业务往来，说明申请人与业主之间就基坑工程根本不存在事实的委托监理关系。

如果申请人是基坑工程的监理单位，申请人应主持召开工地例会，参加基坑工程的图纸会审，也应该就基坑工程的质量、工期、造价等与业主、基坑工程的设计单位、施工单位、检测单位进行业务往来，本案中，申请人就基坑工程从来未主持召开工地例会，没有参加基坑工程的所有施工图纸的会审，也没有就基坑工程履行质量控制、造价控制、进度控制等主要义务，充分说明申请人与业主之间根本不存在事实的委托监理关系。

(2) 基坑工程施工单位机施公司从未参加申请人主持的各种工地会议，也未参加由广州地区建设工程质量安全监督站主持的质检交底会议，说明申请人与业主之间就基坑工程根本不存在事实的委托监理关系。

申请人自对主体工程开展监理工作以来（2004年5月—2005年7月）共主持工程周例会及各种专题会议30次，参加单位有业主、建安公司、建设公司等单位，基坑工程施工单位机施公司从未参加申请人主持的各种工地会议，未参加设计图纸会审，也未参加由广州地区建设工程质量安全监督站主持的质检交底会议，会议协调讨论的内容也不涉及机施公司承接施工的基坑工程的相关事项，这充分证明申请人与业主之间就基坑工程根本不存在事实的委托监理关系。

(3) 申请人未参加基坑工程的竣工移交，说明申请人与业主之间就基坑工程根本不存在事实的委托监理关系。

2005年7月15日，业主、机施公司、工程队三方签字确认了基坑支护及土石方挖运工程已完工的《确认书》。申请人没有参与，说明申请人与业主之间根本不存在事实的委托监理关系。

(4) 申请人未收取《建设工程委托监理合同》以外的任何监理费用，证明申请人与业主之间就基坑工程根本不存在事实的委托监理关系。

根据权利与义务对等的原则，申请人与业主之间就基坑工程是否存在事实的委托监理关系，还要看申请人是否已经收取了基坑工程的监理费，而本案的事实是申请人除了收取主体工程的监理费以外，没有收取基坑工程的任何监理费，这充分证明申请人与业主之间就基坑工程根本不存在事实的委托监理关系。

2. 业主的行为也不具备事实的委托监理关系的基本特征。

本案中下述事实和证据，充分证明业主的行为不具备本案事实的委托监理关系的基本特征：

（1）业主没有在工程监理前将申请人是基坑监理单位书面通知基坑工程的施工单位。

《建筑法》第33条规定："实施建筑工程监理前，建设单位应当将委托的工程监理单位、监理的内容及监理权限，书面通知被监理的建筑施工企业。"本案的证据充分证明，业主没有履行这一法定义务。因此，再审判决以事故发生后业主为推托责任认为"监理公司是对包括基坑工程在内的整个工程进行监理"来认定申请人与业主之间存在事实的委托监理关系，是毫无事实根据的。

（2）基坑工程的设计变更未通知申请人。

2004年6月，业主要求设计单位对基坑工程进行相应设计变更。同年7月，设计单位按照建设单位的要求完成设计变更（基坑设计深度由原来的-17米变更为-19.6米），并提出了采用增加一道水平钢管支撑、局部增加锚杆及土钉的基坑加固措施。业主直接将该设计变更图纸交给施工单位继续基坑开挖施工。业主没有将此设计变更告知申请人，更没有将相关资料送达申请人，而且在整个变更过程中，申请人和所有相关单位均在工程指挥部一起办公，在这种情况下，业主不将如此重要的设计变更通知申请人，充分说明申请人与业主之间就基坑工程根本不存在事实的委托监理关系。

（3）业主未就基坑工程向申请人支付过任何费用。

委托监理合同是有偿合同，申请人提供监理服务，业主应支付监理费用，而本案中业主未就基坑工程向申请人支付过任何费用，充分说明申请人与业主之间就基坑工程根本不存在事实的委托监理关系。

（四）《通报》《调查报告书》及《抽查情况通知书》的内容，充分证明申请人与业主之间就基坑工程根本不存在事实的委托监理关系。

1.《通报》及《调查报告书》认定基坑工程无监理事实，证明申请人与业主之间就基坑工程根本不存在事实的委托监理关系。

《通报》第1条、《调查报告书》第13条非常明确：基坑工程，业主未及时委托工程监理单位进行监理，证明申请人与业主之间根本不存在事实的委托监理关系。

2. 广州地区建设工程质量安全监督站发出的《抽查情况通知书》（监督号：2004-211），证明申请人与业主之间就基坑工程根本不存在事实的委托监理关系。

2005年6月16日，广州地区建设工程质量安全监督站发出的《抽查情况通知书》（监督号：2004-211）明确确认："基坑施工处于无监理状态"，这充分证明申请人与业主之间就基坑工程根本不存在事实的委托监理关系。

四、再审判决以《调查报告》中事故发生原因分析为依据认定"监理公司的行为存在较大过失，该过错行为与损害结果的发生之间存在因果关系，已构成侵权"，与事实严重不符，缺乏法律依据。

（一）《调查报告》将申请人的行为列为某广场"7.21"重大安全事故的间接原因与事实严重不符。

某广场"7.21"重大安全事故是基坑坍塌事故，事故的直接原因是：基坑局部开挖深度（-20.3米）超过基坑支护桩深度（-20米），造成原支护桩变为吊脚桩，而且基坑暴露时间过长，钢构件锈蚀和锚杆（索）锚固力降低，致使基坑支护受损失效；基坑南侧已有明显坍塌征兆，在基坑坡顶严重超载作用下，基坑失稳坍塌（详见《某广场"7.21"重大安全事故调查报告书》（送审稿）P3）。

基坑坍塌事故造成的损害，依法应由导致该事故的参与基坑工程建设的各有关责任单位承担相应赔偿责任（详见《某广场"7.21"重大安全事故调查报告书》（送审稿）P6）。申请人没有参与基坑工程的建设，基坑工程没有监理单位，因此，申请人不是基坑坍塌事故的责任单位，《调查报告》将申请人的行为列为某广场"7.21"重大安全事故的间接原因与以上事实严重不符。

（二）《调查报告》中有关申请人的责任认定自相矛盾，《调查报告》不能作为认定"监理公司的行为存在较大过失，该过错行为与损害结果的发生之间存在因果关系，已构成侵权"的依据。

《调查报告》第14页倒数第2行非常明确"未及时委托工程监理单位进

行监理",说明基坑工程无监理单位;而《调查报告》第16页、第17页又将申请人作为基坑坍塌事故的责任主体,本身就是自相矛盾的,证明《调查报告》不能作为认定"监理公司的行为存在较大过失,该过错行为与损害结果的发生之间存在因果关系,已构成侵权"的依据。

(三)对不属于申请人监理范围的基坑工程发生坍塌事故造成的损失,申请人依法不应承担赔偿责任。

我国《建筑法》第35条规定:"工程监理单位不按照委托监理合同的约定履行监理义务,对应当监督检查的项目不检查或不按规定检查,给建设单位造成损失的,应当承担相应的赔偿责任。"该规定非常明确,工程监理单位只对合同约定的内容负责,对违反合同约定行为造成的损失承担赔偿责任。

如前所述,申请人与业主之间签订的《委托监理合同》不包括基坑工程,申请人与业主之间就基坑工程也没有形成事实的委托监理关系,基坑工程发生坍塌事故与申请人的行为没有关联,申请人的行为与基坑坍塌事故的损害结果的发生之间不存在因果关系,因此,对不属于申请人监理范围的基坑工程发生坍塌事故造成的损失,申请人依法不应承担赔偿责任。

(四)《调查报告》不能作为认定申请人侵权责任的证据。

《调查报告》的内容除了以上与事实严重不符及自相矛盾的情形外,《调查报告》作为认定申请人侵权责任的证据,其证据形式不合法;事故调查小组的组成不合法、不科学等,难以保证《调查报告》客观性、公正性、准确性。

根据我国《民事诉讼法》第63条的规定:证据形式有:书证、物证、视听资料、证人证言、当事人陈述、鉴定结论、勘验笔录。本案中《调查报告》(送审稿)只是事故调查小组的内部初步意见,不是行政机关具有行政法律效力的决定文件,既不是书证,也不是具有法定鉴定资质的鉴定机构出具的鉴定结论,更不是人民法院进行的事故现场的勘验笔录,因此,《调查报告》作为认定申请人侵权责任的证据,其形式不合法。

根据2005年仍然有效的《企业职工伤亡事故报告和处理规定》(国务院令第75号)第10条规定:死亡事故或重大死亡事故应当邀请人民检察院派员参加,还可邀请有关专家参加。本案中事故调查小组成员没有人民检察院派员参加，事故调查小组的组成不符合《企业职工伤亡事故报告和处理规定》的有关规定。由于基坑坍塌事故专业性、技术性强，应当邀请有关工程建设的专家参加事故的调查，但本次事故调查没有工程建设的专家参加，直接影响了事故原因分析的客观性、公正性、准确性。

五、退一万步讲，即使申请人应当承担赔偿责任，再审判决维持申请人7.5%的赔偿责任明显过重，显失公平。

（一）主体工程的监理单位要比基坑工程的施工单位多一倍的赔偿责任，显失公平。

退一万步讲，申请人即使按照《调查报告书》应承担责任，但申请人依法绝对不应承担比基坑施工单位多一倍的责任。根据《建筑法》第58条、《建设工程质量管理条例》第26条、第36条的规定，施工单位对建设工程的施工质量负责，监理单位对施工质量承担监理责任。很显然，施工单位负责的是直接责任，监理单位负责的是间接责任，施工单位要比监理单位的责任大。本案中该事故是基坑坍塌事故，基坑工程的施工单位是机施公司，而申请人仅是主体工程的监理单位。而在再审判决中维持机施公司只承担3.75%的责任，而申请人则维持承担7.5%的责任，这种判决明显不公平。

（二）主体工程的监理单位要比主体工程的施工单位多一倍的赔偿责任，显失公平。

根据以上所述，施工单位的责任要比监理单位的责任大。本案中建安公司是主体工程的施工单位，只承担3.75%的赔偿责任；而主体工程的监理单位申请人却要承担比施工单位多一倍的责任即7.5%的责任，这显然不符合上述的法律规定，显失公平。

（三）如果按照再审判决维持的赔偿责任比例，申请人在该事故中分摊的赔偿数额明显畸重。

在与该事故中所涉及的损失赔偿诉讼中总标的达到1亿元以上，如果按照再审判决维持申请人7.5%的赔偿责任，申请人预计要承担1000万元左右的赔偿责任，这对申请人在该项目中仅收取40万元监理费而又要承担如此巨大的赔偿责任，是显失公平的，并且这直接关系到申请人的生死存亡。

第九篇　建设工程侵权责任法律风险防范

【风险分析与防范】

本案是一起典型的民事侵权赔偿责任的案例，其典型性表现在：物件损害侵权责任、共同侵权责任、连带侵权责任、多因一果侵权责任。本案具有标的额大、当事人多、关系复杂、难度大、时间长等特点，本律师认为，本案给建设工程企业最大的启示是在工程建设监理过程中，如何防范风险，以避免和减少建设工程质量和安全事故的发生；发生工程质量事故后，如何保护自身的合法权益，将损失降到最低。

一、签订并履行好监理合同是防范侵权责任风险的前提

物件损害侵权责任认定的标准之一是行为人是否实施了某一行为，而这一行为与损害结果是否有关联，而行为人行为范围的认定关键在于合同的约定。就本案来说，广东某建设监理公司是否对某广场基坑工程坍塌事故承担侵权责任关键在于某广场基坑工程是否属于广东某建设监理公司工程监理的范围，从广东某建设监理公司与业主签订的工程监理合同来看，某广场基坑工程不属于工程监理的范围，法院认定广东某建设监理公司承担侵权责任的依据是广东某建设监理公司的监理工程师发出的《监理工程师通知单》，并以此为由认为广东某建设监理公司与业主之间就基坑工程存在事实的监理合同关系。

法院的上述认定严重不符合事实和法律依据，但本案提示监理公司包括参与工程建设的各方，要防范侵权责任风险，必须认真签订工程监理合同，并严格按照工程监理合同履行责任和义务。首先，在签订工程监理合同时，应尽可能详细明确约定工程监理的范围与内容。如果监理范围与内容不明，不仅给监理公司的监理报酬、监理期限等带来风险，更为严重的是监理范围与内容不明给监理公司的法律责任带来更大的风险。因此，在签订工程监理合同时，一是要明确约定承担哪一个阶段的监理业务；二是要详细写明委托阶段内每项具体工作；三是监理范围与内容应尽可能与工程项目投资额所涵盖的工程范围一致；四是监理范围与内容应尽可能与工程施工合同、分包合同所涵盖的工程范围一致；五是附加工作与额外工作的内容书面约定具体、详细；六是对于工程监理过程中发生的变更，应以补充协议的形式进一步明确。其次，在履行工程

监理合同过程中，应严格按照工程监理合同约定的范围与内容进行监理，按照《建设工程监理规范》履行监理责任和义务。对于超出工程监理合同约定范围与内容以外的工作，监理公司与业主应及时协商并签订书面补充协议，以明确增加的工作范围与内容、报酬等，否则，监理公司应拒绝履行，以保护自己的合法权益。

二、遵守法律、行政法规规定，履行法定义务是防范侵权责任风险的关键

物件损害侵权责任认定的另一标准是行为人行为时有过错，物件损害侵权责任的认定是以过错推定为原则。判断行为人是否有过失的客观标准之一是行为人是否违反了法律、行政法规明确规定的义务。就本案来说，法院认定广东某建设监理公司承担侵权责任的理由之一是监理公司曾因基坑存在安全隐患书面要求有关单位暂时停止施工，但在施工单位仍不停止施工的情况下，没有及时向有关部门报告。

目前，监理公司及其监理人员进行工程监理应当遵守我国《建筑法》《建设工程质量管理条例》《建设工程安全生产管理条例》等法律、行政法规的规定，履行法定义务。根据上述法律、行政法规的规定，监理公司及其监理人员的法定义务主要有：监理单位不得越级或挂靠承揽业务；监理单位不得与建设单位或建筑施工企业串通，弄虚作假，降低工程质量；监理单位不得转让监理业务；监理单位不得将不合格的建设工程、建筑材料、建筑构配件和设备按照合格的签字；监理单位不得与被监理的施工承包单位以及建筑材料、建筑构配件和设备供应单位有隶属关系或其他利害关系；监理单位对施工组织设计中的安全技术措施或专项施工方案进行审查；监理单位发现安全事故隐患应及时要求施工单位整改或暂时停止施工；监理单位对施工单位拒不整改和不停止施工应及时向有关主管部门报告；监理单位依照法律、法规和工程建设强制性标准实施监理等。监理公司对上述法定义务应当严格遵守，以防范侵权责任风险，如果监理公司不遵守上述法定义务，造成侵权损害结果，监理公司就有可能认定其有过错，导致其承担相应的侵权赔偿责任。

三、科学的事故鉴定是侵权责任公正认定的保证

众所周知，引发建设工程质量或安全事故的原因很复杂，可能涉及勘察、设计、施工、监理、材料设备供应、业主等方方面面的原因，因此，认定监理公司在重大事故中是否应承担责任以及责任的大小，难度是很大的，需要经过周密的调查和科学的鉴定。就本案来说，某广场基坑坍塌事故的调查不是由建设行政主管部门牵头，甚至没有建设领域专业技术人员参与，因此，事故的原因分析与鉴定难免出现偏差，对法院的公正判决造成干扰。

根据《生产安全事故报告和调查处理条例》的规定，生产安全事故的调查，均是由政府或政府有关主管部门组织事故调查组进行调查。这种由政府主导的事故调查模式存在以下弊端：一是政府直接组织调查组进行事故调查，不符合政府部门"政策制定、监督处罚与事故鉴定"职能分开的基本原则。二是政府直接组织调查组进行事故调查难以保证其"公正性"，一方面事故的发生可能与有关监管部门渎职、失职有关，由其调查自身存在的问题难以做到公正、客观；另一方面政府由于各种原因可能不顾客观事实而采取"各打五十大板"方式。三是政府直接组织调查组进行事故调查，事故调查组的成员组成、调查的具体程序、证据的收集与保存等缺乏明确详细规定，一方面是建设工程质量或安全事故具有专业性、技术性强的特点，调查组组成大多是政府官员，而没有相应的专家参加；另一方面片面强调救援或恢复生产，造成事故现场受到破坏，证据不进行保存或无法保存，造成事故的真正原因和责任人无法查清。四是政府直接组织调查组进行事故调查，其调查结论一旦作出，无法更改，剥夺了事故有关各方在现代社会应享有的救济的权利。

改革我国现行的事故的鉴定体制与机制是保证侵权责任认定客观性与公正性的必然要求。第一，改变目前事故鉴定由政府部门主导的做法，改由具有相应鉴定资质的第三方的鉴定机构来完成。第二，鉴定人员应由相应的各领域专业技术人员组成。第三，高度重视和建立事故的证据保存制度，对发生的事故除特别紧急情况外，应采取先保存证据、再进行事故现场处置的原则。第四，对事故鉴定结论有异议，应建立相应的救济渠道。

在目前的体制下，监理公司防范风险，主要要做好以下工作：一是高度重视事故的调查并做好配合工作；二是对调查报告的内容有异议应通过法律途径及时要求改正；三是对有关行政主管部门依据调查报告作出的行政处罚不服的，应及时提出行政复议和行政诉讼。

四、尽快出台侵权责任认定的具体标准是保证侵权责任认定公正的条件

本案是多个原因结合致使损害结果的发生,各个原因在多因一果侵权损害民事责任的分担上具有相对的决定作用,原因行为的原因力大,行为人承担较多的责任;原因行为的原因力小,行为人应承担较小的责任,因此,各侵权人依其过错程度,承担相应的责任。就本案来说,主体工程的监理单位要比基坑工程的施工单位多一倍的赔偿责任,主体工程的监理单位要比主体工程的施工单位多一倍的赔偿责任,显失公平。

我国《侵权责任法》虽然已于2009年12月26日通过并于2010年7月1日起施行,但侵权责任的具体认定标准及操作性仍需要由最高人民法院通过司法解释作出进一步的明确,特别是对本案这样的物件损害侵权责任、共同侵权责任、连带侵权责任、多因一果侵权责任的典型案件,更需要尽快出台侵权责任认定的具体标准,以保证侵权责任认定的公正。

五、建立和完善工程监理责任保险制度是侵权责任风险转移的渠道

工程监理责任保险是指监理公司根据合同的约定,向保险公司支付保险费,保险公司对于注册监理工程师因监理过失造成事故,引起受害人人身伤害或财产损失承担赔偿责任的保险。工程监理责任保险制度是转移侵权责任风险的重要手段。推行工程监理责任保险,有利于以最小的成本获得最大保障,增强工程监理单位的抗风险能力;有利于提高工程监理单位的市场竞争能力;有利于保护投资者和第三者的财产和人身安全,完善工程风险管理制度;有利于提高工程监理的水平;有利于公正、客观处理工程事故,保护监理单位的合法权益。

第十篇
建设工程行政责任与刑事责任风险防范

建设工程安全生产监理行政责任的风险分析与防范

——从代理注册监理工程师姚某不服行政处罚申请行政复议案谈起

【案情简介】

姚某是北京某工程咨询监理有限公司的注册监理工程师。北京某工程咨询监理有限公司于2007年承接了北京市地铁十号线一期机电工程的监理工作，姚某是北京市地铁十号线一期机电专业安装工程总监理工程师。

2007年9月3日，北京市建设委员会对地铁十号线机电1标进行检查时，发现负责该项目监理的北京某工程咨询监理有限公司的总监理工程师姚某没有对施工组织设计和专项施工方案审批情况下，同意施工单位北京某空调器有限公司进行大型表冷器安装。北京市建设委员会认为，姚某没有执行《建设工程安全监理规程》第4.2.1条第5款规定，其行为违反了《建设工程安全生产管理条例》第14条第3款的规定，依据《建设工程安全生产管理条例》第58条的规定，决定给予负责地铁十号线一期机电专业安装工程监理的北京某工程咨询监理有限公司总监理工程师姚某停止注册监理工程师执业资格6个月的行政处罚。被处罚人应当在收到行政处罚决定书之日起15日内将监理工程师执业资格证书交至本执法组织。

姚某收到北京市建设委员会《行政处罚决定书》后，在60日内向北京市人民政府申请了行政复议，北京市人民政府经复议后决定维持北京市建设委员会上述具体行政行为。

【行政复议请求与依据】

姚某不服北京市建设委员会2008年1月29日作出的《北京市建委系统行政处罚决定书》，向北京市人民政府提出行政复议申请，请求撤销北京市建设委员会作出的停止注册监理工程师执业资格六个月的行政处罚。

姚某认为北京市建设委员会对姚某作出的行政处罚存在主要事实不清、适用依据不当、程序不合法及行政处罚明显不当等情形。

一、北京市建设委员会的行政处罚存在主要事实不清。

行政处罚决定书认定：北京市建设委员会在2007年9月3日对地铁十号线机电1标进行检查时，发现姚某没有对施工组织设计和专项施工方案审批情况下，同意施工单位北京某空调器有限公司进行大型表冷器安装。检查时，表冷器设备已经安装就位。

首先，姚某已经按照法规和强制性标准进行了审查，只是由于表格填写不符合要求，姚某没有书面签字。姚某已经依照有关法律规定和强制性标准对北京某空调器有限公司上报的北京地铁十号线大型表冷器设备安装的《施工组织设计》《临时用电方案》进行了审查，认为其各项安全技术措施符合工程建设强制性标准，具有针对性和可操作性，能满足本项目施工的需要。只是由于施工单位北京某空调器有限公司上报的《工程技术文件报审表》《施工组织设计审批表》的表格中"申报人"、"技术负责人"、"审批人"的填写及盖章不符合规定要求，姚某没有在相应表格中签字。因此，北京市建设委员会在2007年9月3日检查时在《工程技术文件报审表》中没有姚某的书面签字。但是，在北京市建设委员会检查后的5天内，姚某就已经督促施工单位完善签字手续，姚某也于2007年9月8日签字。姚某已经按照法规和强制性标准进行了审查，并进行了口头同意，此行为应属于轻微违法行为。

其次，行政处罚决定书中认定"表冷器设备已经安装就位"与实际情况不符，实际情况只是表冷器设备的框架结构组装完，其他空气过滤器装置、冷热交换装置、维护保温板、电器控制部分都还未安装。根据表冷器设备的实际情况，其框架结构安装本身不安全风险比较小。

二、北京市建设委员会行政处罚的适用依据不当。

北京市建设委员会作为行政执法机关在适用国家的法律和行政法规时,应优先适用国家的法律。我国《行政处罚法》第 27 条第 2 款规定:"违法行为轻微并及时纠正,没有造成危害后果的,不予行政处罚。"如上所述,姚某的行为属于轻微的违法行为并且没有造成安全隐患的危害后果,因此,对姚某的行为应当不予行政处罚。

北京市建设委员会依据《建设工程安全生产管理条例》第 14 条第 3 款和第 58 条规定对姚某进行处罚,应属于适用依据不当。

三、北京市建设委员会行政处罚的程序不合法。

我国《行政处罚法》第 23 条规定:"行政机关实施行政处罚时,应当责令当事人改正或限期改正违法行为。"北京市建设委员会 2006 年 7 月 21 日发布实施的《北京市建设工程施工现场安全监督工作规定》第 17 条规定:"建设工程安全监督机构对施工现场进行监督抽查时,应填写《施工现场安全监督检查记录》,对发现的安全隐患,下达《责令(限期)改正通知书》,要求责任单位进行整改。"北京市建设委员会在检查时没有依法向姚某下达《责令(限期)改正通知书》,这不仅违反了法律规定的行政处罚程序,也不符合行政处罚应坚持处罚与教育相结合的基本原则。

四、北京市建设委员会的行政处罚明显不当。

2006 年北京市建设委员会依据《建筑法》《安全生产法》《建设工程安全生产管理条例》等法律、法规制定并发布的《北京市建设工程安全生产重大事故及重大隐患处理规定》第 22 条规定:"监理单位监理的工程发生重大事故,监理工程师未执行法律、法规和强制性标准,负有监理责任的,按照下列规定处罚:(一)发生四级重大事故的,责令停止监理工程师在北京市建筑市场执业 3 个月至 6 个月。……"姚某的行为既未造成安全隐患,更没有造成重大事故,北京市建设委员会对姚某处以停止执业 6 个月不符合上述规定,北京市建设委员会的行政处罚明显不当。

综上所述,北京市建设委员会作为北京市工程建设领域的行政执法机关应当严格按照《行政处罚法》及有关法规规定执法,实施行政处罚必须以事实为根据,与违法行为的事实、性质、情节以及社会危害程度相当,北京市建设委员会对姚某实施的行政处罚事实不清，适用法律不当，行政处罚违反法律规定的程序，处罚明显不当，侵犯了姚某的合法权益，根据我国《行政复议法》的有关规定，特向北京市人民政府请求撤销北京市建设委员会作出的行政处罚，以维护姚某的合法权益。

【风险分析与防范】

本案是一起注册监理工程师不服建设行政机关行政处罚争议纠纷的行政案件。本案直接关系到目前工程监理行业颇为关注的建设工程安全生产监理的风险与防范的热点问题。

工程监理制自1988年实施以来，与项目法人责任制、招标投标制、合同管理制共同组成了我国工程建设的基本管理体制，有效控制了工程质量、投资和进度，为提高我国工程建设水平和投资效益发挥了非常重要的作用。

1997年颁布的我国《建筑法》明确规定，工程监理是依据法律、行政法规及有关技术标准、设计文件和工程承包合同，对承包单位在施工质量、建设工期和建设资金使用等方面，代表建设单位实施监督。我国《建筑法》对建设工程安全生产的监理，没有明确要求。随着我国工程建设规模的扩大及工程建设监管的加强，进一步发挥工程监理制在工程建设中的作用呼声越来越高，同时，为了遏制建设工程安全生产事故频发的态势，2003年国务院颁布实施《建设工程安全生产管理条例》，首次明确监理应承担安全生产责任，并提出了监理安全生产工作内容。此后，各地以此为依据制定了配套的规章和规范性文件。但由于法规规定的不明确、法规与规范性文件之间规定不一致、责任承担不合理、权利与责任不一致等，导致建设工程安全生产监理的定位、内容及责任不明确，建设工程安全生产监理的风险越来越大。

建设工程安全生产监理的风险主要有：一是建设工程安全生产监理的工作内容不断增加的风险。由于我国《建设工程安全生产管理条例》对建设工程安全生产监理的内容规定比较原则、不够清晰，导致建设工程安全生产监理的范围不断扩大，有的地方甚至将施工单位租赁机具是否存在安全隐患、有无拖欠农民工工资、工地饮食卫生是否合格等内容都纳入了建设工程安全生产监理的范围。二是建设工程安全生产监理的责任有扩大的风险。《建设工程安全生产管理条例》对监理单位及注册监理工程师的责任加大，对施工单位的责任在弱化，如监理单位未对施工组织设计中的安全技术措施或专项方案进行审查的，规定了较重的处罚；但对施工单位虽在施工组织设计中编制了安全技术措施或专项施工方案但未经监理审查仍组织施工的，没有规定相应的处罚。把本应属于施工单位的安全生产责任推给了监理单位，一方面，造成监理单位把主要精力和时间放在安全生产监理上，而忽视了监理应当关注的质量、工期、造价的控制；另一方面，造成施工单位过分依赖监理，忽视了其作为安全生产的主体及责任，以至于有的地方出现了发生安全事故，不问施工单位是怎么干的，而是首先责问监理是怎么管的不正常现象。三是对建设工程安全生产监理注册人员的处罚规定过重所带来的风险。我国《建设工程安全生产管理条例》第 58 条规定："注册执业人员未执行法律、法规和工程建设强制性标准的，责令停止执业 3 个月以上 1 年以下……"此规定本身既没有对执行的法规的范围进行限制，也没有考虑违法行为的情节、后果，只要有不执行法规的行为，即处以责令停止执业的较重处罚，显然是不合理的，监理工程师的执业风险加大。四是由于建设工程安全生产监理的法规较多且不统一，存在对监理处罚不当的风险。北京市建设委员会 2006 年发布的规范性文件《北京市建设工程安全生产重大事故及重大隐患处理规定》第 22 条规定："监理单位监理的工程发生重大事故，监理工程师未执行法律、法规和强制性标准，负有监理责任的，按照下列规定处罚：（一）发生四级重大事故的，责令停止监理工程师在北京市建筑市场执业 3 个月至 6 个月……"很显然，对同一种违法行为，与《建设工程安全生产管理条例》第 58 条的规定不同。五是建设工程安全生产监理的责任与权利不一致的风险。工程监理单位在建设工程安全生产监理中责任重大，但在监理过程中发现存在安全事故隐患，监理单位只能要求施工单位整改或责令停止施工，如果施工单位或施工单位在建设单位的授意下拒绝整改或不停止施工的，监理单位只能向有关部门报告，而无其他手段。六是建设行政执法机关不依法执法带来的风险。建设行政执法机关不按照《行政处罚法》的规定的程序进行行政处罚，应当责令改正的不责令改正、对不应进行行政处罚的轻微违法行为进行处罚等。

建设工程安全生产监理风险的防范,一是监理单位和注册监理人员应当严格按照法律、法规、工程建设强制性标准、监理合同的要求,认真履行建设工程安全生产监理职责,按照规定的监理程序开展工作。二是通过修改《建设工程安全生产管理条例》或制定《建设工程监理管理条例》,进一步明确建设工程安全生产监理的内容,科学界定建设工程安全生产监理的责任,赋予监理单位履行建设工程安全生产监理职责的应有的权力与手段。三是在行政法规规定的范围内通过制定具体的实施细则,明确违法行为的具体认定标准,合理规定行政处罚幅度。四是监理单位和注册监理人员应高度重视安全生产监理资料的收集、整理和保存,保证收集及时、整理全面、保存合理,以维护自身的合法权益。五是建设行政执法机关应当严格依法执法,对违法行为的查处应当在法定职权范围内实施行政处罚,做到事实清楚、证据确凿、适用法律正确、程序合法、处罚适当,切实保障行政相对人的合法权益。

 建设工程刑事责任的风险分析与防范

——从作为叶某的辩护人参加叶某玩忽职守刑事案诉讼谈起

【案情简介】

2004年5月12日上午9时20分，河南安阳市某工程1C号烟囱工地，施工人员在拆除井架（高75m）时，由于违章拆除井架揽风绳，导致井架倾覆，造成施工人员21人死亡、10人受伤，直接经济损失2218440元。

"5.12"特大事故发生后，国务院领导同志高度重视，温家宝总理批示："全力抢救伤员，做好善后工作。同时，一定要查明原因，追究责任，公开严肃处理，吸取教训。"

经河南省"5.12"特大施工伤亡事故调查组认定，该事故是一起严重违章指挥，违规作业，违反建设程序，有关各方监督管理不力，安全责任不落实而导致的特大责任事故。

2004年11月19日，建设部对该项目的承包单位河南省某建筑工程公司给予降低资质等级的处罚，将房屋建筑工程施工总承包资质等级由一级降为二级；对该项目总监程某给予吊销监理工程师注册证书，终身不予注册的处罚。河南省对承包单位河南省某建筑工程公司、业主某集团、安阳高新技术开发区的有关责任人分别给予了行政撤职、行政降级、行政记大过、行政记过等处分。

2005年3月25日，安阳市文峰区人民法院以犯重大责任事故罪，依法分别判处烟囱项目滑模作业队负责人刘领顺、烟囱物料提升架拆卸施工现场负责

人邓顺彬有期徒刑四年零六个月；河南省第七建筑工程公司安阳信益二期工程项目部烟囱工程施工员董志安、河南省第七建筑工程公司安阳信益二期工程项目部副经理郭良享、安阳信益二期工程烟囱项目的现场监理孙国梁有期徒刑三年零六个月；河南省第七建筑工程公司安阳信益二期工程项目部经理马清、安阳信益二期工程项目总监程国忠有期徒刑三年、缓刑三年。

叶某，男，1957年7月4日出生，既担任某集团工程处处长，又担任安阳市建筑工程质量监督站"安阳某增资扩建工程"质量监督分站副站长。叶某涉嫌玩忽职守，由安阳市检察院于2004年6月24日立案侦查，2005年6月28日指定安阳市文峰区检察院管辖，2005年6月30日被取保候审。2005年7月18日，安阳市文峰区检察院向安阳市文峰区人民法院提起公诉。

本律师接受叶某的委托，自2005年7月10日开始从法律的视角关注"5.12"特大事故，尤其是对"5.12"事故中的罪与非罪问题进行深度研究。在如此重大的安全事故中担任辩护律师，本律师深感责任之重和难度之大。有罪辩护抑或无罪辩护，是本律师面临的艰难而痛苦的抉择。为此，本律师亲自到现场踏勘，与办案人员交流观点，查阅几十部相关法律、法规、规章，调取有关建设工程质量与安全方面的文件资料，审阅本案的有关证据材料，邀请中国政法大学教授、中国人民大学教授、国家法官学院教授等专家进行论证。在一审法庭上，本律师坚持作无罪辩护。

在历经长达近五年之久的等待后的2010年6月8日，河南安阳市文峰区人民法院作出了一审判决，判决叶某犯玩忽职守罪，免于刑事处罚。被告人叶某未提出上诉。

【公诉人意见】

安阳市文峰区人民检察院指控，为加强对重点建设项目工程质量的监督和管理，2003年10月21日，安阳市建设委员会以安建（2003）263号文件设立了"安阳市建筑工程质量监督站某增资扩建工程质量监督分站"，某集团工程处处长叶某担任该工程质量监督分站的副站长。被告人叶某在对安阳某增资扩建工程的监督管理工作中，不执行国家和省有关建筑工程质量监督管理方面的法规，未认真履行《河南省建筑工程质量管理条例》第8条第2项规定的职责，没有核查、也没有安排其他人员核查1C号烟囱施工单位的资质，对烟囱项目施工单位是否在其资质等级允许的业务范围内从事建设活动及其质量保证体系的运行情况不认真监督检查，致使不具备滑模工程施工资质的个体工头刘领顺违法分包烟囱工程后，使用未经检验及验收合格的自制非标准井架，组织不具备高空作业资格的农民工进行烟囱施工和烟囱井架的拆卸作业，以至于发生"5.12"特大施工伤亡事故。认为被告人叶某的行为已构成玩忽职守罪，应依法予以惩处。

【辩护人辩护词】

本律师认为叶某的行为不构成犯罪。具体理由如下：

一、安阳市某二期工程"5.12"特大施工伤亡事故是施工安全事故，而不是工程质量事故。

2004年5月12日上午9时20分，安阳市某二期工程1C号烟囱工地，施工人员在拆除井架（高75m）时，由于违章拆除井架揽风绳，导致井架倾覆，造成施工人员21人死亡、10人受伤，直接经济损失221万多元。

井架是施工单位在施工过程中用来作为1C号烟囱工程的物料提升架，井架不是安阳市某二期工程的组成部分。"5.12"特大伤亡事故是由于现场负责人违章指挥、施工人员违规作业造成的，是施工安全事故；而不是1C号烟囱工程质量不合格造成的人员伤亡事故，不是工程质量事故。相反，某二期工程如期投产的事实证明工程质量是合格的。

公诉人提供的河南省建设厅《关于安阳信益二期工程"5.12"特大施工伤亡事故的调查报告》中附件5《河南安阳信益二期工程"5.12"特大施工伤亡事故技术组调查报告》中，从事故发生经过、事故原因分析、应吸取的教训和采取的措施等方面明确认定"5.12"特大伤亡事故是施工安全事故。

建设部办公厅在2004年11月19日以建办质〔2004〕100号发出的《关于对河南省安阳市信益二期工程"5.12"特大施工伤亡事故的通报》中，明确认定"5.12"特大伤亡事故是一起严重违章指挥，违规作业，安全责任不落实而导致的特大施工安全事故,并且要求吸取教训、引以为戒,做好建立完善建设工程施工安全监管体系、严格市场安全准入、做好安全生产教育培训、认真分析安全生产形势等方面的安全工作。

《河南安阳信益二期工程"5.12"特大施工伤亡事故技术组调查报告》及建设部办公厅发出的《关于对河南省安阳市信益二期工程"5.12"特大施工伤亡事故的通报》充分说明"5.12"特大伤亡事故是施工安全事故。

二、安阳市信益二期工程"5.12"特大施工伤亡事故的发生与安阳市负责施工安全监督部门没有履行施工安全监督职责有关。

公诉人的起诉书认定:安阳市信益二期工程"5.12"特大施工伤亡事故发生的重要原因有三个:一是不具备滑模工程施工资质的个体工头违法承包烟囱工程;二是使用未经检验及验收合格的自制非标准井架;三是组织不具备高空作业资格的农民工进行烟囱井架拆除作业。

既然"5.12"特大伤亡事故是特大施工安全事故,事故发生的重要原因又在以上三个方面,那么就应该依法确定履行施工安全的监管职责是哪个部门或机构,这些部门或机构在这三个事故发生的重要原因方面是否履行了法定职责,负责施工安全监督的部门或其委托的机构是否有玩忽职守的行为。

根据我国《建筑法》《建设工程安全生产管理条例》《建筑工程安全生产监督管理工作导则》的规定,建设行政主管部门或其委托的建设工程安全监督站的法定职责是负责施工安全监督。

《建设工程安全生产管理条例》第20条规定:"施工单位从事建设工程的新建、扩建、改建和拆除等活动,应当具备国家规定的注册资本、专业技术人员、技术装备和安全生产等条件,依法取得相应等级的资质证书,并在其资质等级许可的范围内承揽工程。"

《建设工程安全生产管理条例》第25条规定:"垂直运输机械作业人员、安装拆卸工、爆破作业人员、起重信号工、登高架设作业人员等特种作业人员,必须按照国家有关规定经过专门的安全作业培训,并取得特种作业操作资格证书后,方可上岗作业。"

《建设工程安全生产管理条例》第35条规定:施工单位在使用施工起重机械和整体提升脚手架、模板等自升式架设设施前,应当组织有关单位进行验

第十篇 建设工程行政责任与刑事责任风险防范

收,也可以委托具有相应资质的检验检测机构进行验收。施工单位应当自施工起重机械和整体提升脚手架、模板等自升式架设设施验收合格之日起30日内,向建设行政主管部门或者其他有关部门登记。登记的标志应当置于或者附着于该设备的显著位置。

《建设工程安全生产管理条例》第40条第2款规定:"县级以上地方人民政府建设行政主管部门对本行政区域内的建设工程安全生产实施监督管理。"

《建设工程安全生产管理条例》第44条规定:"建设行政主管部门或其他有关部门可以将施工现场的监督检查委托给建设工程安全监督机构具体实施。"

根据《建设工程安全生产管理条例》以上各条的规定,对施工单位资质及安全生产条件的核查、对登高架设作业人员持证上岗的检查、对模板自升式架设设施验收及登记的检查,是建设行政主管部门或其委托的建设工程安全监督站的法定职责,安阳市建委建筑施工管理处印发的《建设工程安全监察站职责》亦明确了建设工程安全监察站的上述法定职责。

在2004年6月10日马清的讯问笔录中,马清承认:在施工期间,安阳市建委或开发区规划建设局的有关人员没有到现场检查过。安阳市建设行政主管部门或其委托的建设工程安全监督站没有履行施工安全监督职责是导致安阳市信益二期工程"5.12"特大施工伤亡事故发生的重要原因。如果安阳市建设行政主管部门或其委托的建设工程安全监督站认真履行上述职责,就能消除安阳市信益二期工程"5.12"特大施工伤亡事故发生的隐患,避免安阳市信益二期工程"5.12"特大施工伤亡事故发生。

后续的安阳市信益二期工程1A、1B号烟囱的施工,由于安阳市城乡建设安全监察站及时履行了施工安全监督职责,保证了安阳市信益二期工程1A、1B号烟囱的施工安全。这也充分证明:施工安全监督是建设行政主管部门或其委托的安全监督机构的职责,只要安阳市建设行政主管部门或其委托的安阳市城乡建设安全监察站认真履行施工安全监督职责,就能消除施工伤亡事故发生的隐患,避免施工伤亡事故发生。

三、质检分站只负责工程质量监督管理,无论是否履行职责与安阳市信益二期工程"5.12"特大施工伤亡事故的发生没有因果关系。

根据2003年10月23日安阳市建设委员会作出的《关于安阳信益增资扩建工程成立建筑工程质量监督站的批复》，安阳市建筑工程质量监督站安阳信益增资扩建工程质量监督分站（以下简称"质检分站"）只具体负责该工程建设期间的工程质量监督工作。

根据2000年1月30日国务院发布实施的《建设工程质量管理条例》以及2003年8月5日建设部发布实施的《工程质量监督工作导则》的规定，工程质量监督是建设行政主管部门或其委托的工程质量监督机构根据国家的法律、法规和强制性标准，对责任主体和有关机构履行质量责任的行为以及工程实体质量进行监督检查、维护公众利益的行政执法行为。安阳市建委建筑施工管理处印发的《建筑工程质量监督站主要职责》亦明确了建筑工程质量监督站的上述法定职责。

在2004年11月18日张某（时任市建委副主任）的询问笔录中，张某承认安全监督管理应归开发区管理。

叶某作为质检分站的副站长对违法分包单位的资质即使没有核查，但是，安阳市信益二期工程1C号烟囱的工程质量是合格的，质检分站没有核查施工队的质量资格并没有造成烟囱质量不合格或烟囱倒塌的严重后果，根据我国《刑法》第397条的规定，叶某并不构成犯罪。

"5.12"特大施工伤亡事故是施工安全事故，与叶某作为质检分站的副站长是否核查分包单位的资质没有因果关系。

我国法律专家樊崇义教授、赵秉志教授、张泗汉教授对此案件极为关注并进行了专家论证，一致认为叶某作为质检分站的副站长是否核查烟囱施工单位的资质与"5.12"特大施工伤亡事故的发生没有因果关系，叶某对于安阳信益二期工程"5.12"特大施工伤亡事故不负刑事责任。

四、起诉书对叶某没有核查，也没有安排其他人员核查烟囱项目施工单位资质的指控不能成立。

根据2003年10月23日安阳市建设委员会作出的《关于安阳信益增资扩建工程成立建筑工程质量监督站的批复》，安阳市建设委员会将工程质量监督执法权委托给安阳信益电子玻璃有限公司即业主，事实上形成了质检分站与业主"一套人马，两块牌子"，质检分站的质量监督管理工作与业主的质量管理

第十篇 建设工程行政责任与刑事责任风险防范

工作是同步进行的。质检分站成立后,制定了《安彩信益二期工程质量保证体系》,建立了组织架构;叶某既以业主工程处处长身份、又以质检分站副站长身份一直工作在施工现场,对工程质量进行巡查,并且在参加 30 余次"安彩信益二期工程基本建设调度会议"上提出了质量监督检查的要求,为确保和提高安彩信益二期工程质量作出了贡献,安彩信益二期如期投产的事实证明了安彩信益二期工程质量合格,叶某作为质检分站副站长履行了自己的职责。

根据 2004 年 11 月 7 日对叶某的讯问笔录,对于承担安阳市信益二期工程 1C 号烟囱工程施工任务的河南省第七建筑工程公司的资质,叶某对其进行了认真核查,河南省第七建筑公司具有一级总承包施工企业资质,依法可以承担安阳市信益二期工程 1C 号烟囱工程施工任务。

河南省第七建筑工程公司对安阳市信益二期工程 1C 号烟囱工程进行分包是违法分包,既没有经过业主的同意,又违反了施工招标文件的规定。施工招标文件明确规定,本工程一律不得转包或分包,一经发现立即取消中标单位的承包资格,并承担由此产生的一切损失。河南省第七建筑工程公司也向业主作出了书面承诺。在公诉人 2004 年 6 月 10 日对刘领顺的讯问笔录中,刘领顺承认:"马青说过谁要来问就说是省七建的。"此外,施工现场人员均着省七建公司的工作装,无法区分;现场管理人员均为省建七公司项目部成员。业主及质检分站并不知晓河南省第七建筑工程公司已经将安阳市信益二期工程 1C 号烟囱工程分包给施工队,质检分站无法对施工队进行核查。

综上所述,"5.12"特大施工伤亡事故是施工安全事故,此次事故的发生与依法应履行施工安全监督管理职责的建设行政主管部门或其委托的建设工程安全监督机构没有履行法定职责有关,与依法履行工程质量监督职责的质检分站无关。

本律师认为:

本案公诉人把本应属于建设行政主管部门或其委托的建设工程安全监督机构的施工安全监督职责强加给质检分站,把本应追究建设行政主管部门或其委托的建设工程安全监督机构负责人玩忽职守的刑事责任错误地追究到质检分站负责人,这是张冠李戴,颠倒黑白,与事实严重不符,违反了我国《建筑法》《建设工程质量管理条例》《建设工程安全生产管理条例》等法律、法规确定的工程质量、施工安全的法定职责分别由工程质量监督站、施工安全监督站负责的法律规定。

根据以上事实和相关法律规定以及我国刑法的有关规定，叶某无论是否履行工程质量监督职责均与"5.12"特大施工安全事故的发生无关，其行为不构成犯罪，不应当对其追究刑事责任。据此，应当对叶某依法宣告无罪。

本律师请求法院查明事实，划清罪与非罪的界限，根据叶某应负责的法定职责，判决叶某无罪。

【法院判决】

法院经审理认为：被告人叶某在安阳信益二期增资扩建工程的监督管理工作中，未认真履行职责，致使不具备滑模工程施工资质的个体工头刘领顺在违法分包烟囱工程时造成了特大伤亡事故，核其行为，已构成玩忽职守罪。该事故的发生系一果多因，结合本案的实际情况，依照《中华人民共和国刑法》第397条、第37条之规定，判决如下：被告人叶某犯玩忽职守罪，免于刑事处罚。

【风险分析与防范】

本案是一起与建设工程安全管理有关的刑事案件，是一起国家机关工作人员渎职犯罪案件。目前，我国的建筑安全生产虽然取得了一定成绩，但是建筑安全生产形势依然比较严峻，主要表现在：事故总量仍然比较大、较大及以上事故仍然较多等，这些问题的存在与建设工程安全监管不力、对建筑安全监管的渎职行为的刑事处罚力度不够有很大关系。本案给我们提供了多方面的启示，认真分析本案，对于防范建设工程安全管理风险，具有非常重要的意义。

一、追究真正的玩忽职守犯罪行为人的刑事法律责任是发挥刑法武器、防范建筑安全生产事故发生的最有效的手段

我国的法律责任主要由民事法律责任、行政法律责任、刑事法律责任构成。对严重违法、构成犯罪的行为人，追究其刑事法律责任，既可以达到惩罚犯罪的作用，又可以起到教育和震慑的作用。

玩忽职守犯罪是指国家机关工作人员严重不负责任，不履行或不认真履行职责，致使公共财产、国家和人民利益遭受重大损失的行为。根据我国《刑法》的规定，玩忽职守罪构成要件有：1. 在客体方面，国家机关工作人员不履行或不正确履行职责的玩忽职守行为，造成公共财产、国家和人民利益遭受重大损失，具有严重危害性。2. 在客观方面，表现为：一是国家机关工作人员具有严重的玩忽职守行为，即国家机关工作人员在工作中严重不负责任，不履行或者不认真履行职责；二是致使公共财产、国家和人民利益遭受重大损失的。这两个方面缺一不可，并且两个特征之间必须具有刑法上的因果关系。如果玩忽职守行为与所造成的结果之间没有这种关系，就不能成为玩忽职守罪的客观构成要件。3. 在主体方面，只有国家机关工作人员才能成为玩忽职守罪的主体。4. 在主观方面，一般表现为过失，即行为人应当预见自己玩忽职守的行为会致使公共财产、国家和人民的利益遭受重大损失，因为疏忽大意而没有预见，或者已经预见而轻信能够避免。

本案中叶某的行为是否构成玩忽职守犯罪的关键是其是否有不履行法定职责的行为以及其不履行法定职责与"5.12"特大施工安全事故有因果关系。本案的大量事实证明，"5.12"特大施工事故是施工安全事故，而叶某作为质量监督分站副站长无论其是否履行对分包单位的核查均与"5.12"特大施工事故的发生没有因果关系。本案一审法院认定叶某的行为构成玩忽职守罪是不符合玩忽职守罪在客观方面特征的。这一判决不仅侵犯了公民的合法权益，更为严重的是放纵了犯罪，让那些对建筑安全生产监管负有真正责任的人逃避了法律的制裁，这也是目前我国建筑安全形势仍然严峻的一个重要原因。

加大违法行为成本，坚持"事故责任人的责任不追究不放过"的原则，严惩真正的违法犯罪行为人是防范建筑安全事故发生的重要措施之一。

二、加大对真正的玩忽职守犯罪行为人的惩罚力度是防范建筑安全生产事故发生的有效手段之一

免予刑事处罚与无罪判决是不同的。一是两者的法律依据不同，免予刑事处罚所依据的是《刑法》第37条的规定，而无罪判决所依据的是《刑事诉讼法》第162条的规定。二是两者的适用条件不同，免予刑事处罚要符合两个条件：一是犯罪情节轻微，二是不需要判处刑罚。无罪判决的适用条件，《刑事诉讼法》第162条规定为："……（二）依据法律认定被告人无罪的，应当作出无罪判决；（三）证据不足，不能认定被告人有罪的，应当作出证据不足、指控的犯罪不能成立的无罪判决。"即当法律规定为无罪的和证据不足的应当作无罪判决。三是两者的法律后果不同，免于刑事处罚，是有罪而免罚，仍然构成刑事犯罪。而无罪判决的法律后果是：当嫌疑人被羁押的，应当立即释放，无须承担刑事责任。

根据我国《刑法》的规定，适用免予刑事处罚情形有：一是我国《刑法》总则、分则条款中有明确规定免予刑事处罚条款的（刑法第37条除外）；二是我国《刑法》分则条款中法定最低刑为管制，同时具有总则中规定的可减轻处罚的法定情节的；三是不具备上述条件，但经最高人民法院核准的。《刑法》第37条的规定，不能直接作为免予刑事处罚的独立标准。

就本案来说，一审法院应当依据事实和法律对叶某作出无罪判决。退一万步讲，即使一审法院认定犯罪正确，对玩忽职守罪作出免予刑事处罚，也不符合我国刑法的有关规定。

依国家有关部门对2001—2005年职务犯罪案件判决情况的统计来看，被判处有罪但免予刑事处罚，或虽被判处有期徒刑但适用缓刑的比率，已由2001年的51.38%增至2005年的66.48%。渎职侵权案件这方面的比率则增长得更快，已由2001年的52.6%增至2005年的82.83%，而且目前这种比率仍有扩大的趋向。职务犯罪案件过高比例的缓刑和免于刑事处分，不仅对被告人没有因犯罪受到罪刑相当的惩罚，更重要的是削弱了案件查处对其他国家工作人员的威慑、教育作用。

防范建筑安全生产事故发生，加大对真正的玩忽职守犯罪行为人惩罚力度，一是严格把握适用免予刑事处罚的法定条件，制定出职务犯罪适用免予刑事处罚的司法解释和指导意见；二是强化检察机关职务犯罪案件的量刑建议权，确保量刑适当；三是强化法律监督力度。

三、及时对真正的玩忽职守犯罪行为人进行刑事惩罚是防范建筑安全生产事故发生的重要因素

我国《刑事诉讼法》第168条规定："人民法院审理公诉案件，应当在受

第十篇 建设工程行政责任与刑事责任风险防范

理后一个月以内宣判,至迟不得超过一个半月。"及时审结刑事案件,不仅有利于保护被告人的合法权益,而且有利于发挥刑罚的教育和震慑作用。

本案在一审法院受理后长达五年才宣判,不仅严重违反了上述法律规定,而且严重侵犯了叶某的合法权益,对此行为应当追究有关责任人的责任。

人民法院应当将审理案件期限情况作为审判管理的重要内容,加强对案件审理期限的管理、监督和检查;建立审理期限届满前的催办制度;建立案件审理期限定期通报制度;审判人员故意拖延办案,或者因过失延误办案,造成严重后果的,依照有关规定予以处分。

四、加强建筑安全监管机构和队伍建设是积极推进建筑安全生产长效机制建设的重要内容之一

依法建立监管机构,稳定安全监管队伍并进一步加强队伍建设,切实提高监管人员业务素质和依法监管水平,是防范建筑安全风险的重要内容。

本案中,安阳市建设委员会委托质检分站执法是违法的。一是安阳市建设委员会委托质检分站执法违反了我国《行政处罚法》第18条、第19条的规定。1996年10月1日起实施的我国《行政处罚法》第18条第1款规定:"行政机关依照法律、法规或者规章的规定,可以在其法定权限内委托符合本法第19条规定条件的组织实施行政处罚。行政机关不得委托其他组织或者个人实施行政处罚。"该法第19条规定:"受委托组织必须符合以下条件:(一)依法成立的管理公共事务的事业组织;(二)具有熟悉有关法律、法规、规章和业务的工作人员;(三)对违法行为需要进行技术检查或者技术鉴定的,应当有条件组织进行相应的技术检查或者技术鉴定。"根据2003年10月23日安阳市建设委员会作出的《关于安阳信益增资扩建工程成立建筑工程质量监督站的批复》(见附件一),安阳市建设委员会将工程质量监督执法权委托给安阳信益电子玻璃有限公司,显然,受委托组织是安阳信益电子玻璃有限公司,是公司制企业,而不是依法成立的管理公共事务的事业组织,安阳市建设委员会这种委托行为违反了我国《行政处罚法》第18条、第19条的规定。二是安阳市建设委员会委托质检分站执法违反了我国《建设工程质量管理条例》第46条的规定。2000年1月30日国务院发布的《建设工程质量管理条例》第46条规定:"建设工程质量监督管理,可以由建设行政主管部门或者其他有关部

门委托的建设工程质量监督机构具体实施。从事房屋建筑工程和市政基础设施工程质量监督的机构，必须按照国家有关规定经国务院建设行政主管部门或者省、自治区、直辖市人民政府建设行政主管部门考核；从事专业建设工程质量监督机构，必须按照国家有关规定经国务院有关部门或者省、自治区、直辖市人民政府有关部门考核。经考核合格后，方可实施监督。"本案中质检分站的成立只有安阳市建设委员会的批复即委托，质检分站既没有经过国家建设部的考核，也没有经过河南省建设厅的考核，因此，质检分站的成立违反了《建设工程质量管理条例》第46条规定，是违法成立的机构。

由于执法机构设立违法，严重影响了执法的效果和执法效力，加大了建筑安全事故发生的风险，因此，防范此类风险，一是要依法设立执法机构，明确机构性质；二是明确执法机构职责，强化执法责任；三是加强执法队伍建设，提高执法水平；四是加强执法监督检查。

后　记

从事专职律师工作以来,就想将办理案件过程中的感受与体会写一本书,由于工作忙碌未能如愿,2010年年初《工程建设与设计》杂志社向我约稿,开办《律师说法》专栏,我才开始耕耘,历经三年有余,终于在《建设工程设计责任保险实务》一书出版10年后,将我对建设工程法律风险防范的一些思考与实际经验出版成书。本书及以后将要出版的几本书,是要试图形成一个建设工程、房地产、建设工程企业等法律风险防范实务体系。

本书的出版得到了知识产权出版社的大力支持,当然也得到促成该书出版的《工程建设与设计》杂志社的记者、编辑们的大力支持,在这里一并表示感谢。

最后,由于时间紧迫以及作者水平有限,本书存在不足在所难免,真诚希望各位读者能提出宝贵意见,以便本书再版时更正。

附：郭家汉律师联系方式

北京市金洋律师事务所（北京市海淀区西三环北路72号世纪经贸大厦B座1901室）

电话：(86-10) 88820251/52/53/54　13701159836

邮箱：guojiahan2011@163.com

郭家汉

2013年4月9日于金洋律师事务所